常木 晃 著

ハラフ文化の研究
——西アジア先史時代への新視角——

同成社

前　言

　人類の歴史という視点で西アジア考古学を眺めたとき、いくつか想定される主要な課題に含まれるものとして、「農耕の開始」と「都市社会の形成」を挙げることができよう。新石器時代の到来とともに始まったコムギ栽培を中心とした西アジア型農耕は、現在考古学的に把握できる人類最古の農耕の一つであり、食糧獲得社会から食糧生産社会へという人類史の重要なターニング・ポイントのさきがけとして位置づけられる。またウルク後期に顕在化したさまざまな新しい要素—集落の超大型化や高度に複雑化した社会の登場、文字の始まりなど—は、人類がそれまで経験してこなかった都市文明社会というまったく新しい生活様式の始まりを意味し、人類社会を新しいステージへと押し進めたのである。西アジアを舞台として起こったこの二つの大きな出来事は、その後の人類の歩みをまったく変えてしまうことになった。西アジアでの農耕開始以後、この新しい生産様式は猛烈な勢いでヨーロッパや中央アジアに広がっていった。そこで開発されたコムギやオオムギ、各種マメ類などの栽培植物とヤギ・ヒツジ・ウシ・ブタといった家畜は、その後長期にわたって人類の生存基盤となり、現在においても人類にとってもっとも重要な動植物であり続けている。また、都市社会の発生以来、政治・経済・文化の中心は常に都市にあり、都市を中心に人類の歴史が廻ってきたことは疑えないだろう。したがって、西アジアで農耕の開始と都市社会の形成を研究することは、人類史の理解の上で最重要な課題の一つとなってきたのである。

　西アジアにおいて農耕が開始されてから都市社会が形成されるまで数千年間の時間を要しているものの、両者はけっして個別に起こった事象ではなく、大きく見れば一連の出来事であると理解できる。そしてそのように考えるとき、農耕社会がほぼ完成した土器新石器時代が終焉してから都市社会が勃興するウルク期以前の社会、メソポタミアの時代編年名でいうならばハラフ期およびウバイド期の文化の研究が、この間の変遷を探るのにもっとも重要になってこよう。このうち南メソポタミアを発生地としてレヴァントやアラビア湾岸まで拡大するウバイド文化に関しては、時代的・地域的にウルク文化の直近の文化として、またウルク文化の祖型探しという意味からも、研究者間のコンセンサスを得ようとする試みが行われ（たとえばHenrickson and Thuesen 1989など）、ウバイド文化や社会がどのようなものであったかについて徐々に解明されつつある。多様な地域性は認められるものの、とくに南メソポタミアのウバイド文化はウルク文化に直接つながる都市文明の胎動期としての理解が進んでいる。それに対してウバイド文化以前に北メソポタミアを中心に広がったハラフ文化をどう捉えるかについては、十分なコンセンサスが得られていないという現状がある。一般的にはハラフ文化は農耕社会の発展期として理解される傾向が強く、首長制社会のような高度に複雑化した社会段階にあると主張されることもある。しかしながらこのような主張は、主にハラフ文化の時間的・空間的位置関係やハラフ彩文土器の広範な分布から導き出されたもので、考古学資料を社会経済的視点から検討し、それぞれの要素を総合して考察された結論ではない。

そこで本論では、物質文化資料にもとづいて、とくに社会経済的側面からハラフ文化を検討し、また筆者自身による考古学的・民族誌的調査結果なども加味しながら、ハラフ文化の本質を探り、ハラフ文化とは何かを明らかにしようと試みたものである。そして本論の結論として描き出されたのは、これまでの農耕社会の発展期としてのハラフ文化像とはまったく異なるものであった。本論では、マージナル化した環境のもとで天水農耕のリスクを避けるために、土器づくりや交易ネットワークの構築に精力を注いだ、独立性と遊動性の高い小規模な社会集団により形成された文化として、ハラフ文化を描いている。

　農耕開始から都市社会の成立までを考えたときに、西アジアの先史時代社会はけっして単線的に展開されたわけではなく、各地の自然環境に対してさまざまな選択肢や戦略を持った多様な社会が互いに影響を与え合い興亡しながら展開していった。その中で沖積平野での灌漑利用によるコムギ・オオムギの生産増大と集落の巨大化をキーワードとする西アジア都市文明社会の展開の中では、ハラフ文化はけっして骨太の主流をなさず、むしろ傍流に位置する文化として捉えなければならないだろう。しかしながらハラフ文化は単に傍流で偶発的な文化であったのではなく、交易やコミュニケーションの発達、職業専業化などの面において都市社会の本質に直接繋がっていくさまざまな要素を内包し、後に継承させたことも確かである。本論は、西アジア先史時代におけるハラフ文化の位置づけを明確にし、西アジア史に果たしたその役割を正しく評価することによって、西アジアにおいての農耕開始から都市社会成立までの歴史プロセスを理解する一助とすることを最終的な目的としたものである。

目　　次

前　　言　1

第1章　ハラフ文化研究の目的と研究史……………………………………………11

第1節　本論の目的と構成　11
第2節　ハラフ文化の研究史　12
第3節　本論の視点　15

第2章　自然環境的背景とハラフ文化の定義、遺跡分布、地域ごとの特徴………21

第1節　ハラフ文化の自然環境的背景と地域区分　21
第2節　ハラフ文化の定義と地域ごとの特質　28

第3章　ハラフ文化の編年(1)……………………………………………………43

第1節　バリフ川流域　43
第2節　ハブール川流域　58
第3節　モースル＝シンジャール地域　80

第4章　ハラフ文化の編年(2)……………………………………………………99

第1節　ユーフラテス河中流域　99
第2節　南東アナトリア　104
第3節　北レヴァント　116
第4節　中部メソポタミア　125
第5節　ザグロス　132
第6節　小　　結　134

第5章　ト　ロ　ス………………………………………………………………139

第1節　トロスの実例　139
第2節　トロスの分類と機能　154
第3節　トロスの変遷　159
第4節　トロスの出自　160
第5節　トロスの社会経済的意味　163

第6章　集落とセトゥルメント・パターン……………………………………………171

第1節　ハラフ文化の集落構造　171

第2節　ジャジーラ地方先史時代集落史から見たハラフ文化の特質　176

第3節　ハラフ文化のセトゥルメント・パターン　179

第4節　集落人口の推定　190

第5節　ハラフ文化の居住形態の特質　196

第7章　生業と経済……………………………………………………………………199

第1節　動植物資料から見たハラフ文化の生業　199

第2節　生産用具から見たハラフ文化の生業　208

第3節　土器生産と交易　212

第8章　墓　　　制……………………………………………………………………231

第1節　墓の実例　231

第2節　墓制から見たハラフ社会　239

第9章　結論：ハラフ文化の特質……………………………………………………245

あとがき　253

引用文献　255

図表目次

第2章

図2.1　西アジアの地形図　21
図2.2　西アジアの地形断面図　22
図2.3　西アジアの等雨線図　23
図2.4　西アジアの土壌分布図　23
図2.5　西アジアの自然植生図　24
図2.6　本論で議論される西アジア各地方の区分図　26
図2.7　ハラフ彩文土器が出土ないし表採された遺跡　30
図2.8　トロスが検出された遺跡　35
図2.9　西アジア先史時代のスタンプ印章の編年概要図　37
図2.10　押捺面平板状ボタン型スタンプ印章およびペンダント型スタンプ印章の出土遺跡　38
図2.11　土製スクレイパー　39
図2.12　ハラフ人物土偶　40
表2.1　土器インダストリー中に占めるハラフ土器各種の割合　32

第3章

図3.1　バリフ川流域のハラフ文化遺跡　45
図3.2　バリフ川流域におけるハラフ彩文土器編年図（ハラフ期直前〜中期）　48〜49
図3.3　テル・ムンバテェ表採土器　55
図3.4　テル・メフェシュ出土メフェシュ・ボウル　56
図3.5　ハブール川流域のハラフ文化遺跡　59
図3.6　ハブール川流域におけるハラフ彩文土器編年図　62〜65
図3.7　テル・ウンム・クセイール出土動物形容器　69
図3.8　テル・カシュカショクⅠ出土多彩文の甕　73
図3.9　テル・ハラフ出土のハラフ終末期と想定される土器　76
図3.10　シャガル・バザル出土ハラフ彩文土器　78
図3.11　モースル＝シンジャール地域のハラフ文化遺跡　81
図3.12　NJP72遺跡のハラフ成立期土器　82
図3.13　テル・キルベト・ガルスールのハラフ成立期直前の土器　83
図3.14　モースル＝シンジャール地域のハラフ彩文土器編年図（ハラフ前期〜後期）　86〜88
図3.15　テル・アルパチヤのハラフ彩文土器に見られる主要パネル文の変遷想定図　89
図3.16　テペ・ガウラのテル裾部から出土したハラフ彩文土器　90

図3.17　テペ・ガウラのテル最上区から出土したハラフ終末期土器　91
図3.18　キルベト・デラク出土のハラフ終末期土器　92
表3.1　バリフ川流域のハラフ文化遺跡の帰属時期　57
表3.2　カシュカショクⅠにおける各種土器の層位ごとの土器片数　70
表3.3　ハブール川流域のハラフ文化遺跡の帰属時期　79
表3.4　モースル=シンジャール地域のハラフ文化遺跡の帰属時期　95

第4章

図4.1　ユーフラテス河中流域のハラフ文化遺跡　100
図4.2　テル・ハルーラ出土ハラフ彩文土器　101
図4.3　ユヌス出土ハラフ土器の器形　102
図4.4　南東アナトリア地方のハラフ彩文土器を出土する遺跡　105
図4.5　チャヴィ・タルラス出土ハラフ彩文土器　107
図4.6　クルバン・ホユック出土ハラフ彩文土器　108
図4.7　ティルキテペ出土ハラフ彩文土器　113
図4.8　北レヴァント地方のハラフ彩文土器を出土する遺跡　117
図4.9　テル・クルドゥ出土ハラフ彩文土器　119
図4.10　テル・アレイ1出土土器　120
図4.11　テル・アブド・エル・アジズ出土土器　120
図4.12　テル・アイン・エル・ケルク出土土器　121
図4.13　中部メソポタミア地方、ザグロス地方のハラフ彩文土器を出土する遺跡　127
図4.14　テル・ハッサン出土ハラフ彩文土器　129
図4.15　テル・ソンゴルA出土ハラフ彩文土器　130
図4.16　バナヒルク出土ハラフ彩文土器　133
表4.1　ユーフラテス河中流域のハラフ文化遺跡の帰属時期　104
表4.2　南東アナトリア地方のハラフ文化遺跡、出土するハラフ彩文土器の帰属時期　115
表4.3　北レヴァント地方の遺跡から出土しているハラフ彩文土器の帰属時期　125
表4.4　中部メソポタミア地方の遺跡から出土しているハラフ彩文土器の帰属時期　132
表4.5　ザグロス地方の遺跡から出土しているハラフ彩文土器の帰属時期　134
表4.6　各地方・地域においてハラフ彩文土器の盛行する時期　135
表4.7　ハラフ文化関連遺跡の放射性炭素年代測定値　136

第5章

図5.1　ハラフ文化のトロスの類例　140
図5.2　ヤリム・テペⅡ検出のトロス円形室内径・面積分布図　157

図5.3　ハラフ文化遺跡検出のトロス円形室内径・面積分布図　157

図5.4　小・中・大トロスの時期別分布　160

図5.5　現代シリアのコッベを確認した村の分布図　168

表5.1　テル・サビ・アビヤド検出トロス　141

表5.2　キルベト・エッ・シェネフ検出トロス　143

表5.3　テル・ウンム・クセイール検出トロス　144

表5.4　テル・アルパチヤ検出トロス　144

表5.5　ヤリム・テペII検出トロス　146〜147

表5.6　ヤリム・テペIII検出トロス　148

表5.7　シャムス・エッ・ディン・タニーラ検出トロス　150

表5.8　ユヌス検出トロス　150

表5.9　テル・トゥルル検出トロス　151

表5.10　チャヴィ・タルラス検出トロス　152

表5.11　ギリキハジヤン検出トロス　153

表5.12　トロス分類集計表　156

写真5.1　北西シリア・ベルネ村に見られるドーム天井構造を持つ民家コッベ　165

写真5.2　ベルネ村のコッベと修復風景および泥レンガの製造とレンガ積み　166

第6章

図6.1　ハラフ文化遺跡の集落平面プラン図(1)　172

図6.2　ハラフ文化遺跡の集落平面プラン図(2)　174

図6.3　バリフ川流域の各時期のセトゥルメント・パターン概略図　181

図6.4　ハブール川上流東部域のハラフ期のセトゥルメント・パターン概略図　182

図6.5　ハブール川上流西部域のハラフ期のセトゥルメント・パターン概略図　186

図6.6　テル・アル・ハワ地区のハラフ期のセトゥルメント・パターン概略図　188

図6.7　エル・ルージュ盆地内の現代の集落分布図　193

図6.8　イドリブ県の行政区分　194

表6.1　ハブール川上流東部域の遺跡データ　183

表6.2　西アジアにおける現代集落の人口密度　191

表6.3　南イランのクル川流域における集落人口・集落面積・人口密度　191

表6.4　現代西アジアの集落人口・集落面積・人口密度　192

表6.5　エル・ルージュ盆地の現代集落の世帯数・人口・集落面積・世帯人口・人口密度　195

表6.6　エル・ルージュ盆地の現代集落の人口・集落面積・人口密度　196

第7章

図7.1　ハラフ文化の打製石器　210

図7.2　ハッスーナ期、ハラフ期の垂直焔式土器焼成窯の例　215

図7.3　ウバイド期の垂直焔式土器焼成窯の例　220

図7.4　アルマナーズA2号窯の写真および実測図　222

図7.5　現代シリアの垂直焔式土器焼成窯の焼成室サイズ　223

図7.6　直方体時の容積（左）と円筒時の容積（右）　224

表7.1　ハラフ文化遺跡から検出されている植物資料の概要　205

表7.2　ハラフ文化遺跡から検出されている動物資料の概要　206

表7.3　テル・アバダで検出されたウバイド期の土器焼成窯　218

表7.4　テル・ソンゴルBで検出されたウバイド期の土器焼成窯　219

表7.5　現代シリアの土器焼成窯（焼成室の規模、1回の焼成土器数、職人構成など）　223

表7.6　シェイク・サイード窯で1回に焼成された土器一覧　224

表7.7　ブセイラ2号窯で1回に焼成された土器一覧　224

写真7.1　ハラフ土器に見られる焼成斑　217

第8章

図8.1　ハラフ文化の墓の類例　235

表8.1　テル・アルパチヤ検出墓　232

表8.2　ヤリム・テペⅡ検出墓　236

写真8.1　ハラフ文化の墓　233

ハラフ文化の研究

―西アジア先史時代への新視角―

第1章　ハラフ文化研究の目的と研究史

本章ではハラフ文化研究の目的と研究史、さらにハラフ文化とは何かを追究するために、これまでの研究法では何が不十分であるのか、そしてそれを克服するために本論で採る研究法と本論の構成について論述する。また、ハラフ文化の研究史についても簡潔にまとめていく。

第1節　本論の目的と構成

ハラフ文化とは、補正した暦年代で紀元前6000年から同5200年頃（未補正の放射性炭素年代では紀元前5200年から同4400年頃）までの間、現在の北東シリアから北イラクにかけて広がるジャジーラ Jazirah 地方を分布の中心として栄えた西アジア先史文化の一つである。この時代のこの地域は、時間的空間的に、農耕牧畜経済に基づく社会が完成した土器新石器時代の諸文化に後出し、都市文明の胎動期であるウバイド文化に先立つ。それゆえに、西アジアの先史時代を語るとき、ハラフ文化は都市文明へと至る農耕社会の発展期として言及されることが多かった。とくにその精緻で特徴的な彩文土器は、ジャジーラ地方を中心に南東アナトリア、北レヴァント、中部メソポタミア、ザグロスの各地に広範に分布し、それまでの地域的に限定された新石器時代土器の有り様とは大きく様相を異にしている。それゆえに、ハラフ文化を形成した社会とは小さな自給自足的な村落社会ではなく、地域社会の枠組みを大きく飛び越えた大規模で複雑な社会であり、ウバイド文化に発展する母体の一つとなったと一般的には考えられてきた。後述するように、その社会がエルマン・サーヴィス（Service 1971）のいうチーフダム、すなわち首長制の段階に当たると考える研究者も多い。

しかしながらこうした議論の多くが、その編年的な位置（上述した農耕牧畜経済確立期と都市文明胎動期の間に位置するという）と土器の広がり、文様の広がりなどに依拠した議論であって、集落の動態や規模、生業などの社会経済的資料を吟味した上で出された結論とはいいがたい。そこで本論では、ハラフ文化の諸属性に考古学的考察を加え、さらに筆者自身の行ってきた民族考古学的データを加味することによって、主としてハラフ文化の社会経済的側面を明らかにし、ハラフ文化の本質を理解することを目指した。その結果、ハラフ文化とは、一部で従来考えられてきたような農耕社会を発展させた首長制段階にある社会ではまったくあり得ず、マージナルな環境下での天水農耕のリスクを避けるために、周辺諸文化やハラフ文化の地域内での関わりの中で、土器づくりや交易など幅広い経済戦略を有した、独立性の高い小規模な社会集団によって形成された文化であることを主張するものである。

本論はまず研究目的と研究史を瞥見したあと（第1章）、考古学的な文化としてのハラフ文化の

定義と遺跡の分布、自然環境的背景に触れ（第2章）、次に土器編年にもとづいてハラフ文化の時空的な編年を行う（第3、4章）。第5章以降では、考古学資料を新たな視点から分析することによって、ハラフ文化の全体像の再構成をめざした。とくに重視したのはハラフ文化の社会経済的側面の解明であり、社会組織や社会形態を表象している住居（第5章）、集落（第6章）、墓制（第8章）や、生業・経済（第7章）といった経済活動に関わる資料を中心に、物質文化の体系的分析を試みている。そのための基礎資料として、現在まで蓄積されてきたハラフ文化に関わる報告書・論文などに加えて、筆者自身が発掘調査や整理分類を行ったテル・ウンム・クセイル Tell Umm Qseir遺跡、テル・カシュカショクⅠ Tell KashkashokⅠ遺跡、エル・ルージュ盆地の諸遺跡などからの出土資料も用いている。そして最後に、ハラフ文化を担った人々が社会経済的に見てどのような集団であったのか、西アジア先史時代の中でハラフ文化がどのように位置づけられるのかを結論づけていく（第9章）。

　本論で用いた分析手法はいわゆる考古学的方法が中心ではあるが、これに加えて生態学的方法および民族誌的方法を援用した。遺跡の分布やハラフ文化の生業などを考えるときに周辺環境との相互関係を考察するのは当然であり、植生図や花粉分析結果などから復元される自然環境などの生態学的データを積極的に活用した。また、考古学的資料の解釈や仮説の検証に当たって民族誌的データの有効性はさまざまに論じられてきたが、本論では主に筆者自身が行ってきた民族誌的研究成果を先史時代資料の解釈に用いている。とくにコッベなどの現代アラブ社会に見られるドーム屋根建築の分析をハラフ文化の特徴的建築であるトロスの解釈に（第5章）、北西シリアに位置するエル・ルージュ盆地の現代村落の人口・面積データを先史時代遺跡の集落人口の算出に（第6章）、また現代シリアの土器工房の分析を先史時代土器生産の解釈に（第7章）援用している。

第2節　ハラフ文化の研究史

　現代の研究の到達点から考えて、ハラフ文化研究にもっとも求められているものは何なのか、西アジア先史時代研究の中でハラフ文化研究が果たすべき役割とは何かなどについて考えるために、本節ではハラフ文化の研究主題の移り変わりに留意しながら、筆者なりの観点で年代を追ってハラフ文化の研究史をまとめる。

1)　20世紀初頭：ハラフ彩文土器の認識

　ハラフ文化はその精緻で優雅な彩文土器ゆえに古くから研究者の関心を集めてきた。ハラフ彩文土器の定義は第2章で触れるが、この土器について最初に言及した研究者は、20世紀初頭にサクチェ・ギョジュ Sakçe Gözüの発掘を行ったジョン・ガースタングであった（Garstang 1908）。ガースタングが当時まだまったく知られていなかったこのハラフ彩文土器の編年的位置づけに苦心した様子は、その発掘調査概報にありありと見ることができる。このガースタングにやや遅れて、1912～1913年に北東シリアのテル・ハラフTell Halafの発掘調査を行っていたマックス・フォン・オッペンハイムも同様の彩文土器に注目していた。そしてハラフ土器を含むテル・ハラフ出土の先史時代土

器は、後にヒューベルト・シュミットによって分類報告されることになる（Schmidt 1943）。1913年にはレオナード・ウーリィーが、発掘を継続していたカルケミシュCarchemishの近くで、ハラフ土器を出土する小さな遺跡ユヌスYunusを調査している（Woolley 1934）。これらの20世紀初めの発掘調査では、ハラフ土器を出土する前後の文化層が不明で比較資料も乏しかったために、この特徴的な彩文土器を出土する文化層を編年体系に位置づけることはできなかったが、共通した特徴を持った古い彩文土器が広く分布する事実そのものは研究者間に徐々に認識され始めた。

2) 1930年代：ハラフ文化の位置づけとテル・アルパチヤの発掘

西アジア先史時代の中でハラフ文化の編年的位置を明らかにしたのは、マックス・マロゥワンであった。マロゥワンは1931～1932年、ニネヴェNinevehにおいて深さ30mにも達する大トレンチを発掘し、ハラフ土器を出土する文化層が後にハッスーナと呼ばれるようになる文化層に後出し、またウバイド文化層に前出することを確認した（Mallowan 1933）。さらにマロゥワンはテル・アルパチヤTell Arpachiyah（Mallowan and Rose 1935）、テル・シャガル・バザルTell Chagar Bazar（Mallowan 1936, 1937）、テル・ブラク Tell Brak（Mallowan 1947）においてもハラフ文化層を発掘している。このうちとくにテル・アルパチヤでは比較的広い面積が層位的に発掘され、トロスと命名された独特の円形遺構やペンダント型のスタンプ印章、彩文を施した土偶など、ハラフ文化の考古学的アセンブリッジを形成する特徴的な遺物が多数出土した。また同遺跡で得られた彩文土器の長い良好なシークエンスによって、ハラフ文化をいくつかの小時期に細分できる可能性も示された。そのためテル・アルパチヤはテル・ハラフに代わるハラフ文化の標準遺跡（タイプサイト）として、その報告当初から現代までに至るまでハラフ文化研究にとって最重要遺跡の一つであり続けている。

3) 1940年代：編年体系とハラフ文化の細分

第二次世界大戦中の1943、1944年には、セトン・ロイドらがテル・ハッスーナ Tell Hassuna で発掘調査を行い、ハッスーナ—サマッラ—ハラフという古典的な文化編年を提示した（Lloyd and Safar 1945）。これによりハラフ文化の編年的位置がほぼ定まってきた。1949年にアン・パーキンズは、メソポタミア先史文化の体系的な比較研究を発表している（Perkins 1949）。パーキンズはハラフ文化を取り上げた第Ⅱ章で、アルパチヤ出土の土器シークエンスを基本として、ハラフ文化を前・中・後の3期に細分した。また地域的に、モースル周辺を中心とした東ハラフ文化と、ハブール川流域を中心とした西ハラフ文化に区分した。西ハラフ文化に比べて東ハラフ文化は、土器インダストリーの斉一性が高く、製作技術や器形・文様に明確なシークエンスが認められ、より発展した形態を含むことを主張し、ハラフ文化の起原は東ハラフ文化に求められ、その影響を受けて西ハラフ文化が成立したと考えた。

4) 1950～1960年代：アナトリアでの調査とハラフ文化の出自問題

1950年代には、シカゴ大学のイラク・ジャルモプロジェクトの一環として、ザグロス山脈中のバナヒルク Banahilkでハラフ文化層が発掘されている（Braidwood and Howe 1960, Watson 1983b）。

1960年代には南東アナトリア側に入ったユーフラテス河流域近くでテル・トゥルルTell Turlu（Mellink 1964）が、また北ディヤルバクルではギリキハジヤン Girikihaciyan（Braidwood et al. 1969, Watson and LeBlanc 1990）が発掘された。1930年代からハラフ土器の出土が知られていたヴァン湖沿岸のティルキテペ Tilkitepe（Korfmann 1982）と合わせ、ハラフ文化がアナトリア高原南東部〜東部にも及んでいることが明らかとなってきた。チャタル・フュックÇatal Hüyük やハジュラルHacılarなどアナトリア高原中・西部で発掘調査を進めていたジェームズ・メラートは、ハラフ文化の中に雄牛崇拝や冶金術、織物、精巧な土器などといった彼のいうアナトリア的要素Analotianness が多く認められるとし、ハラフ文化の成立に当たって、アナトリアの新石器文化や初期の銅石器文化が一定の役割を果たしたと考えた（Mellart 1965:125）。メラートよりやや遅れるが、ハラフ文化の起原をアナトリア高原に求めたもっとも極端な主張はボゴスロフスカヤの論文に見ることができる（Богословская 1972）。ボゴスロフスカヤは、アナトリア高原の諸遺跡とハラフ文化の諸遺跡の文化要素を強引に比較し、西ハラフ文化の起源をアナトリア高原に求め、また東ハラフ文化は西ハラフ文化の影響を受けて成立したと結論した。この主張は前述のパーキンズの研究結果と正反対の結論であるため、ハラフ文化の起源や区分、発展に関しての再考を促す結果となった。カプランはガッスール文化などパレスティナ地域の銅石器文化とハラフ文化との比較研究を、主に土器の器形にもとづいて行っている（Kaplan 1960）。この研究自体は十分説得力のあるものとはいい難いが、ハラフ土器の出土しない地域とハラフ文化との相対編年を試みた研究としては評価することができよう。

5）1970年代：調査の進展と研究の深化

1970年代に入ると、多数のハラフ文化遺跡の調査が行われるようになった。その主なものとして、シンジャール地域のヤリム・テペⅡおよび同Ⅲ Yarim Tepe Ⅱ, Ⅲの調査（Merpert and Munchaev 1971, 1973, Munchaev and Merpert 1971, 1973, 1981, Merpert et al. 1976, 1977, 1978, 1981）、ユーフラテス河中流域のシャムス・エッ・ディン・タニーラShams ed-Din Tanniraの調査（Al-Radi and Seeden 1980, Azouri and Bergman 1980）、ハブール川上流域のテル・アカブ Tell Aqabの調査（Davidson 1976, Davidson and Watkins 1981）、イスマイル・ヒジャラらによるテル・アルパチヤの再発掘調査（Hijara et al. 1980）などを挙げることができる。発掘調査の増加に伴い、遺跡相互の関係についても盛んに論じられるようになった。土器の文様・器形の比較に基礎を置いたステヴァン・ルブランらの研究（LeBlanc and Watson 1973）や、土器の胎土分析にもとづくトーマス・ダヴィドソンらの研究（Davidson and Mckerrell 1976）などがある。これらの研究は、それまでの単純な土器の比較、編年的研究とは異なり、ハラフ文化内部の交流をダイナミックに捉えようと試みた意欲的な研究であった。研究成果にもとづいて、ダヴィドソンはハラフ土器の広範な分布の背景に交易の隆盛があったことを主張している（Davidson 1976）。物資の交流に関連して、ハラフ土器を担った人々をアナトリア東部のヴァン湖周辺の黒曜石交易者として捉えようとしたメラートの主張（Mellaart 1975: 169-170）は実に魅力的ではあるが、残念ながら根拠は乏しい。

6) 1980年代：緊急調査の増加とテル・サビ・アビヤドの調査開始

1980年代には主としてダム建設による緊急調査のために、70年代よりさらに多くのハラフ文化遺跡が発掘されることになった。テル・ウンム・クセイール（Hole and Johnson 1986-87）、テル・ハッサン Tell Hassan（Fiorina 1984, 1987, Fiorina and Bulgarelli 1985）、ハラベ・シャッターニ Kharabeh Shattani（Watkins and Campbell 1985, Baird et al. 1995）、チャヴィ・タルラス Çavi Tarlası（von Wickede 1984）などの調査である。しかしながらハラフ文化研究にとってもっとも重要な調査は、1980年代後半に開始され現在も継続中のオランダ隊によるバリフ川流域の地域研究である。この地域研究の一つの中核がテル・サビ・アビヤド Tell Sabi Abyadの発掘調査であり、この調査はハラフ文化の成立に関するきわめて良好な資料を提供した（Akkermans ed. 1989, 1996）。調査を主導しているペーター・アッカーマンズは、バリフ川流域の地域研究の調査成果に依拠してハラフ文化のさまざまな側面について斬新な提言をしており、ハラフ文化研究を大きく前進させた（Akkermans 1993）。

7) 1990年代以降：地域研究の隆盛

オランダ隊によるバリフ川の地域研究とほぼ時を同じくして、西アジアのさまざまな地域で同様の地域研究が試みられる機会が多くなった。ハラフ文化遺跡についてもそのような地域研究の中で考察されるようになったのが近年の研究上の特徴の一つである。代表的なものに、トニー・ウイルキンソンらによるイラク側北部ジャジーラのテル・アル・ハワ Tell al-Hawa地区の地域研究（Wilkinson and Tucker 1995）、ベルティーユ・リヨネらによるハブール川上流域での地域研究（Lyonnet 2000）、ギレルモ・アルガーズらによるティグリス河流域ジュズレ＝シピロ平野の踏査（Algaze et al. 1991）などがあり、ハラフ文化の中核地帯からは外れるもののハラフ文化に関連の深い遺跡を含む地域調査として、シカゴ大学によるアムーク平原の調査（Yener et al. 2000）や筑波大学によるエル・ルージュ盆地の調査（Iwasaki et al. 1995, Iwasaki and Tsuneki 2003）などがある。これらの地域研究の中で、同地域内の相前後する諸文化と比較してハラフ文化の住居や集落パターン、生業や社会構造などがどのような特徴を持っているのかが議論されるようになってきた。そうした潮流の中で、現在ハラフ文化の西アジア先史時代における位置づけや意味についての議論が徐々に深化してきているといえよう。

第3節　本論の視点

前節で年代を追ってハラフ文化の研究史を簡単に振り返った。これを踏まえ本節では、ハラフ文化に関して議論の中心となってきた点を整理し、本論の視点を明らかにしておこう。

1) ハラフ文化の編年

ハラフ文化の編年はハラフ彩文土器にもとづいて行われており、近年までその指標となっていたのはテル・アルパチヤの土器シークエンスであった。アルパチヤの発掘調査を行ったマロウワン自身が既にハラフ文化の時期を大きく三つの時期およびウバイド文化への移行期というように細分し

ており（Mallowan and Rose 1935: 17-25）、この土器シークエンスにもとづいてパーキンズがハラフ文化を前・中・後の3期に細分した（Perkins 1949）ことは上述した。その後、ダヴィドソンはテル・アカブの土器シークエンスをアルパチヤのそれと比較しながら、パーキンズ同様にハラフ文化を3期に細分して論じた（Davidson 1976）。またヒジャラはアルパチヤの再発掘で得られた土器シークエンスを大きくフェイズ1〜4に区分しているが（Hijara 1980）、やや混乱が見られるためにヒジャラのフェイズ1〜4は3期に区分し直されて用いられることが多い。これらの議論で依拠してきた編年指標は、主に器形の変遷と文様変化、単彩文か多彩文かの区分などであった[1]。ところがアルパチヤやアカブの土器シークエンスがハラフ土器のすべてをカヴァーしているわけではなく、他地域のハラフ土器にこの編年を充当しようとすると、さまざまな矛盾が生じてしまう例が出てきた（たとえばGustavson-Gaube 1981:81の指摘）。また、器形や文様などの編年指標を採った場合、ハラフ前期と中期は明確に区分できるのに対して、ハラフ中期と後期の区分はあいまいになってしまう傾向があった（たとえばCampbell 1992:63の指摘）。

　そこでスチュアート・キャンベルは、従来のハラフ前期をハラフⅠ期、ハラフ中後期をハラフⅡ期というようにハラフ文化を大きく二つの時期に大別することを提唱した（Campbell 1992）。キャンベルのハラフⅠ、Ⅱ期はさらにⅠa、Ⅰb期とⅡa、Ⅱb期に細分され、Ⅰa期はハラフ文化の初頭、Ⅰb、Ⅱa、Ⅱb期は従来のハラフ前期、中期、後期と大まかに対応する。この編年は、明確な区分が困難なときはⅠ、Ⅱ期とだけ呼び、細分が可能ないし必要なときだけa、bをつけて呼べるという便利さもあって、研究者間に徐々に浸透しつつある（たとえばNieuwenhuyse 2000）。しかしながら筆者は、土器編年の上でハラフ中期と後期は明確に規定し区分できると考えており、また土器を含む考古学的アセンブリッジに関して、ハラフ前期とハラフ中期の相違がハラフ中期とハラフ後期の相違に比べて特段大きいと捉えることもできないと考えている。したがって、キャンベルのようにハラフ文化を2時期に大別することについては積極的に支持できない。また、第4章などで後述するように、たとえば南東アナトリア地方ではハラフ中期に急速な集落の拡散が起こり、同後期にそうした動きが停滞する現象が認められるのであるが、編年的にハラフ中期と後期の境をあいまいにすればこのような現象を的確に捉えることができず、むしろ有害であるとさえ考えている。したがって第3、4章で詳述するように、本論では筆者が認識できるだけの細分化を前提に、ハラフ文化を成立期、前期、中期、後期、終末期の5期区分で基本的に扱い、細分が不可能なときだけ、ハラフ成立期・前期、ハラフ中期・後期といったように、二つ以上の時期区分を連接して用いることにした。

2）　ハラフ文化の出自

　前項のハラフ文化の編年問題とも密接に関連するが、ハラフ文化の出自に関してさまざまな議論が積み重ねられてきた。ハラフ文化は北メソポタミアではハッスーナ文化に後出し、土器製作技術にある程度の共通性が認められることなどから、ハッスーナ文化を母体としてハラフ文化が出現したと考える研究者もいる（たとえばKirkbride 1972:15）。これに対して、ハッスーナ文化など北メソポタミアでハラフ文化に先行する諸文化とハラフ文化との間には物質文化的に大きな相違があり、ハラフ文化は北メソポタミアの外で起源し北メソポタミア方面に持ち込まれたと考える研究者も多

い。とくに前述したようにアナトリア高原をハラフ文化の故地とする主張が古くからなされてきた (Mallowan and Rose 1935: 177, Mellaart 1965: 125, Богословская 1972)。しかしながら、ハラフ土器の編年に照らして、本論でいうハラフ成立期や前期までさかのぼる遺跡は北シリアのユーフラテス河中流域から北メソポタミアのモースル地域にかけてのいわゆるジャジーラ地方以外では見出すことができない。これに加えて、近年の調査・研究の充実により、ジャジーラ地方でのハラフ土器の成立過程を論じられる資料が整えられてきた (Akkermans 1993, 1997, Cambell 1992など)。さらに詳しい起源地に関しては、バリフ川などシリア側ジャジーラに限定される (Akkermans 1993:293) とか、北イラクのティグリス河流域から一部南東アナトリアまでを含む地域である (Campbell 1997) などの論争があるものの、現在の研究状況からすれば、ジャジーラ地方こそハラフ土器の起源地であることは疑い得ない。本論では第3、4章で、ジャジーラ地方の土器新石器文化を母体として外来のサマッラ文化やアムークB文化の影響を受けつつハラフ土器が出自した過程を論じるが、ハラフ文化のもっとも基本的属性の一つであるハラフ土器がジャジーラ地方に起源したとすれば、ハラフ文化もまた同地方で出自し拡散していった蓋然性が高いと考えている。

3) トロスの機能とハラフ文化の集落

ハラフ文化遺跡の発掘調査で発見されるもっとも特徴的な遺構がトロスである。このトロス (Tholos、複数形はTholoi) とは、ギリシア語でドームを意味し、古代ギリシア建築学で円形プランの建物を総称する用語として用いられている。ギリシア考古学の分野ではミケーネ期の持送り式の穹窿墓などがトロスと呼ばれているが、西アジアの先史考古学においては、1933年のテル・アルパチヤの調査で円形プランを持った特異な遺構が多数出土し、マロゥワンらがこれをトロスと呼称して以来 (Mallowan and Rose 1935)、とくにハラフ文化の円形プランを持つ遺構を指す用語として普遍的に用いられるようになった。このマロゥワンらの調査で出土したトロスが非常に印象深い遺構であったこともあり、またハラフ文化遺跡のほかにこのような円形遺構ばかりが頻出する遺跡が少ないこともあって、ハラフ文化の遺構＝トロスとイメージしがちである。こうした風潮は、他の時期にも存在する円形遺構はトロスと呼ばずハラフ文化の円形遺構のみをそう呼んだり、またハラフ文化に存在する他の形態を持つ遺構に対する関心の欠如、さらにはトロスを集落構造の中で位置づける作業の停滞をもたらし、ハラフ文化の集落研究を遅滞させる結果となってきた。このような研究状況はまた、トロス自体の意味づけをも混乱させる原因ともなってきている。トロスの機能について、宗教的な建築物である (Mallowan and Rose 1935:34) とか、日常の住居である (Munchaev and Merpert 1971:19) とか、貯蔵用施設である (Akkermans 1989:66) とか、さまざまに議論されてきているにもかかわらず、いっこうにその社会経済的意味についての議論は深化してこなかった。そもそもトロスは方形プランの家屋などと比較してどのような特徴を有していたのか、そのような家屋が集合した集落としての特質は何か、そしてトロスという円形プランの家屋を多数建築した意味はどこにあるのか、などについて社会経済的視点からの分析がまったくなされてこなかったといって過言ではない。この点を踏まえて筆者はトロスの社会経済的分析に関する論攷を既に発表しているが (常木 1994, Tsuneki 1998)、本論第5章ではこの論攷を発展させる形で上述した諸問題を再

検討し、筆者自らおこなった民族誌的研究の成果も加えながら、トロスの機能とハラフ文化の集落の意味を問い直す。

4) ハラフ文化の生業と経済

ハラフ文化に帰属する遺跡から検出される植物資料や遺跡の立地などから、ハラフ文化の生業の基本が天水農耕にあったことは、多数の研究者が指摘してきた（たとえば、Davidson 1976:11-16, Campbell 1992:Chapter 3, Matthews 2000:109）。現在まで、ハラフ文化の中で積極的に灌漑農耕の存在を示すような考古学的証拠はなく、河川沿いの季節的氾濫原を利用する程度のことはあったとしても、基本は天水農耕にあったと考えて間違いないだろう。また、いくつかの例外を除いて動物資料のほとんどは家畜種を示しており、天水農耕と牧畜がハラフ文化の食糧生産基盤をなしていたと考えてよい。本論第7章でハラフ文化遺跡から出土する動植物資料や石器などの生産用具を検討しているが、ハラフ期になって新たに開発された家畜や栽培植物は見当たらず、革新的な農具なども見出せない。つまり、生業的にはそれ以前の土器新石器時代からの継続性が強く、農牧畜生産の効率化や大規模化などを示唆するような考古学的証拠をハラフ文化に見出すことはできなかった。打製石器などに見られる道具生産や使用の面では、前の時代に比べるとむしろ小規模で個別的・非専業的であり、技術的にも低調となってしまう様子がうかがえる。

そこで筆者は、ハラフ文化の人々は天水農耕と牧畜という生業を積極的に拡大する方向に向かったのではなく、生計の基盤として別の経済手段を選択していた可能性を考えた。そのときに考古学的資料からもっとも可視的なのは、何といっても美しいハラフ彩文土器の存在である。ハラフ彩文土器の生産・流通に関する考古学的証拠と、現代シリアの土器工房から復元される生産規模や生産体制から、ハラフ彩文土器が相当程度専業的に生産されていたこと、またモノの流通に当たって発達した封泥システムが機能していたことをスタンプ印章や封泥の存在から主張し、非食糧生産的経済がハラフ社会の中で重要な役割を果たしていたのではないかということを論じる。そのことがハラフ彩文土器を始めとするハラフ文化のいくつかの属性が、それ以前の土器新石器時代までの小さな遺物分布圏を越え、それを横断する形で広がっていく背景となった、と考えられるのである。

5) ハラフ社会の歴史的認識

ハラフ文化を形成していた社会を歴史的にどのように位置づけるかという問題は、ハラフ文化をどのように認識するかという根本問題である。考古学研究の上で、ある文化の歴史的位置づけや一般化の議論のたたき台となってきたのは、文化人類学者のサーヴィス（Service 1962, 1971）やフリード（Fried 1967）らによって1960年代に提案された進化論的枠組みであり、前者ではバンド社会→部族社会→チーフダム→国家、後者では部族レベル平等社会→ビッグマン社会→低位チーフダム→高位チーフダム→階層社会→国家基盤社会、といったように社会が複雑化していくと捉えている。ハラフ社会がこのうちのどの段階の社会に相当するのか、という類の議論も盛んになされてきた。私たちにとってより重要なのは、ハラフ社会とはどのような社会であったのかという具体像を描くことにあり、ハラフ社会を上記のどれかに当て嵌めて満足することではないと筆者は考えている。

しかしながらハラフ文化を形成していた社会を一般化し歴史の流れの中に位置づける作業の中では、上記のような区分もまた一定の意味を持っていることも確かであろう。

現在ハラフ文化の社会の捉え方には、大きく二つの考えが存在している。第一は、ハラフ文化をチーフダムに区分できるような複雑で階層化した社会として捉えようとする見方である。テル・アルパチヤの発掘調査でTT6層から豊富な遺物を出土したburnt houseが検出されたときに、首長の存在や専業性の高い工芸の存在がはやくも主張されているが（Mallowan and Rose 1935:16-17）、ハラフ文化の編年的位置が判明するにつれて、土器新石器時代の農耕村落的社会と都市文明社会の基盤を準備したウバイド文化の社会を繋ぐものとして、ハラフ社会を評価する声が高まった。そのもっとも類型的な主張はパティ・ジョー・ワトソンらの論文に認められ（Watson and LeBlanc 1973）、ハッスーナ文化を部族社会、ハラフ文化を単純なチーフダム、ウバイド文化を複雑なチーフダムと想定している。チャールズ・レッドマンはこのワトソンらの主張に全面的にもとづいて、ハラフ文化をチーフダムの典型と位置づけている（Redman 1978:199）。ダヴィドソンは北メソポタミア各地で出土したハラフ彩文土器の胎土の微量元素を分析し、土器交易センターの存在を示唆したが（Davidson and McKerrell 1976）、土器交易の拠点となっていたようなハラフ文化の集落は、土器ばかりでなくさまざまな工芸製品の生産・交易ないしは少なくとも再分配拠点であり、それをコントロールした首長の居住地であったと主張している（Davidson 1976:297-336）。マロゥワンらがテル・アルパチヤで発見したburnt houseから出土した遺物の再検討を行ったキャンベルは、burnt houseが黒曜石を始めとするさまざまな物資の交換の場として機能していたと考え（Campbell 1992, 2000）、クリスチャンセンのモデル（Kristiansen 1991）を用いて、ハラフ社会が分散型階層社会であったと主張した（Campbell 1992:222-223）[2]。

ハラフ文化に対する第二の考えは、ハラフ社会をもっと素朴な部族社会的なものとして捉えておこうとするものである。アッカーマンズは、ハラフ文化の社会組織は、小規模で平等的な家族ないし親族関係を基本としていて、社会的決定は権力者のパワーによるのではなく社会構成員のコンセンサスにもとづいていたと考えている（Akkermans 1993:289）。その意味でハラフ社会は「非階層的」で「部族的」であるという。彼の主張の背景は、考古学的資料をいくら紐解いてもハラフ社会がチーフダムと呼べるような複雑高度な社会を形成していた証拠を見出せないことにある。セトゥルメント・ハイアラーキーの発達はきわめて限定的で集落規模も小さく、各世帯の家族数も限定されている。人口密度は低く共同祭祀に関わる遺構も欠如しており、集落間の統合の証拠も乏しい。そこに描き出せるのは自律性と社会的分離性の強い社会であるという（ibid.:321-322）。アッカーマンズのこの主張に同調する研究者はまだけっして多数派とはいえないが、何人かの研究者が賛意を示している（たとえばMatthews 2000:110-111）。

上記した二つの考え方はまるで正反対の主張に見えるが、問題となっているのはハラフ社会がどの程度複雑化しているのかという程度の問題である。筆者としては、ハラフ社会をチーフダムとして主張できるだけの考古学的な証拠はけっして十分なものではない、と主張するアッカーマンズの考えにまったく同感である。しかしながらアッカーマンズの主張では、彩文土器の活発な交易などに現われているハラフ社会のダイナミズムが十分捉えられないことも確かである。

筆者はまた、ハラフ文化をその前後のハッスーナ文化から、そしてウバイド文化へといった一連の発展段階にあるものとして捉えるべきではないとも考えており、ワトソンらのような類型的理解は、ハラフ文化の本質をかえって見誤る可能性が高いといわざるを得ない。サーヴィスやフリードの提唱した文化人類学的な社会進化の演繹的枠組みが、世界中のすべての文化についてうまく適応できる保証はない。筆者の考えているハラフ社会をそれにあえて当て嵌めるとすると部族社会の範疇に入るものと思われるが、このような主張がハラフ文化の研究にどれだけ有効かについても疑問符がつく。本論ではあくまでも、ハラフ文化のさまざまな属性を統合してハラフ文化を形成した社会の特質を考察する、という手法を採りたい。

註
1) 筆者が以前に行ったハラフ文化の編年も、テル・アルパチヤ出土のハラフ彩文土器の器形と彩文を基準として、ハラフ前期、中期、後期の3期編年としている（常木1987）。
2) この分散型階層社会の特徴の一つは、生業パターンが分散していて町のような大型の集落を持たないことにあるとされるが、近年これと一見矛盾するかのような大型のハラフ文化遺跡が、キャンベル自身が主導しているドムズテペ（Campbell and Carter 2000, Carter et al. 1999）やテル・クルドゥ（Yener et al. 2000）などの調査で発見されつつある。これらの集落とその評価については、本論第6章で論じる。

第2章 自然環境的背景とハラフ文化の定義、遺跡分布、地域ごとの特徴

本章ではまずハラフ文化遺跡が営まれる自然環境的背景と地域区分に言及した後、ハラフ文化について考古学的に定義し、ハラフ文化遺跡の分布と地域ごとの特徴について論じる。

第1節 ハラフ文化の自然環境的背景と地域区分

後述するようにハラフ文化の展開する主要舞台となったのは、現代の北東シリアから北イラクにかけて広がるジャジーラと呼ばれる地方であるが、ハラフ文化の強い影響力はジャジーラ地方をはるかに越えて、西方は北レヴァントからキリキア地方、北方は南東アナトリア、東方はザグロス山脈、南東方は中部メソポタミアにまで及んでいる。ここではまず、ハラフ文化の展開する舞台となった諸地方について、それぞれの自然環境的背景を論じ、地域区分を行っていく。

西アジアの地形をまず簡単に概観する（図2.1）。西アジア最大の大河であるユーフラテス河とテ

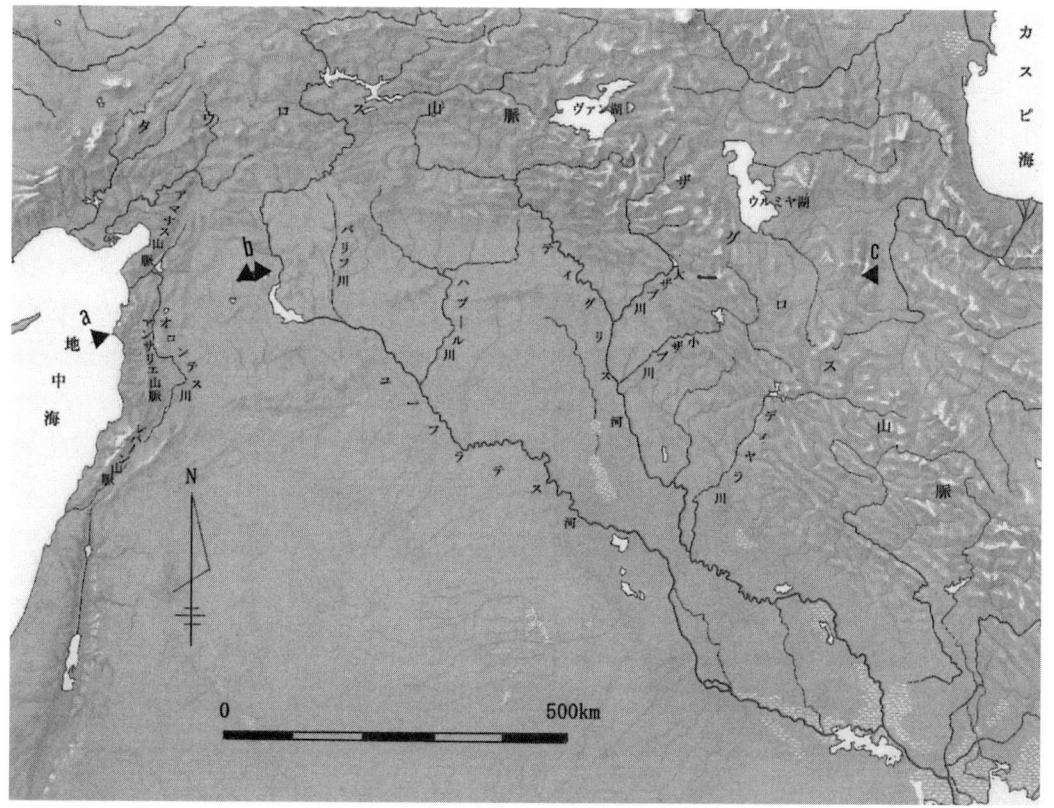

図2.1　西アジアの地形図

ィグリス河が流れる平原地帯の西・北・東の三方を、標高3,000～5,000m級の高い主峰を頂くレバノン、タウロス、ザグロスといった大きな山脈が半月形に取り巻く。西方から見ていくと、まず地中海東岸に沿ってレバノン山脈、アンティ・レバノン山脈とそれに連なる山脈が南北に伸びる。レバノン山脈を源流としてオロンテス川がアンサリエ山脈東側に沿って北上し、同山脈が切れるアムーク平原で南西方向に急に流れを変えて地中海に注ぐ。アンサリエ山脈の北側にはアマナス山脈が南西～北東方向に走り、すぐ北側で主脈であるタウロス山脈に連なっている。タウロス山脈はアナトリア高原南部を東西に走り、アナトリア高原を源流とするユーフラテス河とティグリス河はこの山脈を貫いて南下し、北シリア、北イラクの平原地帯に入る。両河は平坦な地形をさらに南東方向に下り、下流の南メソポタミアでは広大な氾濫原を発達させ、クルナ付近で合流してペルシア（アラビア）湾に注ぐ。タウロス山脈の東側にはザグロス山脈が北西～南東方向に走り、メソポタミア低地とイラン高原を画す。これらの自然地形が形成された遠因は約2億年前から活発化した大陸移動であると考えられており、プレート・テクトニクス理論などでよく説明がつくという。そして現在の自然地形の大要ができ上がったのは数百万年前とされる。その後第四紀になっても小規模な地殻変動や河川による段丘の形成、沖積平野の堆積などは続いているわけだが、ペルシア湾頭のような海面移動による大きな汀線変化が見られたところを除いて、ハラフ文化の繁栄した紀元前6000年紀（補正年代）の自然地形と現在見られる自然地形との間に大きな相違はない。

　ハラフ文化遺跡が展開する地域をほぼ東西に横断する自然地形の断面図を図2.2に表してみた。図2.3は等雨線図[1]、図2.4は土壌分布図[2]、図2.5は西アジアの自然植生の概略図[3]である。断面図に沿って西から東へ地形と植生を追ってみよう。

　地中海東岸には部分的に狭小な海岸平野が認められる。断面図西端のラタキア付近にはケビール川による幅約20kmほどの沖積平野が展開し、これが北レヴァント地方最大の海岸平野となっている。平野の東側にはレバノン山脈の北に連なるアンサリエ山脈が迫っている。海岸平野からこの山脈の西側にかけては、夏季の高温乾燥と冬季の温暖降雨に特徴づけられる、いわゆる地中海植生の森林帯であり、年平均の降雨量が800mmを越える。人為的な開発を受けていない自然植生では、常緑広葉カシ（*Quercus calliprinos, Q.ithaburensis, Q.cerris, Q.libani*など）を主体として、ピスタチオやオリーヴ、イチヂクなどの潅木類を含んだ森林が形成されている。標高が高くさらに雨量が増すにつれて、森林の中にマツ（*Pinus brutia, P.halepensis*など）やイトスギなどが点在するようになる。アンサリエ山脈の標高は北部のスレンフェ付近で1,600mを越し、植生は山岳森林を形成している。こ

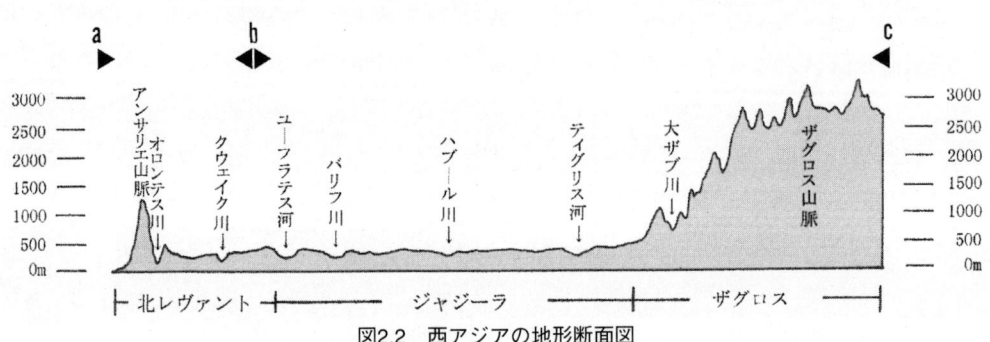

図2.2　西アジアの地形断面図

第 2 章　自然環境的背景とハラフ文化の定義、遺跡分布、地域ごとの特徴　23

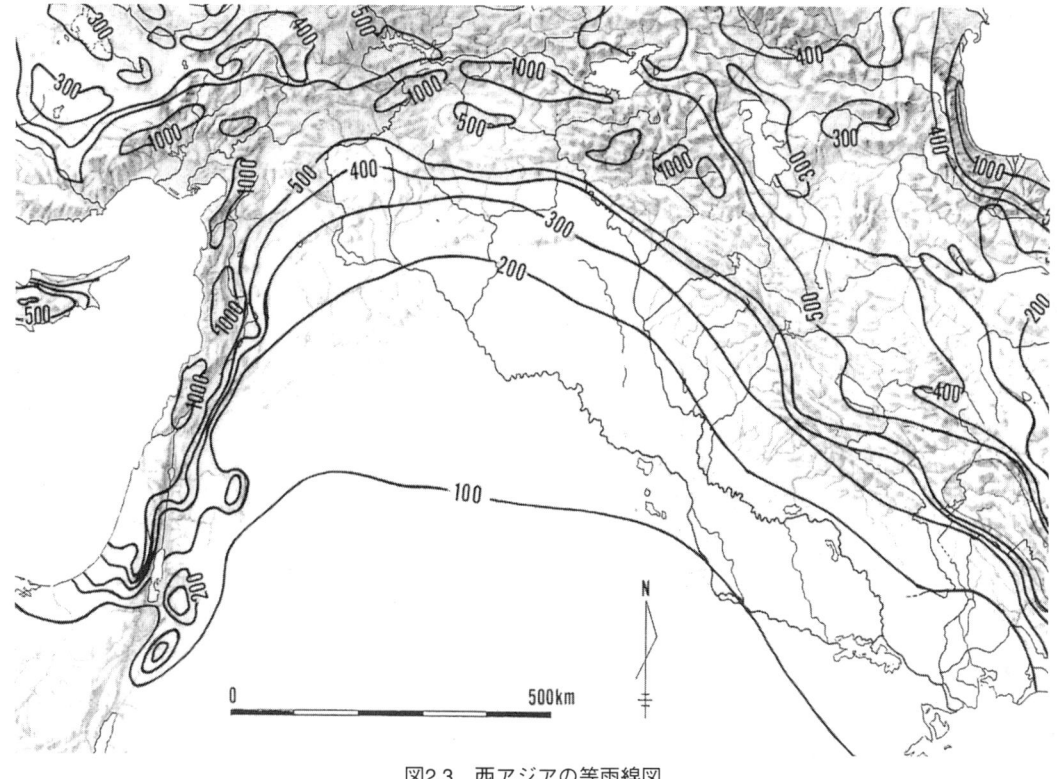

図2.3　西アジアの等雨線図

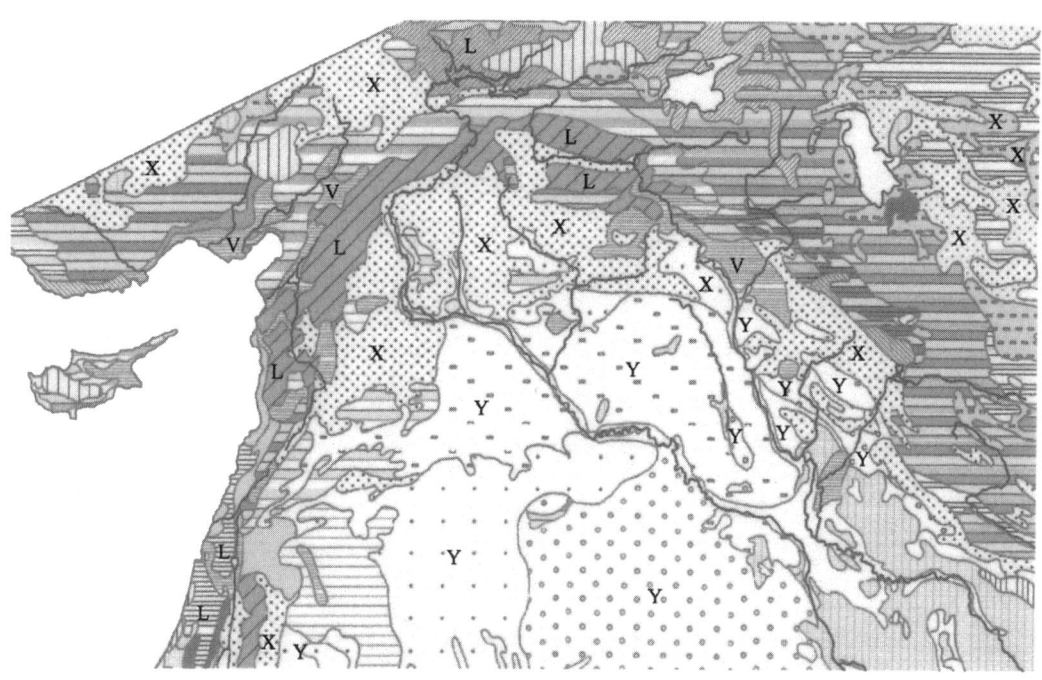

X：Xerosol　Y：Yermosol　L：Luvisol　V：Vertisol
ゼロソルは半乾燥地域の乾いた土壌、イェルモソルは砂漠土壌、
ルヴィソルは中〜高塩基土壌、ヴァーティソルはルヴィソルの一種

図2.4　西アジアの土壌分布図（FAO 1977にもとづいて作成）

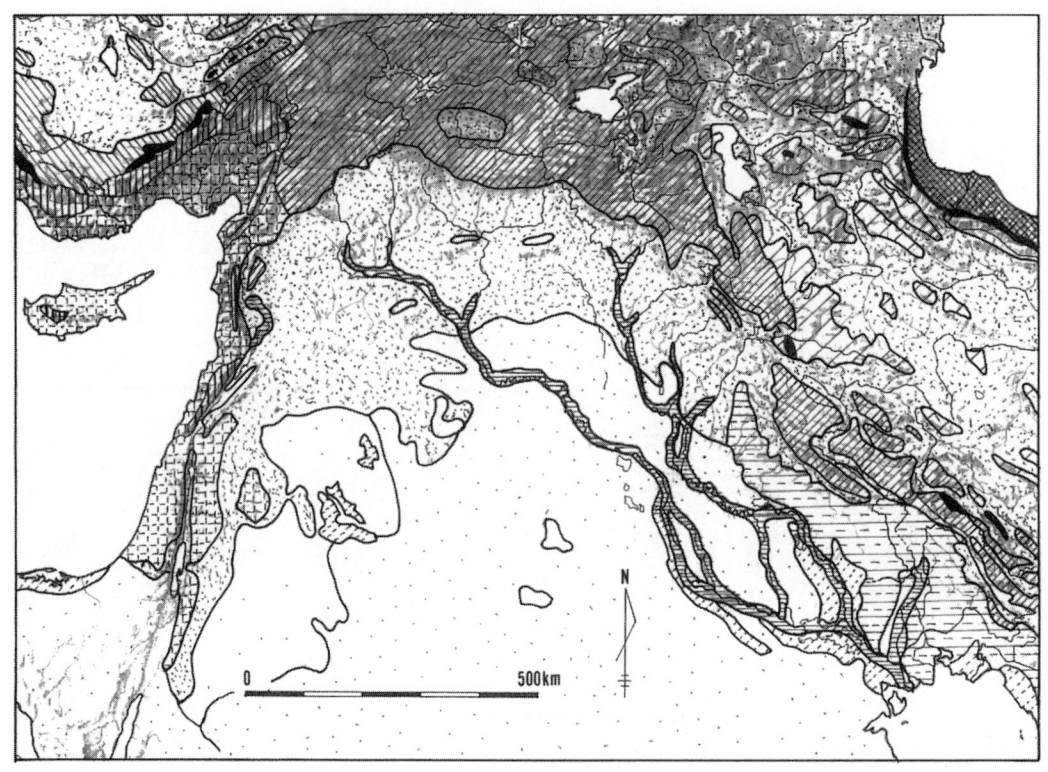

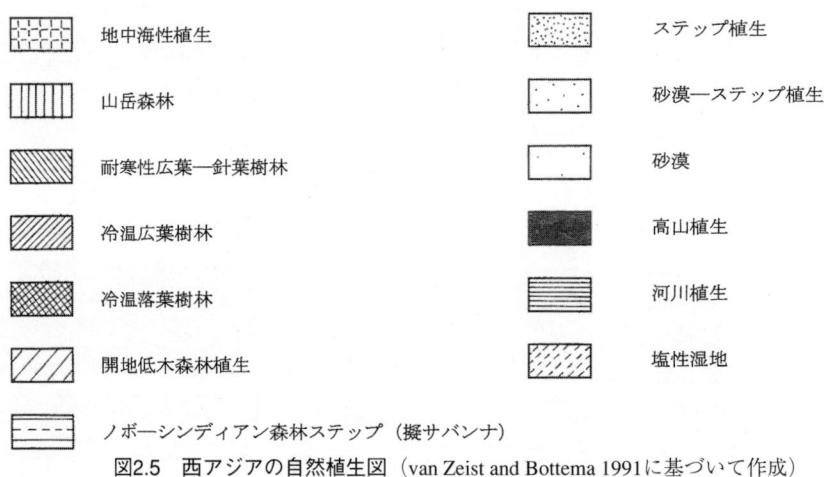

図2.5　西アジアの自然植生図（van Zeist and Bottema 1991に基づいて作成）

のスレンフェ近くでは、モミやレバノンスギの林分も見ることができる。

　アンサリエ山脈とその東側にあるザヴィエ山脈の間は、死海地溝帯の北はずれに当たるガーブ盆地が伸び、その中をオロンテス川が北へ流れている。ガーブ盆地の標高は200〜300m、年平均降雨量は400〜600mmとなっている。現在ガーブ盆地内はすべて農地として開発され尽くしているが、潜在自然植生としてはポプラやプラタナスなどの河川森林を形成するものと考えられる。ザヴィエ山脈は標高1,000m弱の石灰岩の山塊であり、山脈とその周辺は年平均降雨量400mm前後で、植生とし

ては乾燥した冷温広葉樹林帯に区分される。石灰岩の岩盤が露出せずに風化土が発達しているところでは、カシやナラなどのオークとピスタチオ、アーモンド、プラム、マハレブ・チェリーなどの樹木が自然植生として存在している。さらに東の内陸に向かうにつれて標高は下がり、年間降雨量は徐々に減少していく。アレッポを貫いて流れるクウェイク川近辺では標高約300m、年平均降雨量は300㎜程度となる。この付近ではクウェイク川底の伏流水のある場所を除くと、オークやピスタチオなど乾燥森林帯の林分が草原の中に点在する疎林帯ないし森林ステップ帯の自然植生となる。

そしてアレッポの東側になると、それまで基本的に南北に連なっていた等高線や等雨線の方向が東西方向に変わり、それにあわせて南北方向へ伸びていた自然植生帯も東西方向へと広がるようになる。したがって、アレッポ東郊からユーフラテス河中流域大湾曲部にかけて、さらにそれを超えてバリフ川、ハブール川上流域、シンジャール平原からティグリス河畔のモースル地区に至るまで、草原を主として小さな林分が散在する森林ステップ帯というほぼ均一の植生が、数10km～100kmほどの幅で約500kmにわたり東西に伸びている。年間平均降雨量は250～350㎜、ジャバル・アブド・エル・アジス、ジャバル・シンジャールの山塊を除くと300～400m程度の標高の平原で、点在する林分の主な樹種はテレビンやピスタチオ、アーモンド、矮性チェリー、サンザシ、シリアナシなどである。しかしながら、この森林ステップでの植生の基本はあくまでもアカザ科などのさまざまな乾燥性草本類である。草本類の中には、アインコルンコムギやウラルトゥコムギ、オオムギ、ライムギ、レンズマメなどの野生種も見出される。

モースル地区を出てさらに東に行くとザグロス山脈の西南麓でティグリス河の支流である大ザブ川に達する。ザグロス山脈は主峰が4000mを越える高い山脈であるが、大ザブ川が北メソポタミア平原部に入る山麓付近は標高500mほどである。ザグロス山脈南西側の年間平均降雨量は500㎜を越えており、高度を上げるほど降雨量は増加する。標高700mを越えたザグロス山脈地帯の自然植生は、ペルシアナラなどのオーク（*Quercus brantii, Q.boissieri* など）を主体とし、ピスタチオやセイヨウネズなど多様な樹木種で構成された冷温広葉樹林帯であるが、現在これらの植生の多くは人為的な破壊を受けている。オークを主体としたほぼ同様の樹木種の冷温広葉樹林帯はザグロス山脈から北西のタウロス山脈東部へも伸びており[4]、タウロス山脈中のティグリス＝ユーフラテス河上流域もザグロス山脈とほぼ同様の植生帯に位置している。

ここに挙げた西アジアの地形図や等雨線図、土壌分布図、自然植生図には大まかな相関関係が認められる。これらの自然環境的相違と次節で扱うハラフ文化遺跡の分布などに配慮しながら、本論で議論される西アジアの各地方を次のように区分しておきたい（図2.6）[5]。

1） 北レヴァント地方

地中海北東岸から内陸はクウェイク川付近までの地方を指す。上述したように海岸平野、アンサリエ山脈やアマナス山脈などの山岳地帯、山間盆地、内陸平原といった多様な自然地形を背景に、多様な植生帯が認められる。自然環境的相違に配慮すれば、この地方はアンサリエ山脈の西側にあたるラタキア～タルトスまでの海岸地域、アムーク平野やエル・ルージュ盆地、ガーブ盆地などの

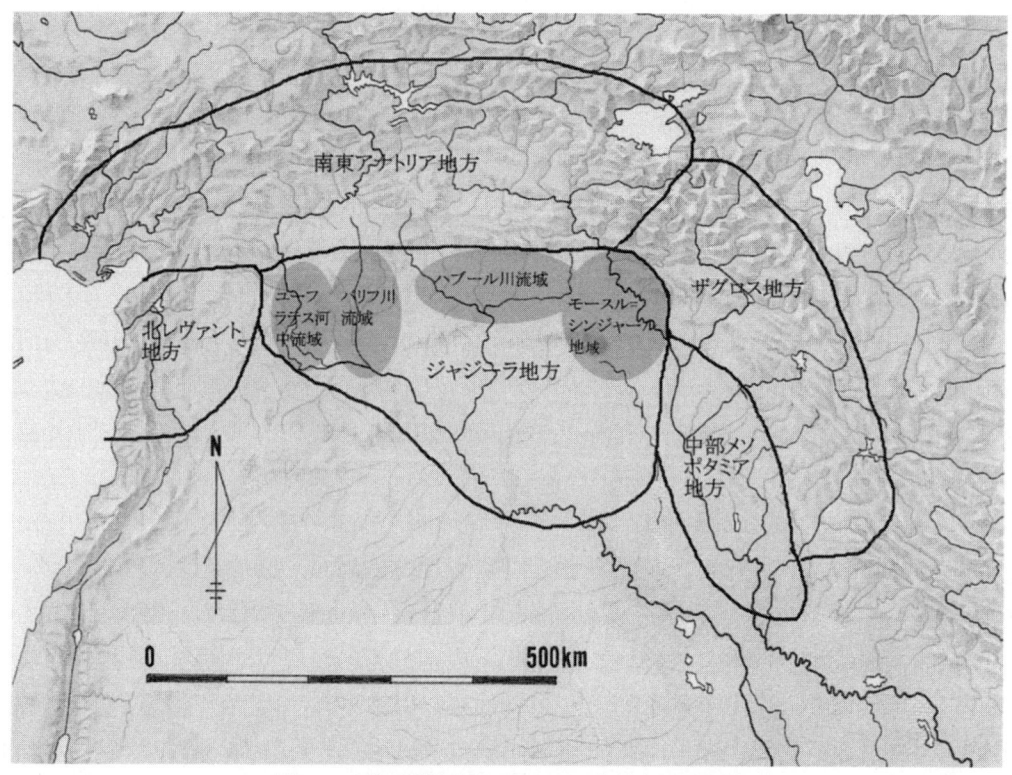

図2.6　本論で議論される西アジア各地方の区分図

山間盆地地域、さらにザヴィエ山脈やセマン山脈の東側からクウェイク川に至るまでの平原地域などの各小地域に区分することが可能である。しかしながらハラフ文化遺跡を研究の主対象とした場合、北レヴァントを小地域に区分して論じる必然性は少なく、本論でも必要がない限り基本的にこれらの地域を一括して北レヴァント地方として議論を進める。本地方に多様な地形と植生が存在していることは上述したとおりだが、クウェイク川流域などの内陸を除くと、全体として年間降雨量が400mm以上で、豊かな中〜高塩基土壌（ルヴィソル Luvisol）に恵まれた、地中海性の森林植生帯が卓越する地域であるということができよう。

2）ジャジーラ地方

　西はアレッポの東郊〜ユーフラテス河中流域の大湾曲部から、東はティグリス河中流域のモースル付近まで、現在のシリア北東部からイラク北部を貫く南北50〜100kmの幅で東西500km近くに及ぶ乾燥ステップ帯を指して、本論ではジャジーラ地方と呼んでおく。アラビア語でジャジーラとはもともと「島」の意味で、アル・ジャジーラと呼ぶ地方は現在のバグダードより北側のティグリスとユーフラテスの両河に挟まれた地域を指す。北メソポタミアやかつてのアッシリアとほぼ同じ地域を指す言葉である。本論でいうジャジーラ地方は、通常アラビア語で指すアル・ジャジーラの北部に当たり、バグダード寄りの南側地域は含めない。なぜならこの南側地域は年間降雨量が200mm以下で乾燥がはなはだしく、植生や生業的に見ても北側とはまったく異なってしまうからである。本論でいうジャジーラ地方は、年間平均降雨量250〜350mm前後で、均一の環境が続く広大な平原ステ

ップ地帯を形成している。ここで卓越しているのは均質な石灰質乾燥土壌（ゼロソルXerosol）である。この東西に伸びるステップ帯を南北に縦断する形で、ユーフラテス河とそれに注ぐ支流であるバリフ川とハブール川、そしてティグリス河が南流しており、それらの川の間に冬季から春季にかけての時期のみ水が流れる多数のワディも南流している。そして、先史時代の集落はこれらの水場周辺に集中して認められる。この広大なジャジーラ地方を、本論ではハラフ文化遺跡の集中するそれぞれの河川流域を中心として、西からユーフラテス河中流域、バリフ川流域、ハブール川流域、モースル＝ジンジャール地域の4地域に細分しておくことにする。

3） ザグロス地方

ザグロス山脈は標高が高く、雨量も高地では年間で1,000mmを越えている。植生はペルシアナラを主とした乾燥した冷温広葉樹林帯である。このザグロス山脈中のハラフ文化遺跡はけっして多くはなく、それらが認められるのはいずれも北西ザグロスの南西麓に近い山間盆地である。大ザブ川支流のルワンダズ川沿いに営まれたバナヒルクは著名な遺跡例であり、また小ザブ川上流のラニヤ盆地などでもある程度まとまってハラフ文化遺跡が認められる。本地方で十分に調査が進んでいるハラフ文化遺跡はほとんど存在しないため、本論では北西ザグロスのハラフ文化遺跡を小地域ごとに細分して扱うことはしない。

4） 南東アナトリア地方

アナトリア高原南東部のタウロス山脈もまた、ザグロス山脈とほぼ同様のオークを主体とした冷温広葉樹林帯を形成している。同山脈中のティグリス＝ユーフラテス両河の上流域を中心に多数の渓谷が形成されており、ハラフ文化遺跡もそのような渓谷や山間盆地に認められる。またヴァン湖の東岸に営まれ、ハラフ彩文土器の出土で知られるティルキテペのような遺跡も存在している。本論ではこれら全体を論じるときには南東アナトリア地方という用語を用い、各地域について詳述するときには、ユーフラテス河上流域、ティグリス河上流域、アナトリア高原東部、ガジアンテップ＝アダナ地域に細分した。

5） 中部メソポタミア地方

ジャジーラ最南部から南メソポタミアにかけて、メソポタミア低湿地が広がる。この低湿地帯とザグロス山脈南西麓までの間、ティグリス河に注ぐいくつかの支流沿いに沖積平野と半乾燥平原が広がっている。バグダード付近のこうした沖積平野と平原部でハラフ文化遺跡が発見されており、本論ではこれらの地方全体を中部メソポタミアと呼んでおく。また必要に応じて、同地方を北側からエルビル＝キルクーク地域、ティグリス河中流域、ハムリン盆地に細分している。この中ではダム建設による緊急調査などもあって、とくにディヤラ川沿いのハムリン盆地とその周辺で比較的多くのハラフ文化遺跡が発見されている。中部メソポタミア地方の年間降雨量は200〜300mm前後と北のジャジーラ地方よりも少なく、またティグリス河やディヤラ川の河川森林を除いた植生は乾燥の厳しいステップ帯であり、土壌も砂漠土壌（イェルモソル Yermosol）となっている。これより南

の南メソポタミアでは基本的にハラフ文化遺跡は発見されないので、中部メソポタミアは現在のところハラフ文化の南限といえる地方である。

以上、本論で議論するハラフ文化に関連する遺跡が認められる地域を、大きく五つの地方に区分した。その中心と見なされるジャジーラ地方に関してはさらに4地域に細分し、また各地方の中でとくに遺跡が集中するいくつかの限定された地域についても地域の名称を与えた。次節からのさまざまな議論は、基本的にこれらの地域区分にもとづいてなされる。

第2節　ハラフ文化の定義と地域ごとの特質

「文化」とは何かという問題はさまざまな分野の多くの研究者たちにとって重要な研究テーマになってきた。本論でこの問題に深入りするつもりはないが、ハラフ文化の定義を行うためには文化とは何かについて簡単に振り返っておく必要はあるだろう。「文化」の定義について、文化人類学の創始者の一人と考えられているエドワード・タイラーがかの著名な*Primitive Culture*（Tylor 1871）の冒頭で次のように記している。

> 広く民族誌的な意味において、文化とは、ある社会の成員によって獲得された、知識や信仰、芸術、道徳、法、習慣、そして他のすべての能力や習性を含む総体のことである。

この19世紀に提出された文化人類学的定義は、現代においてももっとも基本的で概括的な文化の定義であろう。考古学の研究においても、ある時代のある地域の人々の特定の知識や信仰、習慣などの総体を明らかにし、そのような文化を持つ社会がどのように形成され運営されていたかを探ることになる。しかしながら、考古学研究で扱うことの多いはるかな過去の事象については、ここで挙げたような文化の諸属性の多くが不可視的なものであるために、生業や技術といったもう少しハードな物質文化的側面が強調されることになる。

多くの考古学研究者にとって、「文化」の意味するもっと踏み込んだ概括的イメージは、レズリー・ホワイトのいうところの「環境に対する非身体的な適応方法」（White 1959:8）であろうか。そのように考えたときに、「何々文化」とは「ある特定の環境に対して起こっているいくつもの問題に対してある人間のグループが採った特定の適応方法の総体」（Renfrew 1972:4）といったところに落ち着く。ところが人々の環境に対する適応方法を明らかにしようと思っても、ここでもまた考古学の扱うような事象については現代の私たちにとって不可視的なものとなってしまう。そのために、過去の人々がある環境に適応する際に用いていた物質文化に考古学者は目を向けることになるわけである。

文化をどのように概念づけ定義しようとも、現在の考古学においては、20世紀前半にゴードン・チャイルドが定義したところの「安定的に繰り返される遺物の総体」（Childe 1929: vi）という考古学的な「文化」の定義が基本的に用いられ続けている。それを用い続ける背景には、ある特定の文化を持つ人々の残した物資の総体は別の文化を持つ人々の残した物質の総体とは異なり、また、ある環境に対する人々の特定の適応はある特定の遺物によって認識され得るのであり、遺物の相違は

適応の相違を反映している、という確信がある。しかしながら、ある遺物の総体が特定の文化と1対1に対応する保証はなく、またある環境に対する適応とある特定の遺物の総体が対応するという保証もない。つまり残念ながら、この確信には根拠も保証もないということになってしまう。

　それではチャイルド流の考古学的文化とはいったい何を表しているのであろうか。それはあくまでも現代に生きる考古学研究者が区分した、ある特定の時代・地域で用いられていて現代まで残された遺物の総体であり、それが文化人類学などでいうもっと概括的な文化と明確に対応するものではないことをはっきりと自覚しておくことが必要である。したがって、考古学的文化が表象しているものはどこまでもエティックであり、エミックではあり得ない。しかしながら、規定されたある考古学的文化の一つ一つの属性の背景を考え、各属性相互の関連を考察し、かつ総体としての意味づけを与え得るならば、そして隣接する時代・地域の考古学的文化と比較研究を行いその相違の背景を意味づけられるならば、私たちが規定する考古学的文化のエミックな意味が見えてくる可能性もあると、筆者は考えている。

　いずれにせよ、考古学研究においてはまず何を対象にして研究を行うのかを規定する必要があり、物質文化を第一次資料とするならば、現在のところチャイルド流に文化を規定しておくほかないであろう。本論でも同様に、ハラフ文化をその特徴的で安定的に繰り返される遺構・遺物など諸属性の総体としてまず定義しておくことにする。しかしながら、本論でこのように定義する目的はあくまでも研究対象を明確化するためであり、エンティティとしての物質文化的資料で定義したハラフ文化をもっと幅広い意味での文化として捉え直し、ハラフ文化を担った人々の社会経済的活動をダイナミックに復元してみようとするのが、本論の真にめざすところである。

　第1章の研究史で挙げたように、ハラフ文化を主要なテーマとしたいくつかの重要な研究が行われているにもかかわらず、驚いたことにハラフ文化を明確に定義した論攷は管見に触れなかった。ほとんどの場合ハラフ彩文土器を指標とし、ハラフ彩文土器が主体となって出土する遺跡群＝ハラフ文化というアプリオリな捉え方に終始している。本論では上記したように安定的に繰り返される遺構・遺物の諸属性の総体としてハラフ文化を規定するので、筆者自らハラフ文化の定義を行っておくことにする。

　まず、もっとも基本的で特徴的なハラフ文化の遺物・遺構として、筆者はハラフ彩文土器とトロスを挙げる。さらにこれに付随する副次的な遺物として、押捺部が平板なタイプのボタン型印章・ペンダント型印章、土製スクレイパー、ハラフ人物土偶を加えておく。これらの遺構や遺物はハラフ文化に特徴的な属性であり、ハラフ文化に見られる属性でも同時代の隣接する諸文化や同地域の前後する諸文化とほとんど変わらずに共通する遺構や遺物[6]については、ここでは意識的に除外してある。さらに打製石器の衰退など負の属性についても除外している。筆者は上記の遺構・遺物をもってハラフ文化を定義したいと考えており、それぞれの属性について検討しておくことにしよう。

1） ハラフ彩文土器

　そもそも西アジアの先史時代の中でハラフ期やハラフ文化が規定されたのは、その独特の彩文土

器の存在による。ハラフ彩文土器についてはガースタングやシュミット、マロウワン以来多数の研究者によってさまざまに論じられてきた。本論では、現在もっとも厳格にまた体系的に西アジア先史時代土器の研究を進めているマリー・ルミエールとオリヴィエ・ニューヴェンハウゼらによる研究（LeMière and Nieuwenhuyse 1996:178-184）に準拠しながら、ハラフ彩文土器を次のように定義しておこう。

　ハラフ彩文土器（ルミエールらの用語のハラフ精製土器＝Halaf Fine Wareのうち彩文を持つもの）は、よく水漉された細かくやや軟質の胎土を持ち、基本的にスサや鉱物粒などの混和材は含まない。良好な酸化焔焼成でほとんど黒芯や焼成斑も認められない。その多くは明色のバフないしはクリーム系を呈し、器面は細かいナデによってきわめて平滑に調整されている。その調整はまるで磨きが施されているように見えることもある。基本的にスリップは施されていないが、細かい器面調整によってセルフ・スリップが形成されているものがある。彩文は黒色か茶色による単彩色が主体だが、一部に赤色や白色を加えた多彩色が認められる。彩文の多くは光沢を有している。器形にはクリーム・ボウルやラッパ状口縁鉢、器壁が湾曲せずにストレートに開いて立ち上がる平底の鉢などのハラフ土器特有の器形のほか、半球形の浅鉢、長頸壺、短頸壺、甕などがある。彩文の文様デザインは圧倒的に幾何学文で、水平斜格子や牛頭、列点、四葉などハラフ彩文土器に独特のモチーフで構成された文様が多数存在している。

　ハラフ彩文土器の詳細については次章の編年で扱うが、大まかに上記のような特徴を持った土器をここではハラフ彩文土器と呼んでおく。図2-7にハラフ彩文土器が出土ないしは表採されたとい

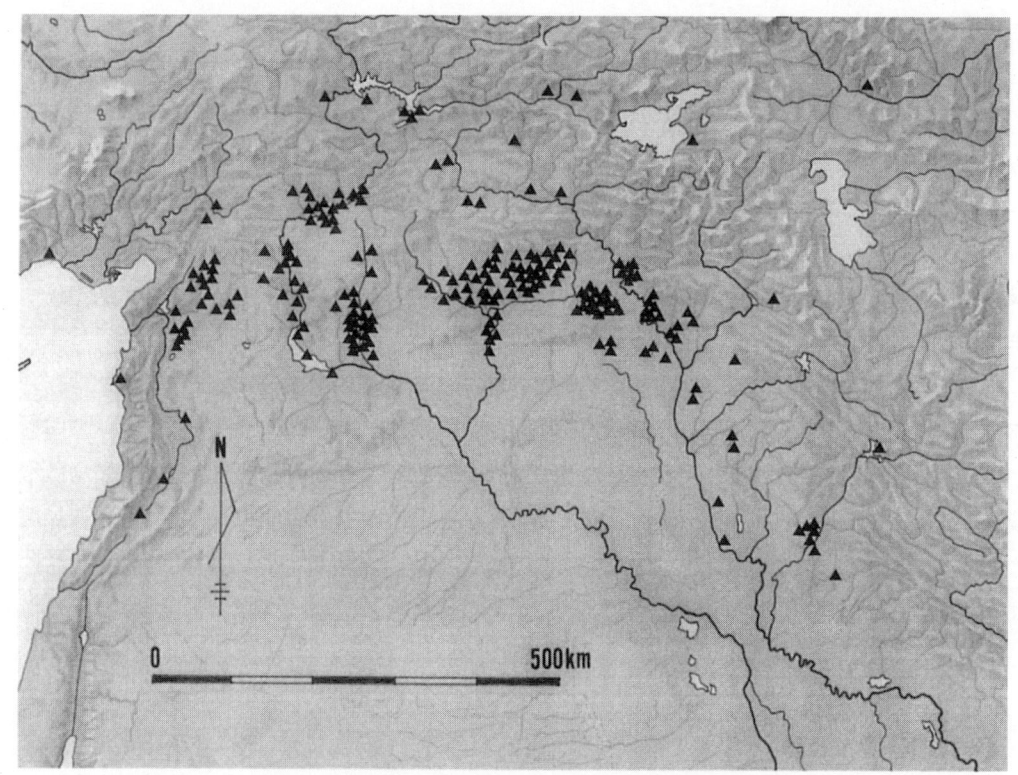

図2.7　ハラフ彩文土器が出土ないし表採された遺跡

う記録が残されている遺跡の分布を示した。その分布域はきわめて広いが、遺跡分布の密度が濃く分布の中心と目される地域は、ユーフラテス河中流域の大湾曲部からバリフ川流域、ハブール川流域、モースル＝シンジャール地域にかけてであり、前節でジャジーラとした地方である。ジャジーラ地方を地理的な中心として、どこまでハラフ彩文土器を出土する遺跡が広がっているだろうか。西方では、ラタキアなどの地中海北東岸の海岸平野、またそれよりやや内陸のアムーク平野、ルージュ盆地、ガーブ盆地、ベッカー高原までの北レヴァント地方のほぼ全域で、ハラフ彩文土器の出土が報告されている。北方ではエラズー＝ケバン地区を北限として、南東アナトリア地方のティグリス＝ユーフラテス両河上流地域で、ハラフ彩文土器を出土する多数の遺跡が発見されている。また位置的に孤立しているが、ヴァン湖南東に位置するティルキテペでハラフ土器が出土することは古くから知られてきた。東方ではザグロス山脈北西部をほぼ東限として、南は中部メソポタミアのディヤラ川地域までは確実なハラフ彩文土器が認められる。

　上記した分布は確実にハラフ彩文土器に分類される土器の分布であり、ハラフ彩文土器の影響下で成立したと考えられる土器など、類ハラフ彩文土器までを考慮に含めればその分布はさらに大きく広がることになる。西方ではキリキア地方のユミュクテペ Yümük Tepe（Garstang 1953）や中央アナトリア高原のジャン・ハサン Can Hassan（French 1962）、北方ではアゼルバイジャン地方のテグット Tegut やキュルテペ Kültepe（Burney and Laing 1971:36）、東方ではイラン高原上のマヒダシュト地域の J-Ware を出土する遺跡（Levine and McDonald 1977, Levine and Young 1987）などから、類ハラフ彩文土器やごくごく少量の真正のハラフ彩文土器と思われる土器が出土している。本論では類ハラフ彩文土器は基本的にハラフ彩文土器には含めない。確実にハラフ彩文土器に分類される土器の分布を、ハラフ期以前の新石器時代の各土器、たとえば北レヴァントのアムークB期の暗色磨研土器や北メソポタミアのハッスーナ土器の分布と比較すると、圧倒的に広大であることは明らかである。つまり、それまでの新石器時代の各土器の分布範囲を横断し飛び越える形で、ハラフ彩文土器という均質な土器が流布しているわけである。

　ハラフ文化で用いられた土器は彩文土器に限定されているわけではなく、精製の無文土器や粗製土器も同時に存在してハラフ土器インダストリーを形成している。しかしながら本節後段で限定するハラフ文化に帰属する諸遺跡の中では、ハラフ土器中に占めるハラフ彩文土器の割合は概してかなり高い（表2.1）。たとえばテル・サビ・アビヤドのハラフ成立期に当たる第3～1層の中でハラフ精製土器の占める割合は73.9％、そのうち彩文土器の割合が89.8％であるので、ハラフ彩文土器は土器全体の66％以上を占めている（LeMière and Nieuwenhuyse 1996:176-177）。テル・アルパチヤのハラフ文化層においてハラフ彩文土器は土器全体の66％を占め（Hijara 1980:187）、バナヒルクにおいてもハラフ彩文土器は全体の65％を占めている（Watson 1983b:549）。ウンム・クセイールではハラフ彩文土器39.4％、ハラフ無文土器48.3％、ハラフ粗製土器12.1％、その他の土器0.2％の割合となっていて（Miyake 1998:42）、ハラフ彩文土器の比率がやや低いが、これは土器片全体で算出した数字であることに注意する必要がある。ハラフ無文土器に区分された土器の多くは、無文のまま残されることの多い彩文土器の胴下半部である可能性が高く、実際のハラフ彩文土器の比率は39.4％という数字よりもはるかに高いものであろう。まったく同様のことがテル・アカブの土器インダス

表2.1 土器インダストリー中に占めるハラフ土器各種の割合

ジャジーラ地方

遺　跡　名	ハラフ彩文土器	ハラフ無文土器	ハラフ粗製土器	その他の土器	出　典
サビ・アビヤド	66%	7%	17%	9%	LeMière and Nieuwenhuyse 1996
アルパチヤ	66%		34%		Hijara 1980
ウンム・クセイール	39%	48%	12%	1%未満	Miyake 1998
キルベト・エッ・シェネフ	71%	25%	4%	—	Akkermans 1993
シャムス・エッ・ディン	75%	19%	5%	1%	Gustavson-Gaube 1981
テル・アマルナ	45%	34%	5%	16%	Cruells 1998

南東アナトリア地方

遺　跡　名	ハラフ彩文土器	ハラフ無文土器	ハラフ粗製土器	その他の土器	出　典
ギリキハジヤン	13%		87%		Watson and LeBlanc 1990
チャヴィ・タルラス	32%		68%		von Wickede und Herbordt 1988
クルバン・ホユック	30%		70%		Algaze 1990
チュリン・テペ	3%		97%		Miyake 1996

北レヴァント地方

遺　跡　名	ハラフ彩文土器	暗色磨研系土器	暗色―明色非磨研系土器	その他の土器	出　典
アムーク C	4-9(35-45)%	35-40%	19-24%	0-3%	Braidwood and Braidwood 1960
ラス・シャムラ IVC	3(18)%	23%	60%	—	Contenson 1992
テル・アレイ 1, TP-B	3%	57%	35%	4%	足立 1992

ザグロス地方

遺　跡　名	ハラフ彩文土器	ハラフ無文土器	ハラフ粗製土器	その他の土器	出　典
バナヒルク	65%		35%		Watson 1983

（　）内は在地の彩文土器を含めた割合

トリーでもいえる。ここでも主体となっているのはハラフ彩文土器、ハラフ無文土器、ハラフ粗製土器の3種の土器である。そのうち前二者の比率は1対1.35とされるが（Davidson 1976:108）、ハラフ無文土器の中に口縁部片は非常に少なく、その多くはハラフ彩文土器の胴部であろうと推定されている。各タイプの土器の割合を口縁部片で算出しているキルベト・エッ・シュネフではハラフ彩文土器の割合が71%を占めていることも（Akkermans 1993:93）、こうした見方を支持しよう。そしてシャムス・エッ・ディンのハラフ彩文土器の割合は土器インダストリーの75%に達している（Gustavson-Gaube 1981:10-11）。ハラベ・シャッターニでも口縁部で算出した場合、ハラフ彩文土器

は84％（おそらく精製土器の）と、相当高い数値を示している（Campbell 1995:56）。

　土器インダストリーに占めるハラフ彩文土器の比率の高い遺跡は、バナヒルクを除いていずれもジャジーラ地方に位置する遺跡である。これらの遺跡で主体となっている土器は上記したハラフ彩文土器、ハラフ無文土器、ハラフ粗製土器の3種であり、その他の土器はごく少数出土する暗色磨研土器や赤色ウォッシュの施されたクリーム地土器などに限定される。そしてハラフ土器の基本3種の中でもハラフ彩文土器の比率が半分以上を占めていることから、ハラフ彩文土器が土器インダストリーの基本に据えられていた諸地域ということができよう。それではジャジーラ地方以外のハラフ彩文土器のあり方はどのようになっているであろうか。

　ジャジーラの北方、南東アナトリア地方ティグリス＝ユーフラテス河上流域のハラフ彩文土器を出土する遺跡では、在地系の明色系の磨研土器やスサの混和された粗製土器が主体的に出土する。ハラフ彩文土器はこの在地系の土器の中にあくまでも客体的に見出されるわけである。同地域にあっても、ジャジーラ地方により近いタウロス山脈南麓のクルバン・ホユックやチャヴィ・タルラスでは土器インダストリーのほぼ30％前後がハラフ彩文土器であるが（Algaze 1990: 230, von Wickede und Herbordt 1988: 20-21）、より北方のギリキハジヤンやチュリン・テペではその比率はさらに小さくなっている（Watson and LeBlanc 1990:68, Miyake 1996: 図78）。

　西方の北レヴァント地方に位置するハラフ彩文土器を出土する遺跡から主体的に出土する土器は、明らかにハラフ土器とは異なっている。同地方では土器新石器時代初頭から暗色磨研土器の伝統があり、アムークC期、ラス・シャムラⅣC期、エル・ルージュ3期といったこの地域のハラフ併行期の遺跡で主体となって出土するのは、それ以前からの暗色磨研土器の伝統を引き継いだ土器群である（Braidwood and Braidwood 1960:137-149, Contenson 1992:156-163, 足立 1992:47-52）。ハラフ彩文土器は数％の割合でごく客体的に見られるのみであり、ハラフ彩文土器の影響を受けて在地で製作されたと考えられる彩文土器を含めてもけっして主体となることはない。

　ハラフ彩文土器分布の南東限に位置する中部メソポタミアのディヤラ川流域ではどうであろうか。この地域のハラフ彩文土器を出土する遺跡では、土器インダストリーに占めるハラフ彩文土器の割合は高く、たとえばテル・ハッサンでは75-80％に達している（Fiorina 1987:249）。その意味ではジャジーラ地方での様相と類似するが、この地域のハラフ文化遺跡がほぼすべてハラフ後期以降に帰属することに注意が必要である。ハラフ後期以降の土器を伴う集落が新たに形成されたり（テル・ハッサン）、この地域の在地の土器であったサマッラ土器文化層の上に断絶期を挟んだ後でハラフ後期の文化層がのる（テル・ソンゴルA）パターンが多い。在地の土器伝統の中にハラフ土器が貫入して並存する例は見当たらず、突如ハラフ後期の土器を持った集落がこの地域に登場したように見える。

　ハラフ文化の重要な属性であるハラフ彩文土器の定義と分布、そして土器インダストリーの中でのあり方を検討してきたが、それを箇条書きにまとめてみると以下のようになろう。
　●ハラフ彩文土器を出土する遺跡の密度が濃い分布の中心は、ユーフラテス河中流域の大湾曲部

からバリフ川流域、ハブール川流域、モースル＝シンジャール地域にかけてのジャジーラ地方にある。
- 同地方の遺跡では、ハラフ彩文土器・ハラフ無文土器・ハラフ粗製土器という3種のハラフ土器が土器インダストリーの中心をなし、中でもハラフ彩文土器が50%以上の高率を示す。
- ジャジーラ地方より北方の南東アナトリアや西方の北レヴァントにおいては、それぞれの在地的伝統を持つ土器インダストリーの中に貫入する形で、客体的に少量のハラフ彩文土器が出土する。
- ジャジーラ地方より南東方の中部メソポタミアにおいては、土器インダストリーに占めるハラフ彩文土器の比率は高いが、遺跡はハラフ後期以降に限定される。

ハラフ彩文土器の編年についての詳細な分析は第3、4章で行うが、土器編年から見てもジャジーラ地方ではハラフ文化の成立期から終末期までの全時期の遺跡が存在し、そこではハラフ土器は一貫して主体的な土器であり続けている。

2) トロス

ハラフ文化に典型的な建築物として、1933年のテル・アルパチヤの調査でマックス・マロゥワンによって確認され命名されたトロスと呼ばれる遺構がある。このトロスについてマロゥワンはごく簡単に、「円形のプランを持つ建物」とだけ定義している（Mallowan and Rose 1935:25）。ここでは、「西アジア先史時代に認められる基本的に地上式のピゼないし泥レンガ製の円形プランの家屋」という程度の定義で十分であろう。トロスには円形室単独のものと円形室に方形室を付加したものがあり、大きさもさまざまで、内部に炉や竃といった施設を持つものもある。その機能も、住居・貯蔵施設・炊事施設・集落の集合所などさまざまな役割が想定される。

ハラフ文化の家屋がトロスばかりであるかというとけっしてそうではないが、PPNA期終末からPPNB期にかけて円形プランの建物から方形プランの建物への転換が図られた後には一貫して後者が圧倒的に主流であった西アジア建築史の中で、円形プランの家屋を主体とするようなハラフ文化の集落はかなり特異な存在であり、そこにハラフ文化の特質の一つが隠されていることもまた確かであろう。トロスについては本論第5章で詳細に検討するが、ここではトロスが検出された遺跡の分布とそのあり方について触れておきたい。

管見に触れた限りでは現在まで28遺跡で210数基のトロスが報告されている。前述したハラフ彩文土器とは異なり、トロスの報告は発掘調査が実施された遺跡に限られるために、その報告例が大幅に限定されることはいたし方なかろう。図2.8は、トロスが検出された報告のある遺跡を示している。ハラフ彩文土器に比べるとやや限定された分布を示すが、両者の分布範囲にそれほど大きな差異があるわけではない。このうち10基以上のトロスが発掘調査された例は、今のところバリフ川流域のテル・サビ・アビヤド、キルベト・エッ・シェネフ、モースル＝シンジャール地域のヤリム・テペⅡ、同Ⅲ、テル・アルパチヤ、ユーフラテス河上流域のチャヴィ・タルラスの6遺跡である。これらを含めて数基以上のトロスが検出されている遺跡の分布は、ユーフラテス河中流域大湾曲部からバリフ川域、ハブール川上流域、モースル＝シンジャール地域までのジャジーラ地方と、

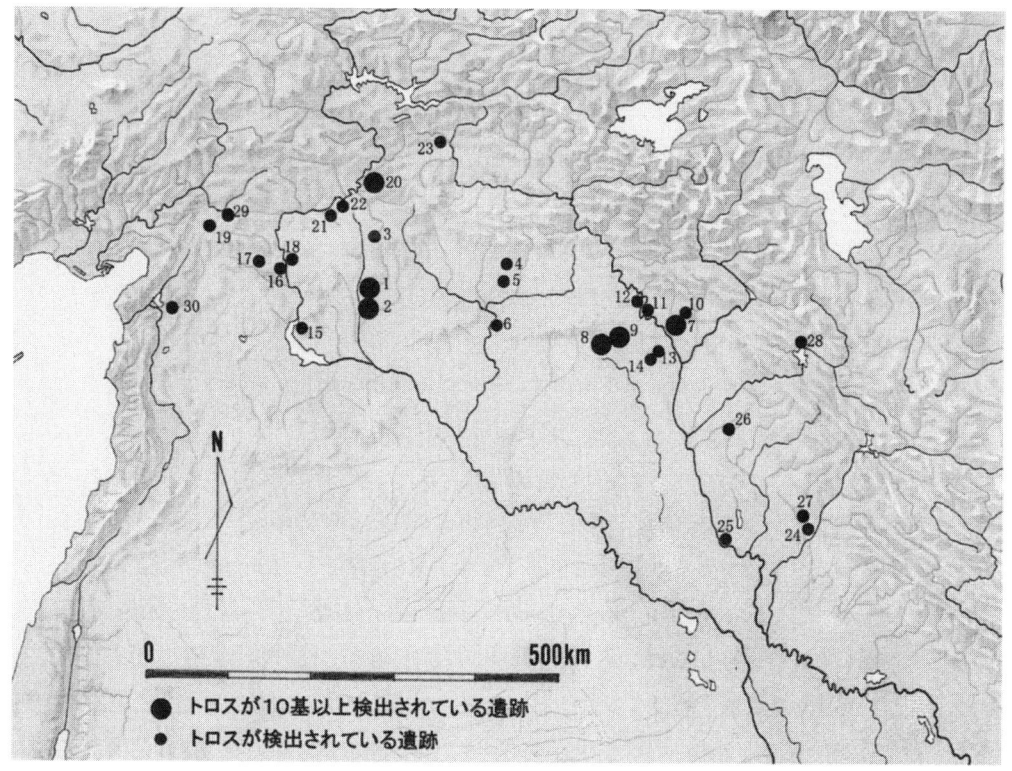

遺跡名			
1：テル・サビ・アビヤド	2：キルベット・エッ・シェネフ	3：ハザネ・ホユック	4：テル・アカブ
5：テル・シャガル・バザル	6：テル・ウンム・クセイール	7：テル・アルパチヤ	8：ヤリム・テペⅡ
9：ヤリム・テペⅢ	10：テペ・ガウラ	11：ハラベ・シャッターニ	12：テル・デル・ハール
13：テル・ハジラク	14：テル・アッゾⅠ	15：シャムス・エッ・ディン	16：ユヌス
17：テル・トゥルル	18：フストゥクル・ホユック	19：サクチェ・ギョジュ	20：チャヴィ・タルラス
21：クルバン・ホユック	22：ネヴァル・チョリ	23：ギリキハジヤン	24：テル・ハッサン
25：テル・エス・サワン	26：クディシュ・サギール	27：テル・アブ・フセイニ	28：テル・バグム
29：ドムズテペ	30：テル・クルドゥ		

(ただし、19および26〜30の遺跡で検出されているトロスについては、ハラフ期に帰属するものかどうかははっきりしない)

図2.8 トロスが検出された遺跡

南東アナトリアのティグリス＝ユーフラテス河上流域に限られている。

ジャジーラ地方のハラフ文化遺跡では、集落の主体となる建築物がトロスとなっていて、方形プランの建物は付随的に存在しているにすぎない。それに対してティグリス＝ユーフラテス河上流域の遺跡の場合、トロスが検出されているチャヴィ・タルラスやギリキハジヤンではトロスが集落建築物の主体となっているが、他のハラフ彩文土器が出土する遺跡のほとんどは方形プランの建物を主体として集落が形成されている。また、ごく少数のトロスしか検出されていない北レヴァントや中部メソポタミアにおいては、集落を形成する家屋は基本的に方形プランであり、トロスはごく例外的に見られるにすぎない。

以上述べてきたように、ハラフ彩文土器と同様にトロスの分布の中心はジャジーラ地方にあり、トロスを主体とするような集落構造もまた主にジャジーラ地方に認められる。

3) その他の物質文化的属性

前述したように、ハラフ彩文土器およびトロスに加えて、ハラフ文化の副次的属性として、押捺部が平板なタイプのボタン型印章・ペンダント型印章、土製スクレイパー、ハラフ人物土偶を筆者は挙げた。しかしながら、それぞれの報告書や概報においてこれらの遺物は必ずしも十分に注意を払って記述されてこなかったきらいがある。そのため個々の遺物の分布や帰属時期などの詳細を把握しようとするときに、かなりの資料的欠落が予想される。そのような限界を認識しつつ、ここではそれぞれの遺物について、大まかにその概要を述べる。

押捺部が平板なボタン型印章・ペンダント型印章

印章は所有権の保持や管理者の証明など物資の管理に密接に関連した遺物であり、西アジアにおいてその初現はPPNB期終末まで遡る。最初期の印章は縦長の側面観を持った比較的大型のスタンプ印章（図2.9: 1類）であったが、土器新石器時代に入るとつまみがつくり出されたボタン型スタンプ印章（同3・4類）が登場し、ハラフ期には通常のボタン型印章に加えて押捺部が平板につくられたボタン型スタンプ印章（同5類）と装身具のペンダント・トップに似た薄い板状の新しいタイプのペンダント型印章（同6類）が流行している（常木1983、1995）。この二つのタイプの印章は後のウバイド期にも若干残存していくが、とくにハラフ期に盛行した印章ということができる。

図2.10は、ハラフ彩文土器を出土する遺跡で、この二つのタイプの印章を出土した遺跡の分布図である。押捺部が平板なボタン型印章が西方の北レヴァントや南東アナトリアから北西ザグロスまでの広い範囲に散在しているのに対して、ペンダント型印章の分布がハブール川上流域からモースル＝ジンジャール地域に限定されていることは注意を要しよう。バリフ川流域やユーフラテス河中流域といったジャジーラ地方西部では、ハラフ成立期のテル・サビ・アビヤドを除くと小遺物まで詳細に研究報告がなされている遺跡がほとんど存在せず、このことがペンダント型印章の分布の偏りを生じさせてしまっている可能性がある。いずれにせよ西方の北レヴァントや北方の南東アナトリアでは新石器時代からの系譜を持つボタン型スタンプ印章が主体となっており、それに対してジャジーラ東部ではペンダント型印章がより盛行しているといえそうである。

土製スクレイパー

通常土製スクレイパー clay scrapersと呼ばれているので本論でも土製スクレイパーとするが、実際はほとんどすべて再利用の土器片が素材となっている。5〜10cm四方の大きさのハラフ土器片の1〜4辺を打ち欠いて、あたかもフリント製や黒曜石製の打製スクレイパーのように加工した遺物である（図2.11）。土器片利用の紡錘車の未成品や周囲を磨研した土製円板と明確に区分されていない報告も多いが、明らかにこれらとは異なる意図で製作された何らかの道具である。リタッチ状の打欠きの角度は石製スクレイパーに比べるとやや緩やかであるが、多くの場合、反復使用により刃部は鈍化している。また刃部以外の縁辺は、研磨などによって角が丸く加工されているものが多い。直接手に持って使用されていた道具であると想定される。機能については製陶具と考える研究者と（Watson 1983b:569, Watson and LeBlanc 1990:105)、石製スクレイパーと同様に皮剥ぎや皮なめし具と考える研究者がいる（Merpert and Munchaev 1993:152, Tsuneki 1998:115)。北西ザグロスのバナヒルク（Watson 1983）や南東アナトリアのギリキハジヤン（Watson and LeBlanc 1990)、モースル＝シ

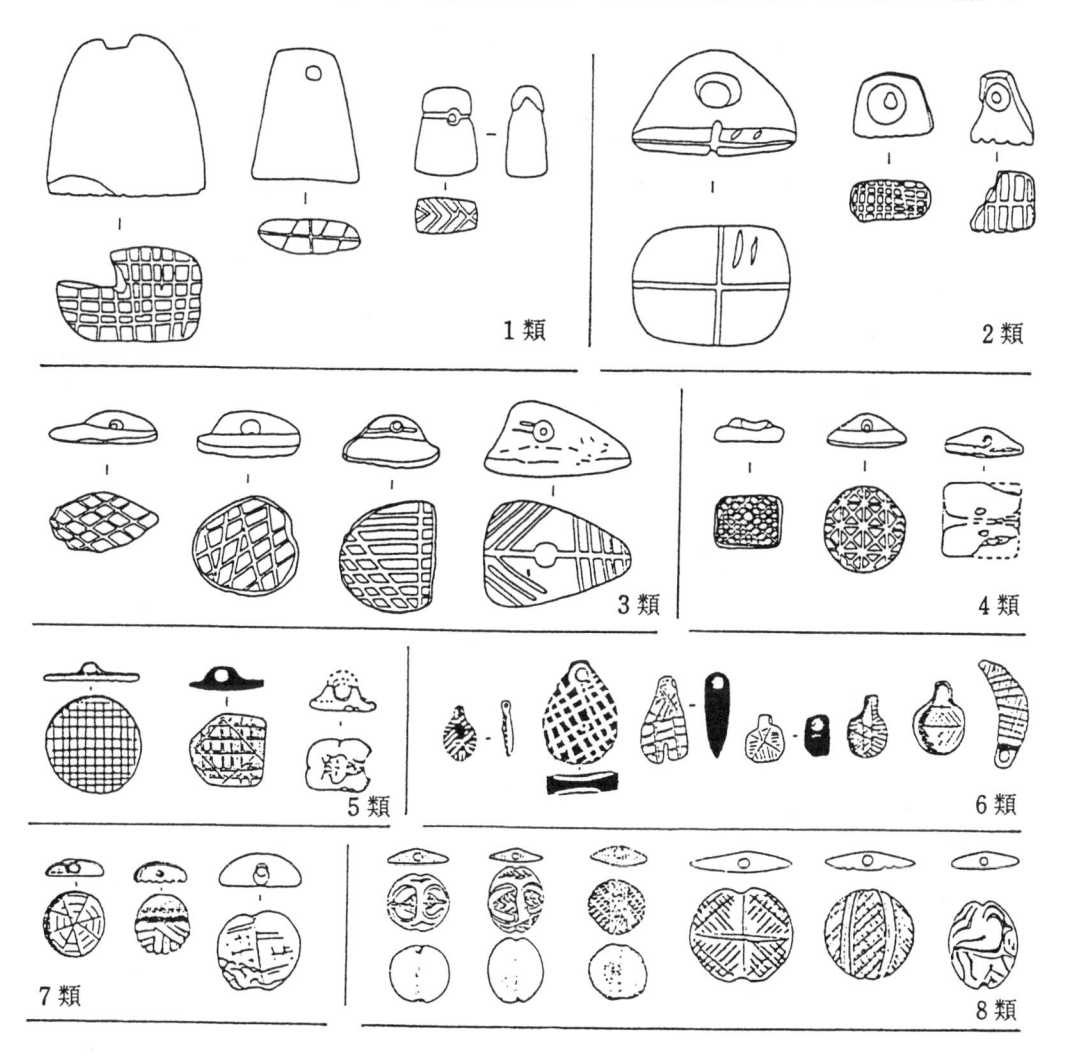

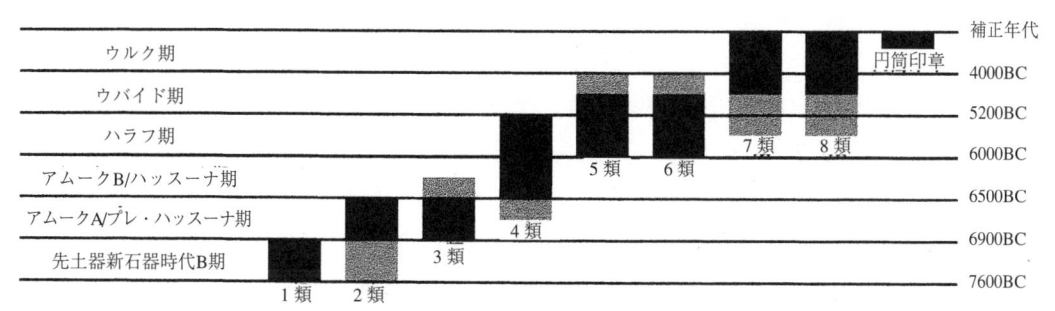

第 2 章　自然環境的背景とハラフ文化の定義、遺跡分布、地域ごとの特徴　37

図2.9　西アジア先史時代のスタンプ印章の編年概要図（常木 1995:図 4 を改変）

ンジャール地域のヤリムテペⅡ（Merpert and Munchaev 1993）、ハブール川流域のテル・ウンム・クセイール（Tsuneki 1998）などさまざまな地域のハラフ文化遺跡から出土しているが、明確な遺物として認識されていない例も多い[7]。おそらく実際には、報告されたものよりずっと数多くの遺跡から出土しているであろう。ちなみに筆者らが調査したテル・ウンム・クセイールでは、土製品の

遺跡名
1：テル・アカブ　　　2：テル・シャガル・バザル　3：テル・ブラク　　　　4：テル・ウンム・クセイール
5：ヤリム・テペⅡ　　6：ヤリム・テペⅢ　　　　7：テル・アルパチヤ　　8：テペ・ガウラ
9：テペ・チェンチ　　10：バナヒルク　　　　　11：フストゥクル・ホユック　12：チャヴィ・タルラス
13：ギリキハジヤン　14：ドムズテペ　　　　　15：テル・クルドゥ　　　16：テル・エル・ケルク
17：ラス・シャムラ　18：テル・カシュカショクⅠ　19：ボズテペ

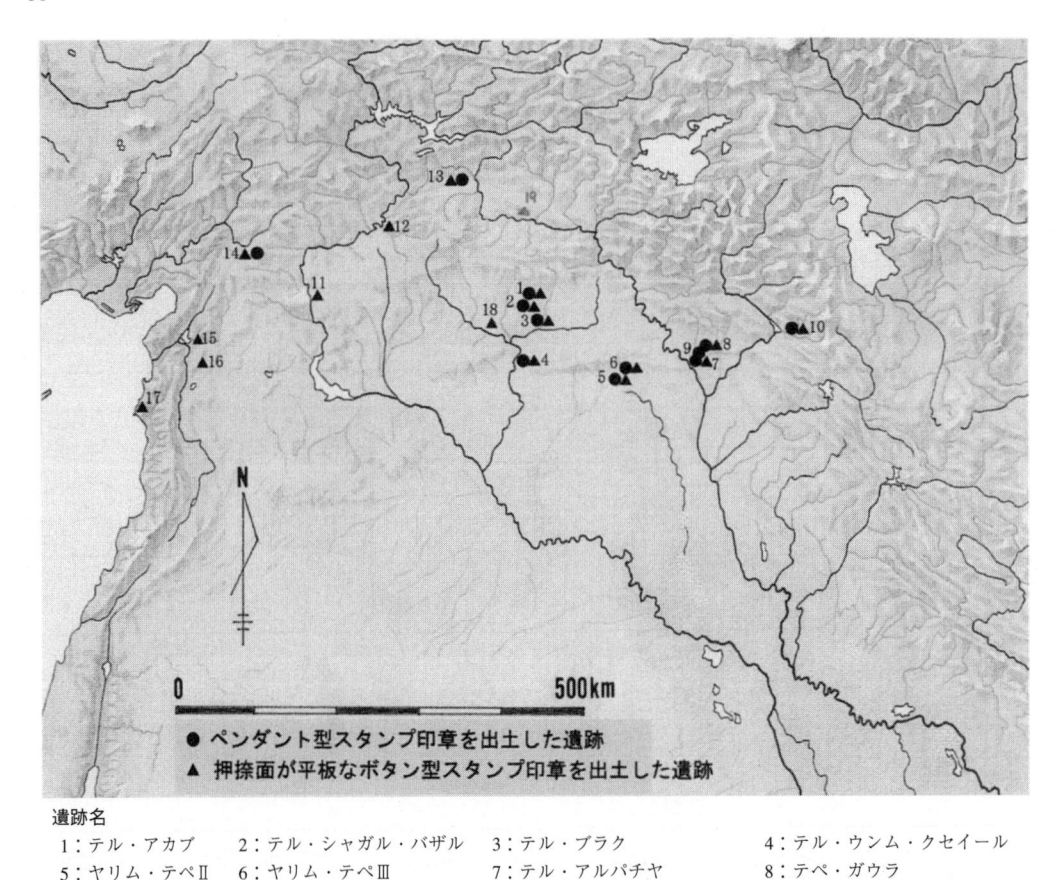

図2.10　押捺部平板状ボタン型スタンプ印章およびペンダント型スタンプ印章の出土遺跡

中で土製スクレイパーは土製円板に次いで数が多く、出土量としては投弾や紡錘車をはるかに上回っていた。ハラフ土器片を再利用していることもあり、この遺物がハラフ文化の普遍的アセンブリッジの一つとなっていたことは間違いないだろう。

ハラフ人物土偶

　西アジアで人物土偶はPPNA期に初現するが、その後それぞれの時代・地域によって特徴的なさまざまな人物土偶を発達させる。ここでハラフ人物土偶とするものも、他の時期や地域とは異なる属性を持った特徴的な人物土偶である。筆者の分類ではハラフ人物土偶には基本的に三つのタイプが認められる。タイプ1は円筒形の体部を基本とする単純で抽象的な土偶である。円筒の上端部と底面近くをつまんだりひねったりして顔や腕、足を表すような小さな突起をつくり出していたり（図2.12:上段）、円筒の下部前面に三角形の枠を描きその中に刺突を加えて女性の陰部を表したりしたものがある。タイプ2はバイオリンのような形をした板状の土偶であり、表面には刻線により足や胴体が表現されている（図2.12:中段）。タイプ3は膝を立てて座っている具象的な土偶で、ほとんどの場合、腕は豊満な乳房を抱えるようにしている（図2.12:下段）。頭は細長い円筒で表現されることが多く、体や腕、足には刻線ではなく彩文で装飾が施されている。この三つのタイプはほとん

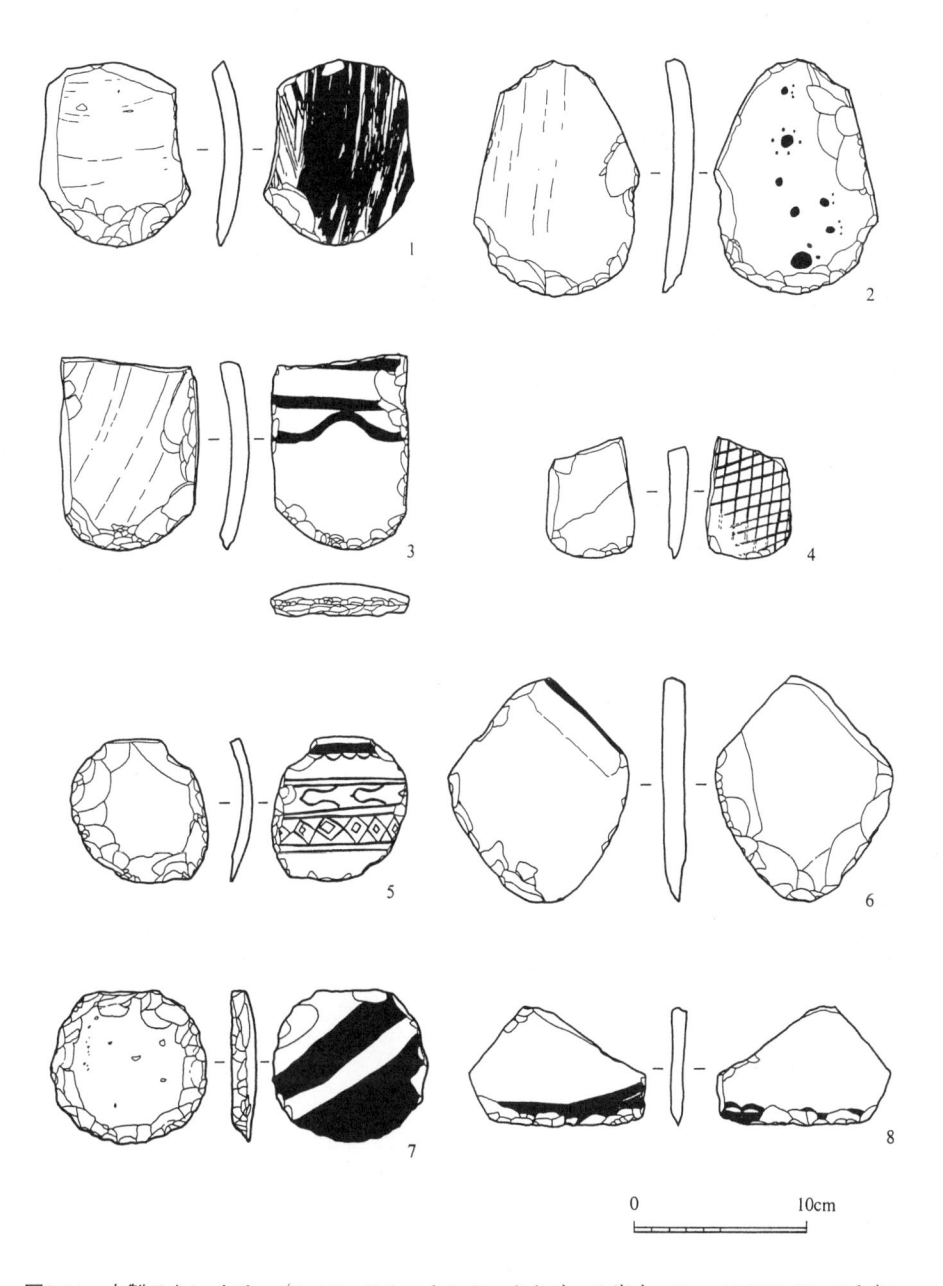

図2.11　土製スクレイパー（S=1/4　テル・ウンム・クセイール出土　Tsuneki 1998: Fig.49 より）

どすべてが女性土偶と考えられ、かなり定型化している。タイプ1や2はバリフ川流域のハラフ成立期の遺跡であるテル・サビ・アビヤドや、ハブール川上流域〜モースル＝シンジャール地域の遺跡に見られ、タイプ3はハブール川上流域〜モースル＝シンジャール地域および南東アナトリアのティグリス＝ユーフラテス河上流域のハラフ文化遺跡で認められる。これらの人物土偶の各タイプに見られるいくつかの属性については、北メソポタミアに展開したハッスーナ文化の人物土偶と共通する部分もないわけではないが、基本的にはこの三つのタイプはいずれもハラフ人物土偶として同定できるだけの特徴を備えている。

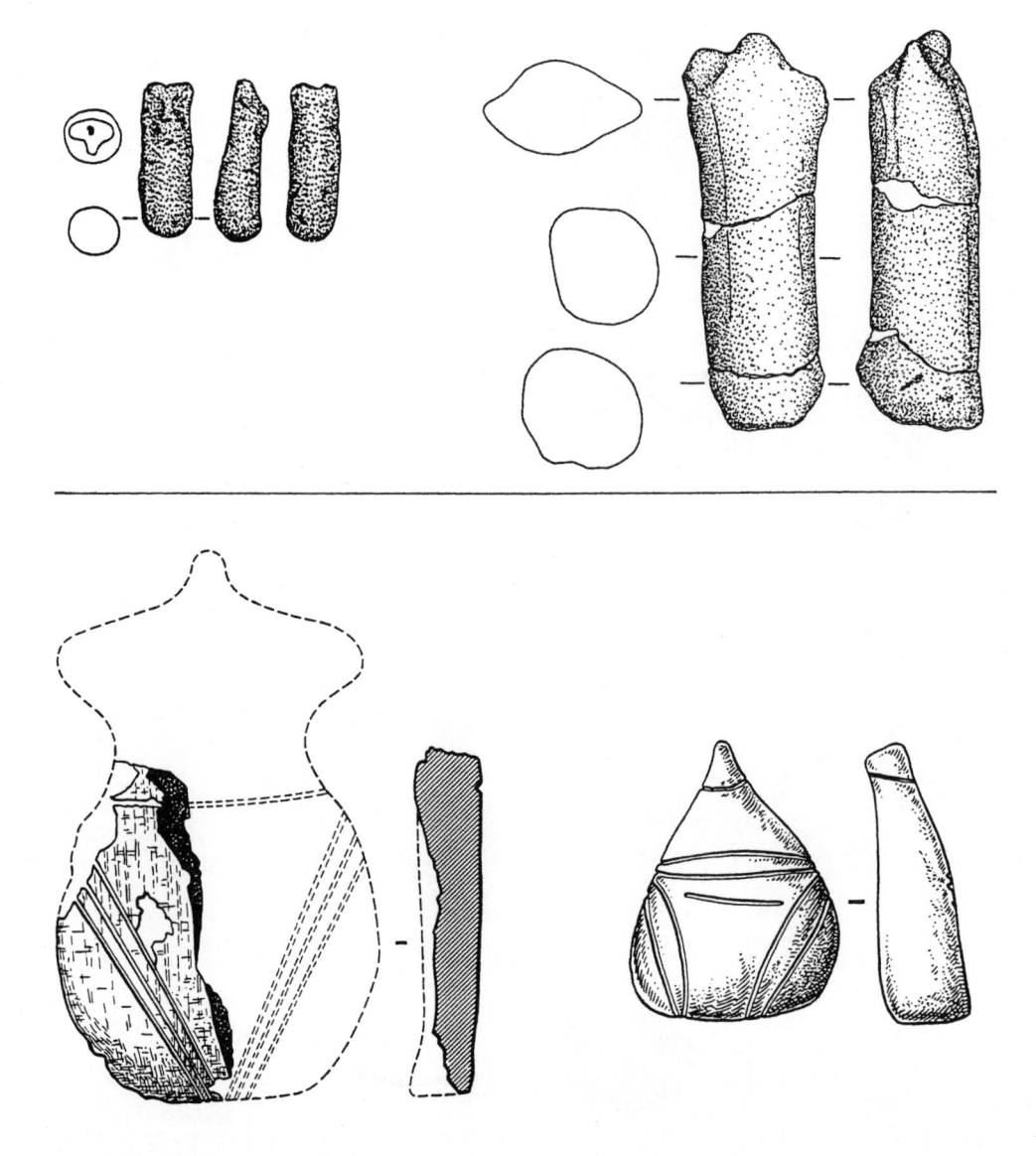

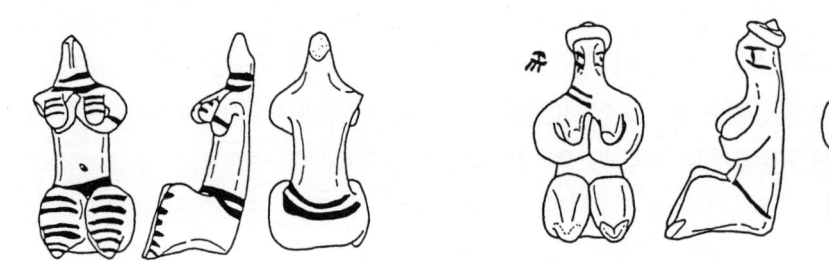

上段：タイプ1　テル・サビ・アビヤド出土（Collet 1996: Fig. 6.3 より）
中段：タイプ2　ヤリム・テペⅡ出土（Merpert and Munchaev 1993: Fig.8.32 より）
下段：タイプ3　テル・カシュカショクⅠ出土（アレッポ国立博物館蔵. 有村誠原図）

図2.12　ハラフ人物土偶（S=1/2）

4）小　結

　上記した検討結果にもとづいて、ハラフ文化の諸属性を次のように定義しておく。

　第一に、ハラフ彩文土器が土器インダストリーの主体をなしていること。

　第二に、集落の家屋はトロスを主体としていること。

　第三に、出土する遺物のアセンブリッジに、押捺部の平板なボタン型印章およびペンダント型印章（ないしはその一方）、土製スクレイパー、ハラフ人物土偶などが含まれていること。

　これらの各属性のうち、第一のハラフ彩文土器がもっとも広大な分布を示すが、ハラフ土器以外の型式の土器が主体を占めている地域において検出されるハラフ彩文土器は、搬入品ないしローカルに製作された模造品である可能性が高い。はっきりしているのは、そのような地域ではハラフ彩文土器を主としたハラフ土器はあくまで客体的な土器にしかすぎないことである。そして次に広大な分布を示すトロスが家屋の主体となって集落がつくられた地域と、ハラフ彩文土器が量的に土器インダストリーの半分以上を占め主体となっていた地域の分布はほぼ重なっている。すなわちジャジーラ地方である。第3章で明らかにするように、ジャジーラ地方では、編年的にハラフ彩文土器の始まりから終焉までのすべての段階がそろって認められる。また押捺部が平板なボタン型印章およびペンダント型印章、土製スクレイパー、ハラフ人物土偶なども検出される。したがって、ジャジーラ地方がハラフ文化の形成と展開に一貫してもっとも深く関わっていたハラフ文化の中核地帯であるということが予想できよう。

　ジャジーラ地方の外側でハラフ彩文土器やトロスが検出される場合、いくつかのヴァリエーションが認められる。北レヴァント地方のように、土器インダストリーに占めるハラフ彩文土器の比率が小さく、トロスもごくわずかしか検出されず、その他のハラフ文化特有の遺物も稀にしか出土しないところは、ハラフ文化と接触は持っていたものの考古学的には異なる文化圏にあると考える必要がある。ハラフ文化圏からハラフ彩文土器を移入するなど、主に経済的なかかわりを有していた地域と想定できよう。

　南東アナトリア地方も全体的には北レヴァント地方と類似した状況が認められるが、チャヴィ・タルラスやギリキハジヤンなどいくつかの遺跡ではハラフ彩文土器の比率が比較的高く、集落もトロスを主体としており、かつその他のハラフ文化特有の遺物も出土する。これらの遺跡のアセンブリッジはジャジーラ地方のハラフ文化遺跡との類似性が強く、ハラフ文化に帰属させても問題ない遺跡群である。つまりハラフ併行期の南東アナトリアは全体としてハラフ文化圏とは異なる文化圏を形成していたが、いくつかの特定の遺跡はハラフ文化ときわめて密接な関係を持っていたと考えられる。これらの遺跡では経済的なかかわり以上の関係をハラフ文化圏と結んでいたと想定される。東方のザグロス地方の同時期の様相は不明な点が多いが、同地方北西に位置するバナヒルクなども、ハラフ文化と密接な関係を持っていた遺跡といえるだろう。

　中部メソポタミア地方の様相は、これらの周辺地方の様相とはまた異なっている。この地方ではハラフ文化の属性が出現する以前から在地のサマッラ文化伝統が繁栄しており、サマッラ文化からウバイド文化への変遷の合間に、ごく一時的にハラフ後期〜終末期に帰属する薄い文化層が認められるのである。その文化層の中では、ハラフ彩文土器の比率は高いものの、トロスやその他のハラ

フ的属性は貧弱である。地域としてはハラフ文化が一時的短期的に波及したものの、すぐにローカルな文化伝統の中に取り込まれてしまった様相を示していると思われる。

　これまで述べてきたように、一口にハラフ文化といっても、地域によって実態がかなり異なっていることは確かである。上述したハラフ文化の考古学的定義にほぼ当てはまる遺跡の存在する地域は、極論するとユーフラテス河中流域からバリフ川流域、ハブール川上流域、モースル＝シンジャール地域の4地域を横断するジャジーラ地方のみということになってしまう。つまり、もし厳格にハラフ文化を定義するならば、ほぼジャジーラ地方のみが真のハラフ文化圏を形成していることになろう。南東アナトリア地方のティグリス＝ユーフラテス河上流域もこれに準じる地域といえ、広義のハラフ文化圏に含めることは可能であろうが、ハラフ彩文土器の比率が低く、上述したハラフ文化の要件に完璧に当てはまるわけではない。ザグロス地方では現在のところトロスが欠如しており、やはり広義のハラフ文化圏にとどまろう。中部メソポタミアのハムリン盆地なども、ごく一時的ではあるが広義のハラフ文化圏に含められる可能性はある。北レヴァントについてはこれをハラフ文化圏に含めることはまったく不可能であり、ハラフ文化圏と接触があった地域としてのみ認識できるであろう。ハラフ文化に対して以上のような基本的認識を持って、次章以降ハラフ文化の分析を進めていくことにする。

註

1) 現代の等雨線図に関してはさまざまな図が発表されていて、各図によって微妙な差異がある。図2.3はTübinger Atlas（TAVO）1985に主に依拠して作成した。
2) 図2.4土壌分布図はFAO-UNESCO 1977にもとづいている。またWilkinson 1990なども参考にした。
3) 図2.5植生図に関しては基本的にvan Zeist and Bottema 1991に依拠し、その他Zohary 1973やMoore et al. 2000:Part 1-3なども参考にしている。
4) ザグロス山脈でのオークは *Q. brantii* や *Q. boissieri* が主であるが、タウロス山脈では *Q. libani* が主体となるなど、若干の相違が見られる。
5) ここで用いた地域区分では、文化地理学的に西アジア先史時代を区分したAurenche et Kozlowski 1999なども参考にしている。
6) たとえば打製石器に見られる半月形の鎌刃 crescent-shaped sickle elements や磨製石器の鞍形臼 saddle querns、石製容器、土製投弾 clay sling balls など。
7) たとえばテル・ハラフの報告書に掲載されている土器片の写真の中に、明らかに土製スクレイパーであると考えられるものが含まれている（Schmidt 1943: Tafel LV-7）。

第3章　ハラフ文化の編年(1)

　本章ではハラフ彩文土器を指標としてハラフ文化を5期に編年する。その目的は、ハラフ文化の出自、時期ごとの空間的分布の変異、同時代の他の文化との分布的位置関係、そしてハラフ文化の終焉を明らかする際の基本資料にしようとするものである。またこの編年は、本論の他章で扱う遺跡・遺構・遺物などの考察がなされる際の時空的基準ともなる。

　従来のハラフ土器編年は、主としてハラフ文化のタイプ・サイトともいえるテル・アルパチヤやテル・アカブなど、ハラフ期全体にわたると考えられた遺跡からの出土土器にもとづいてなされてきた。ところが近年の調査の進展により、ハラフ彩文土器はかなりの地域差を内包していることが明らかとなり、一つの遺跡で構築された土器編年をすべての地域に敷衍することはもはや困難な状況にある。また、テル・サビ・アビヤドなどでの新しい発掘成果は、従来もっとも古いと考えられていたハラフ前期以前のハラフ彩文土器の存在を明らかにし、従来の土器編年では捉えられなかったハラフ彩文土器の出現過程が解明されるに至った。したがって本章では、ハラフ文化の出現と展開に本質的に関わったと筆者が想定しているジャジーラ地方の各地域、とくにバリフ川流域、ハブール川流域、モースル＝シンジャール地域の土器編年を構築し、地域間相互の関係を考慮して、ハラフ文化全体の基準となる基本編年を確立する。次章ではこの基本編年にもとづいて、その他の地域のハラフ彩文土器の位置づけを検討していく。

第1節　バリフ川流域

　バリフ川流域では、20世紀前半の比較的早い時期にハラフ土器の出土が報告され始めているが（Albright 1926）、その正当な編年的位置づけはまだ明確になされなかった。1938年にマロゥワンはバリフ川流域5遺跡の試掘調査を行ったが、この中でテル・アスワド Tell Aswad およびテル・メフェシュ Tell Mefesh から出土した遺物がテル・ハラフと同時代の遺物であると認識されることにより、初めてバリフ川流域にもハラフ文化遺跡の存在することが判明した（Mallowan 1946）。その後、1978年にサンラヴィーユらが行った同地域での大規模な踏査により多数のハラフ文化遺跡が発見され（Copeland 1979）、バリフ川流域がハラフ文化圏の中核を担った地域の一つであることが判明してきた。しかしながら、以上の調査は試掘や表面採集に留まり、ごく近年まで広い面積が本格的に発掘調査されたハラフ文化遺跡は、バリフ川流域ではまったく存在しなかった。

　このような研究状況を一変させたのが、1980年代後半より開始されたアムステルダム大学（現在はライデン考古学博物館が引き継いでいる）によるバリフ川流域の総合調査である。ハラフ文化に帰属する多数の遺跡が踏査され、テル・サビ・アビヤド、テル・ダミシリア Tell Damishliyya、キ

ルベト・エッ・シェネフ Khirbet esh-Shenef の 3 遺跡では、ハラフ文化層を目的とした発掘調査が実施されている。とくにテル・サビ・アビヤドでは面的に発掘区が広げられ、多様な遺構・遺物が検出された。特筆すべき成果はハラフ彩文土器の起源に関する情報が得られたことであろう。ここではこれらの 3 遺跡からの出土土器に主として依拠して、バリフ川流域のハラフ彩文土器の編年を構築していく。図3.1は現在まで判明しているバリフ川流域のハラフ文化遺跡の分布図である。

1） テル・サビ・アビヤドとハラフ彩文土器の出自

テル・サビ・アビヤドは、バリフ川上流、ハマム・エッ・トルクメン Hammam et-Turkman 村の南約 1 kmに位置する五つのマウンドよりなるテル群であり、中心となる 1 号丘は240×170m （4.1ha）、周辺地形からの比高5〜10mを測る。1 号丘の中央部から西側部分にかけて、紀元前13〜12世紀に帰属するアッシリア中期の小型城塞址がのるが、それ以外は紀元前7000年紀から6000年紀にかけての先史時代文化層が重層的に堆積している。先史時代文化層は、テル南東部に設けられた発掘区を中心に検出されている。この南東発掘区の文化層は、最下層の第11層から第 7 層までがプレ・ハラフ期（バリフⅡ期）、第 6〜4 層が移行期（バリフⅢA期）、最上層の第 3 〜 1 層がハラフ前期（バリフⅢB期）に大きく区分され、各層からの出土土器は第11層と第10層間にあるヒアタスを除くと、第10層から第 1 層にかけて連続的かつ漸移的変化を示すという(Akkermans 1993, Akkermans ed.1996)。出土土器の記述と分析は、報告者および扱った資料の発掘年次によりやや異なる。ここではもっとも新しいルミエールらの報告と分析に基本的に依拠するが（LeMière and Niuwenhuyse 1996)、彼女らの分類は詳細多岐にわたり、かえって全体の流れが捉えにくくなるきらいもある。したがって、必要に応じてアッカーマンズの報告、分析も引用しながら（Akkermans 1989、1993)、ハラフ土器出現までの流れをまとめてみることにしよう。

第10〜7層から出土する土器の大半（90%前後）は、ルミエールらが標準土器 Standard Ware、アッカーマンズが粗製土器 Coarse Ware と呼んでいるスサが大量に混和された粗製土器であり、それに若干の暗色系の土器が加わる。このサビ・アビヤドの粗製土器は、軽い磨研かナデにより調整された明黄色〜明褐色の器面を持ち、胎土には基本的にスサが大量に混和され、十分に酸化焔焼成されずに黒芯を持つものが多い。器壁が湾曲ないし直線的に立ち上がる単純な器形の鉢と短頸壺、無形壺（＝ホール・マウス甕）を基本に、いくつかの他の器形が組み合わさるが、器形のヴァラエティはそれほど多くない。また量的には少ないものの、ハスキング・トレイが各層から安定して出土している。これらの粗製土器は基本的に装飾の施されない無文土器であるが、数％の粗製土器には、単純な彩文、貼付文、刻文、押型文といった装飾が施されている。明黄色系の器面色や大量のスサが混和される点などは東方のハッスーナ土器と類似するが、器形や装飾などはまったく異なっている。

粗製土器と共伴する灰黒色土器は、器面が磨研され還元焔焼成された暗色系の土器であり、スサを混和した灰黒色土器 Gray-Black Ware と、砂粒ないし石灰粒を混和した暗色磨研土器 Dark-faced Burnished Ware がある。両者とも量的には土器インダストリーの数％を占めるにすぎない。前者はサビ・アビヤドでつくられたものと考えられているが、後者は器形、調整、胎土、装飾などさまざ

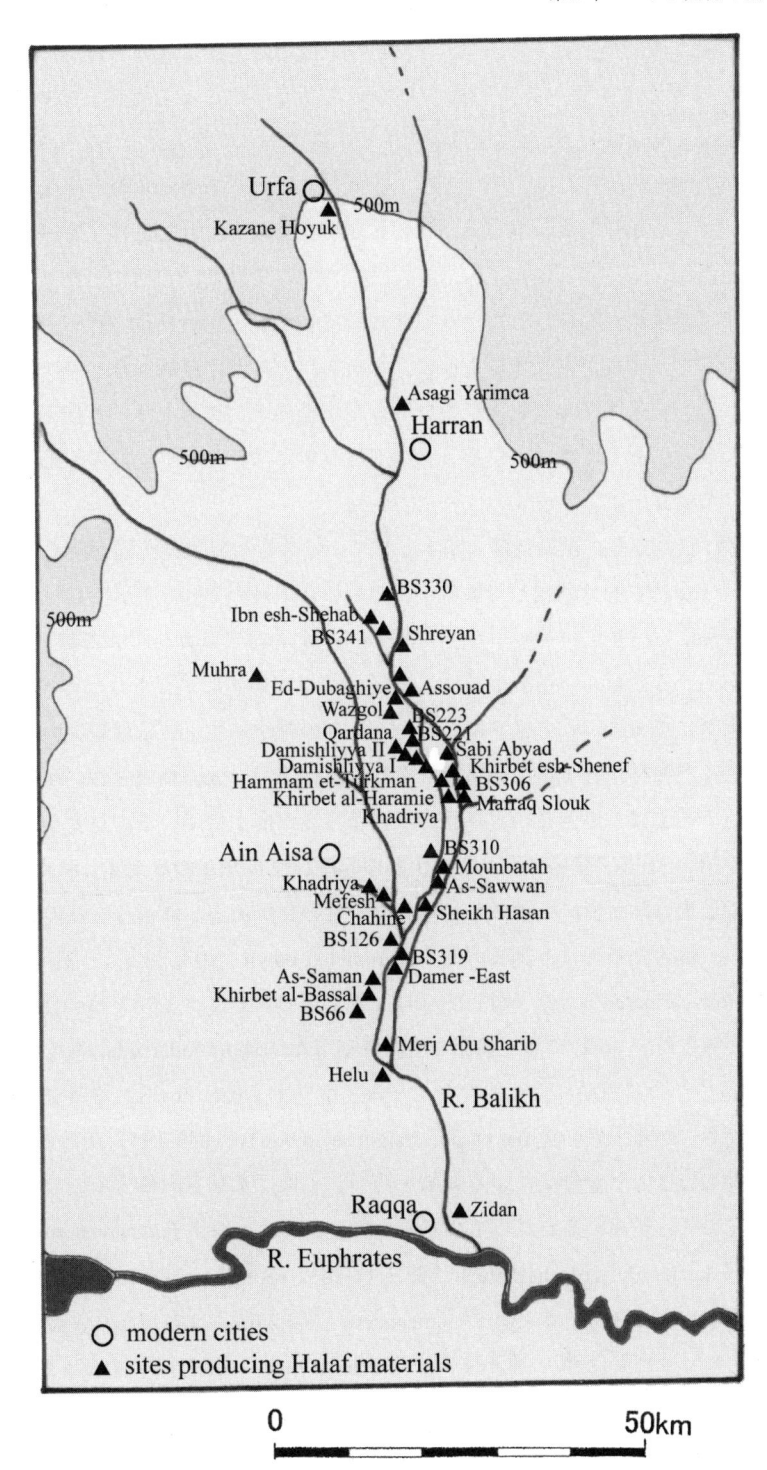

図3.1 バリフ川流域のハラフ文化遺跡

まな属性から見て北レヴァントのアムークB期の暗色磨研土器と共通する点が見られ、胎土分析などの結果も、これが北レヴァント方面からの搬入品であることを支持している（LeMière 1989, LeMière et Picon à paraître）。ただし南東アナトリア方面からの搬入品である可能性もある。

　第10～7層の土器インダストリーのうち、粗製土器はユーフラテス河中流域からバリフ川にかけての狭い地域でしか類似した土器を見出すことができない。これと共伴する暗色磨研土器は、筆者らの作成したエル・ルージュ編年（Iwasaki et al. 1996）ではⅡc～d期に当たり、補正年代で紀元前7000年紀後半はまず動かない。したがってサビ・アビヤド第10～7層土器インダストリーの基本は、今のところルミエールらが主張するように、ユーフラテス河中流域からバリフ川流域にかけての地域に限定された、紀元前7000年紀後半のローカルな土器インダストリーと捉えておくことが的を射ていると思われる。そしてこの土器インダストリー中には、ハラフ土器の祖形となる要素はまだまったく含まれていない。

　第6～4層においても、粗製土器を基本としていくらかの暗色系土器が加わるという構成の土器インダストリーが基本的に継続しているが、その中に下層の第10～7層では見られなかった精製土器が新しく登場する。ルミエールらがStandard Fine Ware、アッカーマンズがFine Wareと呼んでいる土器群である。この新しい精製土器は、第6層では土器インダストリーの10%内外を占めるにすぎないが、上層になるにつれて量を増していく。きめ細かい胎土には砂粒ないし石灰粒が混和されるか、まったく混和材が含まれない場合もあり、酸化焔で十分に焼成され、多くはきれいに平滑にされた明黄色の器面に、黒色ないし茶色で繊細な彩文が描かれている。重要なことは、この精製土器が、上層の第3～1層で登場するハラフ土器の起源に直接かかわる土器と考えられることである。

　精製土器の器種は鉢と壺に大別され、これに少量の甕がある。鉢よりも壺の方が量的には多く見られるという。鉢の基本形は、胴部湾曲の鉢 rounded bowls（図3.2:3-5）、竜骨形に屈曲し器壁の反る浅鉢と鉢 low-carinated bowls（図3.2:9-14）、S字形のプロファイルを持つ鉢 s-shaped bowls（図3.2:6-8）の三つであり、これに短い頚部をつくり出した鉢 short-collared bowls（図3.2:1-2）が加わる。第4層では後のハラフ前期に特徴的なクリーム・ボウル cream bowlsと器壁が湾曲せずにストレートに開いて立ち上がる平底の鉢 flat-based, straight sided bowls（図3.2:15）が数点出土している。

　これらの鉢のほとんどが彩文による装飾を持つ。文様は水平方向のラインないし文様帯を基本として描かれており、外面に描かれる主な文様モチーフには、斜格子 diagonal crosshatching（図3.2:5）と水平斜格子 horizontal crosshatching（図3.2:11-14）、綾杉 herringbones（図3.2:4,10）、ステップ stepped patterns（図3.2:3,7）、ミアンダー meanders（図3.2:6,9）などがあり、器形によっては（とくに短い頚部をつくり出した鉢）、垂下する三角 conical bars（図3.2:1-2）なども盛んに描かれている。内面には口縁部を中心に波形や垂直線モチーフが多く描かれるが、菱形と数本の垂下線を組み合わせた「踊る女性たち dancing ladies」（図:3.2:3）と呼ばれる特徴的なモチーフが描かれる例もある。

　壺は長頚壺が圧倒的で、頚部は外反しながら、ないしはまっすぐ立ち上がる（図3.2:16-20）。胴部は球形あるいは楕円形のプロファイルを持ち、時に竜骨形に屈曲するものもある。頚部から胴部上半を中心として、斜格子、水平斜格子、綾杉、水平線、波形、垂下する三角などのモチーフが描かれており、多くは鉢の彩文モチーフと共通する。

この第6～4層で新たに出土する精製土器が、焼成や器面調整、胎土、器形、文様などほとんどの属性において中部メソポタミアで盛行していたサマッラ土器、それもサマッラ中期の土器[1]と密接な関連を持っていることは明らかである（Akkermans 1989:129, 1993:125-128, LeMière and Nieuwenhuyse 1996:173-174）。とくにS字形プロファイルを持つ鉢に代表される口縁部を外反させる器形と、ステップモチーフや綾杉モチーフを充填した水平方向に走る数段の文様帯で構成された彩文などの属性は、これらの土器がサマッラ中期土器インダストリーの一部であることを確信させる。ただし、テル・エス・サワンなどの中部メソポタミアで出土するサマッラ中期土器とは、いくつかの点で異なる要素もある。たとえば器形的には、中部メソポタミアで通例の高台がサビ・アビヤドではまったく見られないことや、これとは逆に中部メソポタミアでほとんどない竜骨形胴部がサビ・アビヤドでは一般的なこと、文様的には、サビ・アビヤドで盛行する水平斜格子モチーフやが本来のサマッラ土器ではけっして主体的文様となっていないことなどが指摘できる。竜骨形胴部や水平斜格子モチーフやは、サビ・アビヤドにおいて次のハラフ精製土器の主要な属性となっていくのであるが、これらが中部メソポタミアで一般的でないことには注意が必要であろう。したがって、サビ・アビヤド第6～4層の精製土器は、サマッラ中期土器インダストリーに帰属しているものの、中部メソポタミアでの同インダストリーそのものではなく、その西方ヴァリエーションと捉えておくことにしたい。

さて、この精製土器の一部が次の第3～1層でハラフ精製土器 Halaf Fine Wareと呼ばれる土器に変化していく。このハラフ精製土器は、後述するテル・アルパチヤなどの資料から規定されてきた典型的なハラフ前期土器インダストリーと多くの共通する要素を備えてはいるが、それとは異なる様相も有している。この土器群についてまずまとめてみよう。

サビ・アビヤドで出土するハラフ精製土器は、概してよく水簸された胎土を持つ。混和材がまったく施されないものが多いが、細かい石灰粒が混和される例もある。スサが混和されることはない。十分な酸化焔で焼成されており、断面に黒芯が認められる場合は少なく、あっても淡色の黒芯である。器面はていねいなウェット・スムーズにより平滑に調整され、ナデ痕はほとんど残っていない。器面色は主に黄白色を呈しており、90％以上に見られる彩文は黒色ないし茶色の単彩色で描かれている。以上の基本的特徴は、混和材の相違や器面色の割合などを除いて第6～4層出土の精製土器と共通するとともに、一般にハラフ土器と呼ばれる土器のうちの精製品に通有の特徴でもある。ただし、ハラフ土器の彩文は通常光沢を有しているものが多いが、サビ・アビヤドのハラフ精製土器の大半は光沢のない彩文である点は異なっている。

基本的器形には、クリーム・ボウル cream bowls（図3.2:27-30）、器壁が湾曲せずにストレートに開いて立ち上がる平底の鉢 flat-based, straight sided bowls（図3.2:31-33）、長頚壺 angle-necked jars（図3.2:34-35）というハラフ前期の典型的な器形セットが揃い、その他一定量の出土がある器形として、竜骨形に屈曲し器壁の反る浅鉢 low, carinated bowls（図3.2:22-24）と鉢 carinated, concave-sided bowls（図3.2:25-26）があり、さらに胴部湾曲の鉢 rounded bowls（図3.2:21）、竜骨形に屈曲する口縁部内湾の鉢 carinated, closed bowlsも見られる。ハラフ前期にきわめて特徴的な最初の二つの器形を除くと、第6～4層の精製土器と共通する器形が多い。ただし、もっともサマッラ的器形とも

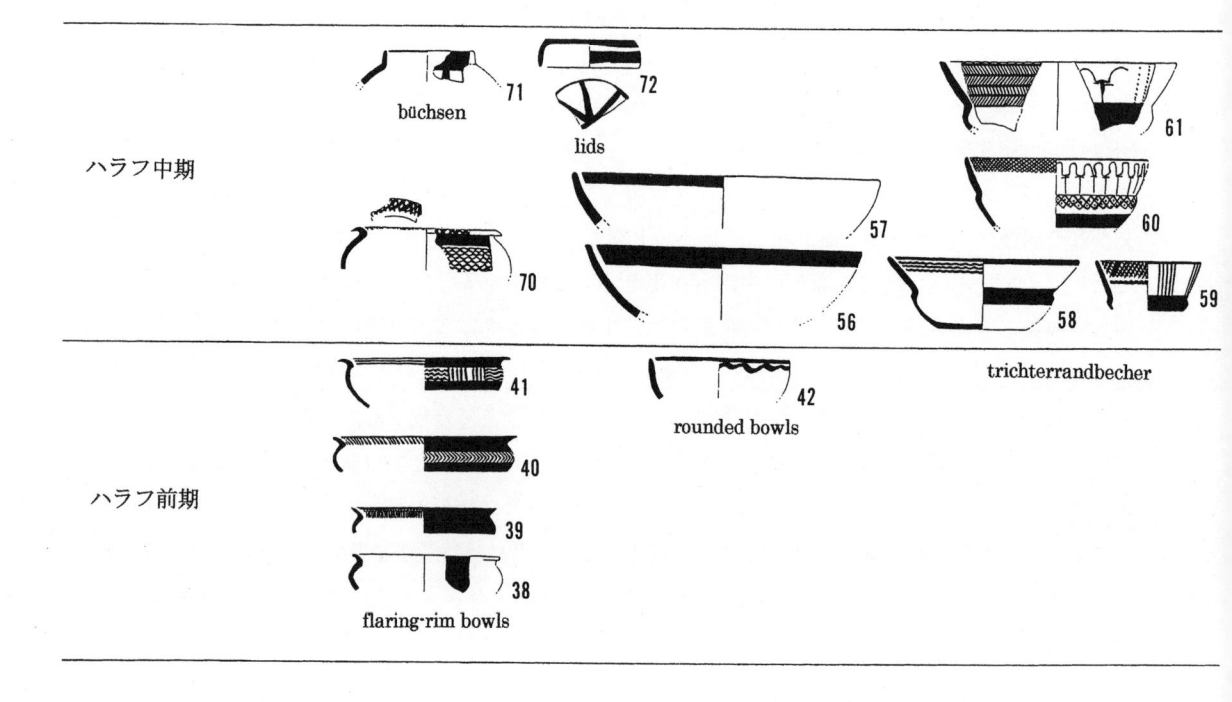

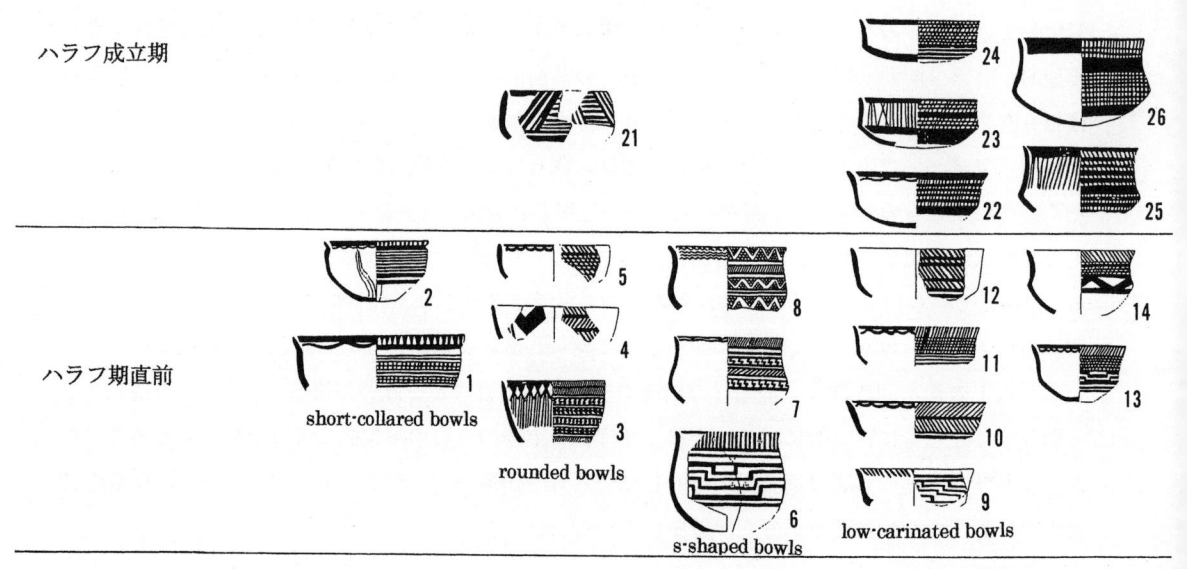

図3.2 バリフ川流域におけるハラフ彩文土器

いえるS字プロファイルの鉢は、ハラフ精製土器ではまったく見られない。

　装飾は、刻線によるものがきわめて例外的に存在するほかは、彩文に限定される。クリーム・ボウルはサイズ的に口径9〜24cmで薄手小型のものと、口径19〜34cmでやや厚手大型のものに区分されるが、量的には前者が圧倒的に多い。小型クリーム・ボウルの外面に描かれる文様はほぼ例外なく水平斜格子モチーフ（図3.2:28-30）であり、内面には口縁から垂下する連続斜〜垂直線モチーフ

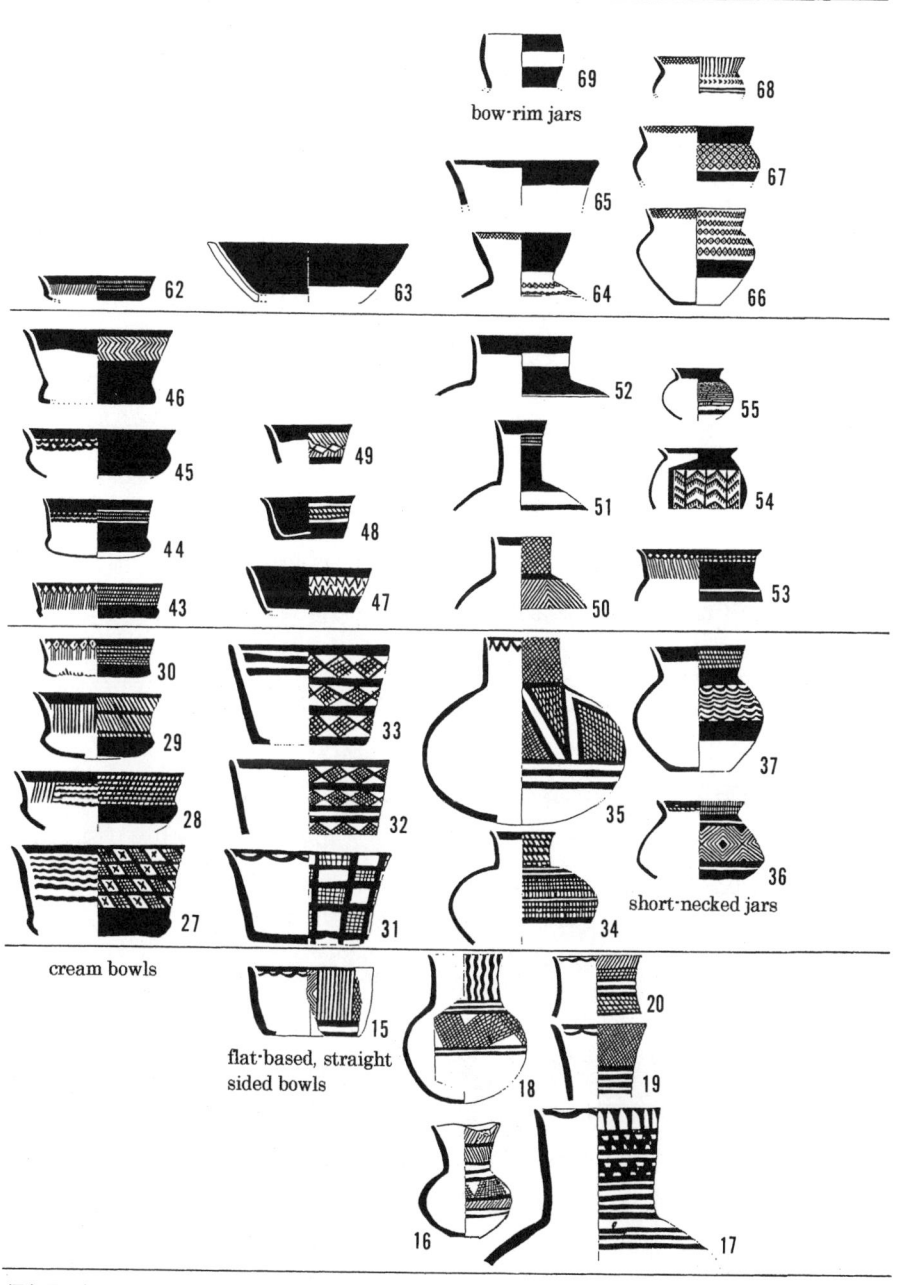

編年図（ハラフ期直前～ハラフ中期）（S=1/8）

が描かれ、たまに「踊る女性たち」モチーフ（図3.2:30）が見られる。大型クリーム・ボウルの外面には、水平斜格子モチーフないしは市松状のパネル文（図3.2:27）、内面には水平波線ないし垂直〜斜線モチーフが描かれている。器壁がストレートに開いて立ち上がる平底の鉢は、クリーム・ボウルとともに鉢の中ではもっとも量的に多く見られる器形であるが、そこに描かれる文様はクリーム・ボウルなど他の器形の文様とは一線を画し、格子を充填した連続菱形モチーフ（図3.2:32-33）

が卓越している。第6〜4層の精製土器の主要器形の一つで、ハラフ精製土器の器形の中に残存してくる鉢の典型例が竜骨形に屈曲し器壁の反る浅鉢（図3.2:22-24）であるが、この器形に描かれる文様も水平斜格子モチーフが主体となっている。竜骨形に屈曲し器壁の反る鉢（図3.2:25-26）は第3層でのみ認められ上層には残存していかない。この器形の外面には水平斜格子ないし格子モチーフが主として描かれている。ハラフ精製土器の中では少数派の器形である胴部湾曲鉢や竜骨形に屈曲する口縁部内湾の鉢の外面に描かれる文様としては、斜行平行線モチーフや格子を充填した斜行バンドモチーフなどが多く認められる。

　サビ・アビヤドのハラフ精製土器に見られる壺の大多数は長頚壺であり、第6〜4層精製土器の壺とほぼ同様の頚部ヴァリエーションを持っている。頚部は明確につくり出されていて、口縁部に向かって外反するもの（図3.2:34）が主体であるが、ほぼまっすぐに立ち上がるもの（図3.2:35）や少数だが内湾するものもある。頚部と胴部上半に文様帯があり、頚部文様の主体は斜格子モチーフと水平斜格子モチーフ、胴部上半部には斜格子モチーフ、水平斜格子モチーフのほか、三角や菱形、水平波形モチーフ、まれに具象モチーフ（動植物、人物）が描かれている。第6〜4層の長頚壺の口縁部によく描かれていた垂下する三角モチーフなど、サマッラ土器的な文様モチーフは姿を消している。外反する長頚壺の頚部が短くなった形態である短頚壺（図3.2:36-37）が登場していることも重要で、これ以降短頚壺はハラフ土器インダストリーの重要な器形となっている。また、鉢と壺以外の器種として、ホール・マウスタイプの甕（無頚壺）がごくわずかに認められる。

　以上サビ・アビヤド第3〜1層のハラフ精製土器について概観した。最初に触れたように、このハラフ精製土器と他節で詳述するテル・アルパチヤなどで規定されてきたハラフ前期土器とでは、共通する属性と異なる属性が入り混じっている。筆者が作成したバリフ川流域の土器編年図（図3.2）からも判明するように、両者の属性が相違する原因のほとんどが、サビ・アビヤドのハラフ精製土器にサマッラ的属性（つまり第6〜4層の精製土器的属性）が残存しているためであると考えることができる。換言すれば、サビ・アビヤド第3〜1層ハラフ精製土器は、後述するようにその一部を除くと、サマッラ中期土器の西方ヴァリエーションと従来のハラフ前期土器の中間的様相を持つ土器群であると結論することができる。したがって、これらの土器群は従来のハラフ前期土器よりも一段階古く位置づけられるため、本論ではハラフ成立期の土器と呼んでおくことにしたい。

　ここで、従来ハラフ前期と規定されてきた代表的器形の成立をサビ・アビヤド出土資料から追究してみよう。クリーム・ボウルは、軽い丸底ないし平底で強く内湾する胴部にやや反りながら湾曲せずに開く頚部をのせた、きわめて特異な器形の土器である。サイズや形態的には小型の杯といってよい土器である。口辰部が外反しながら薄くなり、また底部が掌にのせるのに都合よい形態であることなどを勘案すれば、個人が水や酒などの液体を飲用するのに適した土器である。上記したようにサビ・アビヤドで主体となる小型クリーム・ボウルの口径は9〜24cm、平均で17cmを測る。これとほぼ同じサイズで小型の杯といえる器形が、竜骨形に屈曲し器壁の反る浅鉢・鉢であり、サビ・アビヤド第3〜1層の同種土器の口径の平均は15.7cmを測る。まったく同様の器形が第6〜4層にもあり、口径は10〜26cm、平均で16cmとなっている。これらもまた口辰部が外反しながら薄くなり、掌にのりやすい底部形態を有している。さらに、小型クリーム・ボウルおよび竜骨形に屈曲し

器壁の反る浅鉢・鉢の外面に描かれる主文様は、一貫して水平斜格子文であった。両者が器形、サイズ、文様的に類似することについてはニューヴェンハウゼもすでに指摘しているところであるが(LeMière and Nieuwenhuyse 1996:181)、以上の諸属性の共通点を鑑みるに、ハラフ前期のクリーム・ボウルはそれ以前のサビ・アビヤド第6~4層よりあった竜骨形に屈曲し器壁の反る浅鉢・鉢が徐々に変化して成立したことは確実である。ハラフ期以前（サビ・アビヤド第6~4層）では竜骨形に屈曲し器壁の反る浅鉢・鉢のみが存在し（図3.2:9-14）、ハラフ成立期（サビ・アビヤド第3~1層）で両者が共存し（図3.2:22-30）、ハラフ前期にはクリーム・ボウルのみが見られる（図3.2:43-46）、というように変遷したと考えられる。

　クリーム・ボウルと並んでハラフ前期を代表する器形は、器壁がストレートに開いて立ち上がる平底の鉢である。器種的にはクリーム・ボウルと同じく鉢に区分されるが、明らかに置かれて使用された土器であり、口辰部も液体を飲む杯として口をつけやすいように薄くつくり出されたりはしていない。固形ないし半固形の食物などを盛るための容器と考えられる。サイズ的にはハラフ精製土器の中でもっとも大型の部類に入り、口径は16~30cm（平均22.7cm）、器高は12~15cm（平均13.6cm）を計る。この器形は、第6~4層の精製土器の中に祖形を見出すことができない。サビ・アビヤドの第6~4層精製土器は基本的に丸底であり、そもそもサマッラ土器の中で直接置いて使用すると思われる器形は高台付きであることからも、この広く平坦な底部を有する器形の特異性が際だつ。さらに、サビ・アビヤドで出土する成立期のハラフ精製土器のほとんどの器形の主文様が水平斜格子モチーフで構成されているのに対し、この器形のみが格子を充填した連続菱形モチーフが卓越することも特異である。第4層で2点のみこの鉢と同様の器形の鉢が出土しているが、そのうちの1点の文様が連続垂直線と斜格子、連続山形モチーフを交互にパネル状に描いていることも興味をそそる（図3.2:15）。なぜならば、このような連続山形や斜格子モチーフをパネル状に組み合わせる文様は、器壁がストレートに開いて立ち上がる平底の鉢という特徴的な器形とともに、北レヴァントのエル・ルージュ2d期（アムーク第1撹乱フェイズ併行）に盛行している暗色磨研土器のパターン・バーニッシュに通例な文様だからである（Tsuneki et al. 1998:Fig.18）。そして、サビ・アビヤド自体からも、北レヴァントからの搬入品と思われる同種のパターン・バーニッシュを施された暗色磨研土器が出土している（Akkermans 1989:Fig.IV.19）。以上のように考えていくと、器壁がストレートに開いて立ち上がる平底の鉢の成立には、北レヴァントのエル・ルージュ2d期暗色磨研土器がかかわっていた可能性が想定される[2]。

　さて、クリーム・ボウルと器壁がストレートに開いて立ち上がる平底の鉢がハラフ前期の鉢という器種の二大器形であるとすると、壺は前述したように丸底ないし小さな平底の長頸壺が典型的器形といえる。頸部のヴァリエーションやサイズ、器形プロポーションなど、ほぼ第6~4層精製土器の長頸壺を引き継いでおり、前述したようにそこからサマッラ的文様が減少し、前代からあった水平斜格子モチーフなどが盛行するようになったものが、ハラフ成立期の長頸壺である。したがって、明らかにハラフ前期の長頸壺は第6~4層精製土器長頸壺の直接の後裔といえる。このほか、第6~4層ではきわめてまれであった短頸壺がハラフ成立期になると明確に存在していることにも注意しておきたい。長頸壺の胴部が主にバルーン形を呈するのに対して、短頸壺はやや屈曲の強い胴部を持つ

ており、また短頸部は例外なく口縁に向かって外反している。壺はハラフ前期以降徐々に長頸壺と短頸壺の区分が明確となってくるのだが、成立期であるサビ・アビヤドのハラフ精製土器では、短頸壺の口径に対する器高がそれほど小さくなっておらず、両者がまだ明確に区分されていない段階といえよう。

以上、ハラフ前期土器インダストリーの代表的4器形の成立過程について器形ごとに触れた。ここで判明することは、代表的4器形のうち、鉢1種と壺2種はサビ・アビヤド第6〜4層精製土器、換言すればサマッラ中期土器の西方ヴァリエーションといえる土器から出自していることである。また鉢1種に関しては、北レヴァントのエル・ルージュ2d期暗色磨研土器の系譜に連なる可能性があるが、現在のところその出自は明確ではない[3]。

2) バリフ川流域のハラフ前・中期土器インダストリー

バリフ川流域でサビ・アビヤドのハラフ成立期に継続する土器である程度まとまった資料は、サビ・アビヤド自体の北東発掘区から得られている（Nieuwenhuyse 1997）。北東発掘区では4×2mの小規模なトレンチが3本（トレンチV5、W5、X5）入れられ、ハラフ精製土器、スサの混和された粗製土器、暗色系の土器などに分類される土器が出土した。量的にはハラフ精製土器が圧倒的で、トレンチV5で72%、トレンチW5、X5で81〜88%を占め、ハラフ精製土器のほとんどが彩文土器であるという。

トレンチV5出土のハラフ精製土器で主体をなすのは、竜骨形に屈曲し器壁の反る鉢とクリーム・ボウルおよび長頸壺であり、彩文も水平斜格子モチーフが主体をなすことから、トレンチV5が南東発掘区第3〜1層と同様にハラフ成立期に帰属することは間違いない。約半数の彩文が光沢を持つ。

これに対しトレンチW5、X5から出土するハラフ精製土器のうち、89%の彩文が光沢を持つという（ibid. p.229）。トレンチ調査ということもあり、全形のわかる土器は少なかったが、器形的には口縁が外反する胴部湾曲の鉢 flaring-rim bowls（図3.2:38-39）、クリーム・ボウル（図3.2:43-45）、器壁がストレートに開いて立ち上がる平底の鉢、長頸壺（図3.2:51-52）、短頸壺（図3.2:54-55）などが確認されている。クリーム・ボウルは成立期のものに比べて大型化し、口径は16〜28cmを計る。平底のクリーム・ボウルも出現する。これらの特徴は、後述するアルパチヤやアカブのハラフ前期のクリーム・ボウルと共通する。外面の文様は、基本的に太い水平線を口縁部と胴部の屈曲ないし湾曲する部分に引き、その間を斜格子や綾杉モチーフなどで充填している。全面を塗り潰してしまう例（図3.2:39.45）も目立つ。水平斜格子（図3.2:43）や内面文様の「踊る女性たち」モチーフ（同）など、成立期的文様モチーフも残存している。器形・文様のさまざまな属性から見て、トレンチW5、X5出土のハラフ土器がハラフ成立期土器を直接引き継いでいることは疑いなく、本稿ではこれらをバリフ川流域のハラフ前期土器に位置づけておくことにする。

さて、バリフ川流域でこれらに類似する土器がダミシリアの調査でも出土している（Akkermans 1988, 1993）。ダミシリアはウバイド期〜青銅器時代のバリフ川流域の中心集落であったテル・ハマム・エッ・トルクメン Tell Hammam et-Turkman の北方2 kmに位置し、PPNB後期〜土器新石器時代

前半に帰属する70×80m、比高5～6mほどの小さなテルである。テルの南東側で部分的に30×20mほどの範囲でハラフ文化層が新石器時代文化層にのっていて、K17-K19発掘区で新石器時代文化層に掘り込んだ4基のハラフ期ピットが発掘されている。出土する土器の多くは彩文の施された精製土器で、これに粗製土器が伴う。もっとも一般的な器形はサビ・アビヤドのトレンチW5、X5でも見られた口縁が外反する胴部湾曲の鉢（図3.2:40-41）で、このほかクリーム・ボウル（図3.2:46）や器壁がストレートに開いて立ち上がる平底の鉢（図3.2:47-49）、長頸壺（図3.2:50）などが主な器形となっている。文様は幾何学的なモチーフを基本とした多様な文様が見られるが、サビ・アビヤドのトレンチW5、X5でも目立った器面全面を塗り潰すものも多い。また、口縁が外側に屈曲した短い頸部の広口壺（図3.2:53）の存在も両遺跡で共通している。以上から、ダミシリア出土のハラフ土器は基本的にサビ・アビヤドのトレンチW5、X5とほぼ同じ時期に帰属すると考えられ、ここではバリフ川流域のハラフ前期土器インダストリーの一員として捉えておきたい[4]。ただし、牛頭bukraniaモチーフを有したラッパ状口縁鉢 Trichterrandbecher（Akkermans 1993:Fig.3.8:42）など、明らかにハラフ中期に帰属する土器もその中に含まれている。上述したようにダミシリアのハラフ文化層で出土した土器はピットおよび表土の覆土からであり、やや時期の異なる土器群が混ざり込んでいる可能性は高い。

　ダミシリアのハラフ文化層に後続する土器群は、キルベト・エッ・シェネフの発掘で得られている。同遺跡はサビ・アビヤドの南3kmに位置する径85m、比高1.3mの小さなテルで、1988年にテルの頂上付近に10×1mのトレンチを3本、L字上に設定して試掘調査が行われた（Akkermans 1993）。その後1991年にテル頂部を中心として約400㎡の広さで発掘調査が実施されている（Akkermans und Wittmann 1993）。下層の第3、4層がハラフ文化層で、広範囲に発掘された第3層から、泥レンガによるトロスが多数検出されている。第3層と第4層の出土土器はきわめて類似しているとされ、同一アセンブリッジとして扱われている。両層からの出土土器のほとんど（95.5%）がハラフ精製土器で、若干の粗製土器がこれに加わる。

　精製土器の7割近くが鉢であり、残りは壺と甕である。鉢と壺の多くは彩文が施されるが、甕のほとんどは無文である。鉢の中で量的にもっとも優勢なのがラッパ状口縁鉢（図3.2:58-61）で、器形が復元される鉢の半数以上を占めるという。ラッパ状口縁鉢は、クリーム・ボウルの減少とともに中期に出現する器形で、クリーム・ボウルから派生した器形と見る研究者が多い（常木 1986:52、Akkermans 1993:93）。ただし、クリーム・ボウルに比べると概して大型で、平坦口唇のものが多いなど、その用途は変化していた可能性が高い。このほか、半球形の浅鉢（図3.2:56-57）、クリーム・ボウル（図3.2:62）、器壁がストレートに開いて立ち上がる平底の鉢（図3.2:63）など多様な器形の鉢が存在している。壺の器形も多様で、長頸壺（図3.2:64-65）、短頸壺（図3.2:66-68）のほか、カラー状の頸部を持つ甕に近い壺 Büchsen（図3.2:71）や弓状口縁壺 bow-rim jars（図3.2:69）が出土した。甕はすべて無頸タイプであり、ほかに1点のみだが蓋（図3.2:72）が出土していることも注目される。

　文様は比較的シンプルで、外面には口縁部と胴部屈曲部ないし湾曲部に太い水平線を描くことを

基本とする。ラッパ状口縁鉢ではこの 2 本の水平線間は無文で残されることが多いが（図3.2:58）、牛頭モチーフが描かれる例もある（図3.2:60-61）。器面全面を塗り潰す場合もある。短頸壺には、連続菱形のケーブル状のモチーフないしは連続矢羽モチーフ（図3.2:66-68）が描かれている。

　以上のキルベト・エッ・シェネフの土器インダストリーは、ラッパ状口縁鉢が優越し、クリーム・ボウルおよび器壁がストレートに開いて立ち上がる平底の鉢が存在すること、短頸壺の口縁が強く外反していないこと、などを始めとする器形的特徴および太い水平線間を空白に残したり、ケーブルモチーフや列点モチーフが多用されているなどの文様的特徴から、その主体はハラフ中期インダストリーの範疇に収めるべきものであると筆者は考えている。これらの特徴は、後で詳述するハブール川流域のハラフ中期インダストリーの指標としたテル・ウンム・クセイール出土の精製土器とほとんど共通しているのである。また、多彩文土器が 1 点も出土していないことも、これらがハラフ後期には降らないことを支持するであろう。しかしながら、多くの研究者たちがハラフ後期以降、とくにハラフ―ウバイド移行期（本論ではハラフ終末期）に編年している弓状口縁壺が存在していることは、キルベト・エッ・シェネフのハラフ文化層が一部ハラフ後期～終末期にかかる可能性を留保すべきことを意味するのかもしれない[5]。

3） バリフ川流域のハラフ文化遺跡の編年

　さて、バリフ川流域では、ハラフ期直前からハラフ中期までの土器インダストリーの展開に関して、上記 3 遺跡の発掘資料を中心にして追究できるものの、中期に引き続く時期を規定できる良好な発掘資料は見当たらない。アッカーマンズらの踏査では、バリフ川流域全体で34遺跡に上るハラフ文化層を持つ遺跡がプロットされているが、その多くがバリフⅢCないしⅢD期に、つまりダミシリアやキルベト・エッ・シェネフと同時期に帰属するという（Akkermans 1993: 138-203）。ただし、表採された遺物の図や特徴が記載されていないため、各遺跡の帰属時期に関しての再検討を行うことができない。

　本地域で、アッカーマンズらの調査以前に判明していたハラフ期に帰属する文化層を有する遺跡としては、テル・ザイダン Tell Zaidan（Albright 1926, Copeland 1979）、テル・メフェシュ Tell Mefesh（Mallowan 1946）、テル・アスワド Tell Aswad（Mallowan 1946, Cauvin 1972）、テル・アッシャウ・ヤリムチャ Tell Aşaği Yarimca（Lloyd and Brice 1951）、テル・ムンバテェ Tell Mounbateh、テル・ヘル Tell Helu、チャヒネ Chahine（Copeland 1979）などが挙げられる。このうち小規模ながらも発掘が行われているのはメフェシュとアスワドだけで、他は表採品よりハラフ文化層を持つと推定された遺跡である。

　ムンバテェでは、水平斜格子モチーフで装飾されたクリーム・ボウル（図3.3:1）や長頸壺（図3.3:4-5,7）、およびステップモチーフが水平帯に配された彩文や「踊る女性たち」モチーフが口縁部内面に描かれたサマッラ土器が表採されていることから、サビ・アビヤドのハラフ成立期～ハラフ前期と同時期の文化層を有することは確実である。さらにハラフ中期の指標といえる牛頭モチーフや列点モチーフを配したラッパ状口縁鉢や内湾胴部鉢（図3.3:2-3）が存在し、多彩文土器（図3.3:12-13）や弓状口縁壺（図3.3:9）といった他地域でハラフ後期～終末期の指標となっている土器

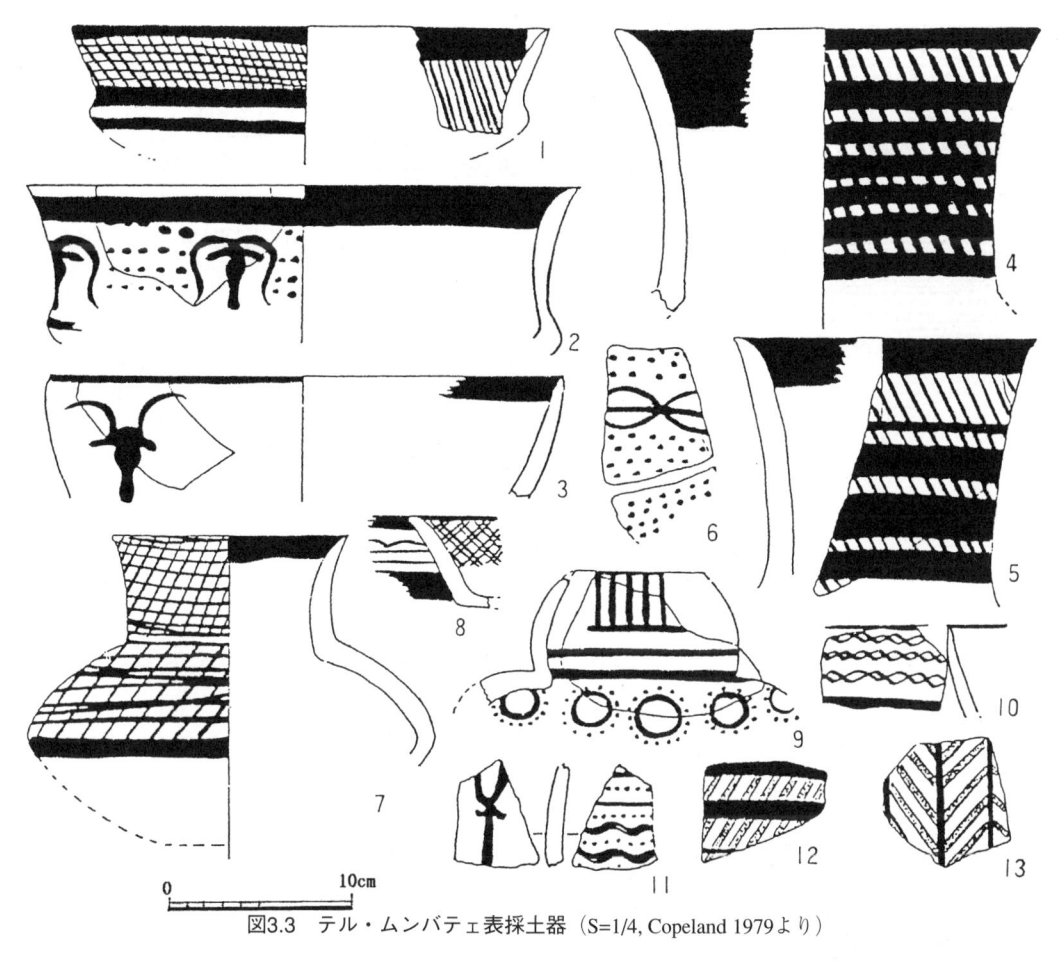

図3.3 テル・ムンバテェ表採土器 （S=1/4, Copeland 1979より）

も表採されていることから、この遺跡には成立期から終末期までのすべての段階のハラフ文化層が存在している可能性が高い。

　アスワドに関していえば、ハラフ土器が出土したという報告があるのみで、詳細な時期その他についてはまったく不明である。コヴァーンらによるテル・アスワドの再調査では、マウンド北スロープにステップ・トレンチが掘られたが、その結果、遺跡に堆積した文化層は先土器新石器時代B後期から土器新石器時代初頭にかけての帰属時期であることが確認され、ハラフ期の遺物は表土にわずかな量が散布しているにすぎなかった（Cauvin 1972）。アッカーマンズらの調査でも同様にハラフ土器はわずかに表採し得ただけで、その土器の帰属時期はバリフⅢC期であるという（Akkermans 1993:157）。

　メフェシュにもハラフ中・後期の文化層があることは確実であるが、この遺跡の調査でとくに注目されたのは、図3.4に示したような丸底でS字状の器壁を持つ鉢が多数出土したことであった。彩文は暗色で光沢を持たず、器形的に見るとウバイド土器といってよいが、描かれている文様にはハラフ彩文土器の伝統が強く残存している。そのためマロゥワンは、これらの土器をハラフとウバイドの混血土器 hybrid ware と呼んだ（Mallowan 1946:128）。この種の土器は、コープランドによるバリフ川流域の調査でも、チャヒネ、テル・エス・サワン Tell es-Sawwan などで採集され、メフェシ

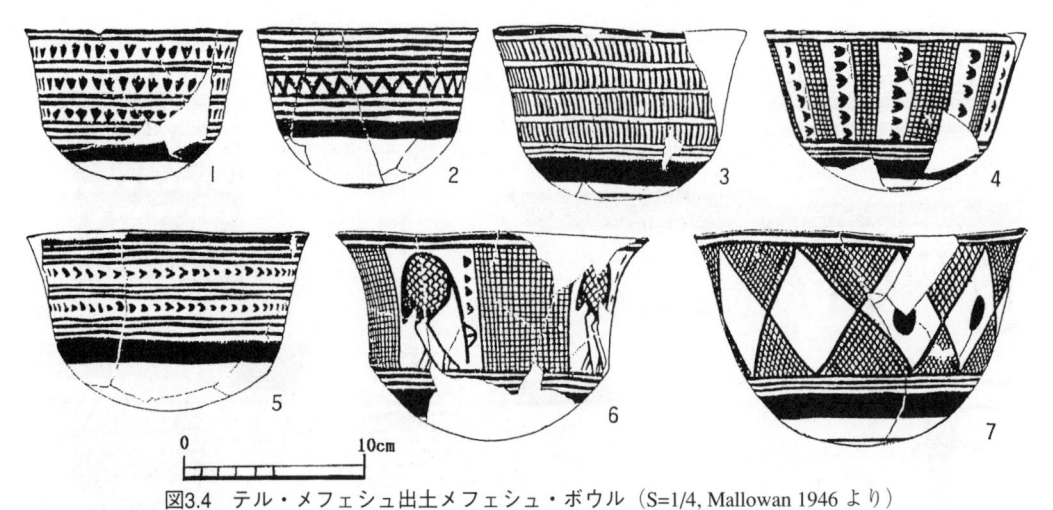

図3.4　テル・メフェシュ出土メフェシュ・ボウル（S=1/4, Mallowan 1946 より）

ュ・ボウル Mefesh bowl と呼ばれて、ハラフ─ウバイド移行期（本論ではハラフ終末期）の一つの指標とされている（Copeland 1979）。ただし、本論で終末期の指標にしている鉢のほとんどは平底ないし円盤状底部であり、メフェシュ・ボウルは終末期でも最終末にならないと登場しないと筆者は考えている。

　ムンバテェを除いて、コープランドの踏査でハラフ期文化層が存在するとされたヘル、サワン、スブヒ・アビヤド（サビ・アビヤド？）、チャヒネ、ザイダンの5遺跡から表採された土器図版を見る限りは、ハラフ中期に帰属するものが若干存在するほかは、ほとんどがハラフ後期ないし終末期に編年されるべきものである。いずれにしろ全形がわかる土器資料はほとんどなく、表採品という性格上、土器セットの構成などにも言及することは困難である。

　ハランHarranから6kmほどのところに位置する小型のテルであるアッシャウ・ヤリムチャから単彩色のハラフ彩文土器が表彩されているが（Lloyd and Brice 1951:110）、詳細が判明せず帰属時期ははっきりしない。1990年代に入ってウルファの南東で、ハラフ文化層を持つ巨大なテルとされるハザネ・ホユック Kazane Höyük が発見された（Watternmaker and Mısır 1994）。同遺跡は20haほどの巨大なテルで、紀元前6000年紀〜前2000年紀前半にかけての長期間にわたる文化層を有する。このうちハラフ文化層の広がりは10ha以上と推定されている。1996年からハラフ文化層の調査が実施され（Bermbeck et al. 1999）、テルの南東部に数箇所の小さなトレンチが入れられている。これらのトレンチから出土した土器は列点モチーフが彩文されたラッパ状口縁鉢（ibid.Fig.12:c）や、パネル文で彩文された胴部内湾の鉢（ibid.Fig.12:b）、水平波形モチーフの施された広口短頸壺（ibid. Fig.12:e,g）などが認められ、文様・器形ともハラフ中期から後期にかけての文化層があるものと考えられる。また、テルの南西部に設けられたトレンチであるユニットG18からは、ハラフ成立期に帰属すると想定される水平斜格子モチーフが施文された長頸壺（ibid.Fig.4）などが出土している。アッシャウ・ヤリムチャやハザネ・ホユックの存在は、現在のトルコ側に当たるバリフ川の最上流域にも多様な時期のハラフ文化遺跡が分布していることを示している。

　このほか、シリア側のバリフ川上流西方一帯がダマスカスのドイツ考古学研究所の手で1991、

表3.1 バリフ川流域のハラフ文化遺跡の帰属時期

遺跡名 \ 時期	ハラフ成立期	ハラフ前期	ハラフ中期	ハラフ後期	ハラフ終末期
テル・サビ・アビヤド(BS189)	■	■			
テル・サビ・アビヤドIV (BS192)				▒	
テル・ダミシリア (BS177)		■	▒		
テル・ダミシリアII (BS178)		▒	▒		
キルベト・エッ・シェネフ(BS170)			■	▒	▒
テル・ムンバテ（BS148）	▒	▒			
キルベト・アル・ハラミエ(BS168)		▒	▒		
BS221		▒	▒		
BS306		▒	▒		
テル・ワンゴル(BS235)	▒	▒			
テル・クァルダナ(BS219)		▒	▒		
BS223		▒	▒		
テル・アスワド (BS245)		▒	▒		
テル・エドゥ・ドゥバギィエ（BS242）		▒	▒		
テル・シュレヤン (BS264)	▒	▒	▒		
テル・ハマム・エッ・トルクメン(BS175)		▒	▒		
テル・エス・サワン（BS147）		▒	▒	▒	
BS330		▒	▒		
イブン・エシュ・シェハブ（BS276）		▒	▒	▒	
BS341		▒	▒		
テル・カドリヤ（BS139）		▒	▒		
BS221		▒	▒		
テル・マフラク・スルーク（BS316）		▒	▒		
テル・エズ・ザクロ(BS152)		▒	▒		
BS310		▒	▒		
テル・シェフ・ハサン（BS142）			▒	▒	
テル・メフェシュ（BS138）				▒	■
テル・ハドリーヤ（BS139）			▒	▒	
BS126			▒	▒	
BS319			▒	▒	
テル・ダメール東（BS108）			▒	▒	
テル・アス・サマン（BS83）			▒	▒	
キルベト・アル・バサル（BS81）			▒	▒	▒
BS66				▒	▒
メルジ・アブ・シャリーブ（BS35）				▒	▒
テル・ザイダン（BS2）				▒	▒
ハザネ・ホユック	▒		▒		
テル・ムフラ					

■ 居住が確実にある時期　　▒ 居住の可能性がある時期

BSは、アッカーマンズらの踏査の際の遺跡番号

1992年に踏査されており（Einwag 1993）、バリフ川より十数kmほど西方に入った地点にあるテル・ムフラ Tell Muhra でハラフ土器が表採されている。外面に魚鱗モチーフ、内面に太い波線が列点モチーフとともに彩文されたクリーム・ボウル（ibid. Abb.6:6）、牛頭モチーフと列点モチーフを組み合わせた文様（ibid.Abb.6:2）、耳状把手のついた広口短頸壺（ibid.Abb.6:3）などから、テル・ムフラはハラフ中期から後期に帰属する遺跡であろう。

前述したように、バリフ川流域のとくに中期・後期の土器編年の基準が、アッカーマンズの規定と筆者の規定では大きく異なっており、バリフ川流域のハラフ土器編年をつくる際にアッカーマンズらの調査結果に大きく依存しなければならない現状では、さまざまな制約が生じてくる。ここでは出土ないし表採した土器の図版や記述がある遺跡に関しては筆者なりにその時期を再検討し、また資料提示が十分なされていない遺跡に関しては、アッカーマンズのいうハラフ前期（バリフⅢB期）をハラフ成立期とハラフ前期に、同ハラフ中期（バリフⅢC期）をハラフ前期と中期に、同ハラフ後期（バリフⅢD期）をハラフ中期と後期、そして一部終末期に区分した。表3.1にバリフ川流域のハラフ文化遺跡の帰属時期をまとめてみたが、この表作成に当たっては以上のような制約が存在したことを明言しておく。

バリフ川流域ではサビ・アビヤドを確実な例としてハラフ成立期に遡る遺跡が少なくとも5～6遺跡は存在し、小トレンチの発掘であるハザネ・ホユックを除いて成立期の遺跡すべてがハラフ前期に継続している。ハラフ前期になると遺跡数は急増し、さらにハラフ中期には流域でもっとも多くの集落が認められる。ハラフ後期に帰属させられる集落もけっして少なくはないが、ハラフ中期に比較すると遺跡数は減少し、ハラフ終末期に帰属させられる遺跡は急減してしまう。基本的にバリフ川流域では以上のようなハラフ文化遺跡の変動を看取することができるが、上述した編年上の制約に留意する必要のあることを繰り返しておく。ここでは、バリフ川流域ではハラフ成立期からハラフ終末期まですべての時期の遺跡が存在し、とくにハラフ土器の成立に関わる詳細な編年を組むことができることを確認しておきたい。

第2節　ハブール川流域

ハブール川、ジャグジャグ川 R.Jagh Jagh、ワディ・ラッド W.Radd、ワディ・アウェイジ W.Aweiji などの大小の河川が南流するハブール川上流域は、後述するモースル周辺と並んで、古くよりハラフ文化遺跡の存在が知られてきた地域である。ハラフ文化の名称となったテル・ハラフを始め、テル・シャガル・バザル、テル・ブラクなどの著名な遺跡がこの地域に位置している（図3.5）。このうちとくにテル・ハラフ（Schmidt 1943）とテル・シャガル・バザル（Mallowan 1936）からは、ハラフ期全体をカヴァーする各時期の土器が出土しているが、前者は出土層位ごとに報告されておらず、後者は出土土器が断片的にしか報告されていないという、報告上の問題を抱えている。したがって、これらの遺跡からの出土資料は、編年構築に当たっては補助的にしか使用し得ない。

ハブール川上流域では1970年代にエディンバラ大学の手で遺跡踏査が行われ、多数のハラフ文化遺跡が発見された（Davidson and Mckerrell 1976）。そのうちの一つであるテル・アカブでは、ハラ

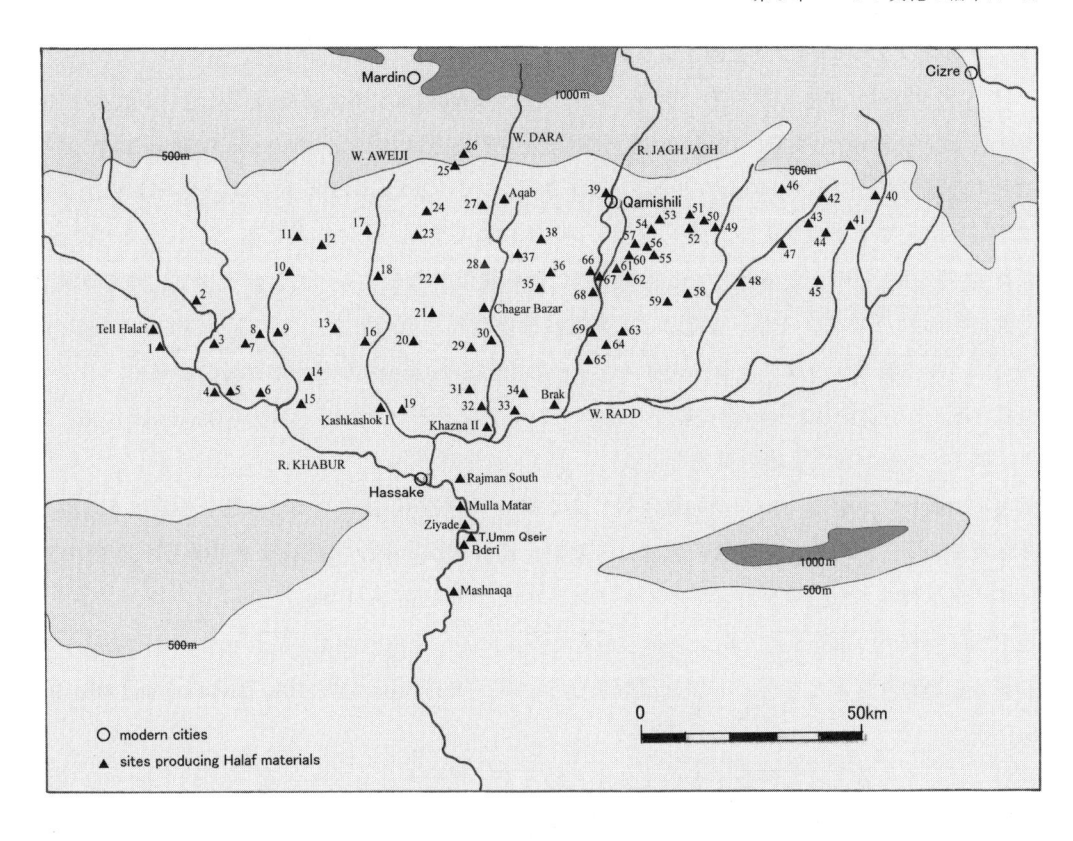

1:T. Qattine	15:T. Shanane Charqi	29:T. Avguir Faouqani	43:T. Hadjar	57:T. Awda Harb
2:T. Aslouq Charqi	16:T. Beydar	30:T. Farho	44:T. Atshana	58:T. Anbar
3:T. Jamous	17:T. Kdich	31:T. Aatach	45:Qarhu	59:Rahaya al-Sawda
4:llbis	18:T. Diak	32:T. Nourek	46:T. Khatum	60:Khirbat Djamu
5:T. el-Aassafir	19:T. Assouad Tahtani	33:T. Dibe	47:Abu Hudjayra	61:Habara Saghira
6:T. Otm Ourhafa	20:T. Effcnndi	34:T. Kourdiss	48:T. Farsuk	62:T. al-Tibn
7: T. Baarair Kebir	21:T. Tcholama Tahtani	35:T. Aarbid	49:Qiru	63:T. Masti
8:T. Mohammad	22:T. Jhach	36:T. Guir Diouane	50:Site no. 71	64:Abd Assad
9:T. cl-Ouard Charqi	23:T. Baqar	37:T. Chil Virane	51:Buwayyir	65:T. Barri
10:T. Herme1	24:T. Raheke	38:T. Ahmar	52:Khazna Kabira	66:T. Muhammad Kabir
11:T. Aarade	25:Ah el-Qerd	39:T. Nisibis	53:Site no.197	67:T. Dhahab
12:T. Dabach	26:T. Khaneke	40:T. Abra	54:Arbat	68:Mazraat Tuwayyim
13:T. Baughaz	27:T. Tchatal Millie	41:T. Mehun	55:Sitc no. 192	69:T, Qushla
14:T. Ain e1-Aabed	28:T. Sorhane Tahtani	42:T. Mashuq	56:Kirbat Khazna	

図3.5 ハブール川流域のハラフ文化遺跡

フ前期(後述するようにその一部はハラフ成立期まで遡る可能性がある)からウバイド3期までの連続した文化層が、編年構築を目的に調査されている(Davidson and Watkins 1981)。また、1980年代以降、ハブール川上・中流域では、ダム建設に伴う事前調査のための遺跡調査が急増しており、そのうちテル・カシュカショクⅠ号丘およびテル・ウンム・クセイールなどの遺跡で、良好なハラフ文化層が調査された。ここではこれらの遺跡での調査成果に主に依拠しながら、ハブール川流域のハラフ土器編年を構築していく。

1） テル・アカブのハラフ土器インダストリー

テル・アカブは、アムーダの南6km、ワディ・ダラ Wadi Dara のすぐそばに立地する大きさ200×140m、比高9.5mのテルで、1975、76年に発掘調査が実施された（Davidson and Watkins 1981）。調査はテルの北スロープに4×10mの大きさの第1、2トレンチと3×4mの第3トレンチ、テルの南スロープに4×5mの第4トレンチの、計4本のトレンチによる発掘であり、後に第2トレンチの幅が8mに拡張されたものの、全体としては試掘調査に近い規模である。もともとハラフ文化の編年確立を目的に行われた発掘なので、層位ごとの変遷に配慮された概報となっているが（ibid.）、質・量ともハブール川流域のハラフ土器インダストリーの全容を表すものかどうかは疑問が残る。ここでは概報（ibid.）および1975年度調査結果に触れているダヴィドソンの博士論文（Davidson 1976）にもとづいて、ハラフ彩文土器の変遷を追ってみよう。

地山まで掘られた第3トレンチの最下層である第4～2層からは、ハラフ前期を規定できる資料が得られている。同層から出土する土器は、精製土器（ダヴィドソンはハラフ土器と呼んでいる）と、スサが混和された粗製土器（ダヴィドソンは磨研土器 Burnished Ware と呼んでいる）である。精製土器は明黄色の水簸された胎土を持ち、その多くに赤～黒色の彩文が施されている。磨研が施される例もかなりあるとダヴィドソンは指摘している（Davidson 1976:107, Davidson and Watkins 1981:7）[6]。

同層では彩文の施された精製土器が主体を占めるが、粗製土器も出土土器の37%に達している。ダヴィドソンによれば、アカブの粗製土器はテル・ハラフでシュミットが規定した古相単色土器（後述）とほぼ同様のものであるという。このほか1点のみだがパターン・バーニッシュの施された土器も出土し、明らかに北レヴァントの暗色磨研土器との関連が指摘できる。サマッラ的な様相の土器はまったく出土していないという。ここでは編年構築を目的とするので、精製土器のうちの彩文土器のみに注目する。

精製土器の器形の中では、器壁がストレートに開いて立ち上がる平底の鉢（図3.6:5-6）が量的にもっとも多く、復元可能な土器のうちの約70%を占めている。その他、クリーム・ボウル（図3.6:4）と胴部が内湾する丸底の鉢、頸部外反の壺が認められている。頸部外反の壺には、長頸のものとやや短頸で器高の低いものが含まれているが、報告でははっきりと両者が区分されていない。これらの器形セットは、後述するアルパチヤの前期セットと同様であり、ハラフ前期に典型的な器形の構成といえる。

文様は幾何学文に限られ、器壁がストレートに開いて立ち上がる平底の鉢の外面には、水平方向に同一のモチーフが連続して、ないしは異なったモチーフが交互に描かれている。前者は斜格子充填の連続菱形や斜格子モチーフなどであり、後者は波線と垂直線などを組み合わせた文様である（図3.6:6）。列点を三角形内に充填したモチーフなどで構成されたアカブ独特の文様（図3.6:5）もある。内面は口縁部に水平線が引かれるか、ないしはそれに花綱モチーフが付加される。1点のみだが、「踊る女性たち」モチーフが描かれた例も存在している。クリーム・ボウルの外面には主に水平斜格子モチーフが、内面には主に「踊る女性たち」ないしは垂直線モチーフが描かれており（図3.6:4）、サビ・アビヤドのハラフ成立期のクリーム・ボウルを彷彿とさせる。長頸壺の頸部にも水

平斜格子モチーフが描かれるものが多いとされ（図3.6:11）、この点もサビ・アビヤドのハラフ成立期の壺と共通する。胴部内湾の鉢は量的にはわずかであり、連続するケーブルモチーフが描かれていて、器形・文様ともやや後出の属性といえよう。

　第3トレンチ第1層になると下層の土器組成から変化が認められるようになる。第2トレンチ第4〜2層からは第3トレンチ第1層よりもやや後出の属性を有する土器が出土する。無文の粗製土器は、全体の14％と比率を下げる。ダヴィドソンは、これらの層からの出土土器をもとにハラフ中期を規定している。出土する精製土器の器形上の特徴は以下のようにまとめられる。器壁がストレートに開いて立ち上がる平底の鉢は急減し、精製土器の10％程度となる。クリーム・ボウルはほとんど見られなくなってしまう。胴部が内湾する平底ないし丸底の鉢がもっとも多く、器形復元可能な土器の半数以上を占めるという。もっとも特徴的な器形はラッパ状口縁鉢で、精製土器の7％程度を占めている。アカブではハラフ中期を規定するこれらの層以前にもまた以後にも、この器形の土器は認められず、ラッパ状口縁鉢はもっとも中期的器形ということができよう。壺では外反する頸部を持つ長頸壺と広口で器高の低い短頸壺が分離し、さらにカラー状の直立した短い頸部を持つ壺が見られるなど多様化している。そのほか、量的にはわずかであるが、楕円形プランで脚台付きの特徴的な鉢である、いわゆる「キャンペーン・ボウル」や平底の半球形の浅鉢、胴部が屈曲した鉢、高台付きの深鉢なども認められるという。

　アカブのハラフ中期精製土器の文様上の特徴としては、鉢形土器の場合は、数段の水平線で区画しその間を水平方向の矢羽やケーブルのモチーフで充填した文様や、列点モチーフと四葉モチーフを市松状に配置したパネル文様が外面に描かれ、内面は口縁部に水平線が描かれるだけのものが圧倒的に多い。鉢形土器に平坦な口唇部が採用されている場合、口唇部には短線モチーフ rim ticks が連続して描かれる。壺形土器の頸部に細かいモチーフが描かれることはなくなり、水平方向の太いバンドのみが施される。またごく少量であるが、多彩文が登場している。またアカブの彩文には具象的なモチーフはほとんど見られず、ハラフ土器特有の牛頭モチーフもまったく認められないという。

　第2トレンチ第2層と第1トレンチ第4層からは、さまざまな新しい属性が土器に認められ、これらの層からの出土土器にもとづいてアカブのハラフ後期が規定された。粗製土器の比率は中期よりもさらに下がり、土器全体の約12％となり、彩文の施された精製土器が圧倒的に多い。また、量的にはごくわずかであるが、赤色ウォッシュの施された土器[7]が共伴する。精製土器の器形のうち、胴部内湾の鉢が量的には圧倒的に多く、精製土器の60％を占めている。次いで、S字状の器壁に円盤状の底部を持つ鉢が多く、これは内面に美しい彩文が施される平底の浅鉢とともに、後期に典型的な器形となっている。平底の浅鉢には、半球形に胴部が内湾するものと、強く外反する胴部を持つものがある。このほか量的には少ないものの、器壁がストレートに立ちあがる平底の鉢や、口縁部が開いた半球形の鉢、長頸壺、器高の低い広口の短頸壺などの器形が中期から残存している。中期の典型的器形であったラッパ状口縁鉢は、器高を減じ口縁も強く開く浅鉢に近い器形に変化している。

　ハラフ後期の装飾上の最大の特色は、何といっても中期でほんのわずか見られた多彩文の施された土器が増加する点であろう。赤色と黒色の二彩を基本とするが、それに白色を加えた三彩の土器も存在している。とくに浅鉢の装飾に多彩文がよく採用されている。文様構成上では、一つのモチ

ハラフ後期

ハラフ中期

ハラフ前期
〜
ハラフ成立期

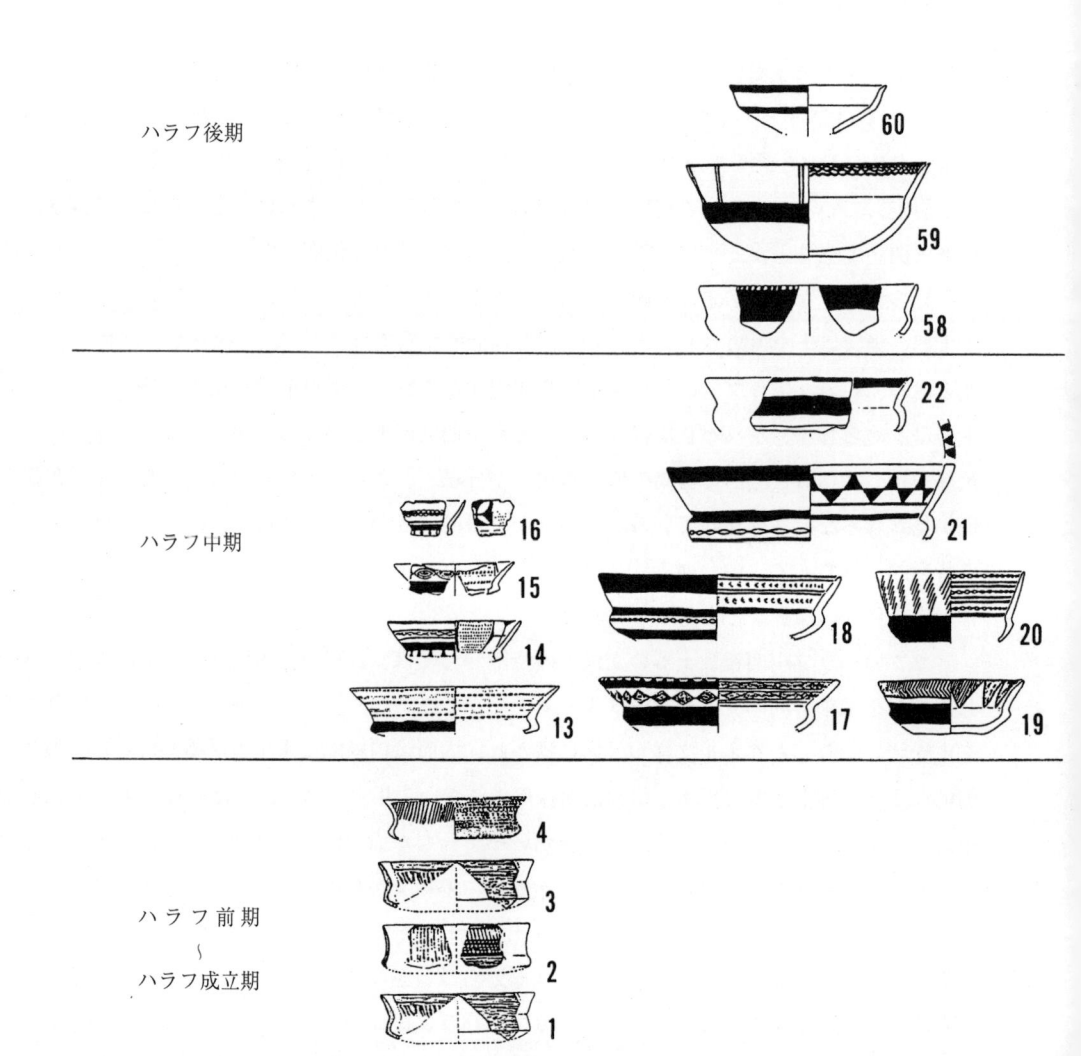

図3.6①　ハブール川流域における

ーフの繰返しよりも、複数モチーフを主文として組み合わせる文様が増える。水平方向に異なるモチーフを交互に繰り返す装飾も再登場している。浅鉢にはとくに洗練された文様が施されている。後期に盛行するモチーフとしては、塗潰しのチェッカー・ボード、四葉、三角、斜線充填の連続菱形、塗潰しの半円などといったモチーフをあげることができる。段状の列点モチーフは姿を消すが、列点を黒丸の周囲に配したモチーフ egg and dot などは後期にも残存する。浅鉢の底部内面には、ロゼッタモチーフなどを中心とした特徴的な文様が見られる。

　第1トレンチ第2・3層は、ハラフ後期に継続するダヴィドソンらがハラフ―ウバイド移行期

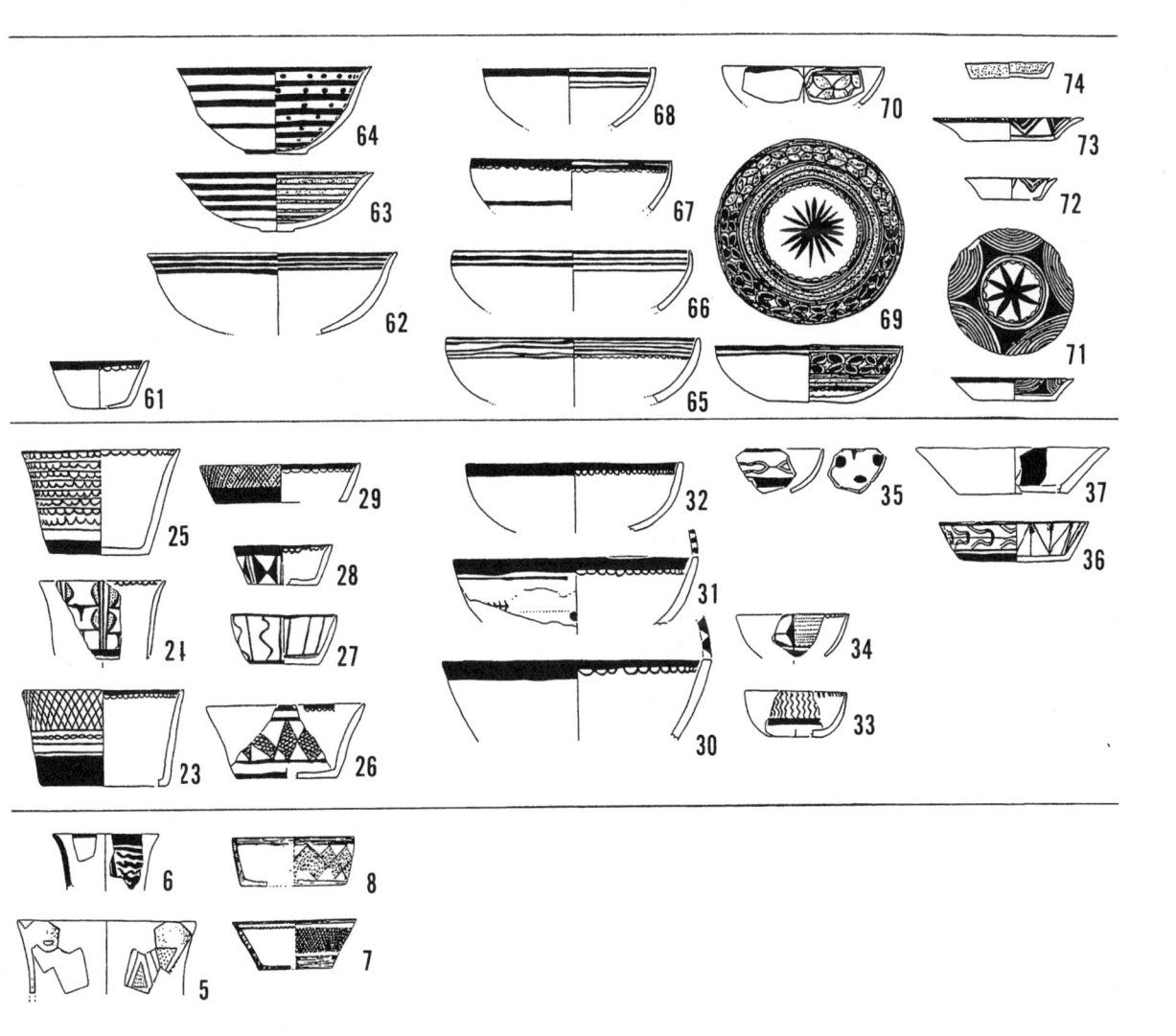

ハラフ彩文土器編年図・その1 (S=1/8)

　Halaf-Ubaid transitional phase と呼ぶ文化層で、本論でハラフ終末期と呼んでいる時期とほぼ対応する。ハラフ後期層と同様に、出土する土器の多くは精製土器であり、粗製土器は10%ほどで、それに若干の赤色ウォッシュ土器が加わる。精製土器の器形では、ハラフ後期層と同様、胴部内湾の鉢とS字状の器壁に円盤状の底部を持つ鉢が主体となっている。また、口縁が開く半球形の鉢や浅鉢も残存し、壺では頸部が「くの字状」に内湾する弓状頸部壺が初めて登場している。文様的には、この後のウバイド期に継続するいくつかのモチーフが認められる。

　アカブの調査では、ハブール川上流域のハラフ前期から終末期までの土器インダストリーの概略

ハラフ後期

ハラフ中期

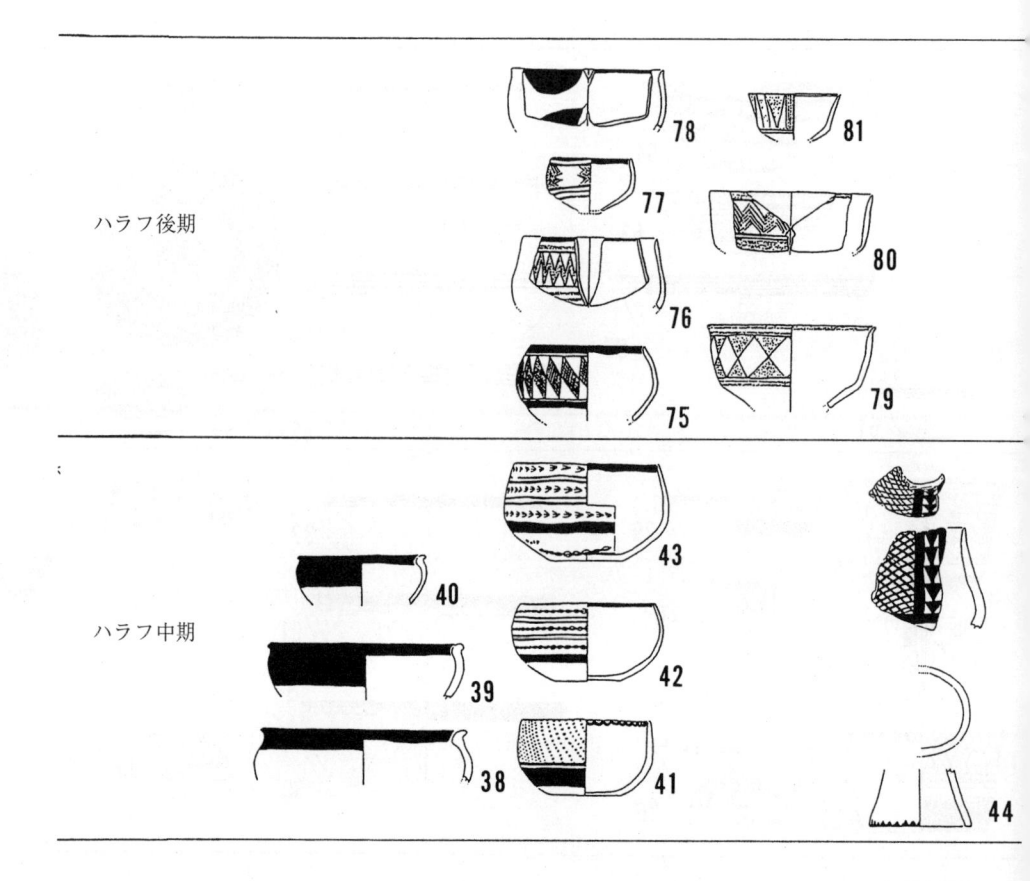

ハラフ前期
〜
ハラフ成立期

図3.6② ハブール川流域における

が明らかにされた。上述したように、ハラフ前期層から出土している精製土器のうち、とくに水平斜格子モチーフなどが描かれたクリーム・ボウルや長頸壺の存在は、アカブのハラフ前期層がハラフ成立期まで部分的に遡る可能性をも示している。同様の土器はテル・ハラフからも出土しており（図3.6:1〜3）、ハブール川上流域では成立期から終末期までハラフ期をすべてカヴァーする文化層が存在していたことを強く示唆している。ただし、土器インダストリーの内容は、前述したバリフ川流域や後述するモースル＝シンジャール地域と同一の歩みを遂げながらも、それぞれの地域性を内包していることもまた確かである。ハブール川流域のハラフ土器インダストリーの全容をさらに

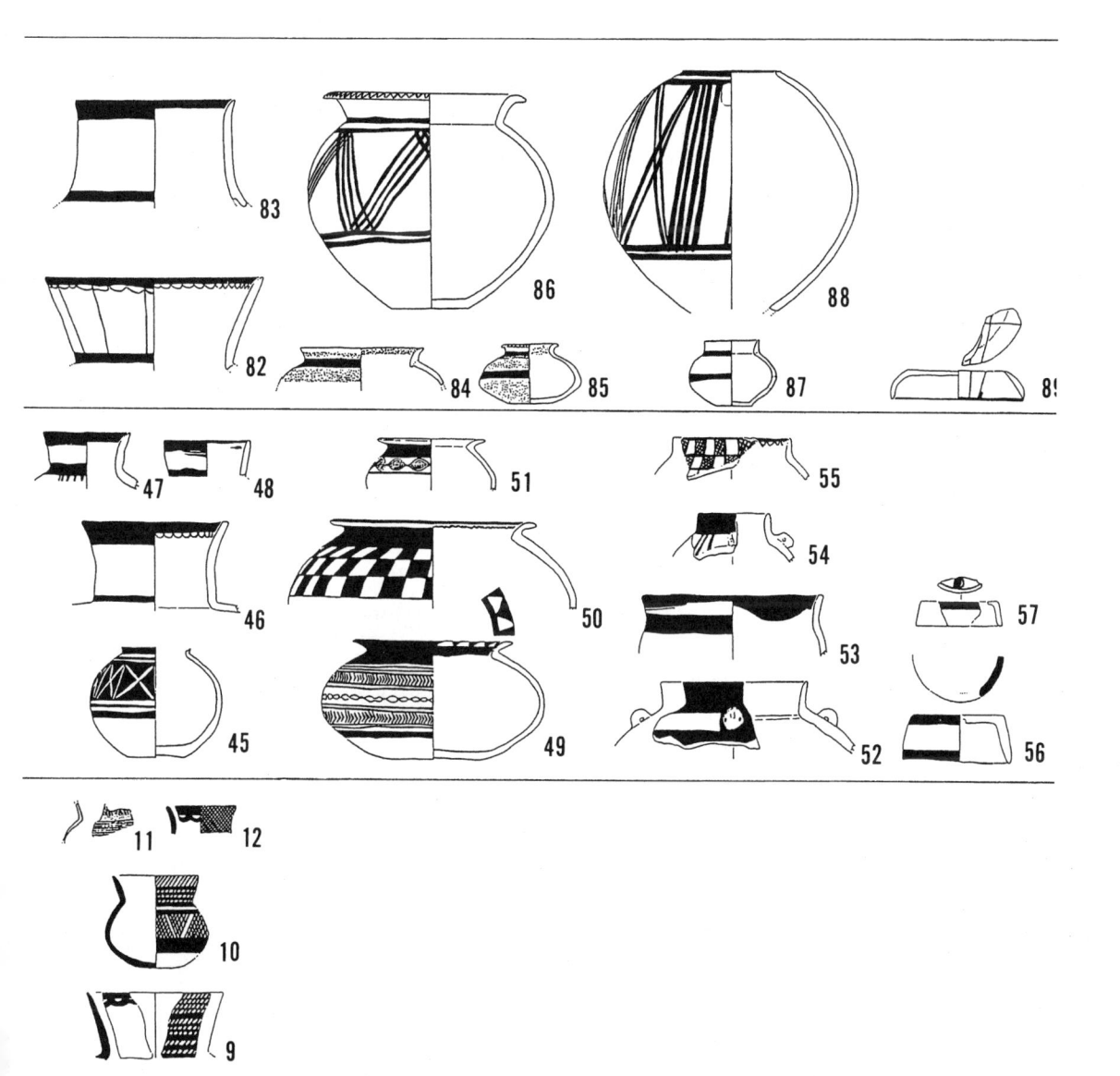

ハラフ彩文土器編年図・その2 (S=1/8)

把握するために、同川流域の他のハラフ文化遺跡からの出土土器を見ていくことにしよう。

2) テル・ウンム・クセイールとハラフ中期土器インダストリー

本論でバリフ川流域のハラフ中期土器インダストリーの指標とするのは、テル・ウンム・クセイールから出土したハラフ土器である。ウンム・クセイールは、ハッサケ市の南東13kmのハブール川中流域左岸に位置し、東西二つの小さなテルより成る。東丘は長径85m、短径55mの楕円形プランを呈し、西丘は径約45mの円形プランで、比高はともに3.5mほどの小さな遺丘である。1986年の

イェール大学による小規模な発掘調査で、西丘最下層がハラフ文化層であることが確認された（Hole and Johnson 1986-87）。1996年に筑波大学が実施した発掘調査では、西丘最下層のハラフ文化層（Phase 1）は3層にわたる遺構層で形成されていたことが確認された。地山上に営まれた墓や貯蔵穴などのピット群（Phase 1a）、その上層のピゼによるトロスを中核とした住居群（Phase 1b）、さらに上層でトロスの基礎石（Phase 1c）といった遺構が検出されたが、文化層の堆積の厚さ（ハラフ期文化層は約1.5m）などから勘案して、ウンム・クセイールは比較的短期間の小集落であったと推定されている（Tsuneki and Miyake eds.1998）。

このハラフ文化層は地山上に営み始められ、上層には時期差のある前4000年紀の文化層がのっている。出土土器の詳細な分析によって、遺構層ごとの変異が非常に小さく時期的に限定された同一の土器インダストリーを示していることが明らかとなった。それは、ハラフ前期、ハラフ後期と属性の一部に共通性を保ちながらも、全体としては明らかに異なる土器インダストリーと認定できるので、ハブール川流域のハラフ中期インダストリーを規定するのに適した資料群と考えた。なおウンム・クセイールの発掘調査では土器焼成窯も発見され、ハラフ土器のうち精製品に関しては集落内で製作されていたことは確実である。

1996年度のウンム・クセイールの発掘では8,200点以上の土器片がPhase 1より出土している。これらの土器は主として、彩文土器と無文土器の2種の精製土器、および胎土にスサを混和した粗製土器に大別でき、精製土器が全体の90%近くを占める。精製土器はよく水簸された胎土を持ち、混和材が認められる場合でも少量の砂、雲母、石灰粒だけである。スサが混和されることはない。ていねいなウェット・スムーズによる平滑な器面を持ち、クリームないし白色系のスリップが施されることもある。黒芯や焼成斑などはほとんど認められず、良好な酸化焔で焼成されている。精製土器のほか、ウォッシュの施された土器や暗色磨研土器なども出土している。報告書では精製の彩文土器について、口縁部片や底部片などを主体とした有意の土器片1,258点にもとづいて10種の器形に分類されているが（Miyake 1998）、ここでは本論で扱っている他のハラフ期の器形区分と対比できるようにまとめ直した。以下、それぞれの器形ごとに記述していこう。

クリーム・ボウル（図3.6:13-16）

量的には少数であり、彩文土器の2.5%を占めるにすぎない。概して小さく、口径は12～14cmを示すものがほとんどで、20cmを越えるものはごくまれである。彩文土器の中でもとくにていねいなつくりで器壁も薄い。平底に近い丸底の底部を持ち、ハラフ前期のクリーム・ボウルと比べると、胴部の屈曲が鋭角的で、口縁の外反度が大きくなる傾向が認められる。内外面に多様な文様が描かれているが、外面は基本的に水平方向の繰返しモチーフで装飾され、内面も基本的に同様かないしはパネル状に区画（図3.6:14,16）されている。文様では列点モチーフが卓越している。

ラッパ状口縁鉢（図3.6:17-22）

ウンム・クセイール出土の精製彩文土器の中では二番目に多い器形で、全体の20.5%を占めている。クリーム・ボウルから派生した器形と想定されるが、器高がより高く、すべて平底である点が異なる。また、クリーム・ボウルよりは概して大型で口径は20～30cmのものが多い。口唇部が平坦

なものも目立ち、その場合口唇部は短線ないし塗潰しの三角モチーフで施文される（図3.6:21）。ほとんどのラッパ状口縁鉢の口縁は外反して大きく開くが、頸部が長く口縁開口度のあまり顕著でないもの（図3.6:20）もある。外面の文様は、口縁と胴部屈曲部に太い水平線を引き、その間をブランクにするか、ケーブル系のモチーフで充填したものが多い（図3.6:17,18,21）。内面は基本的に口縁から屈曲部までが文様帯で、ケーブル系モチーフ（図3.6:17,20）や矢羽モチーフ（図3.6:18）などが施文されている。口縁部のみに水平線ないしは花綱モチーフが描かれる例も多い。

器壁がストレートに開く平底の鉢 （図3.6:23-29）

ウンム・クセイール出土の彩文土器の中ではもっとも多く見られる器形で、全体の25.5％を占める。器高と口径がほぼ同じ程度ものから、器高が低く浅鉢に近いものまである。大きさも口径が10cm内外の小型の鉢から25cmほどの大型の鉢まで、ヴァリエーションが大きい。主文様はほぼ外面に限られ、垂直に分割したパネル状の文様帯ないしは水平方向に分割した数段の文様帯をつくって、波線（図3.6:25,27）や斜格子（図3.6:23,29）、矢羽、塗潰し三角（図3.6:28）、牛頭（図3.6:24）などのモチーフを充填している。斜格子を充填した菱形モチーフ（図3.6:26）など、一つのモチーフを水平方向に繰り返した文様もある。内面は口縁部のみに水平線ないし花綱モチーフが描かれる程度である。

半球形鉢 （図3.6:30-34）

精製彩文土器の15.9％を占め、大きさのヴァリエーションに富む。口径が10～14cmの小型の半球形鉢では、垂直に分割したパネル状の文様帯に列点とネガティヴな四葉モチーフを交互に配した文様（図3.6:34）や、同一のモチーフを水平方向に繰り返した文様（図3.6:33）が描かれている。口縁と胴部下半に水平線を描いただけのものもある。口径15～30cmほどの中・大型の鉢の方が量的にははるかに多く（図3.6:30-32）、これらの中・大型の半球形鉢には平坦口唇が目立ち、口唇部には短線ないし塗潰し三角モチーフが描かれることが多い。文様は基本的に口縁部に太い水平線が描かれるだけのものが大半で、内面も花綱モチーフが描かれる程度である。

胴部内湾鉢 （図3.6:41-43）

口縁に向かって器壁が内湾する鉢で、口径13～17cm程度の大きさのものがほとんどである。彩文土器の3.6％を占める。外面に描かれる大半の文様は、口縁部と胴部下半の水平線で文様帯をつくり、その間に同一モチーフを繰り返し描いている。水平方向に文様帯を分割して同一モチーフを充填したものも多い。ケーブル（図3.6:42）や矢羽（図3.6:43）、列点（図3.6:41）などのモチーフでよく文様が描かれる。内面は口縁に沿って水平線ないし花綱モチーフが描かれている。

口縁が外反する胴部湾曲の鉢 （図3.6:38-40）

内湾する胴部にくの字形に外反する口縁が特徴的な鉢であるが、量的にはごくわずかで精製彩文土器の1.1％を占めるにすぎない。前述したバリフ川流域のダミシリアで主体となっている器形である。ほぼ例外なく内外面とも口縁に沿って太い水平バンドが描かれていて、他の文様はほとんど見られない。

浅鉢 （図3.6:35-37）

半球形鉢のプロファイルを持った胴部内湾の浅鉢（図3.6:35）と口縁部に向かってストレートに

開くか若干外反する浅鉢（図3.6:36,37）の二種の浅鉢が認められるが、両者を併せても彩文土器の2％にすぎない。とくに前者は2点のみの出土で、ウンム・クセイールでの皿に近い浅鉢のほとんどが後者のタイプといえる。文様は外面に単純な水平バンドが描かれたもの（図3.6:37）と、内外面とも水平方向に比較的細かい文様が施されるものがある（図3.6:36）。後者の文様には、牛頭モチーフやケーブル、矢羽、列点、ネガティヴな四葉などのモチーフが使われている。

鉢に分類できるものは以上の7種の器形であるが、このほか、アカブやアルパチヤなどで出土している脚台付きのいわゆるキャンペーン・ボウル（図3.6:44）の破片も、ウンム・クセイールから出土している。器種としてはこれらの鉢が精製彩文土器の7割以上を占めており、壺の割合は1/4程度である。ウンム・クセイールから出土する壺は以下の3種の器形に分類される。

長頚壺（図3.6:45-48）
　口縁部に向かってやや外反する頚部と球形の胴部を持つ壺で、壺の中では量的にもっとも多い。ほぼ例外なく、口縁部と、頚部と胴部との屈曲部に、水平方向の太いバンドを巡らしている。胴部を復元できる例は少ないが、復元例の胴部には、垂直方向に区画したパネル状の文様帯にネガティヴな四葉モチーフを充填している。

広口短頚壺（図3-6:49-51）
　低器高で胴部が強く内湾する壺で、短い頚部は強く外反する。彩文土器の3.8％を占め、長頚壺に次いで多く見られる壺である。外反する口縁の内面には、三角文（図3.6:49）や波形文（図3.6:50）などが描かれ、外面は水平方向に区画した文様帯に、ケーブルや矢羽などのモチーフを充填している。市松文様で装飾される例もある（図3.6:50）。

カラー状頚部壺（図3-6:52-55）
　短く直立する頚部を持つ壺で、球形の胴部を持つものが多い。紐で吊り下げるための把手を取り付けたものがある（図3.6:52,54）。文様は、長頚壺の頚部同様に、口縁部と頚部下に水平方向の太いバンドを巡らしただけのものが目立つ。その他クロスハッチを充填した市松文様など（図3.6:55）で装飾されたものもある。

　このほか量的にはわずかであるが、彩文土器の中には無頚の壺（甕）も認められる。無頚壺は粗製土器に一般的な器形で、ウンム・クセイールからも同様の器形の粗製土器がかなり出土している。器壁も厚く胎土も粗悪なことから、この彩文土器の無頚壺は、基本的に粗製土器にたまたま彩文を施したものと理解することができよう。
　器種的に鉢・壺以外に分類できるものとしては、蓋をあげることができる（図3.6:56-57）。形態的には器壁がストレートに開く平底の鉢と類似しているが、内面に文様が施されず、底部外面に求心的なモチーフの彩文が施されていることから、蓋として用いられたと想定される土器である。外面の口縁部と底部が、太い水平バンドで装飾されることが多い。口径の大きさや外面文様の一致から、カラー状頚部壺ないし長頚壺の蓋として用いられたと思われる。このほか、動物形容器片（図

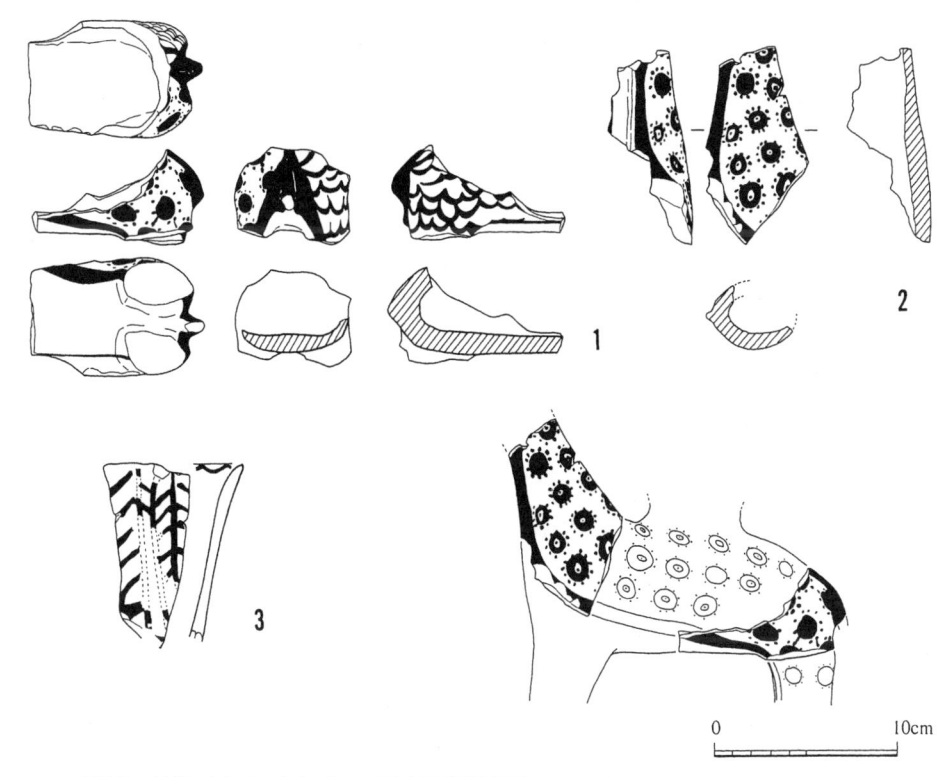

図3.7 テル・ウンム・クセイール出土動物形容器 (S=1/4)（Tsuneki and Miyake 1998より）

3.7）も出土している。

　以上、ウンム・クセイールの精製彩文土器インダストリーに関して器形ごとにその概要を紹介した。土器インダストリー全体としては、各器形の比率を除くと、器形や文様など前述したアカブのハラフ中期土器インダストリーとほぼ相関している。しかしながら、ウンム・クセイールではハラフ文化層の堆積が薄く、中期全体をカヴァーしていない可能性が高い。たとえばアカブの中期後葉から出現するというS字状の器壁に円盤状の底部を持つ鉢や胴部屈曲の鉢などはウンム・クセイールでは出土しておらず、アカブの中期終末に当たる層がウンム・クセイールに存在していない可能性がある。しかしながら、これらの土器はアカブでもまた他の遺跡でも、ハラフ中期層よりはむしろ後期層で盛行しており、ハラフ中期インダストリーに特徴的な属性とはなっていない。発掘面積や出土土器量に留意するならば、ウンム・クセイールの資料はアカブのハラフ中期層（第3トレンチ第1層および第2トレンチ第4～2層）をはるかに凌駕しており、土器の分析と報告も、より中期土器インダストリー全体を反映していると思われる。したがって前述したように本論では、ハブール川流域のハラフ中期インダストリーの規定は、ここでまとめたウンム・クセイール出土資料に依拠するものとする。

3）テル・カシュカショクⅠ号丘とハラフ後期土器インダストリー

　テル・カシュカショクはハッサケ市の北西約20kmのハブール川上流域、現在の年間降水量350㎜

の草原植生帯に位置し、Ⅰ～Ⅳ号丘と名づけられた四つのテルよりなる。ダム建設の事前調査として、1986～91年にかけてⅠ、Ⅲ号丘がシリア政府文化財博物館総局によって（Souleiman 1993）、またⅡ号丘が東京大学によって（Matsutani ed. 1991）発掘調査されている。ハラフ文化層を有するⅠ号丘は、他の三つのテルとはワディ・アウェイジを挟んで反対の西側に位置している。住民の粘土採集や耕作によりテルは著しく変形してしまっているが、直径45m、比高1.3mほどのごく小さなテルである。遺丘全体がほぼハラフ期に限定される単純遺跡であり、トレンチ調査による発掘区では、約3mの厚さの文化層の堆積から、カマドやドア・ソケット、河原石やプラスター敷きの住居と思われる床の断片などが確認された。

筆者は1994年に、これらの遺物が収蔵されているアレッポ国立博物館において、発掘担当者のアントワン・スレイマン博士の許可を得て出土土器の整理を行った。その結果、同遺跡出土土器の一部はハラフ中期後葉およびハラフ終末期に帰属する可能性を有するものの、出土土器の主体はハラフ後期にあり、ウンム・クセイール出土土器からハラフ中期の標準的な土器インダストリーが抽出されたように、カシュカショクⅠ出土土器はハラフ後期土器インダストリーを規定する良好な資料と判断した。

筆者が実見した土器は、全部で794点である。もちろんこれは出土土器の一部であり、スレイマン博士によれば有意の土器片が博物館に持ち帰られたという。有意の土器片とは、口縁部を中心とする彩文土器片や、特徴的な彩文の施された胴部片と解釈される。したがって、これらの資料中に無文土器や、彩文土器でも文様の施されていない部分の土器片、粗製土器などは当然少なくなる。

カシュカショクⅠ発掘時のトレンチの中では3層の文化層が確認され、下層よりⅠ、Ⅱ、Ⅲ層の名称が与えられた。各層はさらに上下2層（下層よりA、B層）に細分されている。土器の整理は細分された各層ごとに行っているが、ここでは基本的にⅠ～Ⅲ層にわけて提示する。出土土器片は大きく、彩文土器、赤色ウォッシュの施された土器、無文土器の3種の精製土器、および胎土に主にスサないし砂粒を混和した2種の粗製土器に区分される。精製土器には1点のみ彩文と刻線文が組み合わされた装飾を持つ土器片が存在するが、少数のウォッシュの施された土器を除いて、彩文がほとんど唯一の装飾といえる。

精製土器のうち、彩文土器と赤色ウォッシュ土器はよく水簸されたきわめて良好な胎土を持つ。まったく混和材が含まれていないものも多いが、ごく細かな砂粒と石灰粒が混和される例も少なくない。スサなど有機質の混和材が用いられた例はない。無文土器も同様に良好な胎土を持つが、時にやや大粒の石灰粒や小石が含まれることもある。これら精製土器の器壁に黒芯が認められることはきわめてまれである。粗製土器はスサないし砂粒が大量に混和された土器であり、精製土器とは基本的に異なる特定の器種として存在している。これら各種土器の

表3-2. カシュカショクⅠにおける各種土器の層位ごとの土器片数（アレッポ博物館収蔵分）

層位	精製土器			粗製土器	合計
	彩文土器	赤色ウォッシュ土器	無文土器		
Ⅲ層	117 (20)	4	25	10	156
Ⅱ層	395 (30)	11	60	17	483
Ⅰ層	130 (9)	3	22	0	155
合計	642 (59)	18	107	27	794

彩文土器のうち（ ）内は多彩文土器片数を示す。

層位ごとの点数を表3.2にまとめた。

　ハラフ文化遺跡で彩文の施された精製土器の割合は概してかなり高いのが通例であるが（第2章第2節参照）、表からわかるようにカシュカショクIでその割合が全体の80%前後をも占めてしまうのは、上述したように有意の土器片のみがアレッポ博物館まで持ち帰られたことによるものと思われる。しかしながら、いずれにせよカシュカショクI出土土器の主体は彩文の施された精製土器であり、無文の精製土器がこれに次ぎ、若干の赤色ウオッシュの施された精製土器、さらに数〜十数％前後の粗製土器で、土器インダストリーが構成されていたことは間違いない。ハラフ前・中期の遺跡から出土することの多い暗色磨研系土器はまったく含まれていない。彩文土器の器形は主に口縁部426点を用いて分類を行い、以下のような器形に区分できた。

クリーム・ボウル

　II層で小型のクリーム・ボウル片が3点認められたのみである。底部が残存する1点は丸底というよりほとんど平底に近い。外面は水平方向に、ケーブル、横位の牛頭、綾杉といった単一モチーフが繰り返し描かれている。内面はネガティヴの四葉モチーフと列点モチーフをパネル状に交互に配置するか、ないしは横位の列点モチーフで装飾されている。カシュカショクI号丘出土土器で列点モチーフが認められるのはこれらだけである。器形・文様ともに上述したウンム・クセイール出土の小型クリーム・ボウルとよく類似しており、カシュカショクI号丘文化層の一部がハラフ中期まで遡る可能性を示す土器である。ただし量的にはあまりに貧弱である。

ラッパ状口縁鉢（図3.6:58-60）

　I層で6点、II層で2点のわずか8点が認められただけで、最上層のIII層からは出土していない。II層の1点を除き口縁部が強く開き、器高が低く浅鉢に近いプロポーションをとる。外面には口縁部と屈曲部に太い水平線を描き、その間はブランクのままか、ないしは2本1組の直線を間隔をあけて垂下させている。内面には水平の波線モチーフないしケーブルのモチーフが口縁に添って描かれている。II層出土の1点（図3.6:60）は、屈曲部外面に稜線を持つタイプであるが、口縁部の外反度は弱く、プロポーション、文様とも他のラッパ状口縁鉢とはやや異なる。

半球形鉢（図3.6:65-68）

　I層からIII層まで常に彩文土器のうちの20〜30％を占め、胴部内湾鉢と並んでカシュカショクI出土彩文土器の中で最大の器形グループとなる。平底であるが、半球形状の整ったプロファイルを呈している。口径は20〜30cm前後を示すものがほとんどである。外面文様の多くは口縁部に施された数本の水平線であり、内面口縁部にも同様の水平線を描く例が多い。多くが先端のすぼまる単純口縁であるが、口唇部が平坦な例では水平線ではなく花綱モチーフで装飾されたものがかなりある。

胴部内湾鉢（図3.6:75-78）

　胴部内湾鉢には、やや屈曲気味の胴部を持ち口縁に向かってやや直線的に内傾していく鉢（図3.6:76-77）と、胴部下半と上半が対称的に内湾した鉢（図3.6:75）がある。とはいえ両者の中間形態も多々あり、厳密には区分できない。量的には前者に比べて後者が圧倒的に多く、無理に区分すると後者は前者の3倍近い数字となる。底部は小さな平底を基本とする。I層からIII層まで満遍な

く出土しており、両者を合わせた胴部内湾鉢はカシュカショクⅠ出土彩文土器の最大の器形グループとなり、全体の約30％を占める。主文様は外面に限定され、口縁部と胴下半部に水平線を施してその間を横位の同一の文様で埋めることを基本とする。もっとも多く見られる文様は斜格子を充填した連続菱形モチーフ（図3.6:75）で、連続四葉モチーフも目立つ。このほかケーブルモチーフ、綾杉モチーフなどがあり、特異な例として塗潰し円モチーフ（図3.6:78）、多重円モチーフがある。

胴部が屈曲し口縁に向かって外反する鉢（図3.6:79-81）

胴下半部が屈曲し、口縁に向かって外反しながら立ち上がる鉢である。各層で安定して15～20％出土する。底部まで残存する例はないが、小さな平底が想定される。文様は、胴部内湾鉢と同様ほぼ外面に限定され、口縁部と胴下半の屈曲部に水平線を引き、その間をモチーフの連続で埋める。文様は多様だが、とくに三角モチーフを主体とした文様（図3.6:79,81）が目立ち、連続四葉モチーフもある。これらの文様は多彩色で描かれることもよくある。

S字形プロファイルの鉢（図3-6:62-64）

Ⅱ層で数点のみ同定した。半球形鉢の上部が内湾せずに外反してS字形のプロファイルを示すタイプの浅い鉢である。文様も半球形鉢と共通し、水平線文が主体となっている。高台状の小さな円盤状底部を持っている。多彩文例も認められる。

浅鉢（図3-6:69-74）

各層で数点から十数点と、少数ながら安定して出土している。内湾する胴部を持った浅鉢（図3.6:69-70）と、口縁部に向かって外反していく浅鉢（図3.6:71-74）の2種が認められるが、量的には後者の方が多い。両者とも外面の文様は口縁部の水平線に限定され、主文様は内面に描かれている。胴部内湾の浅鉢の場合、内面には水平線と連続した四葉モチーフで装飾される文様例が目立ち（図3.6:69-70）、口縁部に向かって外反する浅鉢の場合、内面の口縁部には垂下する三角モチーフ（図3.6:72-73）、花綱モチーフ、多重半円モチーフ（図3.6:71）、塗潰し半円モチーフなどが描かれている。両者とも底部内面の中央にロゼッタモチーフが配される例がある（図3.6:69,71）。文様は多彩文、ないしは多彩文状の効果を狙って単彩だが濃さの異なる顔料で描かれたものがある。図3.6:74は浅鉢であるが、赤色ウォッシュ土器に区分される土器である。

器種としては、これらの鉢類が土器インダストリーの約9割と圧倒的多数を占め、壺は1割ほどと少数であった。壺には以下の四つの器形が認められた。

長頚壺（図3.6:82-83）

口縁部から頚部までしか残存していないものがほとんどで、全形の判明するものはない。頚部は、口縁に向かってほぼ垂直に立ち上がるもの（図3.6:83）と、口縁に向かって広がっていくもの（図3.6:82）が認められる。文様は単純で、口縁と肩部に水平線を引きその間を空白で残したものか、せいぜい空白に垂直線を垂下させたものがあるくらいである。

広口短頚壺（図3.6:84-86）

長頚壺よりも量的には優勢で、壺に区分される器形の中ではもっとも多い。くの字形に立ち上が

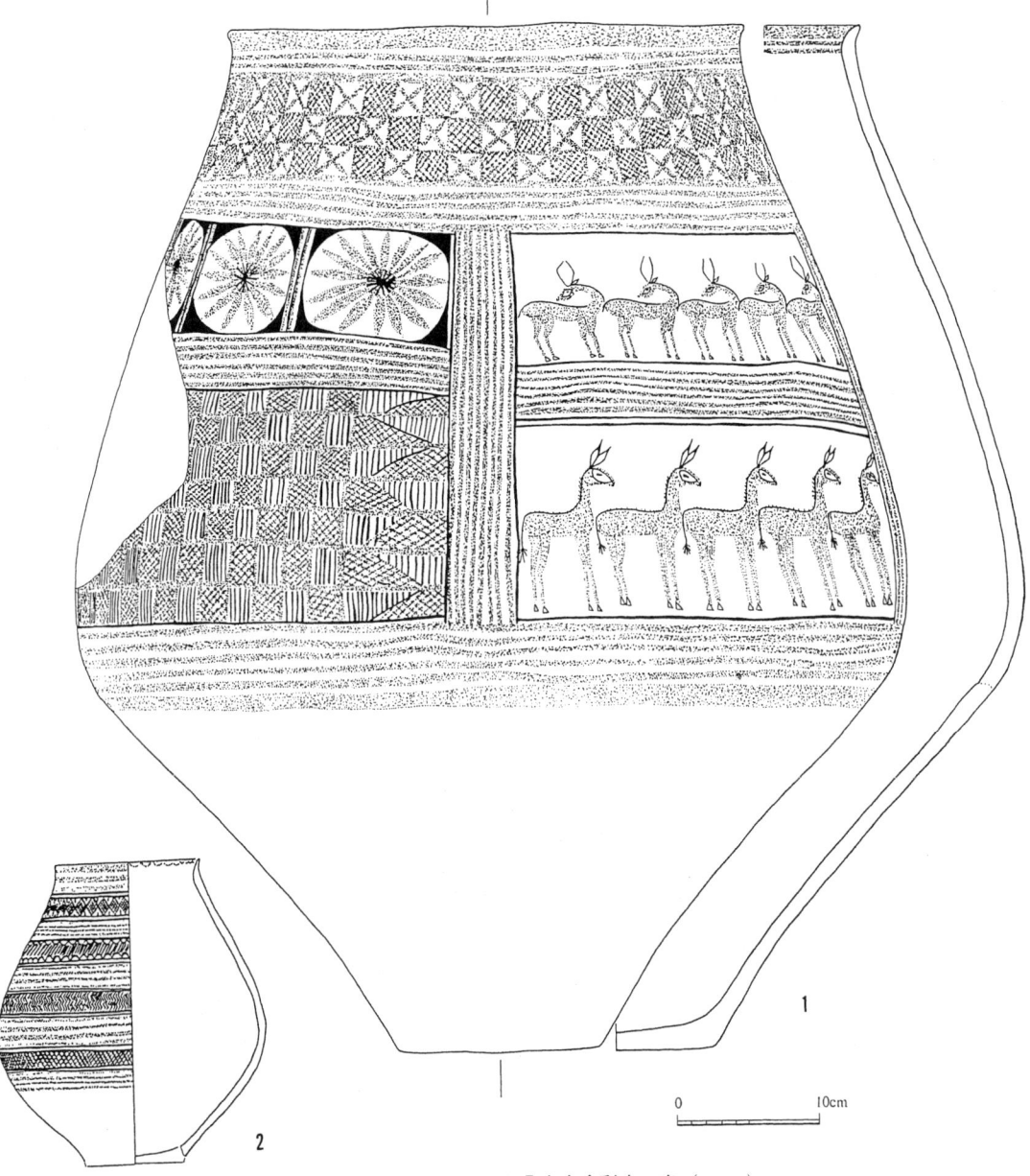

図3.8　テル・カシュカショク I 出土多彩文の甕（S=1/5）

る短い頸部を持ち、口唇部を外反させているものが目立つ。その場合、外反させた口唇部には連続三角モチーフないし波形モチーフがほぼ例外なく描かれている（図3.6:86）。胴部上半に描かれる文様も画一的で、連続した複線山形モチーフ（同）ないしは単純な四葉モチーフが描かれることが多い。小型の短頸壺には、赤色ウォッシュ土器に区分されるものが認められる（図3.6:84-85）。

カラー状頸部壺（図3.6:87）

　小型のミニチュア土器に近い土器で、数点が認められる。彩文もごく単純な水平線が施されるだけで、カシュカショク I の彩文土器インダストリーの中にこの器形が確固として存在しているかや

や疑問が残る。

無頸壺ないし甕（図3.6:88，図3.8）

Ⅱ、Ⅲ層から全部で10点出土し、数的にはわずかであるが、非常に細かい彩文の施された洗練された土器が含まれている。この器形に分類した一種は、ほぼ球状のプロファイルを持った無頸壺（図3.6:88）で、土器の質や文様を見ても大型の長頸壺や広口短頸壺とほぼ同様の範疇に入るものである。それに対して胴下半部に最大径のある独特の洋梨様のプロファイルを持った甕（図3.8）は、いずれも多彩色で精緻な文様が描かれている。文様に物語性が認められるものもあり（図3.8:1）、この種の土器に非日常的用途を想定してもあながち無謀とはいえないだろう。

カシュカショクⅠから出土した主要な彩文土器は以上のようなものであったが、このほかの器種として、ごく少量の出土ではあるが、蓋（図3.6:89）と注口土器（器形的には短頸壺とほぼ同じ）がある。また小壺や器台などのミニュチュア土器も出土している。

カシュカショクⅠから出土した彩文土器の特徴をまとめてみよう。まず鉢に関して見てみる。ハラフ前期の代表的器形であったクリーム・ボウルと器壁がストレートに開く平底の鉢はほとんど見られず、ごく少数の出土例はウンム・クセイールから出土したものとほぼ同一で、ハラフ中期に帰属するものと考えられた。またハラフ中期の代表的器形であるラッパ状口縁鉢の出土数も、ごく少数にとどまっている。それに対して、ハラフ中期にも一定量の出土が認められた胴部内湾鉢と半球形鉢、そしてハラフ中期にはまったく認められなかった胴部が屈曲し口縁に向かって外反する鉢が、カシュカショクⅠのハラフ土器インダストリーの中心を占めている。また中期にほんのわずかに認められた小型の浅鉢が、カシュカショクⅠでは多彩文などで施文された安定的に出土する器形として存在している。さらにS字形プロファイルの鉢など新しい器形が認められる。文様では、ハラフ中期に典型的な列点モチーフを充填した交互パネル文がほぼ姿を消し、同一のモチーフを水平方向に連続的に配した文様が主流となっている。連続四葉モチーフなどの盛行と、中期までには見られなかったロゼッタモチーフや塗潰し円モチーフなど、いくつかのまったく新しい文様モチーフも登場している。

以上のようにまとめてみる限りにおいて、カシュカショクⅠで認められたハラフ土器インダストリーは、明らかにウンム・クセイールで規定したハラフ中期土器インダストリーに後出する独立した土器インダストリーを構成するものということができ、本論ではカシュカショクⅠに認められるこれらのさまざまな属性を総合して、ハブール川流域のハラフ後期土器インダストリーと規定しておきたい。そしてここで注目しておきたいことは、ハラフ中期にはなくハラフ後期になって初めて出現している器形と文様、たとえば胴部が屈曲し口縁に向かって外反する鉢やS字形プロファイルの鉢、洋梨様の甕、塗潰し円モチーフなどといった諸属性が、ハラフ終末期に継続していくことである。今のところハブール川流域ではアカブ以外にハラフ終末期の土器を規定できるような発掘調査報告がなされておらず、カシュカショクⅠの土器インダストリーは終末期土器を考察する際にも、重要な情報を提供すると思われる。

4） ハブール川流域のハラフ文化遺跡の編年

　ハブール川流域のハラフ土器の編年を、アカブ、ウンム・クセイール、カシュカショクⅠ出土土器に依拠して行ってきた。ここではこの編年にもとづいて、ハブール川流域の他のハラフ文化遺跡の時間的位置づけを行う。

　テル・ハラフはハブール川沿いのシリア側トルコ国境付近に位置する。ハラフ文化の名称はもちろんこの遺跡から採られているわけだが、先史時代遺物は層位的に報告されておらず、編年上のタイプ・サイトとするのは困難である。土器を含む先史時代の遺物はシュミットによって整理されており、先史土器はタイプごとに分類され報告されている（Schmidt 1943）。シュミットによれば、ハラフ出土の先史時代土器は、古相単色土器Altmonochrome、彩文土器Buntkeramik、終末期彩文土器Ende der Buntkeramik、無文土器 Unbemalte Keramikの4種に大別される。このうち彩文土器がハラフ彩文土器にほぼ相当し、単彩文および多彩文土器がある。器形は主要な10種およびその他に分類され、さらに細分されているが、筆者にはかなりの重複と混乱があるように思える。たとえば本論でいうクリーム・ボウルはシュミットのAタイプの一部およびC4タイプに、また広口短頸壺はB2およびE1タイプに比定できるといった具合である。報告書には多数の図版が掲載されていて、その図版を見る限り、先に規定したハブール川流域のハラフ期編年のほぼ全体をカヴァーしているように思える。たとえば図3.6:1-3のクリーム・ボウルは、上述したアカブ出土のクリーム・ボウルと器形的にも文様的にもよく類似していて、ハラフ成立期〜前期の範疇で捉えられることは間違いないだろう。また、ウンム・クセイールとカシュカショクⅠからの出土土器で規定したハラフ中期および後期に比定でき得る資料の多くを、ハラフの報告書の図版中に見出すことができる。これに加えてハラフには、アカブの第1トレンチ第2・3層から出土しているハラフ終末期の土器とほぼ比定できる土器が存在している。アカブでハラフ終末期の指標となっていたのは、器形的には胴部内湾の鉢とS字状プロファイルに円盤状の底部を持つ鉢および弓状頸部壺であり、文様的にはウバイド期に継続するいくつかのモチーフであった。前述したカシュカショクのハラフ後期に出現した新しい要素にも考慮しながら、ハラフでのハラフ終末期に帰属すると考えられる土器を抽出してみよう。まず、円盤状底部を持った胴部内湾の鉢で、多重円（図3.9:1）や平行ジグザグ（図3.9:3）、半円複線（図3.9:2）などのモチーフで彩色されたものを挙げることができる。S字状プロファイルに円盤状底部を持った鉢（図3.9:4-5）は、カシュカショクⅠで見られたようなハラフ後期の胴部が屈曲し口縁に向かって外反する鉢から変遷したものと想定され、斜行する口唇部を持つ例もある（図3.9:4）。彩文は胴部内湾鉢と類似した文様が描かれている。ハラフ後期に盛行する口縁部に向かって外反する浅鉢は終末期まで残存しているようで、口唇部の外反度がより大きくなる傾向が認められる（図3.9:6-7）。壺の中でもっとも特徴的な器形は、アカブなどでも確認されている弓状頸部壺（図3.9:8）である。この器形のほとんどはクリーム系の地に赤色ウォッシュ状の彩色が施されており、ハラフ彩文土器の中に含めない研究者もいるが、ハブール川流域のハラフ終末期の大きな指標の一つと考えられる。さらに、肩部に4個の把手がついたカラー状頸部壺（図3.9:9）にも注目しておきたい。本例は細かい文様が施されており、カシュカショクⅠで見られたようなハラフ後期のヴァリエーションとは異なっていて、ハラフ終末期に帰属させてよいと考えられる。また、描かれている文様か

76

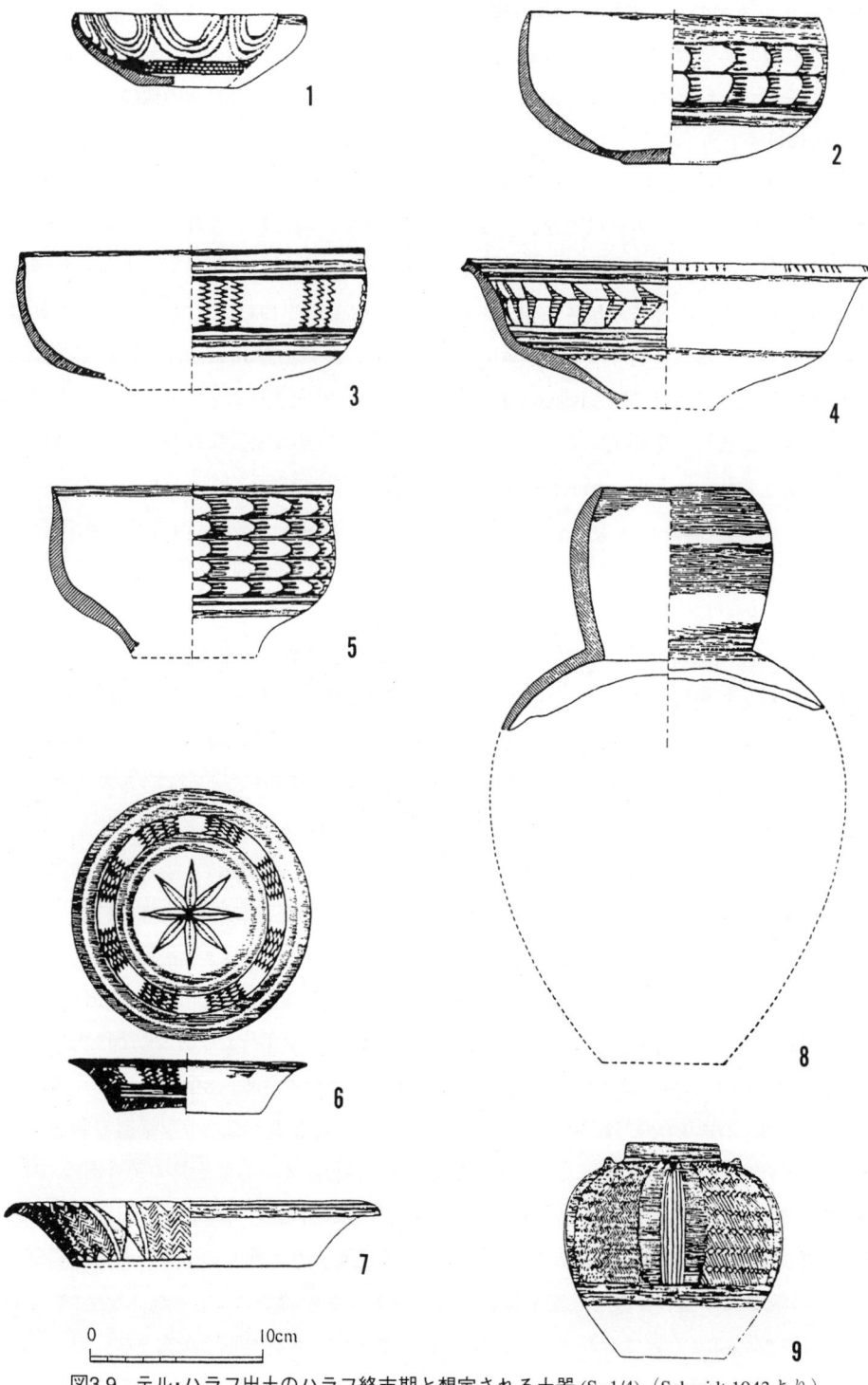

図3.9 テル・ハラフ出土のハラフ終末期と想定される土器 (S=1/4)（Schmidt 1943より）

ら判断すると、カシュカショクⅠで見られた洋梨様のプロファイルを持つ甕もハラフ終末期まで継続している可能性が高い。以上、報告書が層位的な記述を採っていないので完全なシークエンスとして存在しているかどうかは確認できないが、テル・ハラフにはハラフ成立期からハラフ終末期までのすべての文化層が存在していると想定してまず間違いないだろう。

シャガル・バザルは、アカブと同じワディ・ダラ沿いのやや下流に位置している。同遺跡のハラフ期の遺物を含む文化層は、第15〜6層である（Mallowan 1936,1937）。このうち下層の第15〜13層はサマッラ土器が主体的に出土し、ハラフ土器は量的に少ないという。第12層出土のハラフ土器は、水平方向に重ねたケーブルモチーフや矢羽モチーフが描かれた胴部内湾鉢（図3.10:1-2）やキャンペーン・ボウル（図3.10:3）が含まれており、明らかにハラフ中期の様相を示している。また多彩文土器の存在や白色顔料による点画法の採用（図3.10:5）など、後期的な要素を含む土器も出土している。第11〜5層では、多彩色を含む浅鉢（図3.10:9-10）、やはり多彩色の胴部が屈曲し口縁に向かって外反する鉢（図3.10:7）、さらにS字状プロファイルの鉢（図3.10:6）などが出土しており、ハラフ後期から一部はハラフ終末期にかかる文化層であると考えられる。第15〜13層のハラフ土器は断片的に報告されているだけで、その詳細は不明である。報告書の写真図版の中には、ハラフ前期に遡る可能性のある土器片が散見される（Mallowan 1936: Plate Ⅲ:17）。また、同層から出土した土器でマロゥワンがサマッラ土器に区分しているものの一部は、ハラフ成立期の土器である可能性がある。したがって今のところ、シャガル・バザルにハラフ中期・後期の文化層が存在することは確実で、それ以外の時期を含めてハラフ期全体をカヴァーする文化層が存在する可能性もあると結論しておこう。最近のシャガル・バザルの再発掘調査においても、各時期のハラフ土器が出土している（McHahon et al.2001）

ジャグジャグ川沿いにあるテル・ブラクでは、その巨大なテルの諸所より、ハラフ文化の遺物が出土している（Mallowan 1947）。報告された図版には多彩文土器が多く含まれ、ハラフ後期から終末期にかけての文化層が存在することは確実であるが、その他の時期の存在に関してはよくわからない。1980年代半ばからロンドン大学により同遺跡の発掘調査が再開されているが、先史時代層にかかわる土器の報告は今のところまとまったものは発表されていない。

シャガル・バザルより下流のワディ・ラッド沿いに位置するテル・ハズナ Tell Khaznaでは、1980年代末からロシア隊によって発掘調査が行われている。ウバイド期からアッカド期の層が発掘されているテル・ハズナⅠ号丘の南約1kmに、土器新石器時代層を主体とした径100〜150mの小さなマウンドをもつテル・ハズナⅡ号丘があり、上層にハラフ期の遺物を出土する薄い層がのっている（Munchaev and Merpert 1994）。出土しているハラフ彩文土器にはラッパ状口縁鉢[8]が目立つとされ、報告の図版（ibid. Fig.9）を見る限りにおいても器形・文様ともすべてハラフ中期の範疇に区分すべき土器である。報告者もウンム・クセイール出土のハラフ土器とほぼ同様のものとしており(ibid.:18)、ハズナⅡのハラフ文化層はハラフ中期に帰属すると考えておいてほぼ相違ないだろう。

テル・ラジュマン南Tell Rajman Southはハッサケの西郊にあり、キューネらが1977年に踏査している（Kühne 1978/79）。表採遺物などに関する詳しい報告はないが、キューネらからの情報にもとづいてニューヴェンハウゼは、ラジュマン南はハラフ成立期に営まれた小遺跡であったと結論して

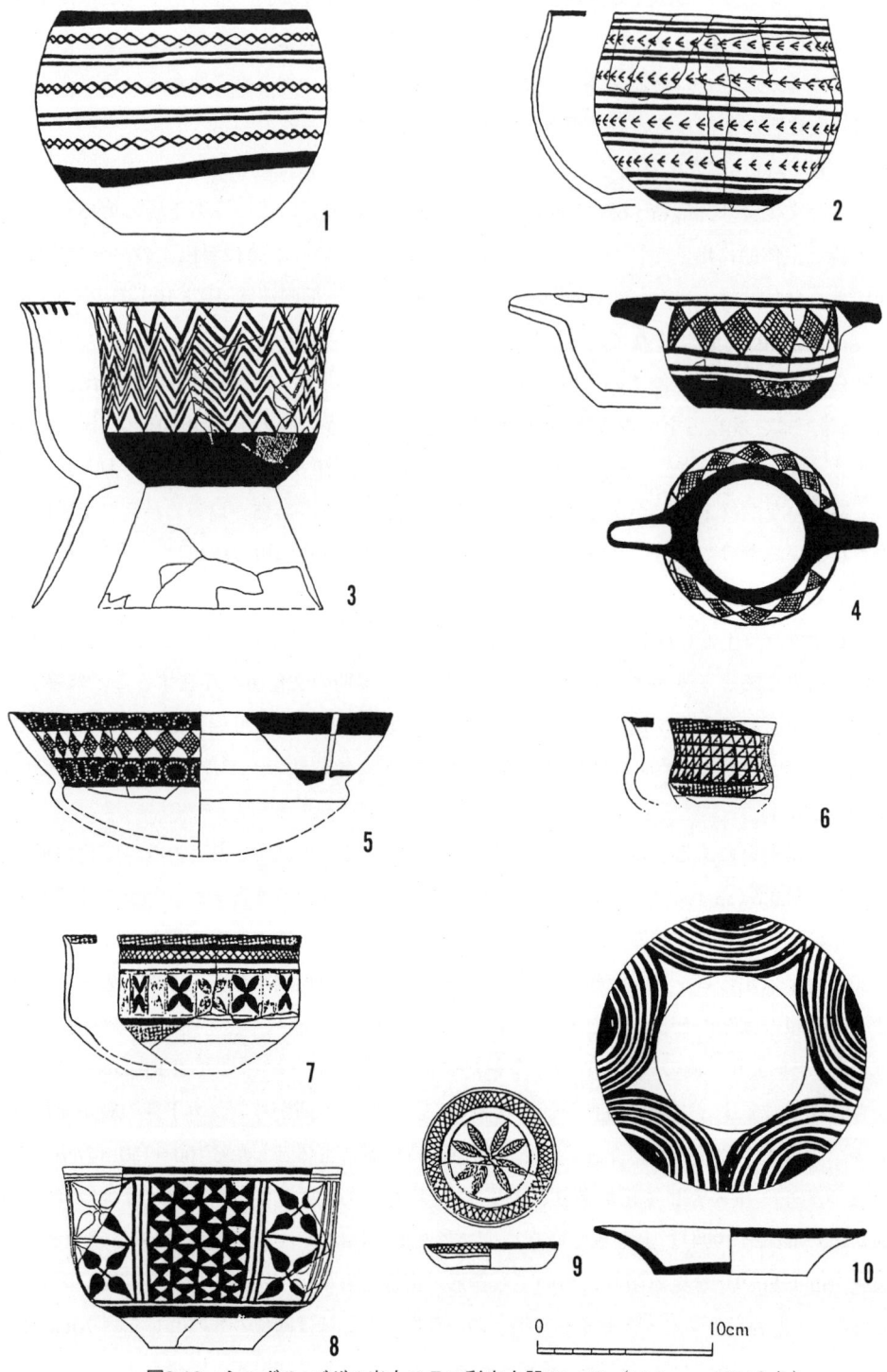

図3.10　シャガル・バザル出土ハラフ彩文土器 (S=1/4)（Mallowan 1936より）

表3.3 ハブール川流域のハラフ文化遺跡の帰属時期

遺跡名 \ 時期	ハラフ成立期	ハラフ前期	ハラフ中期	ハラフ後期	ハラフ終末期
テル・アカブ	●		●	●	●
テル・ウンム・クセイール			●		
テル・カシュカショク I			○	●	○
テル・ハラフ	●	●	●	●	●
テル・シャガル・バザル	○		○	●	
テル・ブラク			●	●	
テル・ハズナ II			●		
テル・ズィアーデ					○
テル・ラジュマン南		○			
テル・エル・アサフィール（site 4）	●				
テル・カティーネ（site 7）	○	○			
11bis	○	○	○	○	
テル・アシュナネ東（site 12）	○	○			
テル・エル・クアルド東（site 18）				●	
テル・モハンマド（site 19）	○				
テル・ジャンムース（site 20）	○				
テル・バライール・ケビール（site 21）	●				
テル・ヘルメル（site 24）				●	
テル・アラーデ（site 25）	○				
テル・ダバフ（site 26）	○				
テル・ディバク（site 31）	●	○			
テル・クディシュ（site 32）	○	○			
テル・アイン・エル・ケルド（site 38）				●	●
テル・ハネケ（site 39）	○				
テル・バカル（site 41）	○				
テル・アルビッド（site 42）				○	○
テル・ファルホ（site 43）	○			○	
テル・グイール・ディウアーネ（site 44）	●				
テル・アフマル（site 45）				●	
テル・バガーズ（site 52）		●			
テル・クルディス（site 53）	○				
テル・ディーベ（site 55）				●	
テル・ヌレク（site 56）	○				
テル・シル・ヴィラネ（site 57）					○
テル・ジャッハ（site 59）	○				
テル・チョラマ・タフタニ（site 60）				○	
テル・ニシビス（site 70）	●	○			
テル・ラヘケ（site 130）	○				
テル・ソルハネ・タフタニ（site 127）	●				
テル・チャタル・ミリエ（site 132）	○			●	

■ 居住が確実にある時期（●）　　□ 居住の可能性がある時期（○）

site 4〜site 132の帰属時期は、リヨネらの踏査データ（Lyonnet 2000）より作成

いる（Nieuwenhuyse 2000:186）。

　テル・ズィヤーデ Tell Ziyadeはハブール川中流の右岸、ウンム・クセイールから数百mの対岸に位置する。いくつかの発掘区の最下層でハラフ―ウバイド移行期とされる層が見つかっている（Buccellati et al. 1991）。とくに注目されるのはA地区と名づけられた発掘区の最下層（Phase A7）で検出された残りのよい土器焼成窯であり、この地区から出土した土器の一部が簡単に概要報告されている（ibid.）。掲載された土器の図版を見る限りにおいては、本論でいうハラフ終末期よりやや後出する文化層である可能性が高いが、一部は同期にかかる可能性がある。報告者自身は、ウバイド土器の器形にハラフ後期モチーフの彩文が描かれている土器であるとしている（ibid.:49）。このほかハブール川中流域では、テル・マシュナカTell Mashnaqa（Monchambert 1984a,b）やテル・ブデリTell Bderi（Pfälzner 1986-87）、テル・ムラー・マタル Tell Mulla Matar（Sürenhagen 1990）などで少量のハラフ彩文土器が出土したという報告がある。このうち、ムラー・マタルのハラフ土器は文様として連続山形モチーフや矢羽モチーフ、ケーブルモチーフなどが認められ（ibid. Abb.5）、ハラフ中期ないし後期に帰属するものであることがわかる。

　ハブール川上流域では1970年代以降、エディンバラ大学（Davidson and Mckerrell 1976）やアムステルダム大学（Meijer 1986）、ロンドン大学（Eidem and Warburton 1996）、さらにフランス隊（Lyonnet 2000）などによって考古学的踏査が行われ、多数のハラフ文化遺跡がプロットされている。ただし、それぞれの遺跡で表採された土器についての詳細な報告がなされていてそれぞれの時期が認定できるのは、フランス隊のハブール川上流西部域での調査のみである。この調査でハラフ土器を研究したニューヴェンハウゼの報告（Nieuwenhuyse 2000）から抽出すると、本論でいうところのハラフ文化遺跡は同地域で約40遺跡に上るが、そのすべてに関して詳細な帰属時期が明確にされているわけではない。ニューヴェンハウゼのハラフ期の区分[9]を本論の区分に直し、ハブール川流域で発掘調査された遺跡の帰属時期とともに、各遺跡の帰属時期を表3.3に示した。ハブール川流域ではとくにハッサケから北の上流域においてハラフ成立期の遺跡が少なからず発見されており、ハラフ中期になると遺跡が倍増して一部はハッサケより南のハブール川中流域にまで進出すること、そしてハラフ終末期まですべての時期に関してハラフ文化遺跡が多数発見されていることなどが、この表より判明する。

第3節　モースル＝シンジャール地域

　モースル周辺では、テル・アルパチヤをはじめとして古くからハラフ文化についての調査・研究が進んできた（図3.11）。同地区にあるニネヴェやテル・ハッスーナ、テペ・ガウラといった著名な遺跡の調査で、ハラフ文化の編年的位置づけも明確にされた。またモースル西方のシンジャール地区では、ヤリム・テペⅡ号丘などでハラフ文化の集落が大規模に発掘調査されている。ハラフ土器の編年に当たって質量ともにもっとも充実した資料とされ、基準となってきたのがモースル地区に位置するテル・アルパチヤからの出土資料である（Mallowan and Rose 1935、常木 1986）。アルパチヤではハラフ前期からウバイド期まで続くと想定された一連の遺物が層位的に出土しており、ハ

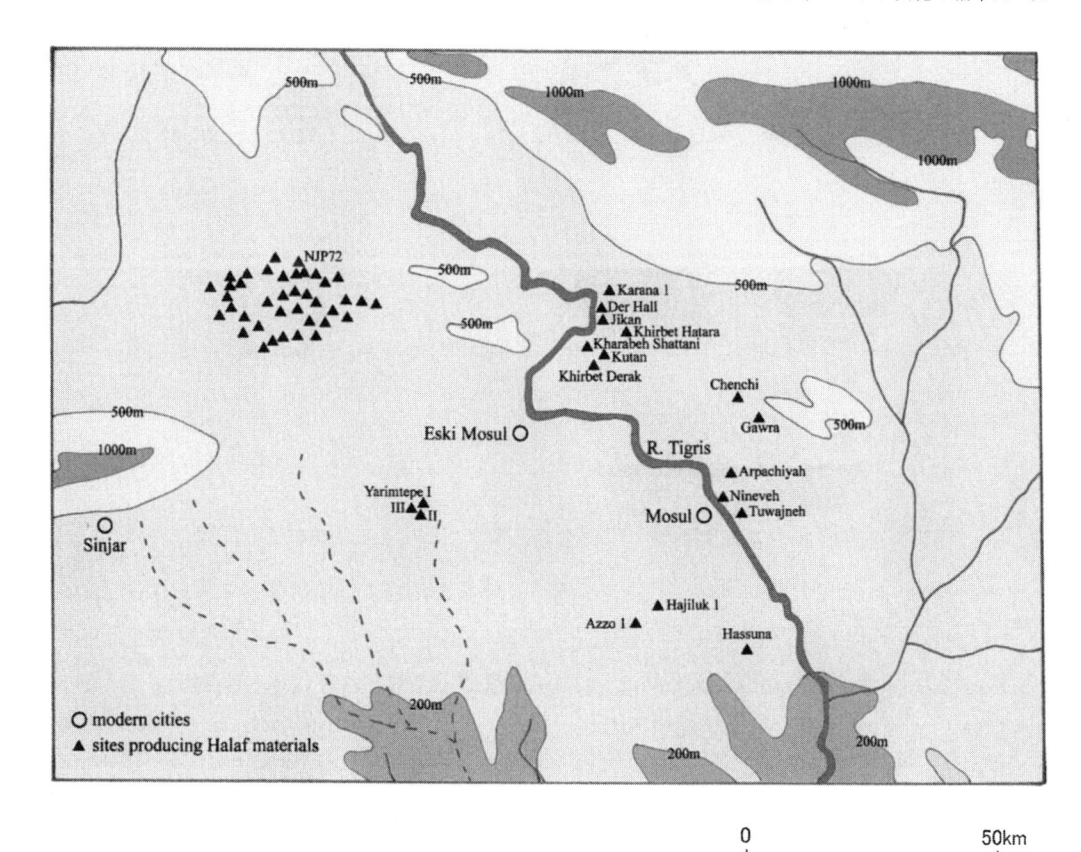

NJP72遺跡周辺のハラフ文化遺跡は、Wilkinson and Tucker 1995による。同書による各遺跡の個別の名称は不明なものが多く、基本的に遺跡は番号で呼ばれている。またHijara 1980にはモースル＝シンジャール地域で約90に上るハラフ文化遺跡が地図上にプロットされているが、各遺跡内容の詳細が不明のため本図ではこれらの遺跡は省いている。

図3.11　モースル＝シンジャール地域のハラフ文化遺跡

ラフ土器の細分と編年に当たっての良好な資料群を提供すると考えられてきた。しかしながら、同遺跡ではハラフ前期文化層が地山上に形成され、それ以前の文化層が存在していない。つまり、アルパチヤではハラフ前期土器がどのように誕生したかを知るための資料が遺跡自身からは得られない。また、このことに深く関連するのだが、同遺跡でハラフ前期と規定した土器インダストリーが、前期全体をカヴァーするものなのか、前期後半の一部に当たるのかについても、長い間不明であった。現在の知見では、後述するようにアルパチヤには本論でいうハラフ成立期と終末期の資料が欠如していることが明らかになっている。したがってここでは、ハラフ成立期についてはNJP72遺跡の出土土器に主として依拠し、ハラフ前期・中期・後期についてはアルパチヤの資料にもとづき、さらにハラフ終末期はテペ・ガウラやキルベト・デラクKhirbet Derakなどからの出土土器を参考にして、モースル＝シンジャール地域のハラフ土器編年を組み立てていく。

1）NJP72のハラフ成立期土器

NJP72遺跡は、シリア国境に近いイラク側の北部ジャジーラのテル・アル・ハワ Tell al-Hawa地区

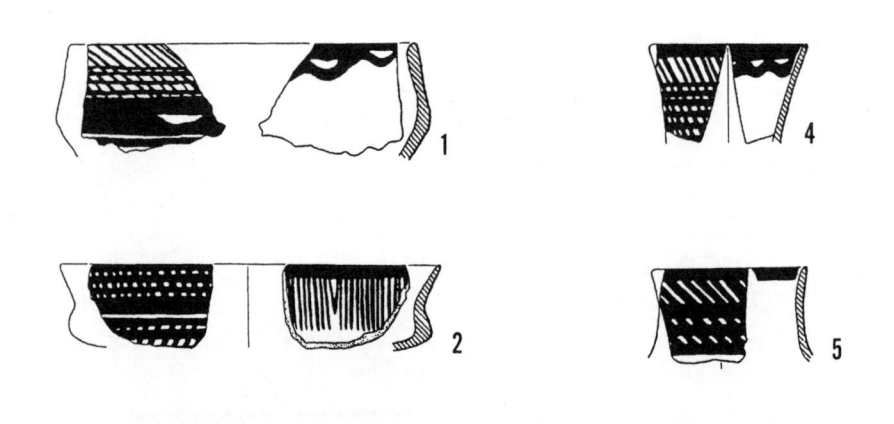

図3.12　NJP72遺跡のハラフ成立期土器 (S=1/4) (Campbell 1997より)

で、1986〜1990年にかけてウィルキンソンらが行った考古学的踏査の際に発見された 3haほどの広がりを持つ低いテルである。アル・ハワの北西約 7kmに位置する。とくにテルの名称は与えられておらず、プロジェクト（North Jazira Project）の際の遺跡番号で呼ばれている（Wilkinson and Tucker 1995:129）。いくつかの時期の文化層が認められるが、主体となっているのはテルの東側ではハッスーナ文化層であり、頂上部にここで取り上げるハラフ成立期の文化層がのっている。テルの西側ではハラフ中期以降の文化層が認められる（Campbell 1997）。ハラフ成立期に区分される土器には、いずれも外面に水平斜格子モチーフが施文された竜骨形に屈曲する口縁部内湾の鉢（図3.12:1）、クリーム・ボウル（図3.12:2-3）、長頸壺（図3.12:4-5）がある。また土器図版としては掲載されていないが、これに格子モチーフや菱形モチーフが施文された器壁がストレートに開いて立ち上がる鉢 straight-sided bowlsが加わっているという（ibid.:42）。これらの土器は器形的にまた文様的に見ても、報告者であるキャンベルが主張するように、バリフ川流域のテル・サビ・アビヤド第 3〜1 層出土土器と同様であると見て間違いないだろう。ただし、次のハラフ前期に盛行するパネル文や連続菱形モチーフなど多様な文様が描かれた器壁がストレートに開いて立ち上がる平底の鉢が出土しているかどうかは不明で、文様のヴァリエーションも乏しいため、NJP72にハラフ成立期の最終フェイズが存在しているかどうかについては疑問が残る。この土器群とテル・アルパチヤのハラフ前期土器との間には型式的なギャップがあり、両者が直接継続しているように見えない。ハラフ成立期の土器のほか、NJP72からはハラフ中期に区分できる土器も表採されているが、この遺跡ではハラフ前期層が欠如している可能性がある。

　NJP72からはハラフ成立期直前の時期の土器（ルミエールのいうStandard Ware, アッカーマンズの Fine Ware＝サビ・アビヤド第 6〜4 層出土土器）は報告されていないが、同じアル・ハワ地区にあるテル・キルベト・ガルスールTell Khirbet Garsourで、成立期直前に区分される土器が出土している（ibid.）。器形的・文様的に見てハラフ成立期の彩文土器のプロトタイプとなるサマッラ土器群である（図3.13）。現在のところサビ・アビヤドのように一つの遺跡で連続的には捉えられていないものの、バリフ川流域と同様モースル＝シンジャール地域においても、ハラフ彩文土器の成立過程を追尾で

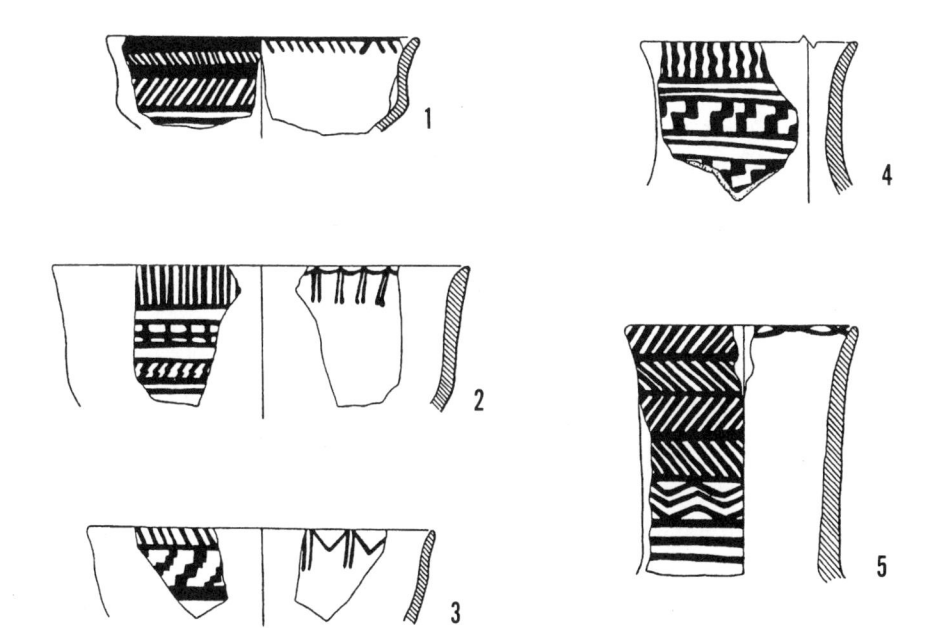

図3.13　テル・キルベト・ガルスールのハラフ成立期直前の土器(S=1/4) (Campbell 1997より)

きる可能性が高い。

2）テル・アルパチヤとハラフ前期～後期土器インダストリー

　北イラクのモールスルの対岸、ティグリス河から6 kmほどに位置するテル・アルパチヤはハラフ前期から中期、後期とほぼ断絶なく土器の変遷をたどれる希有な遺跡であり、ハラフ土器の分類と編年にもっとも適した遺跡の一つということができる。しかしながら発掘年代が古く、その報告（Mallowan and Rose 1935）にはいくつかの問題点がある。編年を行う上でもっとも問題となるのは、層位に関する混乱である。アルパチヤでは、主要発掘区であったテル中央部と周縁部が連結して発掘されていない。したがって、テル中央発掘区のハラフ文化層であるTT（Test Trench）10～TT6各層と、テル周縁部発掘区の文化層の関係は、マロゥワンらが両者の関係を表にしてまとめているように（ibid.:21）、遺構と遺物の比較研究にもとづいて論じる以外になかった。

　アルパチヤの層位に関する問題を解決にするために、1976年にヒジャラらは同遺跡の再発掘調査を実施した（Hijara 1980, Hijara et al. 1980）。この発掘の結果、アルパチヤの文化的変遷はより明確となったが、マロゥワンらの発掘に比べ調査面積が格段に小さく、遺物の公表も不十分である。ここでは議論の前提として、ヒジャラ、マロゥワン両者の層位認識上の相違を、主にヒジャラの見解に従ってまとめておく。ヒジャラの見解に従うのは、同一の発掘区内において前・中・後期すべての文化層が連続的に発掘されていることによる。

　ヒジャラは、マロゥワンがトロスと呼ぶ円形遺構を4層にわたって見出したテル中央部を中心に、クランク状に3本のトレンチを設定、発掘した。テル中央部で地山よりレヴェルXI～Ⅰ層までの居住層の重なりが認められた。この居住層は遺構のまとまりから、フェイズ1（レヴェルXI～Ⅸ）、フェイズ2（レヴェルⅧ～Ⅵ）、フェイズ3（レヴェルⅤ～Ⅱ）、フェイズ4（レヴェルⅠ）に大別

できるとされる。このうちフェイズ3、4（レヴェルV～I）が、マロゥワンのTT10～TT6層に対応する。したがって、フェイズ2から下層がプレTT10層ということになる。

上述したマロゥワンらの表では、テル周縁発掘区の文化層を、テル中央発掘区での遺構・遺物との比較にもとづいてプレTT10層とTT10～TT6層との対比で捉えたが、ヒジャラの発掘結果は異なる。ヒジャラの記述およびテル断面図に従うと、テル周縁発掘区文化層はすべてTT10層より下層に相当している。したがって、マロゥワンの周縁発掘区出土遺物は、すべてプレTT10層に属すると考えなければならなくなる。

ハラフ土器の編年を行う際に、多くの研究者がマロゥワンらのアルパチヤの報告を基準としてきた。もっとも一般的に行われている3期編年では、プレTT10層をハラフ前期、TT10～TT8層ないし7層を中期、TT7,6層ないしTT6層を後期としている（Perkins 1949, Davidson 1976）。そしてこの編年は、ヒジャラらの再発掘結果によって再検討を迫られることになった。ところが、マロゥワンらの報告では実際にテル中央発掘区TT10～TT7層より出土した土器にはほとんど言及されず、周縁発掘区文化層の表土下2.5m～1.5mより出土した土器がTT10～TT7層相当として報告されている。そのためマロゥワンらの報告のうち、実際にテル中央発掘区TT10～TT7層で出土した土器を除けば、一般的な3期編年の層位的順序は誤ったものとはいえないのである。したがって本論では、ヒジャラらのフェイズ1とマロゥワンらの周縁発掘区表土下2.5m以下をハラフ前期、ヒジャラらのフェイズ2およびフェイズ3の末期を除く大部分とマロゥワンらの周縁発掘区表土下2.5m～1.5mをハラフ中期、ヒジャラらのフェイズ3期末およびフェイズ4とマロゥワンらのTT7,6層をハラフ後期として編年を構築していくことにする。マロゥワンのTT10～TT8層はヒジャラのフェイズ3と対応するため、ここでは中期として扱う。

まずハラフ前期土器インダストリーを抽出するため、ヒジャラらのフェイズ1とマロゥワンらの周縁発掘区表土下2.5m以下より出土した土器をまとめていく。これらの層で主体となっているのは、軽い丸底ないし平底で強く内湾する胴部に外反しながら開く頸部をのせたマロゥワンがクリーム・ボウルと呼んだ器形（図3.14:1-2）、器壁がストレートに開いて立ち上がる平底の鉢（図3.14:3-5）、口径が小さく器高の比較的高い長頸壺（図3.14:7-8）、広口で強く外反する頸部を持つ器高の低い短頸壺（図3.14:10-11）の4種の器形であり、これらがハラフ前期土器インダストリーの基本器形と考えることができる。この他に若干のミニュチュア土器が存在する。前期後半からは、これらに胴部が湾曲した鉢（図3.14:6）が加わる。

装飾は、クリーム色、ピンク色を呈する明色系の地に、赤色～黒色の単色で彩文が描かれる。文様は、水平方向に太い2本の線を引き、その間にさまざまなモチーフを配置して文様帯とすることが基本である。内面は口縁に沿って太い水平線を引き、ループ、平行垂線などを垂らす。クリーム・ボウルの外面に描かれる文様は、頸部と胴部で異なる。頸部に描かれる文様は、複数の垂線やジグザグ線を列点モチーフと交互に配した文様（図3.14:1-2）で、胴部は塗潰しの方形を等間隔に配した文様（同図）が多い。これは中期に盛行するパネル文の先駆として注目される文様である。器壁がストレートに開いて立ち上がる平底の浅鉢・鉢の外面に描かれる文様でもっとも盛行するの

は、複数の垂線とジグザグ線を交互に配した文様（図3.14:3）、クロスハッチを充填した連続菱形モチーフ（図3.14:4）とそれに塗潰しの三角モチーフを組み合わせた文様（図3.14:5）であり、このほかに単純な垂直線、波形、クロスハッチのモチーフなどが見られる。ヒジャラの分析にもとづけば、クロスハッチ充填菱形モチーフと塗潰し三角モチーフを組み合わせた文様が一般化するのは前期後半である。壺の外面に描かれる文様も、基本的には平底の鉢やクリーム・ボウルの文様に近い（図3.14:7-9）。幾何学モチーフのほかに、植物（図3.14:11）や動物などの具象的モチーフが描かれた例も見られる。

　ハラフ中期に帰属する資料として、ヒジャラらのフェイズ2およびフェイズ3の末期を除く大部分とマロゥワンらの周縁発掘区表土下2.5m～1.5m出土土器および中央発掘区TT10～TT8層出土土器を検討する。前期の基本的な器形は変化しながら中期に継続していく。クリーム・ボウル（図3.14:12-14）は減少するが、これに代わって口縁下でいったん括れ胴部が強く内湾する平底のラッパ状口縁鉢（図3.14:15-16）が増加する。前述したようにこの器形はクリーム・ボウルからの変化形として捉えることが可能で、中期を通じてクリーム・ボウルが減少していく現象と相関していると推定される。器壁がストレートに開いて立ち上がる平底の鉢（図3.14:17-19）も減少していき、胴部内湾鉢（図3.14:23）および半球形鉢（図3.14:20-22）に徐々に取って代わられる。数はわずかであるが、楕円形プランで脚台付きのいわゆるキャンペーン・ボウル（図3.14:35）も存在している。壺は長頸壺（図3.14:26-27）と広口短頸壺（図3.14:28-33）が主体で、後者には一部折り返し口縁（図3.14:33）が登場している。

　彩文は前期とほぼ同様の単色で描かれ、クリーム・ボウルと器壁が外反しながら開く平底の鉢に描かれる文様は、前期からの継続性が強い。鉢の文様に関して、マロゥワンは、前期には外面全体に文様が描かれるのに対し、中期では文様の空白帯がより多く見られることを指摘している。文様上から見た中期の最大の特徴は、パネル文の盛行である。これは、パネル状に文様帯を小さく区画し、それぞれの区画にさまざまなモチーフを描いたもので、用いられるモチーフによってさまざまな文様となる。異なるモチーフが市松状に描かれる場合（図3.14:15,20-22）と、すべてパネルに同じモチーフが描かれる場合とがあり、中期には前者が多い。モチーフの基本は交差線と塗潰し三角形の組合わせであり、市松に対応する場合のモチーフは多くが列点である。アルパチヤで見られる主なパネル文の変遷過程の想定を図3.15に示した。パネル文の描かれる器形としては胴部内湾ないし半球形鉢が多い。文様構成的には鉢などに見られる異なるモチーフを交互に配する文様と同様の発想であるが、前期の文様が基本的に一段の文様帯で構成されているのに対して、中期ではパネル文は数段の文様帯として展開している。後期に盛行する四つ葉のモチーフが、中期のパネル文の中の三角モチーフから発展していることは明らかである。このほか中期からの主要なモチーフの一つとして、ケーブルモチーフを挙げることができる。このモチーフは後期には水平波形モチーフに発達していくものと想定される。

　ハラフ後期の土器インダストリーは、ヒジャラらのフェイズ3期末およびフェイズ4とマロゥワ

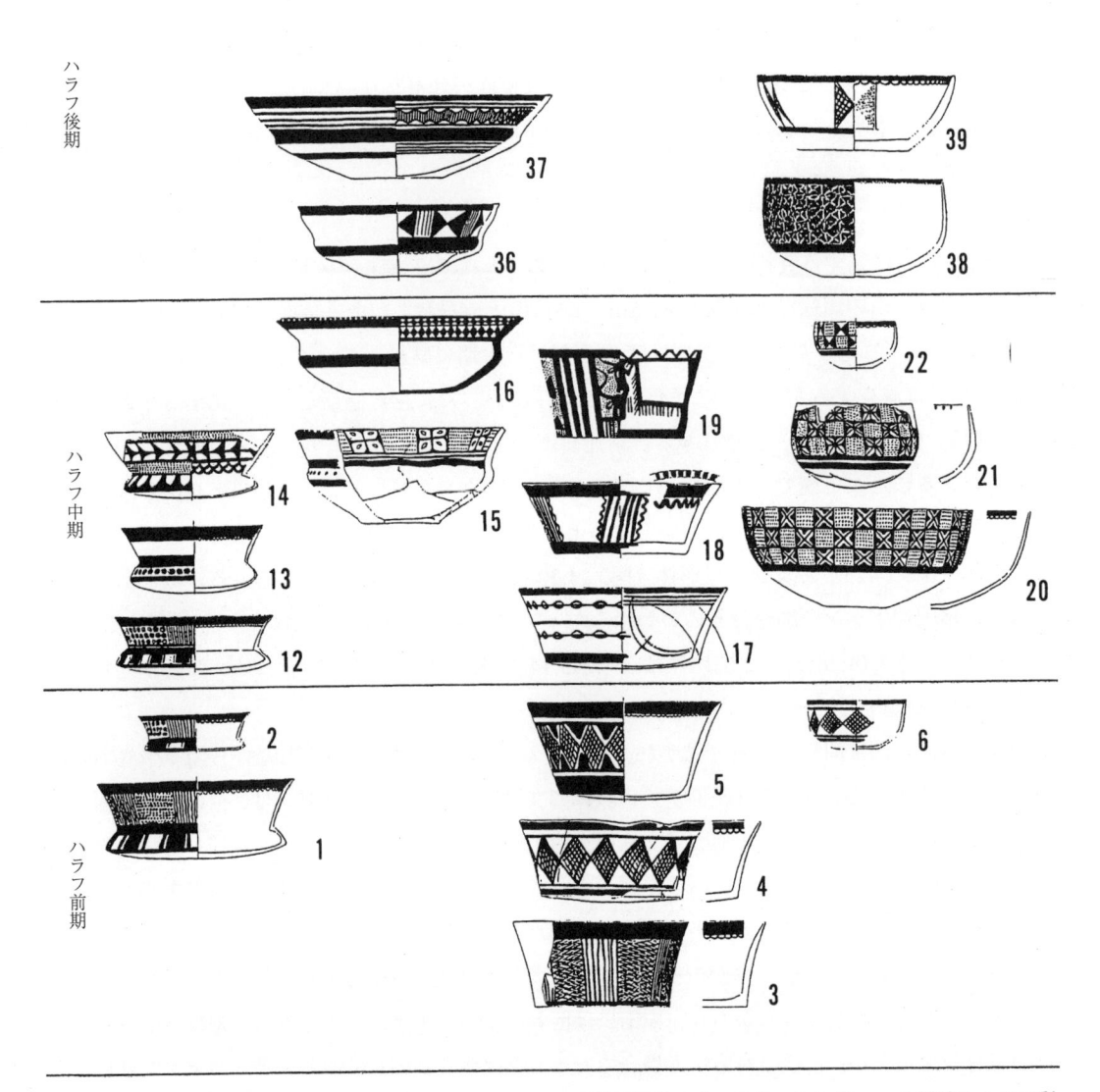

図3.14① モースル＝シンジャール地域のハラフ彩

ンらのTT7、6層から出土している土器に代表される。前期に盛行し中期にも継続していたクリーム・ボウルと器壁が外反しながら開く鉢は、後期にはまったく見られなくなる。鉢の中で中期に代表的なラッパ状口縁鉢はわずかに残存しているが、括れが弱まり、胴部内湾の浅鉢に近い器形に変化していく（図3.14:36-37）。後期にもっとも盛行する器形は、中期後半から出現した広い平底を持つ半球形鉢（図3.14:38-39）と、口縁部が内傾気味の胴部内湾鉢である（図3.14:40-42）。また小型で内面に主文様を持つ広い平底の浅鉢（図3.14:43-47）は、後期にもっとも特徴的な器形ということができる。前期から継続する短頸壺では、後期になると口縁を外側に折り返す傾向がより強まっている（図3.14:49-50）。肩部が水平方向に張り出した壺（図3.14:52）も認められるようになる。壺

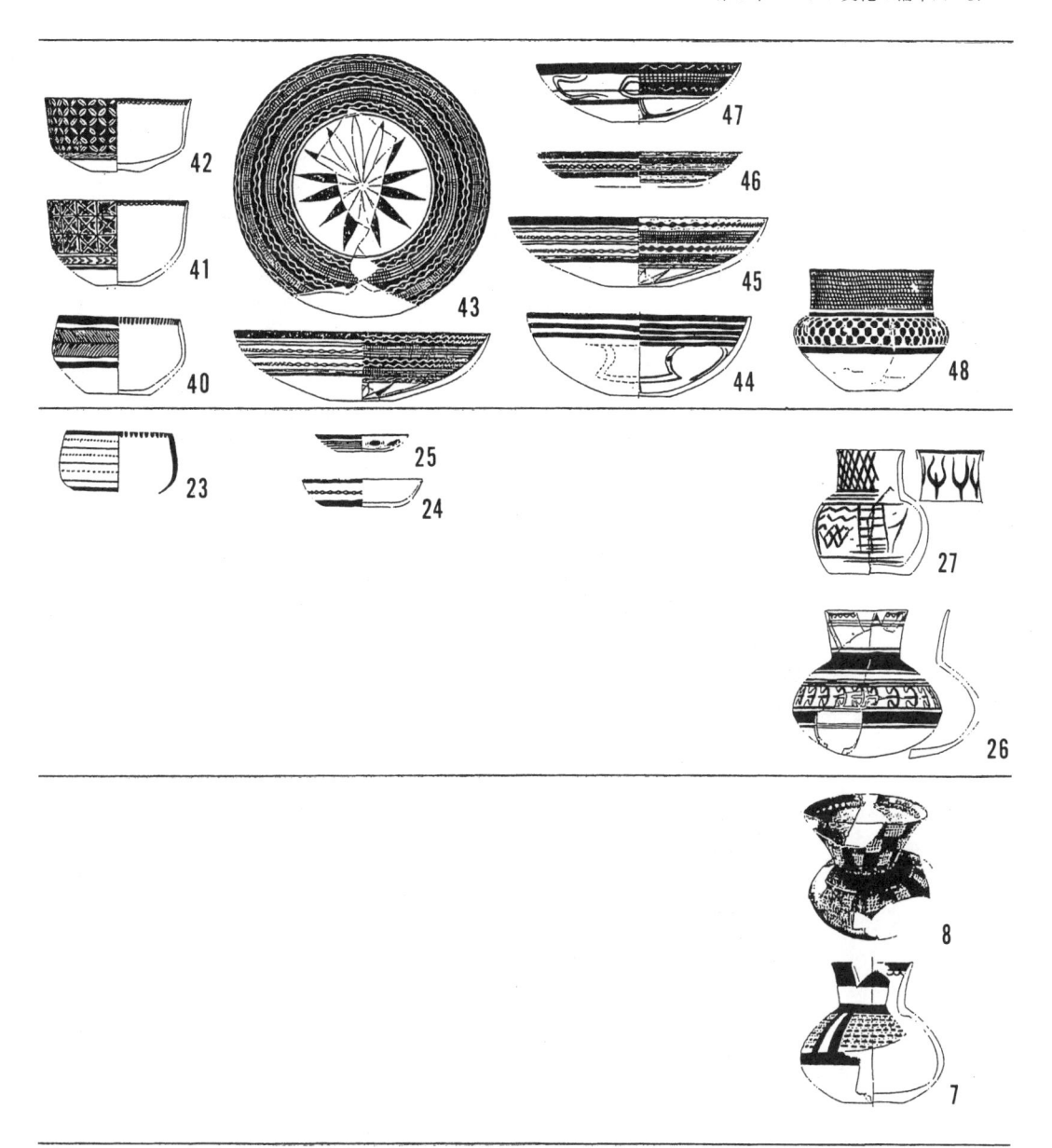

文土器編年図・その1（ハラフ前期〜後期）（S=1/8）

の一部には突起状の把手を四つ肩部につけたもの（図3.14:51）が見られる。

　アルパチヤのハラフ後期の装飾上の最大の特徴は、多彩文土器が含まれることである。とくに浅鉢の内外面は赤色、黒色、時に白色を交えた多彩色の細かい文様が施文されている。内面の文様はロゼッタモチーフを中心に配され、そこから同心円状に数段の文様帯が重ねられる構成が一般的である（図3.14:43）。文様帯に用いられるモチーフには、中期で盛行するパネル文やケーブルモチーフからの発展系と想定されるものが多い。アルパチヤでは同様の文様構成を持つ単彩文の浅鉢が中期末より既に出現している（図3.14:24-25）。胴部内湾の鉢の外面には、上述したように三角や四つ葉をかたどった同一モチーフのパネル文がよく見られる（図3.14:38,41-42）。

ハラフ後期

ハラフ中期

ハラフ前期

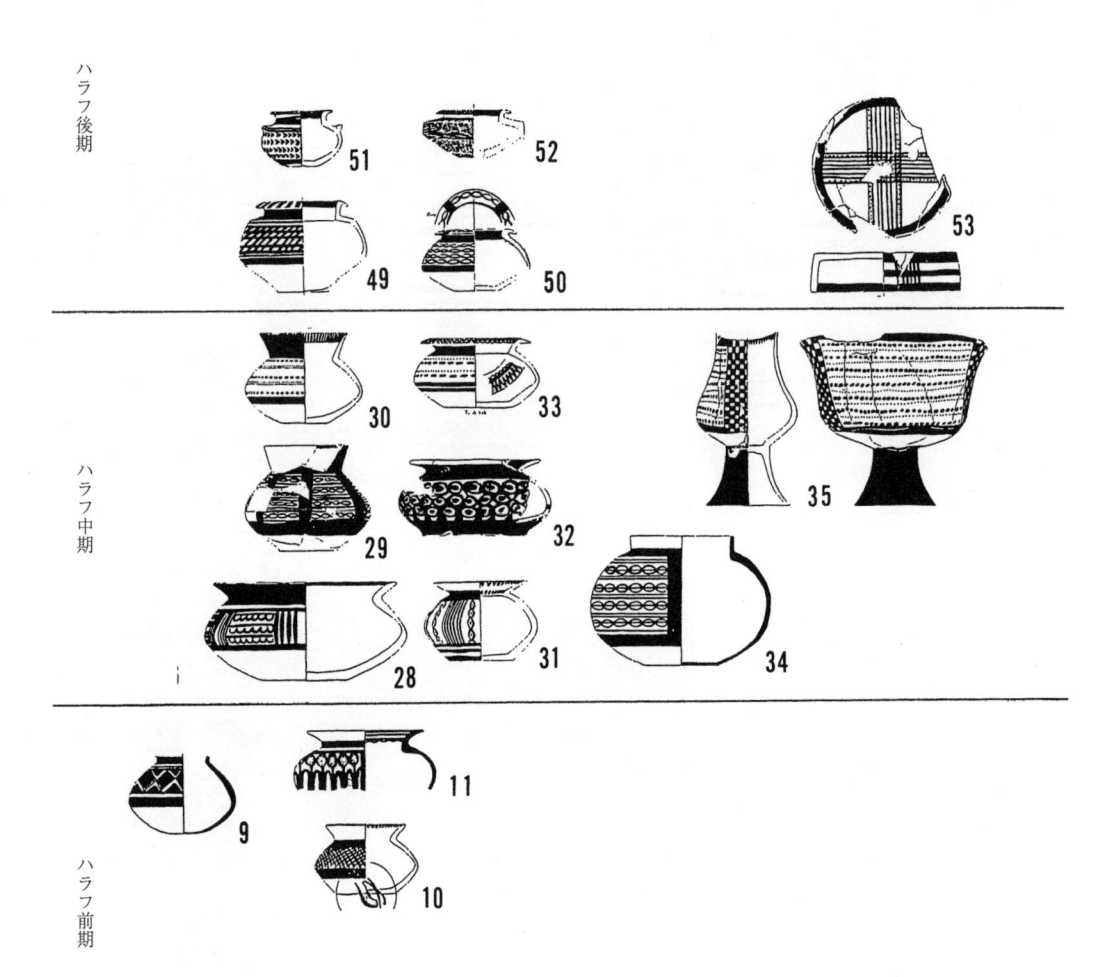

図3.14② モースル＝シンジャール地域のハラフ彩文土器編年図・その2（ハラフ前期～後期）（S=1/8）

アルパチヤではここでハラフ後期に帰属させた中央発掘区TT7～6層の直上にハラフ期からウバイド期への移行層とされるTT5層がのり、さらにウバイド3期に相当するTT4～TT1層が堆積している（Mallowan and Rose 1935: 23-25）。しかしながらTT5層の遺物に関する記述はなく、ヒジャラらの再調査においても、これに相当する層の報告はない。つまり、本論でいうハラフ終末期に当たる土器はまったく報告されていないことになる。

3) モースル＝シンジャール地域のハラフ終末期

モースル＝シンジャール地域のハラフ終末期については、テペ・ガウラやキルベト・デラクなどか

後 期

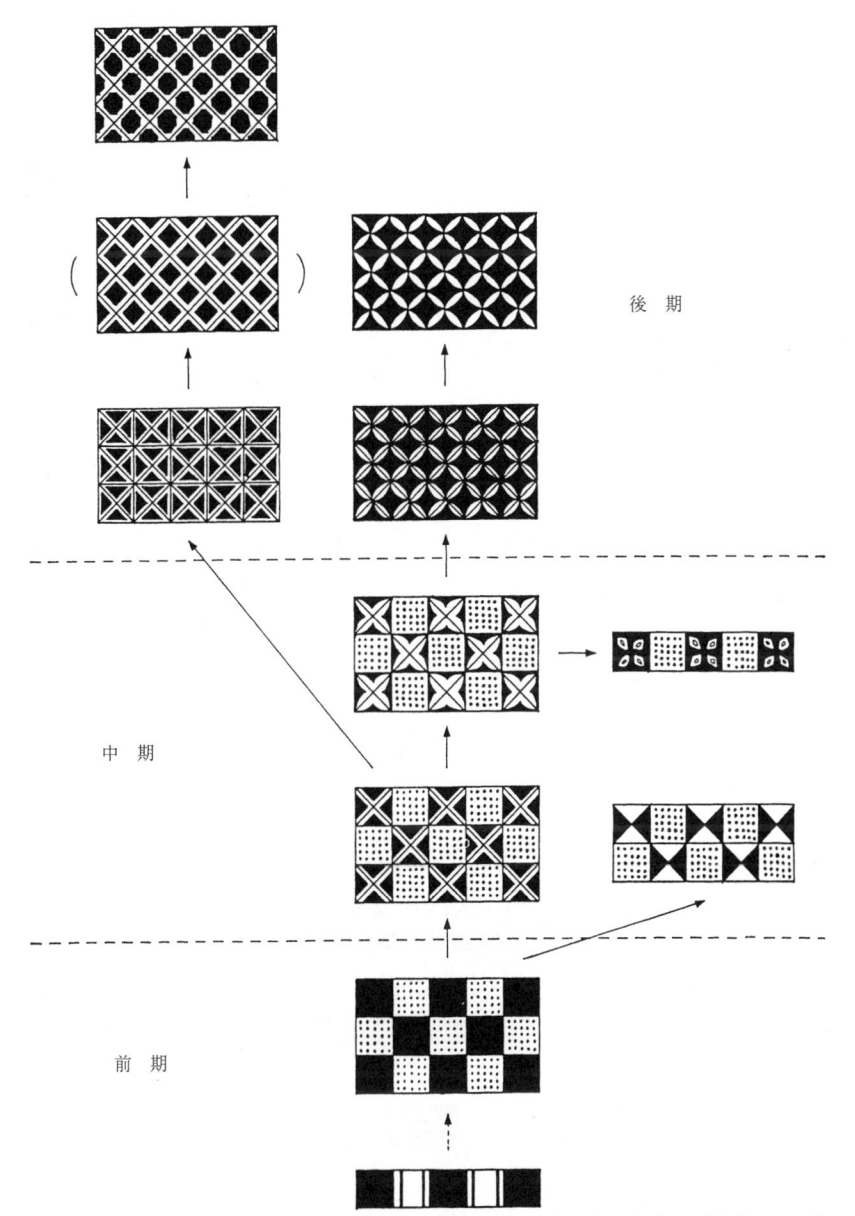

中 期

前 期

図3.15 テル・アルパチヤのハラフ彩文土器に見られる主要パネル文の変遷想定図（常木1986: 第8図より）

らの出土資料を参考にしたい。ガウラでハラフ期の遺物は、テル最上区の発掘区およびテル裾部の南東トレンチ（A地区）、北東トレンチから出土している（Tobler 1950）。A地区では墓、井戸などの土抗群が主な遺構であり、住居址は検出されていない。地山上に3～6mの厚さで6層（下層よりF～A層）にわたる文化層が認められるが、テルからの流れ込みもあり、出土層位が明確な遺物は少ない。北東トレンチは地山上の文化堆積層が薄く、遺構も未検出である。これらテル裾部のトレンチからは、ハラフ後期の顕著な指標である多彩文の半球形浅鉢、胴部内湾浅鉢が大量に出土している（図3.16:1-3）。また、半球形鉢（図3.16:5,7）、胴部内湾鉢（図3.16:8）、胴部が屈曲し口縁に向かって外反する鉢（図3.16:6,9）、折返し口縁の短頸壺（図3.16:11）、脚台付きゴブレット（図

図3.16 テペ・ガウラのテル裾部から出土したハラフ彩文土器 (S=1/4) (Tobler 1950より)

図3.17　テペ・ガウラのテル最上区から出土したハラフ終末期土器 (S=1/4)(Tobler 1950より)

3.16:16)、肩部が水平方向に張り出した壺（図3.16:14-15）などがあり、器形の組合わせや文様から見て、これらがハラフ中期以降、とくに後期の特徴を有していることは明らかである。また、斜格子の文様を持ち器壁がストレートに開いて立ち上がる平底の鉢（図3.16:4）や素口縁の短頸広口壺（図3.16:10）など、ハラフ前・中期に帰属する土器がA地区最下層のF、E層から出土している。

　ここで問題となるハラフ終末期土器に編年される土器が出土しているのは、テル最上区の発掘区である。最上区でハラフ土器がある程度の量で出土するのは最下層のXX層からXVII層までであり、その上のXVI〜XV層は完全なウバイド文化層で、ハラフ土器は混入して出土するだけである。XX〜XVII層のうちXIX〜XVII層も明らかにウバイド土器が主体となっている文化層でハラフ土器の比率はわずかであるのに対して、XX層出土土器の多くはハラフ土器であるとされる。このXX層出土ハラフ土器で目立つのは、円盤状底部や高台を持った胴部内湾ないしS字状プロファイルの鉢で、内面や外面に斜格子を充填した半円モチーフや四つ葉モチーフが水平方向に連続して描かれている（図3.17:1-2）。器形的には後期の胴部内湾鉢や胴部が屈曲し口縁に向かって外反する鉢からの変化形であり、文様的にもハブール川流域のハラフ終末期と共通性が認められる。浅鉢の底部内面に描かれるロゼッタモチーフはデフォルメが進んでいる。壺など他の器種でハラフ終末期土器として規定できるものはガウラでは明確に抽出できなかった。ただし、テル裾部の北東トレンチ出土土器の長頸壺中の肩部が張って小把手がつくもので鳥などの細かい具象的モチーフが描かれる例（図3.16:15）があるが、こうした土器はアルパチヤのハラフ後期層などでは認められないため、ハラフ終末期まで下る可能性が高い。XIX〜XVII層出土ハラフ土器に関しては復元図がほとんど示されていないが、同層出土土器片の写真（Tobler 1950:Pl.LXIX-LXXV）にはハラフ後期から展開したと思われる文様を

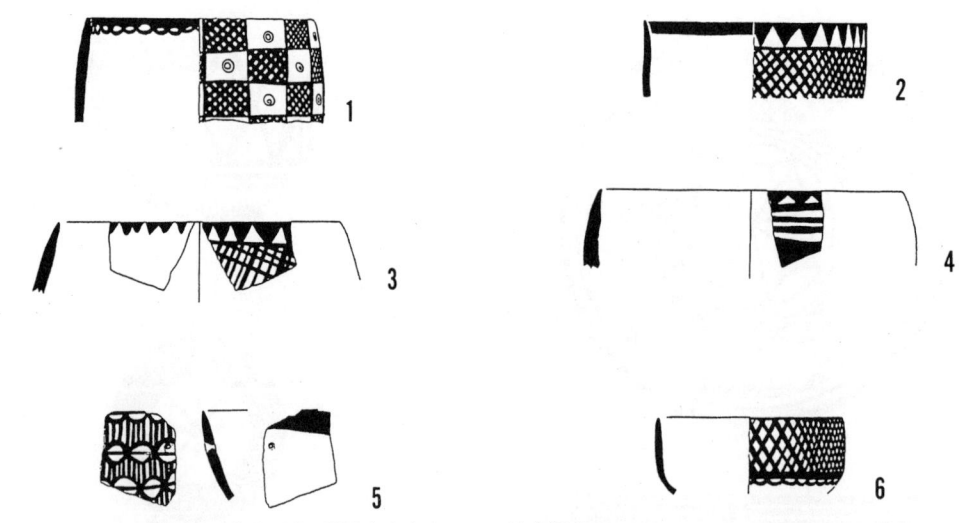

図3.18 キルベト・デラク出土のハラフ終末期土器 (S=1/4) (Breniquet 1996より)

持ったものが多く掲示されている。文様で目立つのは、縦方向の短線や波形を充填した水平方向の平行ジグザグ文や平行波形文であり、口縁部に塗潰しの連続三角モチーフを持つものも多い。これらの文様はウバイド土器に継続していくもので、ハラフ終末期土器の指標の一つとなろう。

　ガウラ最上区ⅩⅩ～ⅩⅦ層出土ハラフ土器と同様にハラフ終末期の候補となる土器が、エスキ・モースル地区サッダム・ダムの緊急調査でキルベト・デラクから出土している（Forest 1987, Breniquet 1996）。同遺跡出土土器は、ごく少数含まれるウルミア湖畔のダルマDalmaからの搬入品と思われる押文土器 Dalma Impressed Wareと、時期がやや遅れる第3類土器 La troisième catégorieを除くと、主にハラフ土器、ウバイド土器で構成されている。ここで焦点になるのはハラフ土器として分類されたものであり、多彩文土器と単彩文土器が認められる（図3.18）。ラッパ状口縁鉢や列点モチーフが施文された半円形浅鉢など、ハラフ後期に帰属すると思われる土器も散見されるが、ガウラⅩⅨ～ⅩⅦ層ハラフ土器に認められた口縁部に塗潰しの連続三角モチーフをもつ鉢（図3.18:2-4）が多数認められ、格子、斜格子を充填したモチーフも目立っている。

　管見に触れた限りでは、ハブール川流域でのハラフ終末期の指標の一つであった弓状口縁壺がモースル＝シンジャール地域では見当たらない。おそらく弓状口縁壺が採用される赤色ウォッシュ土器自体がレヴァント起源のものであるために、モースル＝ジンジャール地域までは拡散しないものと思われる。壺で目立つのはガウラで見られたような細かい彩文が施された肩部が張り出した壺であり、後述するようにこの壺は中部メソポタミアなどより南東方で流行したもようである。

　4）　モースル＝シンジャール地域のハラフ文化遺跡の編年
　テル・アルパチヤ出土土器をハラフ前・中・後期の、そしてその前後に成立期の土器としてNJP72出土土器、終末期の土器としてテペ・ガウラ、キルベト・デラク出土土器を指標に、モースル＝シンジャール地域のハラフ土器の編年を構築したが、同地域にはニネヴェ、テル・ハッスーナ、ヤリム・テペⅡ、Ⅲなど、研究史の比較的早い段階で発掘調査が行われ、ハラフ文化の土器シーク

エンスをある程度復元できる遺跡もある。これらの遺跡を含めて、モースル＝シンジャール地域のハラフ文化遺跡を編年してみよう。

ニネヴェでハラフ土器が出土したのは、クユンジュクに設けられたいわゆる先史時代ピットの中のⅡc層である（Thompson and Mallowan 1933）。同層では、より下層のⅡb、Ⅱa層から継続するサマッラ土器とハラフ土器が共伴しているとされるが、出土土器にハラフ成立期土器は見当たらないため、両者は単に混じりあって出土しているにすぎないと考えられる。ニネヴェ出土土器については長い間マロゥワンの古い報告に依拠するほかなかったが、レナート・グートによるニネヴェ出土先史土器の再整理結果が1995年に出版され、その中でより多くのハラフ土器が明らかになっている（Gut 1995）。ただし、報告されている土器の多くは破片資料とその復元であり、器形や文様の全体像をつかむことはけっして容易ではない。出土土器の中には、器壁がストレートに開いて立ち上がる平底の鉢（Gut 1995:Tafel 46-721）やクリーム・ボウル（ibid:Tafel 46-709）が認められ、描かれた彩文からもハラフ前期まで遡る可能性の高いものが含まれている。また、列点モチーフや水平ケーブルモチーフの描かれた長頸壺（ibid:Tafel 44-690）や胴部内湾鉢（ibid:Tafel 45-705）があり、さらに多彩文の口縁部が内傾する鉢（ibid:Tafel 48-736）などの存在から、ハラフ中・後期の文化層が存在することも確実である。しかしながら、前述したようにハラフ成立期に帰属する土器は見当たらず、またハラフ終末期に区分される土器もない。したがって、ニネヴェではアルパチヤとほぼ同時期にわたるハラフ文化層の存在が考えられよう。

ハッスーナではⅥ～Ⅻ層がハラフ土器を含む文化層で、Ⅷ層まではサマッラ土器が、Ⅺ層から上層ではウバイド土器が共伴している（Lloyd and Safar 1945）。報告はハッスーナ、サマッラ文化層が主体となっていて、ハラフ期の遺構や遺物の詳細は不明である。報告に添付されている土器片の写真およびわずかな記載から推測することが許されるならば、Ⅵ～Ⅷ層がハラフ前・中期、Ⅸ～Ⅹ層がハラフ後期に帰属する文化層と推定される。なお、Ⅶ層出土土器の写真図版の一部に水平斜格子モチーフが散見され（ibid: 1. XIX 1下段）、一部ハラフ成立期まで遡る可能性はある。

シンジャール山脈南東部のジュバラ・ディアリアシJoubara Diariasi川河岸段丘周辺の先史時代遺丘の調査がムンチャエフ、メルペルトらにより1969年から10数年間にわたり行われた。この中でハラフ文化層を主目的に調査が行われたのがヤリム・テペⅡである。同遺跡では9層にわたる居住層が確認されている（Merpert and Munchaev 1971）。上の2層は後代の撹乱を受けているが、全層がハラフ期に帰属するハラフ文化の単純遺跡である。報告書（Munchaev and Merpert 1981）では、土器は主に器形ごとに記述され、詳細な層位的変遷を十分に把握することはできないが、掲載されている土器図版を見ると、ハラフ前・中・後期に帰属する彩文土器が含まれている。1976年度調査概報やその後の研究報告によると（Merpert et al. 1981, Merpert and Munchaev 1987）、最下層であるⅨ層に属する67号トロスの床面下から故意に割られた土器と黒曜石の石器を包含した儀礼用ピットが発見されている。この土器はミニュチュアともいえるほどの小さな広口の短頸壺で、彩刻線文により装飾されている（Merpert and Munchaev 1987:Fig 11-7）。器形・文様から明らかにハラフ中期以降に帰属させるべき土器である。したがって、ヤリム・テペⅡで確実に集落が営まれ始めたのはハラフ中期からであるといえる。しかしながら、Ⅸ、Ⅷ層出土の他の彩文土器の中には、器壁がストレー

トに開いて立ち上がる平底の鉢（Merpert and Munchaev 1987:Fig.16-4,6, Fig.17-6）やクリーム・ボウル（ibid. Fig.18）が含まれており、器形・彩文などを見てもその一部はハラフ前期に遡る可能性が高い。上層のⅣ～Ⅲ層出土土器の中にはハラフ後期に帰属する半球形や内湾する胴部で内面は細かい彩文で装飾された浅鉢が含まれている（Munchaev and Merpert 1981:Pnc 94-95）。また塗潰し円モチーフが施文されたS字プロファイル鉢（Merpert and Munchaev 1973:Pl.XLV-4）や口縁部直下に三角モチーフを配した無頸壺（ibid.:Pl.XLV-1）なども出土しており、Ⅳ～Ⅲ層はハラフ後期から終末期と考えてほぼ間違いない。したがって、本論ではヤリム・テペⅡの文化層について、Ⅸ～Ⅷ層はハラフ前・中期に、Ⅶ～Ⅴ層はハラフ中・後期に、Ⅳ～Ⅲ層はハラフ後・終末期に帰属するものと考えておきたい。

ヤリム・テペⅡ出土土器の器形についてアミロフらが統計的分析を加えた論文を発表している（Amirov and Deopeak 1997）。この論文中の器形分類基準や器形どうしの関係について筆者には同意できない点が多いが、主要な器形の層位的変遷に関しての以下のような指摘がある。器壁がストレートに開いて立ち上がる平底の鉢、クリーム・ボウルなどは下層に多く、中層、上層と量的に減じる。半球形鉢は中層が主体となり、胴部内湾鉢は中層、上層と増加し、S字プロファイルの高台付鉢はほとんど最上層の出土となっている。この論文での層位区分とムンチャエフらの層位区分と細部でどのように相関するかについては問題が残されているものの[10]、ここで述べられた器形の層位的変遷はハラフ前期から終末期までの変遷と大要において相関するといえ、上記した時代区分と矛盾しない。なお、ヤリム・テペⅡ上層のⅡ～Ⅰ層はアッシリアやヘレニズム期の墓などによる後代の撹乱が激しいが、アミロフらの分析ではハラフ土器では高台付のS字プロファイル鉢が主体となっており、もしそれが正しいとすれば、これらの層はハラフ終末期に属する可能性が高いといえよう。

ヤリム・テペⅡに近接したヤリム・テペⅠでは、ハッスーナ期の集落上にハラフ期の墓地がつくられている（Merpert and Munchaev 1973）。出土している土器（ibid. Pl. XXXIX-7）は、ハラフ後期から終末期に区分できる。またヤリム・テペⅢではウバイド文化層の下から厚いハラフ文化層の堆積が確認されている（Merpert and Munchaev 1984a, b）。出土土器の器形には半球形プロファイルの浅鉢や無頸壺などが含まれ、彩文の文様は水平、波線、山形、三角、はしご、ロゼッタ、円、塗潰し円、列点などのモチーフと、チェッカーボード・パターンが主体であるという。多彩文土器も多く出土しており、これらがハラフ後期を主体としたものであることは明らかで、一部終末期にも降ってこよう。

ハラベ・シャッターニKharabeh Shattaniはエスキ・モースルのダム建設に伴う水没遺跡で、ティグリス河の河岸段丘斜面上に立地する。遺跡は明確なテルをなしていないが、遺物の散布状況から200×100m程度の広がりを有していたものと考えられている。地山上にプロト＝ハッスーナ期の、また最上層に前1000年紀のごく薄い文化層が認められるが、遺跡の主体はその間のハラフ文化層である。この文化層自体も薄く、1mほどの堆積中に3層にわたる建築層が認められている（Watkins 1987, Watkins and Campbell 1986, Baird, Campbell and Watkins 1995）。出土土器についてはキャンベルにより詳細な分析が行われている。ハラフ彩文土器の器形では、クリーム・ボウルがほとんど見ら

表3.4 モースル＝シンジャール地域のハラフ文化遺跡の帰属時期

遺跡名 \ 時期	ハラフ成立期	ハラフ前期	ハラフ中期	ハラフ後期	ハラフ終末期
NJP72	■		▨		
テル・アルパチヤ		■	■	■	
テペ・ガウラ				■	■
キルベト・デラク				■	▨
ニネヴェ		▨	■	■	■
テル・ハッスーナ		■	■	■	
ヤリム・テペⅠ		■	■		▨
ヤリム・テペⅡ		▨	■	■	
ヤリム・テペⅢ				■	
ハラベ・シャッターニ				■	
キルベト・ハタラ	▨	▨	▨	▨	
テル・デル・ハール			■	▨	

■ 居住が確実にある時期　　▨ 居住の可能性がある時期

れず、ラッパ状口縁鉢も少ないのに対して、胴部内湾鉢や浅鉢が多く、口縁が外反した短頸広口壺も認められる。また彩文では、外面に連続水平線が施文される例が目立っている。これらの特徴から、ハラベ・シャッターニのハラフ文化層がハラフ後期を主体としていることは明らかである。

エスキ・モースル地区で発掘調査が行われているハラフ文化遺跡としては、ほかにキルベト・ハタラKhirbet Hataraがある（Fiorina 1997, 2002）。同遺跡の最下層からハラフ期とウバイド期の遺物が混合して出土する。ハラフ彩文土器では、外面に水平斜格子の描かれたクリーム・ボウル（Fiorina 2002: Fig.22-No.137）や長頸壺（ibid: Fig.18-No.96）、列点モチーフを含むパネル文、ロゼッタモチーフの描かれた土器などが出土している。ハラフ成立期からハラフ後期までの長期にわたる文化層が存在していた可能性が高い。

サッダム・ダム関連の緊急調査では、テル・デル・ハール Tell Der Hall （Matsumoto and Yagi 1987）やキルベト・デラクに近いクタンKutan（Forest 1987）でもハラフ文化層の存在が確認されている。デル・ハールはティグリス河の河岸段丘上にある径20～30mほどの小さなテルである。先土器新石器時代層のすぐ上層の第5層がハラフ文化層で、建築層が重層して検出されている。そのうちより新しい第5a層から径5mほどの大きさのトロスが断片的に発見されているという（Matsumoto and Yagi 1987:58）。掲載された図版（ibid.:Fig.17）を見る限り、ラッパ状口縁鉢や胴部内湾鉢、脚台付鉢など、ハラフ中期に帰属する器形が第5層出土土器の主体を占めると思われるが、水平線が描かれた半球形鉢や文様にロゼッタモチーフが存在していることから、ハラフ後期の文化層も存在する可能性がある。クタンではニネヴェⅤ期の文化層の下層からハラフ期の墓が数基調査されているが、時期などの詳細は不明である。

このほかモースル周辺では、モースル国際空港建設に伴う緊急調査に関連して、テル・アッゾⅠ

Tell Azzo Ⅰ、ハジラクⅠ Hajiluk Ⅰなどでハラフ文化層が発掘されている（Killick and Roaf 1983）。コルサバードにほど近いテペ・チェンチ Tepe Chenchiでは最下層でハラフ文化層が発掘され、ペンダント型印章の出土が報告されている（Algaze 1989b）。さらに同じティグリス河流域でテル・カラナⅠ Tell Karana Ⅰ（Matthews and Wilkinson 1989）、テル・ジカン Tell Jikan（ibid.）、さらにニネヴェの南に位置するテル・トゥワジネ Tell Tuwajneh（Roaf and Postgate 1981）でもハラフ文化層の存在が報告されているが、これらの遺跡からの出土土器の詳細は不明で、今のところ時期を確定する手がかりがない。

シンジャール山脈の北東部のテル・アル・ハワ Tell al-Hawa地区では、前述したようにNJP72遺跡などのハラフ文化遺跡の存在が知られているが、このほか多数のハラフ文化遺跡がウィルキンソンらの踏査で確認されている（Wilkinson and Tucker 1995）。しかし残念ながら、それらがハラフ文化のどの時期に編年されるかに関する分析はない。

以上モースル＝シンジャール地域のハラフ文化遺跡の編年について言及してきた。このうち帰属時期が判明する遺跡については、表3.4にまとめた。ここで確認しておきたいのは、モースル＝シンジャール地域には、ジャジーラ内の他地域と同様に、ハラフ成立期からハラフ終末期までのすべての時期にわたる遺跡が存在していることである。

本章ではジャジーラ地方のバリフ川流域、ハブール川流域、モースル＝シンジャール地域という3地域それぞれに関して、ハラフ彩文土器の地域編年を試みてきた。各地域でハラフ成立期から終末期までのハラフ彩文土器の変遷を連続的に追究することができ、地域ごとにいくつかの特徴と差異があることも判明した。しかしながら、これらの差異は部分的・地域的なものに留まっていて、器形や文様などの各属性に関しては、相違点よりも共通点のほうが多いことは明らかである。土器インダストリーとして見れば一つの範疇として捉えられるわけで、しかもこれら3地域ではほぼ同一歩調を取ってハラフ土器インダストリー全体がハラフ成立期から前期、中期、後期、終末期と変遷したと想定することができよう。

註
1) ここでいうサマッラ中期とは、いわゆるサマッラ彩文土器Classic Sammaraを主体とする時期であり、サマッラ文化のタイプサイトともいえるテル・エス・サワンではⅢ～Ⅴ層期を指している（常木1986: 86-88参照）。
2) 実のところ、エル・ルージュ2d期の暗色磨研土器の器形構成を見ると、器壁がストレートに開いて立ち上がる平底の鉢ばかりでなく、クリーム・ボウル、バルーン形の胴部を持つ長頸壺、さらに短頸壺まで、ハラフ期の代表的4器形がすべて揃っている（Tsuneki et al. 1998）。これらの器形の祖形が前代のエル・ルージュ2c期に存在するかどうかは検討課題だが、いずれにせよエル・ルージュ2d期とハラフ前期が時期的にオーヴァーラップし、互いに影響し合っていたことだけは間違いない。
3) サマッラ土器の中で、この器壁がストレートに開いて立ち上がる平底の鉢に近い器形と文様をあえて探すとすると、中部メソポタミアのマンダリにあるチョガ・マミから若干類似した土器が出土している（Oates 1969: Pl. XXXⅡ:1）。ただしこの土器は丸底であり、しかもサマッラ後期土器の様相が強い。したがって、ハラフ前期のこの器形の土器とは直接関連しないものと推定される。

4) 発掘者のアッカーマンズは、ダミシリアのハラフ文化層をバリフⅢC期、すなわちハラフ中期に編年しているが、出土土器の器形・文様はサビ・アビヤドやアカブなどのもっと早い時期の要素を有しているとまとめている（Akkermans 1993:135）。アッカーマンズのバリフ川流域の文化編年では、サビ・アビヤド南東発掘区第3〜1層を基準として設定したバリフⅢB期をハラフ前期と命名しているため、それに後続するダミシリアのハラフ文化層出土土器をバリフⅢC期＝ハラフ中期、さらにそれに後続するキルベト・エッ・シェネフをバリフⅢD期＝ハラフ後期と編年した。この編年観は、バリフ川流域のみを考察するときは有効であっても、他の地域のハラフ文化遺跡との比較研究を行う際には編年上さまざまな齟齬が生じる。なぜなら前述したように、サビ・アビヤド南東発掘区第3〜1層は従来のハラフ前期というよりもそれ以前に（本論ではハラフ成立期）編年すべき資料群であり、また、後述するようにキルベト・エッ・シェネフの出土土器の多くは従来のハラフ中期に編年すべき資料群であるからである。したがって、ここでは両者の中間に編年上位置するサビ・アビヤド北東発掘区トレンチW5, X5、およびダミシリアのハラフ文化層からの出土土器を、ハラフ前期から中期にかけての時期に編年しておくことにする。

5) ただし、筆者は北メソポタミア方面よりもより西方の地域の方が弓状口縁壺の出現が早いと考えており、したがってバリフ川流域では弓状口縁壺がハラフ終末期の指標とはなり得ないと考えている。

6) 筆者がアレッポ博物館に収蔵されているテル・アカブの出土のハラフ土器を実見したところでは、基本的に磨研の施されたものはなかった。この問題に関しては、後述する赤色土器および粗製土器の項目で扱う。

7) ここで赤色ウォッシュの施された土器というのは、ダヴィドソンが赤色土器Red Wareと呼んだ土器であり、北西シリアのルージュ編年で筆者らが命名したクリーム土器 Cream Wareと同じ範疇に入る土器であると思われる。

8) 報告者のムンチャエフらはこの器形をクリーム・ボウルと呼んでいるが（Munchaev, Merpert 1994:16）、本文中にも書いているように、筆者はクリーム・ボウルとラッパ状口縁鉢を別の器形に区分していて、ハズナⅡ出土は後者に区分できるものである。

9) ニューヴェンハウゼによるハラフ期の細分と本論の細分との関係については、本論第5章第3節を参照のこと。

10) アミロフらの論文では層位区分は20cmごとの機械的水平面層位にもとづいていて、約7mの厚さのヤリム・テペⅡ文化層は34層に区分されている。

第4章　ハラフ文化の編年(2)

　本章では、第3章で構築したハラフ彩文土器の基本編年にもとづいて、各地方のハラフ文化遺跡の編年的位置を明らかにしていく。結論として、ハラフ彩文土器はジャジーラ地方で成立し同地方を中心として変遷したこと、時期を経るにつれてハラフ彩文土器の分布範囲がとくに北方と南東方に拡大していくこと、ハラフ文化遺跡といえるようなハラフ彩文土器を主体とする遺跡が、南東アナトリアとザグロスではハラフ中期に、中部メソポタミアではハラフ後期にというように時間差をおいて出現していること、それぞれの地方で在地土器の伝統の強い遺跡とハラフ文化遺跡が一定期間共存していた可能性があること、などを主張する．

第1節　ユーフラテス河中流域

　ここでいうユーフラテス河中流域は、現在のトルコ、シリア国境を挟んでユーフラテス河が大きく南西から南東方向へと流路を変える大湾曲部付近を指している。地域区分では前章で扱ったジャジーラ地方の最西端に当たり、西側は北レヴァント、北側は南東アナトリアに接している。1960年代後半以降ユーフラテス河中流域では、シリア、トルコ両政府が競ってダム建設を計画し、そのために水没遺跡の緊急調査が激増してきたという事情がある。そうした遺跡の中にハラフ文化遺跡もかなり含まれている（図4.1）。

　本地域の一連のダム建設の中で、もっとも早く1960年代半ばに開始されたのがタブカ・ダム建設である。この緊急調査の中で、もっともその内容が知られているハラフ文化遺跡がシャムス・エッ・ディン・タニーラ Shams ed-Din Tannira である（Al-Radi and Seeden 1980, Azoury and Bergman 1980, Gustavson-Gaube 1981, Seeden 1982）。同遺跡はユーフラテス河左岸の河岸段丘直下に営まれたハラフ文化の単純遺跡であり、集落の広がりは2.5ha程度と推定され、少なくとも3層にわたる居住層が検出されている。出土土器についてはグスタヴソン＝ガウベによる詳細な報告がある（Gustavson-Gaube 1981）。器形的には、ハラフ前期からハラフ終末期までのさまざまな器形のほとんどが存在している。ただし、クリーム・ボウルよりラッパ状口縁鉢が圧倒的に多いこと、広口短頸壺に折返し口縁がよく発達していること、肩部の張った壺や弓状頸部の壺が見られること、さらに文様的な属性を見ても、シャムス・エッ・ディンはハラフ中期から後期を中心とした遺跡としてよいだろう。ガウベ自身も、テル・アカブなどハラフ前期の文化層で共伴している暗色磨研土器がシャムス・エッ・ディンではほとんど出土しないことから、シャムス・エッ・ディンをアカブの中・後期層に比定できるとしている（ibid.:81）。またアルパチヤ出土土器との比較では、とくにヒジャラのいうフェイズIVの後半（本論でいうところのハラフ後期層）の土器と対比できる資料が多いと結論してい

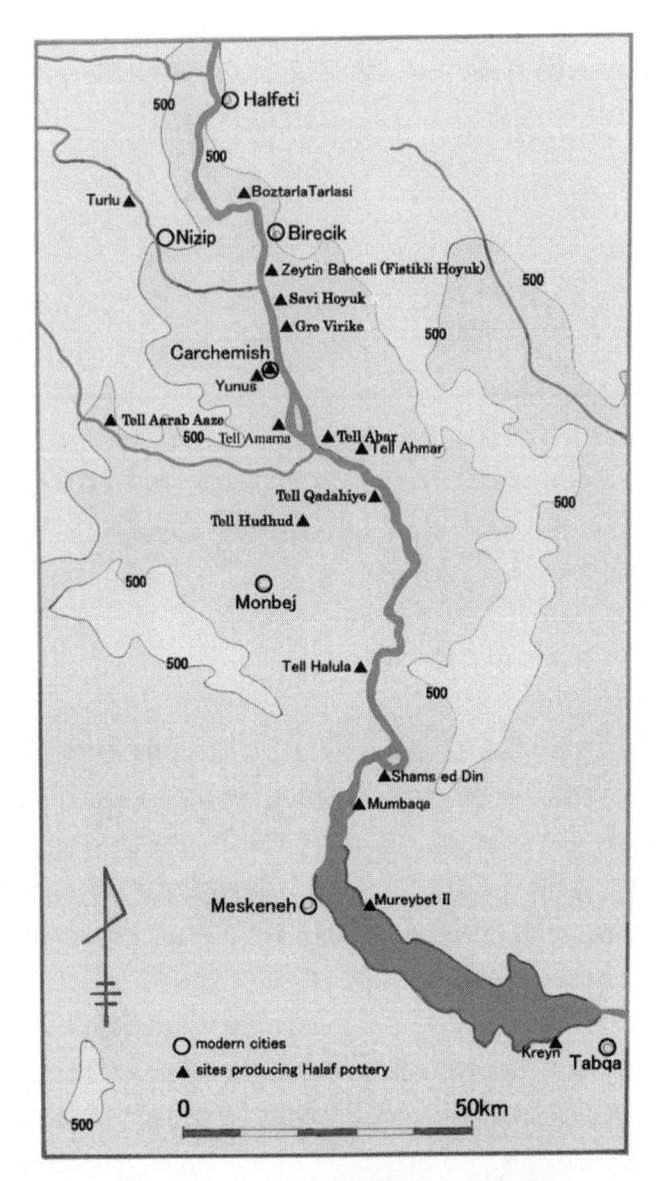

図4.1　ユーフラテス河中流域のハラフ文化遺跡

る。タブカ・ダムの水没遺跡で、ほかにハラフ土器を出土する遺跡としてテル・ムレイベトⅡ Tell Mureybet Ⅱ、クレイン Kreyn、さらにムンバカ Mumbaqa 近くの無名の遺跡の 3 遺跡が挙げられる。これらはいずれもシャムス・エッ・ディンと類似した土器を出土しているという（Davidson 1976:224）。

　タブカ・ダムのすぐ上流にテシュリン・ダムの建設が計画され、1980年代末からいくつもの遺跡で緊急調査が実施されている。そのうちの一つ、ユーフラテス河右岸に位置するテル・ハルーラ Tell Halula では、先土器新石器時代B期からハラフ期にかけての文化層が検出された（Molist ed. 1996）。ハラフ文化層が調査されているのはテル頂部の1B地区で、上層のA4層およびA3層がハラフ文化層に当たる。出土したハラフ土器は、胎土、器面調整、彩文、器形にもとづいて分類されてい

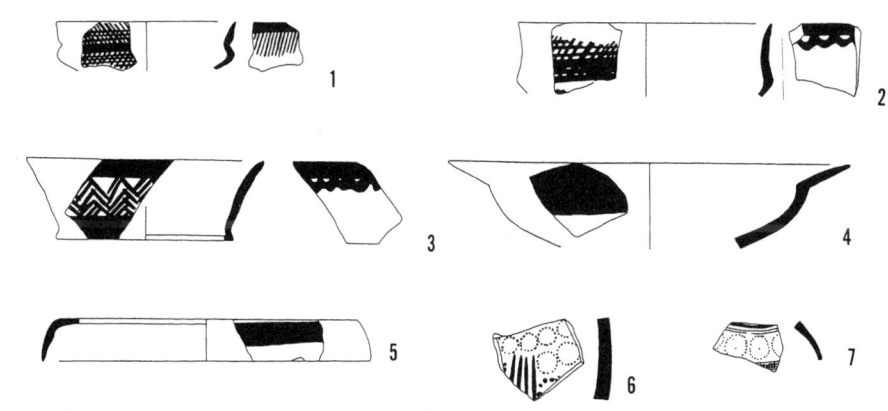

図4.2 テル・ハルーラ出土ハラフ彩文土器（S=1/5）（Sagona and Sagona 1988より）

る（Cruells 1996）。このうち彩文の文様は8グループ75種に、器形は4器種11器形に細分されているが、分類の方法や基準に関して筆者には同意できない点が多い[1]。報告者らの結論は、ハルーラのA4層出土土器はテル・サビ・アビヤド出土ハラフ土器と類似していることからハラフ前期（本論でいうハラフ成立期）に、A3層出土土器はシャムス・エッ・ディン出土ハラフ土器と非常に類似していることからハラフ中期に、それぞれ比定している。出土した土器の詳細が報告されていないため、これを確認することは困難である。分類された器形の中で、クリーム・ボウルと考えられる器形の出土比率がきわめて少ないこと、文様の中でハラフ成立期にもっとも特徴的な水平斜格子モチーフが認められないことなどを考えると、モリスらの報告書を読む限りにおいては、少なくともハラフ成立期の文化層の存在については懐疑的にならざるを得ない。これに対して、器形では器壁がストレートに開いて立ち上がる（おそらく平底の）鉢が多く見られ、ラッパ状口縁鉢がある程度存在すること、彩文の文様で連続水平線が目立っていることなど、ハラフ中期の文化層の存在は確実である。

しかしながら、モリスらの調査が行われる以前にハルーラの遺物を表採したサゴナらの報告（Sagona and Sagona 1988）には、ハラフ中期に帰属する土器に混じって、明らかにハラフ成立期まで遡るハラフ彩文土器が掲載されている（図4.2:1-2）。モリスらの報告書にいうA4層出土ハラフ土器がこれらを指しているとするならば、ハルーラのハラフ文化層はハラフ成立期からハラフ中期までの幅広い時期をカヴァーするものとしてよいだろう。

同じくテシュリン・ダム地区内にあるテル・アマルナ Tell Amarna の南東0.5km地点で、ハラフ期の薄い遺物包含層が確認されている（Cruells 1998、Tunca et al. 2004）。1993年と1997年に試掘が実施され、明確な遺構は検出されないものの、多数のハラフ彩文土器が出土した。器壁がストレートに開いて立ち上がる平底の鉢やラッパ状口縁鉢が器形の主体をなしていることから、テル・アマルナのハラフ文化層はハラフ中期を主体とするものであろう。

モンベジ周辺のユーフラテス河とその支流であるサジュール川、およびワディ・モンベジの流域では、サンラヴィーユらによって踏査が行われており、四つのハラフ文化遺跡が発見されている（Sanlaville 1985）。このうち表採された土器の内容が紹介されているのは、サジュール川上流左岸に位置するテル・アラブ・アーゼ Tell Aarab Aaze である。ラッパ状口縁鉢、口縁が外反する胴部湾

曲の鉢、短頸の広口壺などの器形や、列点モチーフと牛頭モチーフの組合わせ、単純な水平線といった彩文の存在などから、当遺跡のハラフ文化層はハラフ中期を中心としたものであるといえる。この表採土器についてコントンソンは、クエイク川流域踏査で表採されメラートがまとめたハラフ土器と主に比較して、ハラフ前期およびハラフ―ウバイド移行期に帰属するとしているが（Contenson 1985:115-116）、筆者はこの見解にはまったく同意できない[2]。アラブ・アーゼのほかにハラフ土器が表採されたとしているのは、ユーフラテス河右岸のカダヒーヤ Qadahiye、同左岸のテル・アバル Tell Abar、ワディ・モンベジ沿いのテル・フドゥフード Tell Hudhud であるが、詳細は報告されていない。なお、アバルについてはテシュリーン・ダムの緊急調査の一環で発掘が実施されており、ウバイド期からウルク期初頭にかけての連続した良好な文化層が検出されているが、ハラフ文化層については報告がない（Hamid and Koike 1993）。

　ユーフラテス河中流域でもっとも古く発掘調査されたハラフ文化遺跡は、トルコ―シリア国境のヒッタイト後期遺跡として著名なカルケミシュ Carchemish 近郊の小さな遺跡で、村名にもとづいて通常ユヌス Yunusと呼ばれている（Woolley 1934, Dirvana 1944）。ユヌス出土のハラフ土器は精製土器と粗製土器に大別され、彩文が施されるのは前者であるという。出土土器の層位に関する記載はない。もっとも盛行する器形は平底の浅鉢で（図4.3: №1～5）、これらは粗製土器が多い。同6～8は主として精製土器に、同10～15は精製土器に限定して見られる器形であるとされる。精製土器

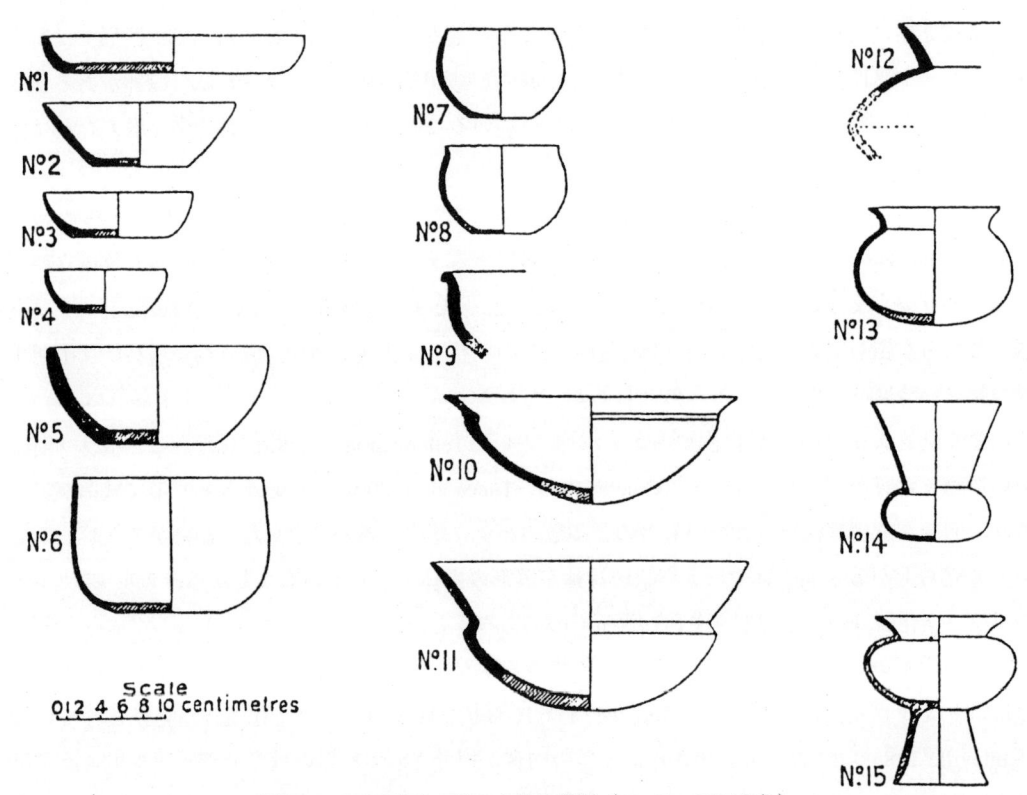

図4.3　ユヌス出土ハラフ土器の器形（Woolley 1934より）

第 4 章　ハラフ文化の編年(2)　103

に関していえば、胴部内湾の鉢（同7〜8）が見られること、クリーム・ボウルはなくラッパ状口縁鉢（同10〜11）が存在すること、また脚台付土器（同15）の存在などから、これらがハラフ中期以降を主体とした土器インダストリーであることは明らかである。写真図版（Woolley 1934:Pl. XIII〜XX）として掲載された土器の文様のモチーフには波線、列点、牛頭などのモチーフが目立っており、ユヌスがハラフ中・後期に帰属することが確認される。なお、カルケミシュ遺跡本体の城塞マウンドに掘られたトレンチのコンタ20m以下から先史時代の遺物が出土しており、写真図版（ibid.:Pl. XXI b）の中に暗色磨研系土器とともに、ハラフ彩文土器と想定される土器が掲載されている。ウーリーは同報告で、ほかにカルケミシュの東方ウルファUrfaの周辺にあるラス・アル・アインRas al-Ainおよびギョクテペ Göktepe両遺跡でもハラフ土器を採集しているというが、詳細は不明である（ibid. 162）。位置的には、これらはユーフラテス河中流域よりもバリフ川流域に近接していると思われる。

　ユーフラテス河より西方のニジップ Nizipの北に位置するテル・トゥルル Tell Turluは、ハラフ─ウバイド期にかけての文化層を持つ遺跡である（Mellink 1964）。1962年にジャン・ペロによって試掘されているが、彼による報告はない。ガジアンテップ博物館に収蔵されている同遺跡出土土器を分析したダヴィドソンによれば、ハラフ土器は彼のいうハラフ後期ないしハラフ─ウバイド移行期に帰属するという（Davidson 1976:204-214）。ペロの試掘で出土した遺物を、カテリーヌ・ブレニケが後に整理し報告している（Breniquet 1991a）。その報告では、トゥルルで確認された7層にわたる文化層のうち、ハラフ土器を出土しているのは下層のⅠ〜Ⅴ層で、Ⅲ層から上層ではウバイド土器も伴うという。最下層のⅠ層出土のハラフ土器の文様は幾何学文に限られ、器形も単純なものが多いとされる。図版を見るとラッパ状口縁鉢（ibid. Pl. XI :2）や矢羽モチーフの描かれた短頸壺（同 XI :1）などが同じⅠ層から出土しているため、この層の出土土器の一部がハラフ中期に帰属していることはいえよう。Ⅱ層からは浅鉢が出現しており、Ⅲ〜Ⅳ層では牛頭モチーフなどが加わり、多彩文も見出せるとされる。Ⅴ層ではS字状プロファイルの鉢が出土している。掲載された図版の中には弓状頸部壺なども含まれている。全体としてハラフ中期〜ハラフ終末期までの土器インダストリーをカヴァーしているといってよいだろう。カルケミシュの南に位置するテル・アハマル Tell Ahmar (Til Barsib)からは、トゥルルとほぼ同時期のハラフ土器が出土しているらしい（Dangin and Dunand 1936, Watson 1983）。

　ユーフラテス河中流域のトルコ側でも、カルケミシュからハルフェティHalfetiにかけてダム建設が計画され（カルケミシュ・ダム、ビレジュク・ダム）、1990年代後半から緊急調査が開始されている。同地区のハラフ文化層を持つ遺跡はアルガーズらの踏査では4遺跡となっている（Algaze 1989a, Algaze et al. 1991, 1994）。このうちカルケミシュとユヌスは上述したようにハラフ文化層の存在が以前より確認されていた。他の2遺跡はボズタルラ・タルラス Boztarla Tarlasıとゼイティン・バフチェリZeytin Bahçeli 付近の小さな遺跡（フストゥクル・ホユックFıstıklı Höyük）で、後者では1999年から調査が進められている（Pollock et al. 2001, Bernbeck and Pollock 1999, 2001, 2003）。フストゥクル・ホユックは面積が0.5ha、比高4mに満たない小さなテルであり、今まで5基のトロスが発見されている。出土土器の器形では、器壁がストレートに開いて立ち上がる平底の鉢が目立

表4.1　ユーフラテス河中流域のハラフ文化遺跡の帰属時期

遺跡名 \ 時期	ハラフ成立期	ハラフ前期	ハラフ中期	ハラフ後期	ハラフ終末期
シャムス・エッ・ディン・タニーラ			■	■	
テル・ハルーラ	■	■			
テル・アマルナ			▨		
テル・ユヌス			■	■	
テル・トゥルル				■	■
テル・アハマル				■	■
フストゥクル・ホユック		■	■		
グレ・ヴィリケ			■		

■ 居住が確実にある時期　　　▨ 居住の可能性がある時期

ち、クリーム・ボウルやラッパ状口縁鉢は少ないとされる。文様モチーフでは複線山形モチーフなどが含まれていて一部前期に遡る可能性はあるものの、主体はハラフ中期にあると見てよかろう。報告者らはハラフ前期に比定しているが（Bernbeck and Pollock 2001）、そのように編年した明確な基準は示されていない。このほかカルケミシュ・ダム建設に伴う緊急調査では、後代の文化層が主な調査対象になっているにもかかわらず、ハラフ彩文土器の出土が報告された遺跡としてグレ・ヴィリケ Gre Virike（Tuba 2001）やシャヴィ・ホユックⅡ Şavi HöyükⅡ（Dittmann et al. 2001）がある。前者の報告には、ハラフ中期に帰属する土器が掲載されている。

　ユーフラテス河中流域のハラフ文化遺跡で帰属時期が判明するものを表4.1にまとめてみた。現在までのところ同地域のハラフ文化遺跡はハラフ中期に帰属するものが多く、ハラフ前期ないし成立期の存在の可能性のある遺跡は2遺跡に留まっている。

第2節　南東アナトリア

1）ユーフラテス河上流域

　ユーフラテス河の大湾曲部から同河を遡りタウロス山脈の前衛峰である山間に入った地点にアタチュルク・ダムの建設が計画され、1979年から開始された緊急調査でいくつかのハラフ文化遺跡が調査されている。このうちハラフ文化層がもっともよく調査研究された遺跡が、チャヴィ・タルラス Çavi Tarlasıある。同遺跡は傾斜地に形成された最大140×120mの広さのオープン・サイトであり、5層にわたるハラフ期の文化層の堆積が確認されている（von Wickede 1984, von Wickede und Herbordt 1988）。出土土器はわずかな暗色磨研系の土器を除くと、スサの混和された粗製土器が多数を占め、残りの3割ほどがハラフ彩文土器である。ハラフ彩文土器の器形では、ラッパ状口縁鉢（図4.5:1）、胴部内湾鉢（図4.5:2-3）、広口短頚壺（図4.5:8-10）、カラー状口縁壺（図4.5:11）などが目立ち、文様には水平波形モチーフ（図4.5:8）や矢羽モチーフ（図4.5:6）、水平波形線の間に縦の短線を充填したモチーフ（図4.5:10）などが含まれる。これらがハラフ中期を主体とした土器群であることは間違いないが、掲載されている図面を見る限り、ジャジーラ地方のハラフ彩文土器とはやや異なる器形のヴァリエーションが認められる。たとえば図4.5:4は、ラッパ状口縁鉢と胴部内湾

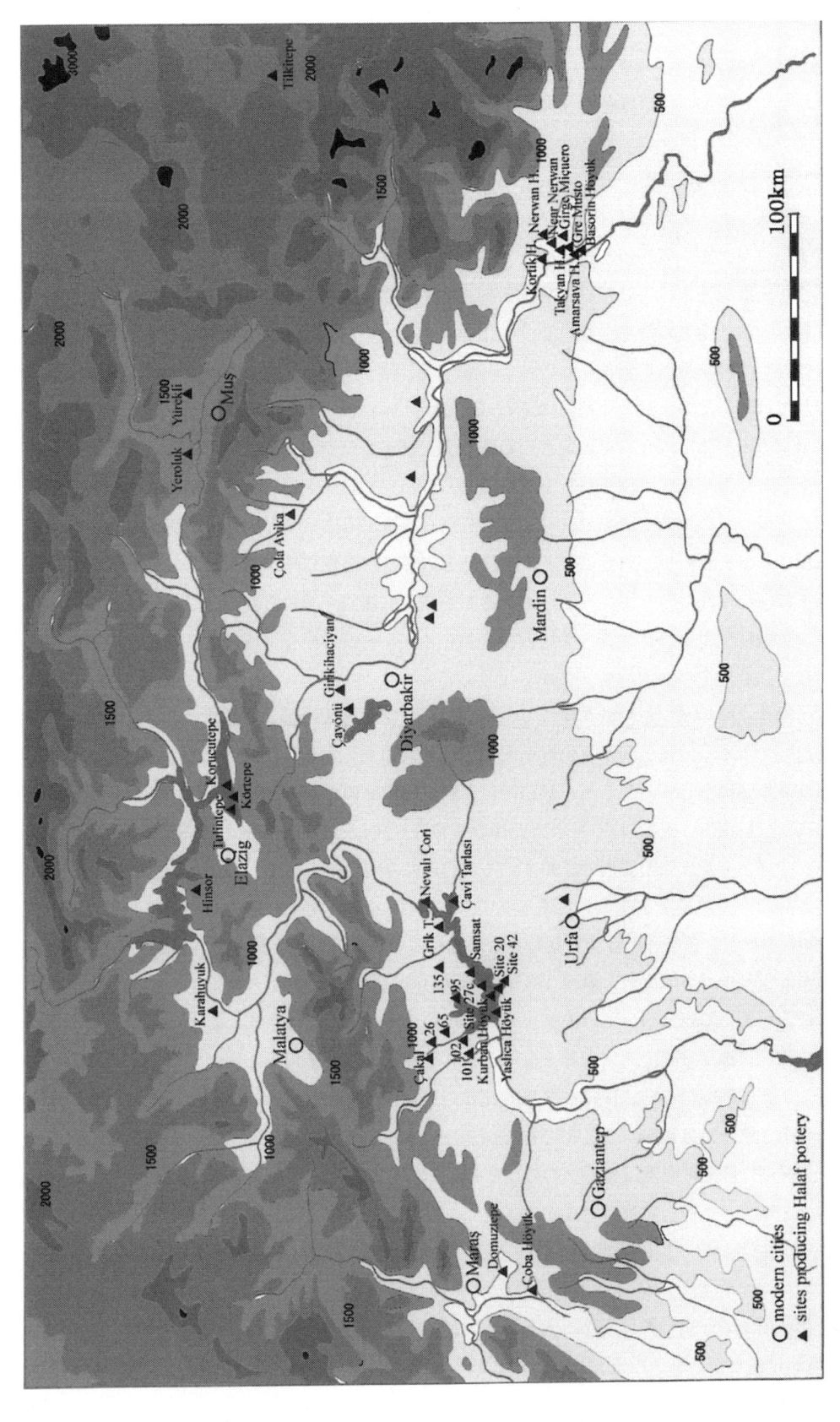

図4.4 南東アナトリア地方のハラフ彩文土器を出土する遺跡（アゼルバイジャンのTegutおよびKültepeは本図の北東外、キリキアのYümüktepe, 中央アナトリアのCan Hassanは本図の西外に位置する。なお名称の判明しない遺跡は遺跡名を記していない）

鉢の中間型ともいえる器形で、内面底部に求心的な文様モチーフを描く点は浅鉢などの手法に近い。カラー状口縁壺の一部（図4.5:7）は胴部の湾曲が小さく、鉢との区別が判然としない。また図4.5:5-6のように、ラッパ状口縁鉢の屈曲を小さくしたようなタイプの胴部屈曲鉢も認められる。こうした土器の存在は、チャヴィ・タルラスで出土するハラフ彩文土器が、主として搬入品であったというよりも、基本的に在地でつくられたことを物語っていよう。

同じアタチュルク・ダム水没地域のクルバン・ホユックは、チャヴィ・タルラスより60kmほど下流に位置するウルク期～青銅器時代前期を中心とした遺跡である。1980～1984年にシカゴ大学のアルガーズらが発掘調査を行っている（Algaze ed. 1990）。南マウンドの北スロープに設けられたステップ・トレンチの地山上の最下層がハラフ文化層（クルバン・ホユック第Ⅷ期）である。このハラフ文化層は五つの建築層より形成されており、第3層と第5層でトロスが発見されているが、出土土器に関しては層位による顕著な差異は認められないとされ、一つのアセンブリッジと見なされている。出土土器の主体はスサの混和された粗製無文土器とハラフ彩文土器[3]であり、それに少量の暗色磨研土器とウォッシュの施された土器が混じる。ハラフ彩文土器の器形は口縁に向かって器壁がまっすぐに開いていく鉢（図4.6:1-3）と胴部が軽く内湾する鉢（図4.6:4）が圧倒的に多い。完形資料は図示されていないが、前者はジャジーラ地方のハラフ前期から中期にかけて盛行する器壁がストレートに開く平底の鉢と比べると、より器高が高まる傾向が認められ、施される文様は太い水平線が多い。数は少ないがジャジーラ地方の器壁がストレートに開く平底鉢とほぼ同様のもの（図4.6:5-6）も、数点クルバン・ホユックから出土している。クリーム・ボウルはまったく見られず、ラッパ状口縁鉢（図4.6:8）が少量存在している。ただしラッパ状口縁鉢の多くは、ジャジーラ地方のものと比較すると、口縁へ向かう角度が弱く胴部も湾曲している（図4.6:9-10）。上述したチャヴィ・タルラスから出土しているラッパ状口縁鉢と胴部内湾鉢の中間型としたものに類似した器形である。壺には、長頸壺（図4.6:11）や広口口縁の短頸壺（図4.6:12）、カラー状口縁壺（図4.6:13）など、ハラフ中期とそれ以降の器形が認められる。1点のみだが蓋も出土している（図4.6:14）。太い水平線（図4.6:1）や斜格子を充填した菱形モチーフ（図4.6:8）、水平線間を斜格子で埋めたモチーフ（図4.6:3）などが文様としてはよく見られるとされる。第Ⅷ期土器を整理報告したアルガーズは、これらの土器をハラフ中・後期に帰属させている（Algaze ed. 1990: 229）。上記した器形・文様の属性を見ると、とくに器形については南東アナトリアのローカルな特徴が現われているが、少数ながらもラッパ状口縁鉢や軽く内湾する鉢・蓋などの存在や水平線の多用から、これらがハラフ中期に区分できることは疑い得ない。浅鉢や多彩文などの諸属性は欠如しており、ハラフ後期に帰属させる積極的理由を筆者には見出すことができなかった。したがって、クルバン・ホユックの第Ⅷ期は一部ハラフ後期に降る可能性は残るものの、その主体はハラフ中期に帰属させておきたい[4]。

クルバン・ホユック周辺の遺跡踏査がウイルキンソンらによって実施され、クルバン・ホユックのほかに4遺跡がハラフ期に帰属する遺跡として報告されている（Wilkinson 1990a: 88-91）。このうちヤスルジャ・ホユック Yaslıca Höyük はクルバン・ホユックと同様にテルの地山上の最下層がハラフ文化層であるが、他の3遺跡（Site 20, 27c, 42）はハラフ文化の単純遺跡であるとされる。いずれも1haに満たない小さな遺跡である。これらすべての遺跡からスサを混和した粗製無文土器

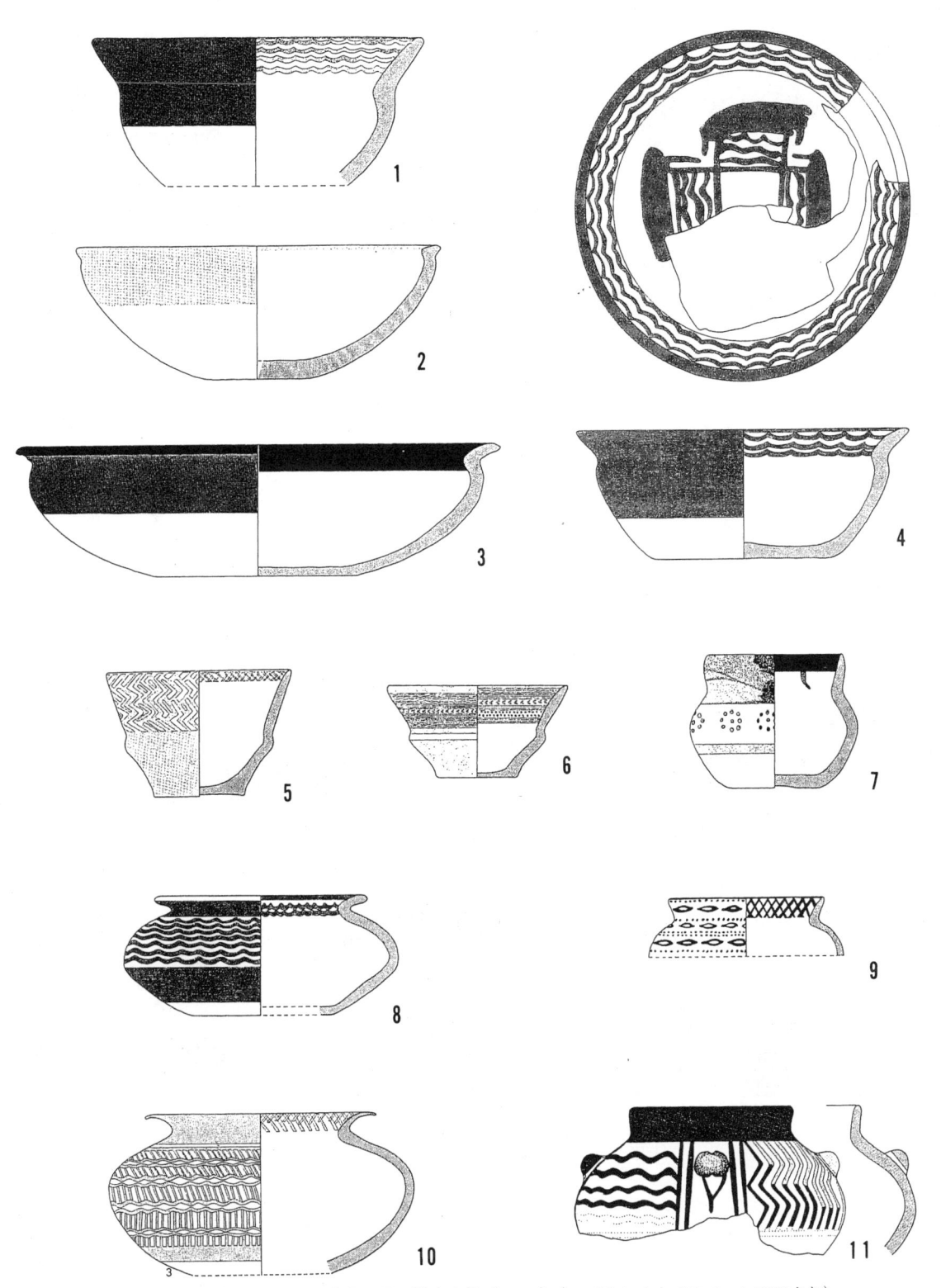

第4章 ハラフ文化の編年(2) 107

図4.5 チャヴィ・タルラス出土ハラフ彩文土器 (S=1/4)(von Wickede und Herbordt 1988より)

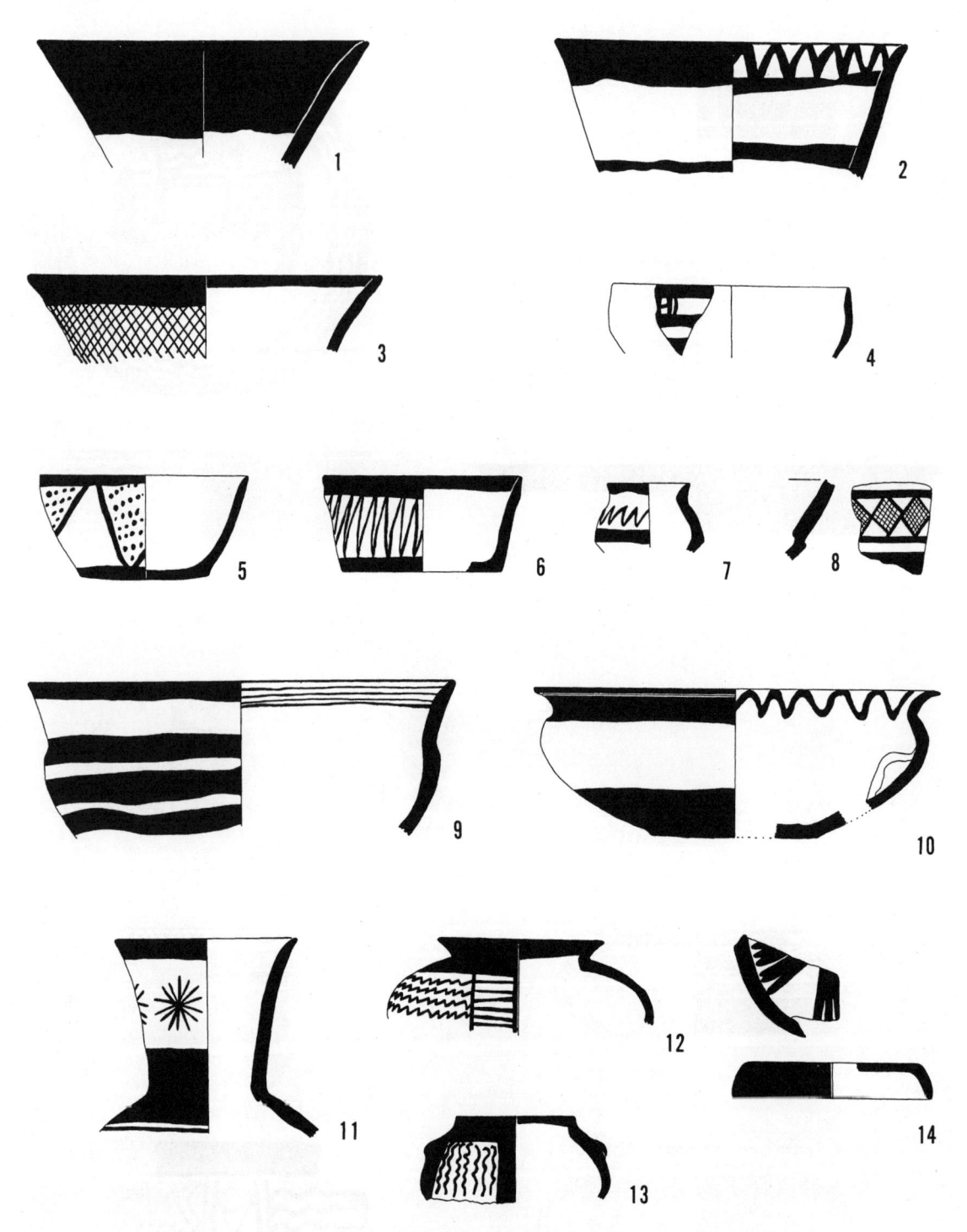

図4.6 クルバン・ホユック出土ハラフ彩文土器 (S=1/4) (Algaze 1990より)

とともにハラフ彩文土器が表採されるが、多くはクルバン・ホユック出土のハラフ彩文土器に類似しているとされる。報告書の記述と掲載された土器図版（ibid:199-208）から、Site 20は器形・文様ともハラフ中期に帰属することは間違いない。Site 27cからは、ハラフ前期から中期にかけてよく見られる、クロスハッチ充填の連続菱形モチーフが彩文された器壁がストレートに開く鉢が表採されている（ibid. Fig. B.3.:12）。Site 42については、時期を決定する有意な土器は報告されていない。

アタチュルク・ダム（カラババ・ダム）およびそのすぐ上流のカラカヤ・ダム建設に先立って、メフメト・オズドガンらが行った両地区を中心とした大規模な踏査で発見された遺跡の中では、ほかにグリク・テペ Grik Tepe、サムサット・ホユック Samsat Höyük でハラフ土器が採集されている（Özdoğan 1977）。グリク・テペは、ラッパ状口縁鉢（ibid. Pl.77:9）、交互に充填した波形モチーフ（ibid. Pl. 77:5）などの存在から、ハラフ中期に帰属する可能性が高い。またサムサット・ホユックでは、主にテル東側スロープより多数のハラフ土器が表採されている（ibid. Pl.83〜85）。クロスハッチ充填の連続菱形モチーフが描かれた深鉢、ラッパ状口縁鉢、四つ葉モチーフのパネル文や多彩文土器、胴部内湾の鉢や水平波形モチーフ、水平矢羽モチーフなどハラフ中期以降に帰属する属性を持った土器が多く認められ、さらにメフェシュ・ボウル（ibid. Pl.85:130）なども報告されている。ハラフ中期〜終末期までの連続的な文化層の存在が推定される。

このオズドガンらの踏査地区と一部重なるが、アドゥヤマン平原からユーフラテス河にかけての地区の踏査がブレイロックらによって行われていて、グリク・テペ、サムサット・ホユックを含めて、計12に上るハラフ文化層を持つ遺跡の存在が報告されている（Blaylock et al. 1990）。これらの遺跡のうち表採土器が報告されているのは、チャカル Çakal、ギリク Girik、カラ・ホユック Kara Höyük、トプラクテペ Topraktepeである。いずれも文化層の帰属時期の決定ができるほど明確な資料とはいえないが、チャカルで多彩文（ibid. Fig.6:6-7）、またギリクで斜格子モチーフが施文されたクリーム・ボウル（ibid. Fig.7: 2）が表採されている点が注目される。これらの資料は、同地区のハラフ遺跡がハラフ中期のみならず、ハラフ前期から後期まで幅広い時代にわたる可能性を示すからである。

これらのほかにアタチュルク・ダム水没遺跡では、チャヴィ・タルラスよりやや上流に位置する先土器新石器時代の遺跡として著名なネヴァル・チョリ Neval Çoriの上層で薄いハラフ文化層が確認されていて、大型の石の基礎を持つトロスが発見されたという（Hauptmann 1987）。土器は単色土器 monochrome ware とともに少数のハラフ彩文土器が出土しているとされるが、詳しいことは不明である。

ユーフラテス河をさらに遡って、エラズー Elazigにほど近いユーフラテス河最上流に建設されたケバン・ダムに伴う緊急調査（ケバンプロジェクト）が1968〜1975年に行われている。このうちチュリンテペ Tülintepe（Esin and Arsebük 1974, Esin 1976）、コルジュテペ Korucutepe（van Loon 1975, van Loon and Güterbock 1972）、キョルテペ Körtepe（Hauptmann 1976）からハラフ土器が出土している。

チュリンテペではアナトリア編年の銅石器時代前期 Early Chalcolithicの少なくとも8層にわたる連続した文化層が発掘されていて、さらにその上層から銅石器時代後期 Late Chalcolithicの文化層が

検出されている。銅石器時代前期文化層の遺構は方形プランの住居群や通路、中庭、作業場などから構成されていて、トロスなどハラフ文化的な遺構はまったく検出されていない。同文化層から出土した土器に関しては三宅裕の博士論文で詳しく扱われている（Miyake 1996）。土器インダストリーの主体を占めているのは胎土にスサが混和され器面が磨研されたアナトリア在地系の暗色磨研土器で、ハラフ彩文土器は土器インダストリーのわずか3％を占めるにすぎず、すべて搬入品であると考えられる。器形の全形が復元できるものはほとんどないが、ハラフ土器としてまとめられている図版を見ると（ibid.Şekl 29）、ラッパ状口縁鉢、口縁の開く長頸壺、無頸壺（甕）、カラー状口縁壺、弓状頸部壺などの器形が含まれていることがわかる。文様は列点モチーフや矢羽モチーフ、波形モチーフなどが目立ち、全体としてハラフ中期インダストリーに帰属するといえる土器群である。弓状頸部壺の存在など一部はハラフ後期に帰属する可能性はあるが、多彩文の浅鉢といったハラフ後期土器のうちのもっとも典型的な搬入土器が見当たらないことも、チュリンテペのハラフ土器がハラフ中期のものであることを示唆する。チュリンテペ同様に銅石器時代前期の文化層が発掘されているコルジュテペやキョルテペにおいても、土器の主体は圧倒的にスサの混和された在地の暗色磨研系土器であり、ハラフ彩文土器はごく少量、明らかに搬入品と考えられる形で出土しているのみである。その点は、先述したより下流のアタチュルク・ダム地区の遺跡と大きく異なるところといえよう。

　チャールズ・バーニーらは、東アナトリアの広範囲の地域にわたって1956年に遺跡踏査を実施しているが（Burney 1958）、このうちマラトヤからエラズーにかけての地域で、ハラフ系彩文土器を表採できる遺跡をいくつか訪れている。クユルックKuyulukで表採された土器は搬入品と考えられているハラフ彩文土器であり（ibid. Fig.4,5）、同遺跡とヒンソールHinsor、カラホユックKarahüyükではやや粗雑な在地製のハラフ系彩文土器が表採できるという。ただしこれらのハラフ系彩文土器はごく少量しか表採されない。

　エラズーからムラート川を東にたどるとムシュMuş平野に達する。ミシェル・ロスマンらがムシュ平野の踏査を行っており、2遺跡（Yürekli, Yeroluk）からハラフ彩文土器を表採したという報告がある（Rothman 1995）。記述（ibid.: 283）ならびに掲載された図（ibid.:fig.4）からはハラフ後期に帰属する土器に見えるが、詳細は不明である。

2）ティグリス河上流域

　ユーフラテス河上流域同様にトルコ政府による近年のダム開発に伴う水没地区踏査の結果、多数のハラフ文化遺跡が発見されてきている。まず、イラク、シリア国境に近いジュズレ＝シロピ地区（ジュズレ・ダム）では、ハラフ期の遺跡として8遺跡がプロットされた（Algaze et al. 1991）。その多くがシロピ平野を流れるシュリック・デレシ川Şurik Deresiに沿って位置している。その中でももっとも注目されるのが12haの面積を持つとされるタクヤン・ホユック Takyan Höyükで、シロピ平野のハラフ文化遺跡はあたかもこのタクヤン・ホユックを中心に分布しているように見えると報告されている（ibid.:195）。これらの8遺跡から表採された遺物についての言及はなく、各遺跡の詳細な帰属時期に関しては不明である。上流のイルス・ダムに関連したボフマン・スー、ガルザン・スー

両地区ではハラフ文化遺跡は報告されていないが、さらに上流のバットマン地区ではいくつかのハラフ文化遺跡が発見されている。この地区のハラフ文化遺跡はいずれも小規模な単純遺跡であるとされる（ibid.: 182）。表採される土器は典型的なハラフ中・後期の土器であるというが、多彩文土器は見られない。このバットマン地区の踏査に関しては、上述のアルガーズらによる報告のほかにローゼンベルグらによる報告がある（Rosenberg and Togul 1991）。それによると、バットマン川の支流の一つであるラムデンカ・チャイに沿って、1haに満たない小さく低い遺跡であるチョラ・アヴィカÇola Avikaで、ハラフ彩文土器が表採されている。同遺跡ではほかにスナの混和された粗製土器、さらにスサの混和された磨研土器が表採されていて、おそらくハラフ併行期の単純遺跡であろう。図示されているハラフ彩文土器では、ラッパ状口縁鉢[5]（ibid. Fig.10:1）やケーブルモチーフが描かれた鉢（ibid. Fig 10:4）などが認められ、ハラフ中期に帰属するものと考えられる。

　実際に発掘調査が行われていて、その文化内容がもっともよく判明しているティグリス河上流域のハラフ文化遺跡は、ディヤルバクル北部のエルガニにほど近いギリキハジヤン Girkihaciyanであろう。同遺跡は径175m（最大に見積もって250m）、高さ3mほどの小型のテルを呈したハラフ文化の単純遺跡である。テルの北東部を中心に1968、1970年に発掘調査が行われており、発掘区によって複数の建築層が確認され、全部で8基のトロスが検出されている（Watson and LeBlanc 1990）。発掘区どうしが連結されていないために遺跡全体の層位を表示するのが困難で、出土遺物もまとめて扱われている。出土土器はハラフ彩文土器と砂粒の混和された無文土器に区分されており、両者の比率は13%対87%と後者が圧倒的に多い。無文土器に分類された土器には、粗製土器と磨研土器が含まれており、ハラフ系の無文土器とアナトリア在地系の暗色磨研土器双方が含まれている可能性がある。ハラフ彩文土器は破片資料がほとんどであるが、約4,700点にもとづいて器形分類が行われている。それによると、鉢の中で主体となっている器形はラッパ状口縁鉢（若干のクリーム・ボウルを含む）と器壁がストレートないしやや外反気味に立ち上がる平底の鉢であり、胴部内湾の鉢などは少ない。壺には長頸壺、短頸壺、カラー状口縁壺などが認められる。彩文の文様は水平線や波形、列点モチーフが主体で、ネガティヴな四つ葉モチーフと列点モチーフを組み合わせたパネル文も認められる。基本的に単彩色であり、若干の多彩色土器が存在している。以上の器形・文様の特徴に考慮すれば、ギリキハジヤンのハラフ彩文土器がハラフ中期に帰属することは明らかである。彩文土器のまとめの中でワトソンらは、ギリキハジヤンのハラフ彩文土器がハラフ期の後半に帰属することを述べているが、それ以上の位置づけには言及していない。ただし、同じワトソンが発掘・報告したザグロス地域のバナヒルク出土土器との比較の中で、両者がほぼ同時期の土器インダストリーであるとした上で、バナヒルクよりもギリキハジヤンのほうがより古い属性の多いことを指摘している（ibid.: 65）。

　ギリキハジヤンの報告書には、同調査団（イスタンブル大学—シカゴ大学共同先史プロジェクト）による1963年の踏査で、ディヤルバクル周辺でギリキハジヤン以外に 6 遺跡のハラフ文化遺跡が発見されたこと[6]が記述されている（Watson and LeBlanc 1990:7）。このうち 4 遺跡はディヤルバクルの東方に位置していて、前述したアルガーズらによるバットマン地区の踏査と重なっている可能性がある。いずれもごく小さなテルである。コマク Comakはディヤルバクル西方のシヴェレク

Siverek の南西3kmに位置する小型のテルで、ハラフ期からウバイド期にかけての遺物が表採されている。またウルファ東方のウルバグ Ulubag村のすぐ北にも小さなハラフ文化遺跡が存在する（名称は不明）。これらの遺跡に関する詳細な情報はない。

ディヤルバクル東方に位置するビスミル Bismilの東8kmの地点に、アルガーズらの踏査で確認されていたボズテペ Boztepeがある（Algaze et al. 1991）。これは鉄器時代のテルとして登録されていたが、1999年のブラッドレー・パーカーらの調査で、テル北部のA地区第1トレンチから、ハラフ期に帰属する4基の土壙墓が検出されている（Parker and Creekmore 2002）。副葬品として出土している彩文土器を見ると、列点モチーフの描かれた短頸壺などギリキハジヤンから出土している土器に類似したものが多い。ハラフ中期に帰属すると考えてよいだろう。建築遺構などは発掘されていない。

アナトリア高原上に位置するもっとも著名な先土器新石器時代遺跡の一つ、エルガニ郊外に位置するチャユヌÇayönüからも、ハラフ彩文土器が出土したという報告がある（Özdoğan and Özdoğan 1993:96）。ただしわずかに3点が表土層から出土したのみで、ハラフ併行期の文化層が検出されたわけではない。

3）　アナトリア高原東部

ティグリス＝ユーフラテス両河上流域より東側に位置するアナトリア高原上の遺跡で、ハラフ土器を出土している遺跡にも言及しておこう。ヴァン湖南東岸から約1.5kmに位置するティルキテペ Tilkitepeは、径55m、高さ6mほどの小型のテルである。1930年代末の調査でハラフ彩文土器の出土が報告され（Reilly 1940）、ハラフ文化の研究者にとって長い間注目されてきた遺跡であるが、その詳細は不明であった。1980年代になってマンフレッド・コフマンがティルキテペの調査をまとめた報告書を出版した（Korfmann 1982）。それによれば、最下層の第Ⅲ層がハラフ文化層である。出土土器の中に、対向する三角モチーフと列点モチーフがパネル状に描かれたクリーム・ボウル（図4.7:4）、ケーブルモチーフ（図4.7:6）、カラー状頸部の耳状把手壺（図4.7:1）、さらに多彩文土器などが存在し、同層はハラフ中期が主体となり、一部後期に帰属するものと思われる。報告書の付編として、ワトソンによる土器の観察記録があり、その分析では同遺跡出土土器はワトソンが整理報告したザグロス地域のバナヒルク出土土器とよく類似しているという（Watson 1982:204）。ティルキテペが注目されてきたのは、その立地が他のハラフ文化遺跡と隔絶した東アナトリアのヴァン湖周辺であったことに加えて、大量の黒曜石を出土したことによる。黒曜石製の石器には石刃やスクレイパーなどがあるが、より重要なのが大量の石核の存在で、ハラフ期にティルキテペが黒曜石石刃の生産拠点として機能していたことをうかがわせるのである。このことは、ヴァン湖西側のネムルト・ダー Nemrut Dağ黒曜石原産地があり、東アナトリア原産の黒曜石がハラフ期からとくにその供給地域を広げる現象に絡んで、ティルキテペという遺跡の性格がさまざまに議論されてきている（Matthews 2000:104）。

ティルキテペよりもさらに北東に当たるアゼルバイジャン地方のアラクセス渓谷 Araxes valleyにあるテグートTegutおよびキュルテペ Kültepe両遺跡では、在地系のスサが混和された無文土器に

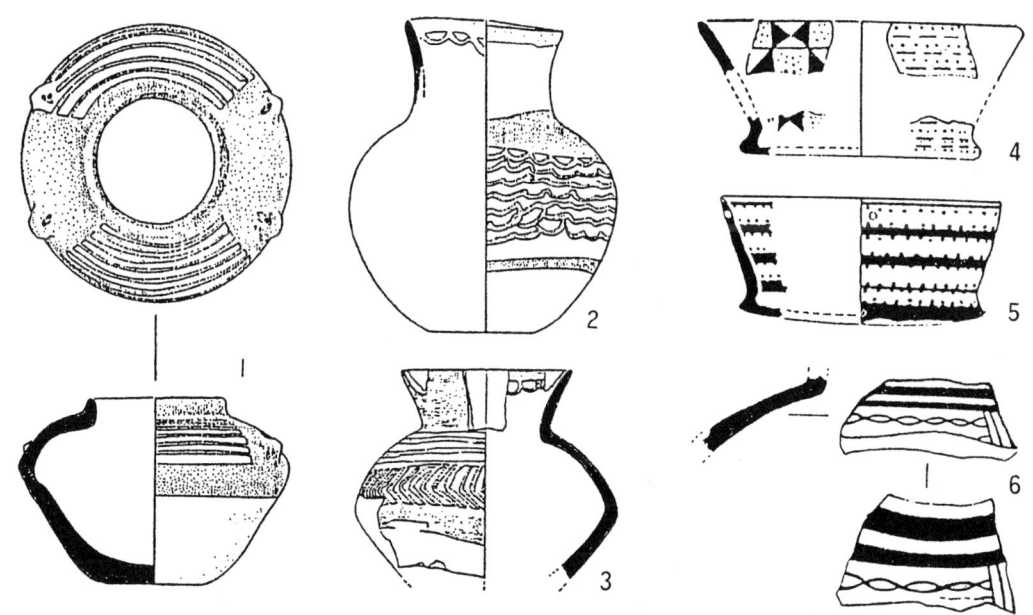

図4.7 ティルキテペ出土ハラフ彩文土器（S=1/4）（Korfmann 1982より）

混じって、少量のハラフ彩文土器が出土しているという（Burney and Lang 1971, Chataigner 1995: Pl.41）。その内容について十分検討可能な資料提示はなされていないが、これらが真正のハラフ彩文土器であるとすれば、現在のところハラフ彩文土器到達の北限となる。

4）ガジアンテップ＝アダナ地域

ユーフラテス河上流域の西方に当たるガジアンテップやアダナの周辺では、ハラフ彩文土器の出土が古くから知られてきた。20世紀初頭および半ばに調査されたカフラマンマラシュの南に位置するサクチェ・ギョジュ Sakçe Gözü にある五つのテルのうち、ジョバ・ホユック Coba Höyük ではⅡ、Ⅲ層がハラフ期の遺物を出土する文化層である（Garstang 1908, 1913, Garstang et al. 1937, Taylor et al. 1950）。Ⅱ層ではⅠ層から継続する無文の磨研土器やパターン・バーニッシュで装飾された土器、粗製の彩文土器に伴って、ハラフ彩文土器が少量出土する。同層からはごく少量のサマッラ的な土器も出土している。同層出土のハラフ彩文土器には、外面に太い水平線と細い垂直線、内面に連続して垂下する直線が描かれた、器壁が軽く外反しながら開く平底の鉢（Taylor et al. 1950: Fig.14-3）が含まれていることから、その帰属はハラフ前期に遡る可能性がある。Ⅲ層ではハラフ彩文土器が急増しているとされるが、刻文が施された暗色磨研系と想定される土器や粗製土器も同層から出土している。器壁が軽く外反しながら開く平底の鉢（Garstang et al. 1937: Plate XXX 2〜5）の一つには格子を充填した連続菱形文が描かれていて、ハラフ前期ないし中期にさかのぼる可能性が高い。全体としては、クリーム・ボウルの欠如、おそらく広口短頸壺になると想定される高台付土器（Taylor et al. 1950: Fig.14-8）の存在などから、同層出土のハラフ彩文土器はハラフ中期から後期に帰属するものであろう。なおジョバ・ホユックでは、Ⅰ層出土の彩文土器の中にもハラフ土器の可能性のあるものが含まれている[7]。

カフラマンマラシュの南東30kmに位置するドムズテペDomuztepeは、面積が20haに達しようかという巨大なテルであり、とくに集落の最大繁栄期と目されているハラフ併行期の文化層を対象とした発掘調査が1995年から開始された（Carter et al. 1997, 1999, Campbell and Carter 2000）。新石器時代から初期イスラム時代までの長大な文化層を有したテルの3ヵ所に発掘区が設けられており、調査の主対象であるハラフ併行期とその直後の文化層が精査されている。当該期の文化層は、ハラフ後期層、ポスト・ハラフA層、同B層に区分され、ポスト・ハラフ層では方形遺構に混じって小型のトロスが数基検出されている。ハラフ後期文化層は今のところテルの南東裾に設けられた第Ⅱ発掘区 Operation Ⅱでのみ確認されている。5層にわたる建築層が検出され、数基のトロスや小型の方形遺構などが発掘されている。第Ⅱ発掘区から出土した土器はすべてハラフ後期に帰属すると考えられている（Carter et al. 1999:9）。同発掘区では土器インダストリーの45％以上がハラフ彩文土器であるとされ、暗色磨研系土器と共伴している。今のところまだごくわずかの資料しか公表されていないが、土器図版と記述を見る限りにおいて、底部内面中央に格子充填の対向する三角モチーフが描かれた半球形鉢（ibid.: Fig.6-3）や弓状頸部壺（Campbell and Carter 2000: Fig.8-1）が存在しており、本論でいうところのハラフ後期とそれ以降に帰属するものと捉えておいて大過ないであろう。また、ポスト・ハラフと呼ばれている文化層がハラフ終末期に対応する可能性もあるが、結論を出すためには比較資料の公表を待ちたい。

カフラマンマラシュ渓谷内の考古学的踏査では、ドムズテペのほかにいくつかのハラフ文化遺跡が発見されているが、そのうちネヴルズルNevruzluに関する報告がある（Gürdil 2002）。同遺跡はドムズテペの北10kmに位置し、径70〜80m、比高2mの小さなテルで、農作業による破壊が進行しているという。表採された土器片を見ると、水平線が口縁に描かれた鉢やラッパ状口縁鉢などがある。前述したクルバン・ホユックなど、南東アナトリアのハラフ土器の範疇で捉えられるもので、少なくともハラフ中期に帰属する文化層を有していることは確実である。

地中海沿岸のアダナを中心都市とするキリキア地方から、ハラフ系彩文土器の出土が報告されている。メルシン郊外に位置するユミュク・テペ Yümük Tepeでは、XIX〜XVII層がハラフ系彩文土器を出土する文化層である（Garstang 1953）。それ以前のXXIV〜XX層では、ジャン・ハッサンCan Hassan 3〜2b層やチャタル・ホユック西 Çatal Höyük Westなど、アナトリア高原上の銅石器時代初期と関係の深い特徴的な彩文土器が主体であった。XIX〜XVII層では、そのような在来の伝統的土器と共伴する形で、ハラフ系彩文土器が出土している。器形や文様の上でジャジーラ地方のハラフ彩文土器とはさまざまな相違が認められ、多くはアナトリア高原の土器伝統を強く受けて成立したハラフ系彩文土器ということができるかもしれない。ただし、口唇部や口縁内面に主文様が描かれた口縁が外反する胴部内湾の浅鉢の存在（ibid. Fig.72: 5,10）など、一部の要素はキリキアに隣接する北レヴァントのハラフ彩文土器と共通している[8]。また、彩文要素の中に列点モチーフやケーブルモチーフが目立つことや、連続四つ葉モチーフやロゼッタモチーフの存在、ごく少量ながら多彩文土器が含まれていることなどから、ユミュク・テペXIX〜XVII層のハラフ系彩文土器はハラフ中期・後期に併行しているということができよう。

さらに西方の中央アナトリアに位置するジャン・ハサンから、ハラフ彩文土器を表採したという

表4.2 南東アナトリア地方のハラフ文化遺跡、出土するハラフ彩文土器の帰属時期

遺跡名 \ 時期	ハラフ成立期	ハラフ前期	ハラフ中期	ハラフ後期	ハラフ終末期
チャヴィ・タルラス			■		
クルバン・ホユック			■		
site 20			□		
site 27c		□	□		
グリク・テペ			□		
サムサット・ホユック			□	□	□
チャカル			□	□	
ギリク		□	□		
トプラクテペ			□		
チュリンテペ			□		
チョラ・アヴィカ			□		
ギリキハジヤン			■		
ボズテペ			□		
ティルキテペ			■	□	
ジョバ・ホユック		□	■		
ドムズテペ			■	■	
ネヴルズル				■	
ユミュク・テペ			■		

■ 居住が確実にある時期　　□ 居住の可能性がある時期

"site 20, site 27c はWillkinson 1990 の踏査番号"

報告がある（French 1962: 29）。掲載されている土器（ibid.:Fig.2,3）は確かにハラフ彩文土器のように見え、塗潰しのケーブル文や格子が充填された連続菱形文が描かれ胴部が屈曲し口縁に向かってやや外反する鉢は、ハラフ後期に帰属する土器と考えられる。しかしながらこれらの表採品を除くと、発掘によって明確な層位が判明するハラフ彩文土器は出土していない。管見の限りでは、今のところこのジャン・ハサンがハラフ彩文土器の分布の西限である。

　以上本節では、ユーフラテス、ティグリス両河上流域を中心に、南東アナトリアのハラフ文化遺跡とハラフ彩文土器を出土する遺跡について言及してきたが、帰属時期が比較的明瞭な遺跡について表4.2にまとめてみた。この地域の特徴として、まずほとんどの遺跡がハラフ中期に帰属する文化層を持つと推定されること、ハラフ前期までさかのぼる可能性のある遺跡が非常に少ないこと、さらにハラフ後期やとくに終末期といった時期の文化層を持つ遺跡もあまり認められないこと、などを挙げることができる。編年の指標にしているハラフ彩文土器自体も、とくに器形の点でジャジーラ地方のハラフ彩文土器とは異なる南東アナトリア的な属性が見られる。ラッパ状口縁鉢と胴部内湾鉢の中間型ともいえる器形や、口縁に向かって強く広がる短頸壺など、地方色の強いハラフ土器の生産が行われていたらしいことが推察される。そしてこれらのハラフ彩文土器が、アナトリア高原の銅石器時代前期に盛行しているスサが混和された暗色磨研系土器と共伴することにも注意を要するだろう。両者の比率に関しては、ユーフラテス、ティグリス両河を遡るほど暗色磨研系土器

の比率が高まる傾向がある。ユーフラテス河ではアタチュルク・ダム地区、ティグリス河ではディヤルバクル地区の諸遺跡までがハラフ彩文土器をある程度まとまって出土しており、ハラフ彩文土器を生産していた北限でもあるだろう。それはまたトロスが検出される北限にも当たる。それに対して、この地区を越えたユーフラテス河最上流域であるケバン・ダム地区では、ハラフ彩文土器はほんのわずかな搬入品として認められるだけであり、この地区でハラフ土器を出土している遺跡をハラフ文化遺跡ということはできない。すなわちユーフラテス、ティグリス両河上流域のハラフ文化遺跡は、アタチュルク・ダム地区からディヤルバクル地区をほぼ北限として、その南側でとくにハラフ中期に繁栄していたということができよう。

第3節　北レヴァント

1) アレッポ地域

アレッポを南北に貫くクウェイク川沿いの考古学的踏査が、ロンドン大学のマザーズらによって1977～1979年に行われ、ハラフ彩文土器が表採できる多数の遺跡が報告されている（Matthers et al. 1978, 1981）。同調査で表採された先史時代土器を報告したメラートによれば、ハラフ彩文土器が表採された遺跡は25遺跡で、これらの遺跡からは単色の磨研土器も表採されるという（Mellaart 1981:143）。土器は遺跡ごとに扱われずに時期ごとにまとめて記述されているため、各遺跡の詳細な帰属時期に関しては判断できない。報告書に掲載されているハラフ彩文土器の図版（ibid.:Fig.249-425, 500-537）を見る限り、ハラフ前期に遡るものはなく、ほとんどが中・後期に帰属する[9]。同報告書でメラートがハラフ彩文土器とともに銅石器時代前中期（クウェイクC、D）の土器として主に挙げているのは、彼のいう赤色スリップ磨研土器 Monochrome red slipped burnished ware と灰黒色スリップまたは非スリップ磨研土器 Greyish-black slipped or unslipped burnished ware であり、本論でいうところの前者は赤色ウォッシュ土器、後者は暗色磨研土器ないし暗色非磨研土器とほぼ同一の土器である。これらは北レヴァントのアムークC、D期やエル・ルージュ2d～3期に通有の土器群で、発掘調査が実施された遺跡では、ハラフ彩文土器はこうした在地系土器に貫入する形で出土している。クウェイク川は北レヴァント地方の中でもよりジャジーラ地方に近く、同川沿いではおそらくハラフ彩文土器の比率はより高いのではないかと想定され、これらの土器群が複雑に入り混じっている状況であろう。

アレッポ東郊のジャブル Jubble 平野の踏査が第二次世界大戦前の1939年に行われている（Hyslop et al. 1942）。同踏査では、ジャブル塩湖に注ぐダハブ川沿いに位置する、テル・シルバ Tell Shirba、テル・サバイネ Tell Sabaine、テル・ジェダイデー Tell Jedeideh の3遺跡でハラフ彩文土器が表採された。このうちテル・シルバは上述したマザーズらの踏査でも地図に記録されている。同平野では1996年にもグレン・シュワルツらによる踏査が実施されていて、テル・シルバ、テル・サバイネ（シュワルツらはTell Saba'inと記載している）を含む3遺跡がハラフ期文化層を有すると報告されている（Schwartz et al. 2000:449）。

アレッポから北西のアフリン渓谷へ向かう途中に、アラムの小国家であったピート・アグシーの

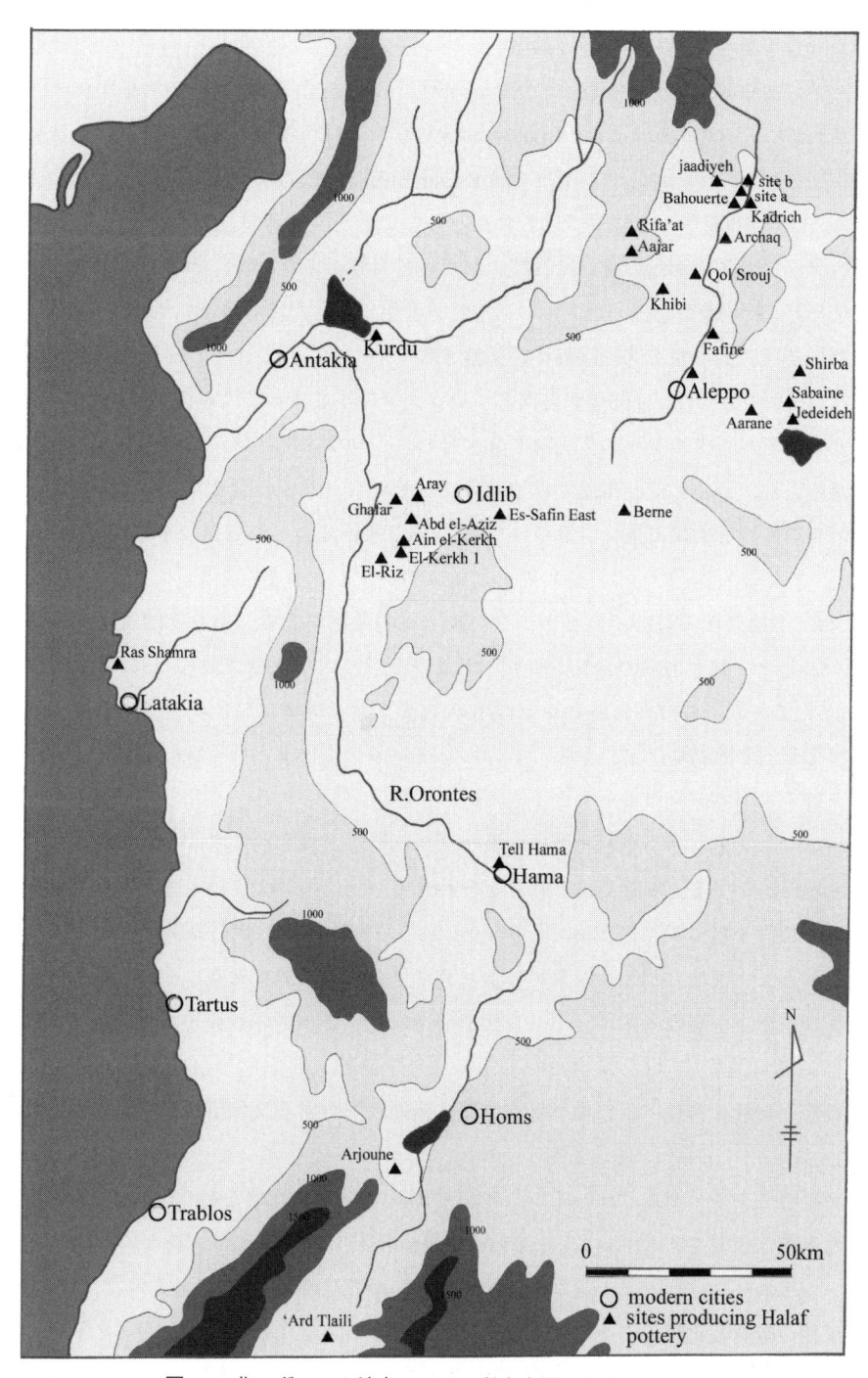

図4.8 北レヴァント地方のハラフ彩文土器を出土する遺跡

首都アルパドに同定されているテル・リファート Tell Rifa'atがある。同遺跡のアクロポリスの最下層である地山上のⅥ層から、ウバイド土器とともにハラフ土器が出土したという報告がある（Williams 1961）。記述および掲載されている図面（ibid.Pl. XXXIX:21-23）[10]のみから帰属時期などを推定するのは不可能である。

2) アムーク平野＝エル・ルージュ盆地

シカゴ大学による第二次世界大戦前のアムーク平野の調査では、数ヵ所のテルからハラフ期の遺物が発見されている（Braidwood and Braidwood 1960）。そのうち明確な層位の中でハラフ併行期の文化層が発掘されたのがテル・クルドゥ Tell Kurdu であり、アムーク平野全体を通した文化編年の中で、アムークC、D期として位置づけられた。このアムーク編年は北レヴァント地方の標準編年として、西アジアの先史時代の研究に長期にわたって貢献してきたが、そこで設定されたいくつかの概念（たとえば暗色磨研土器）がアムーク平野を大幅に越えた広い地域に無制限に適用されたり、設定された各時期の間を繋ぐ詳細な編年が整備されていくにつれて、その綻びも目立つようになってきた。アムーク平野では、1995年から同じシカゴ大学の手によって大規模な地域研究が再開され、その一環としてテル・クルドゥの再発掘調査も行われ、ハラフ併行期についてもさまざまな新しい情報がもたらされているので、本論では戦前のブレイドウッドらの調査ではなく、新しいアスリハン・イェネルらの調査成果に主にもとづいて（Yener, Edens, Harrison et al. 2000, Yener, Edens, Casana et al. 2000）、アムーク平野のハラフ併行期の遺跡についてまとめてみよう。

アムークC、D期の標準遺跡であるテル・クルドゥの発掘調査で、ハラフ的遺物が出土しているのは、テルの北マウンド頂部のトレンチ3、4および北マウンド西側に設けられたトレンチ7、トレンチ12/16からである。このうちトレンチ12/16の出土土器の主体は暗色非磨研土器で、暗色磨研土器も口縁部で数えると27％ほどになる。そのほかブレイドウッドのいうWiped Burnished Wareに区分される土器（本論の赤色ウォッシュ土器に近い）などが見られる。これらの土器の中に少量の搬入されたハラフ彩文土器と、それとはやや異なり、器形も文様もハラフ的ではあるが、つくりの粗雑な彩文土器が出土する。本論ではこれらを合わせてハラフ系彩文土器と呼んでおく。代表的な器形は外反する口縁を持つ胴部内湾鉢で（図4.9:1-2）、これはラッパ状口縁鉢と胴部内湾鉢の中間形ともいえ、ジャジーラ地方西部～南東アナトリアに見られる器形である。その他のトレンチから出土したハラフ系彩文土器の中には、パネル文や横型にデフォルメされた牛頭モチーフが彩文されたラッパ状口縁鉢（図4.9:3-4）、塗潰しの三角モチーフを施文した口縁が強く外反する広口壺（図4.9:5）などが見られ、クルドゥにはハラフ中期～後期と併行する文化層が存在すると見て間違いないだろう。

アムーク平野でテル・クルドゥのほかにアムークC、D期の文化層を持つ遺跡は、最大で見積もって20数遺跡あると想定されるが（Yener, Edens, Harrison et al. 2000: Fig.6）、細かい内訳はまだ発表されていない。アムーク平野内でのシカゴ大学の新しい踏査遺跡数が154であるので、アムークC、D期の遺跡が他の時期と比較してそれほど多いとはいえない。しかしながらアムーク平野内では、アムークA、B期と比べて同C、D期に遺跡数が増加していることは確からしい。基本的には在地の暗色磨研系土器が主体となり、若干量のハラフ系彩文土器が出土する状況と考えておいていいだろう。

アムーク平野の南東に位置するエル・ルージュ盆地では、1990年から1992年にかけて筑波大学が総合調査を実施し、テル・アレイ1号丘 Tell Aray 1、テル・アブド・エル・アジズ Tell Abd el-Aziz、テル・エル・ケルク1号丘 Tell el-Kerkh 1、テル・ガファル1号丘 Tell Ghafar 1の計4遺跡からハラフ系彩文土器を表採している（岩崎・西野 1991、1992、1993）。このうちアレイ1およびアブド・

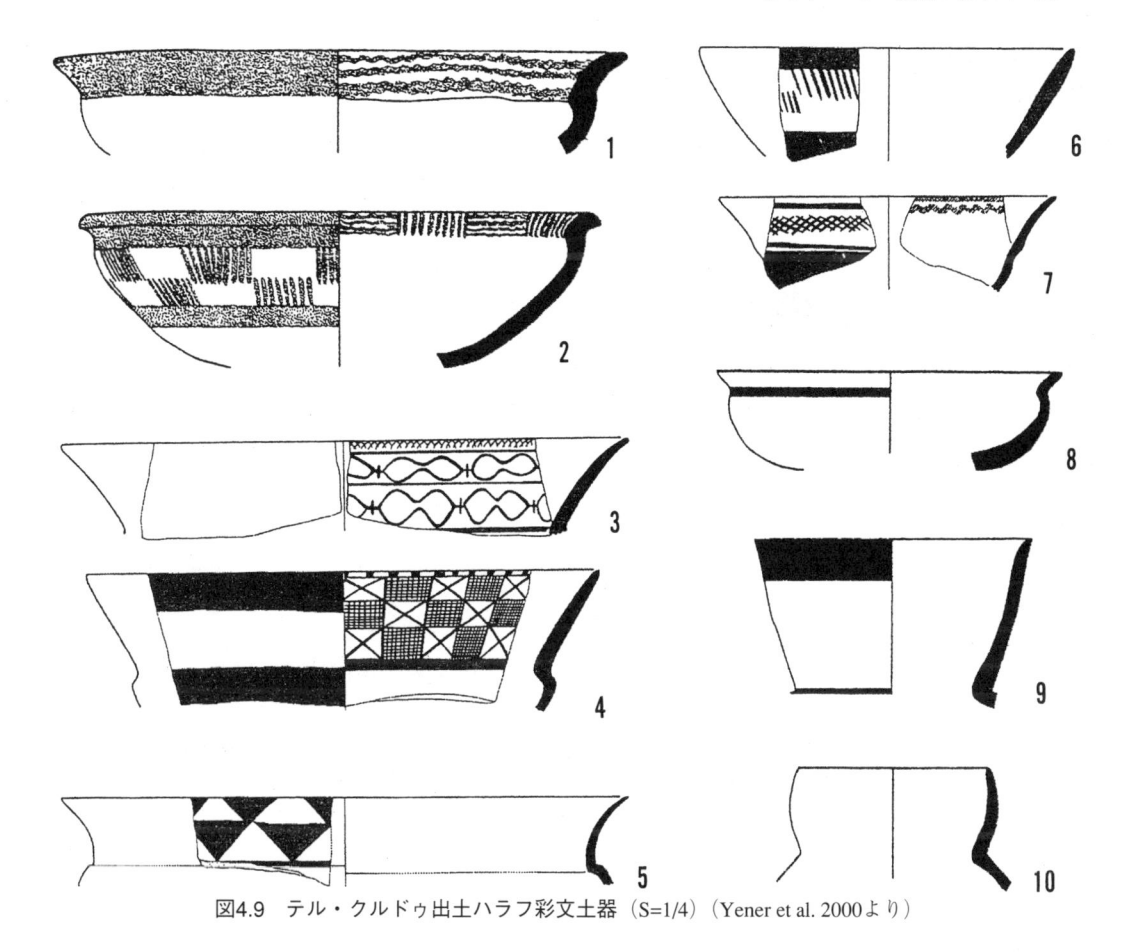

図4.9 テル・クルドゥ出土ハラフ彩文土器 (S=1/4)（Yener et al. 2000より）

エル・アジズでは試掘調査が実施された。

アレイ1は1991年度にマウンド東の裾部に設けられた5×5mのテスト・ピットBが発掘調査され、翌1992年度にはテスト・ピットBを東端としてマウンド東側斜面にトレンチが開けられている（足立 1992、脇田他 1993）。1991年度の層位は1992年度調査で変更されており、ここではすべて後者に従う。アレイ1の最下層第18層は、エル・ルージュ編年で2d期と呼ばれる土器新石器時代終末期に当たる。アレイ1でハラフ系の彩文土器が出土するのは、その上層である第17～9層からである。これらの層から出土する土器のうちもっとも量的に多いのは赤色ウォッシュ土器であり[11]、次いで下層から引き続いている暗色磨研土器、暗色非磨研土器である。ハラフ系の彩文土器はごく少量認められるにすぎない。赤色ウォッシュ土器の器形には、断面半球形の鉢（図4.10:1）、器壁が軽く外反しながら立ち上がる平底の鉢（図4.10:3）、口縁の外反する胴部内湾鉢（図4.10:4）、弓状頸部壺（図4.10:5）など、ハラフ彩文土器と共通するものが多い。赤色ウォッシュは通常外面全体や内面の一部に塗布されるが、時に彩文状に文様が表現される場合もある。もっとも多いのは単純な太い水平線であるが、対向する塗潰し三角モチーフなどを表現した例も見られ（図4-10:2）、文様の点でもハラフ彩文土器との密接な関係をうかがうことができる。上述したようにハラフ彩文土器に分類できるものはきわめて少ないが、搬入品と思われるハラフ彩文土器の器形には口縁が外反する胴部内

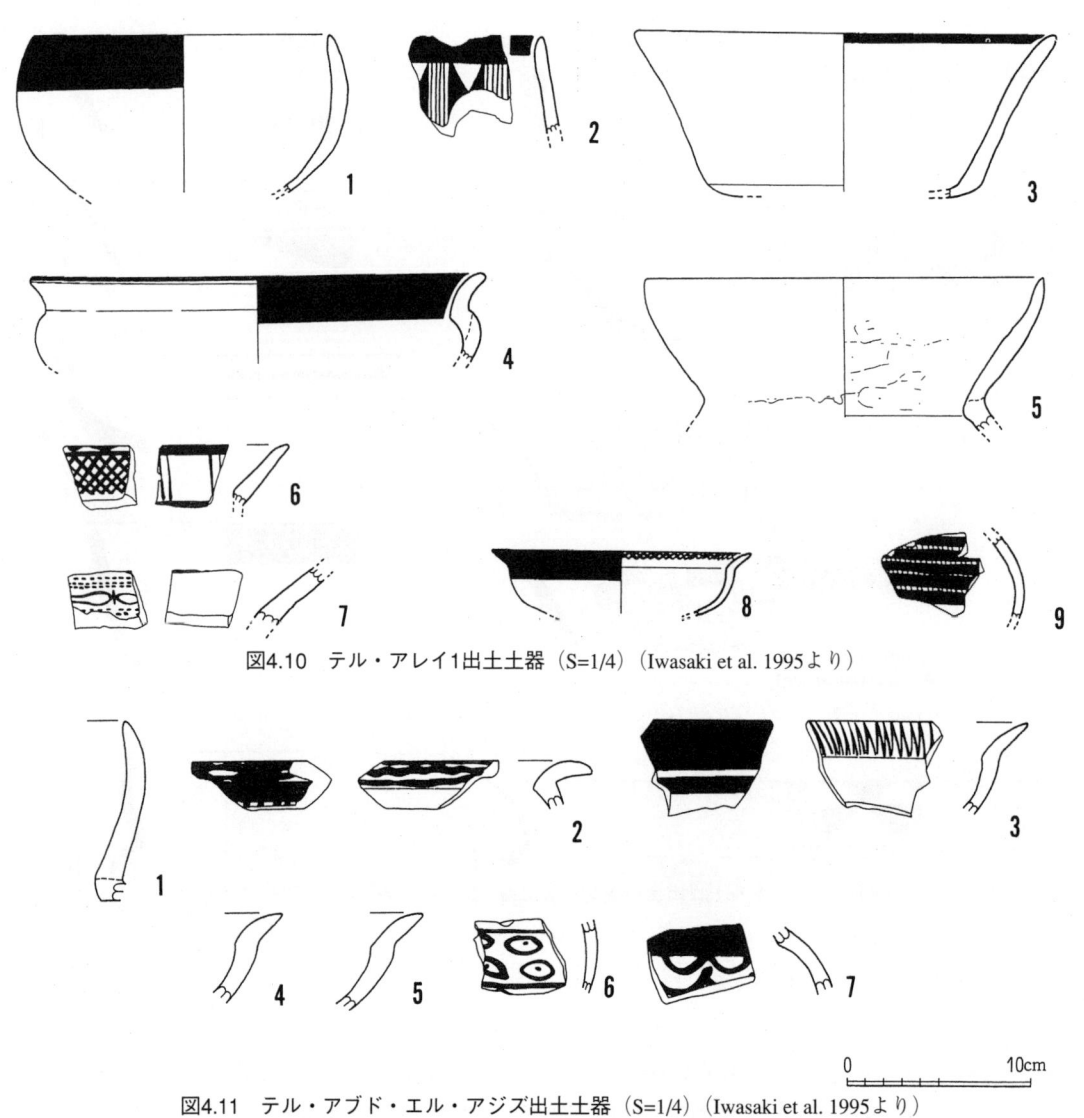

図4.10 テル・アレイ1出土土器（S=1/4）（Iwasaki et al. 1995より）

図4.11 テル・アブド・エル・アジズ出土土器（S=1/4）（Iwasaki et al. 1995より）

湾鉢（図4.10:8）などが認められ、牛頭モチーフなどの文様（図4.10:7）も確認されている。ハラフ彩文土器と確認された例の多くは、ハラフ中期に帰属するものである。

アブド・エル・アジズは径120～140m、比高3m前後の小型のテルで、土器新石器時代終末よりウバイド併行期までの文化層の堆積が認められた（Iwasaki et al. 1995）。ハラフ系彩文土器が出土するのは、試掘で確認された18層のうち下層の第16層から第4層までであるが、各層ともごく少数の出土で、有意の数字ということができるのは第14層～第10層のみである。これらの層で主体となっているのは在地系の暗色磨研土器と暗色非磨研土器および赤色ウォッシュ土器であり、ハラフ系彩文土器は全部で10点内外に留まっている。いずれもごく小さな破片であるが、推定復元できる器形としては外反する口縁を持つ胴部内湾鉢（図4.11:3-5）や短頸広口壺（図4.11:2）があり、器形や彩文的にはジャジーラ地方西部のハラフ中期の土器と関連が深いといえよう。赤色ウォッシュ土器の中には弓状頸部壺（図4.11:1）が含まれていて、同器形が北レヴァントではジャジーラよりも早く出現

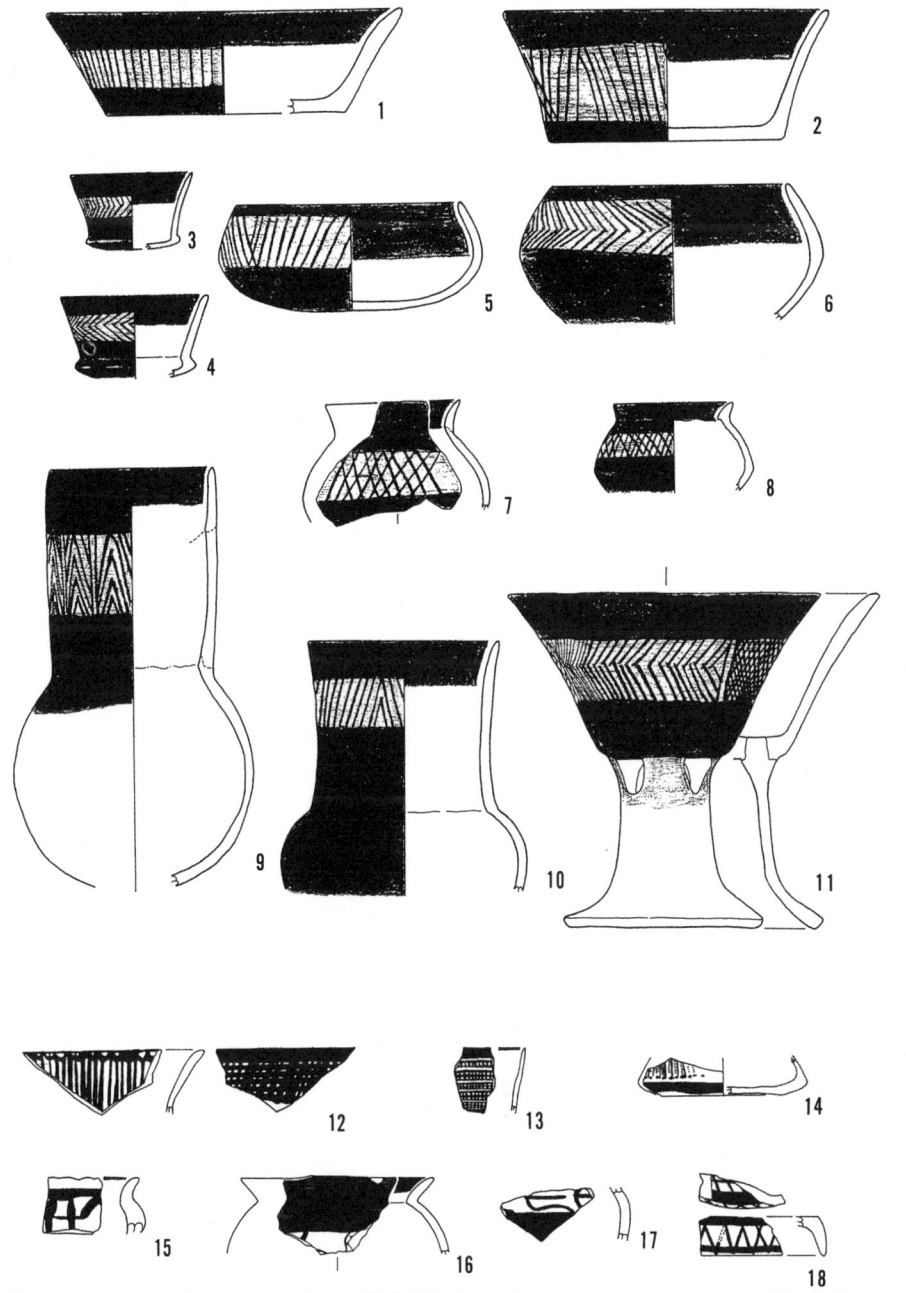

第4章 ハラフ文化の編年(2)　121

図4.12　テル・アイン・エル・ケルク出土土器（S=1/4）(Tsuneki et al. 1998, 2000, 2001より)

したことが想定される。

　エル・ルージュ盆地では、1990〜1992年度の地域調査の成果を受けて、1997年度から盆地南部のテル・エル・ケルクの巨大なテル複合体において、本格的な発掘調査が開始されている（Tsuneki et al. 1998, 1999, 2000, 2001）。発掘調査の主対象は同テル複合体のもっとも北に位置するテル・アイン・エル・ケルク Tell Ain el-Kerkh であるが、同調査でもハラフ彩文土器が出土しているので言及しておきたい。アイン・エル・ケルク中央区の調査では、土器新石器時代半ば（エル・ルージュ

2c期）から終末期（エル・ルージュ2d期）にかけての連続的な文化層が調査され、ハラフ彩文土器は終末期の文化層からごく少量出土している。エル・ルージュ2d期は上述したアレイ1やアブド・エル・アジズでハラフ彩文土器が出土しているエル・ルージュ3期の直前に編年される文化層である。そこで主体となっている土器は暗色磨研土器で、装飾としてはパターン・バーニッシュ pattern burnishingが重要な属性となっている。注目されるのは、エル・ルージュ3期の文化層の赤色ウォッシュ土器と同様に、エル・ルージュ2d期の暗色磨研土器の器形が、ハラフ彩文土器とほぼ同様の構成になっていることであろう。パターン・バーニッシュが施された主な器形は、器壁が軽く外反しながら立ち上がる平底の鉢（図4.12:1-2）、クリーム・ボウル（図4.12:3-4）、丸底の長頸壺（図4.12:9-10）、短頸広口壺（図4.12:7-8）、胴部内湾の鉢（図4.12:5-6）、器壁が軽く外半しながら立ち上がる平底鉢に脚台を取り付けた脚台付鉢（図4-12:11）であり、最初の4器形はハラフ成立期から前期にかけての主要器形とまったく同一である。

　暗色磨研土器のほかにエル・ルージュ2d期の文化層からは、暗色非磨研土器、粗製土器、赤色ウォッシュ土器が出土し、これらに加えて少量のサマッラ彩文土器、ハラフ彩文土器およびやや粗雑な彩文土器が出土している。ハラフ彩文土器はいずれも小破片で器形全体が復元されるものはないが、もっとも注目されるのは外面に水平斜格子モチーフ、内面にデフォルメされた「踊る女性」モチーフが描かれているクリーム・ボウルと想定される器形の口縁部片である（図4.12:12）。明らかにジャジーラ地方西部のハラフ成立期に帰属するものであり、搬入品であろう。さらに、はしご状の水平格子モチーフ（図4.12:13）などが描かれた土器片が認められ、エル・ルージュ2d期の文化層で出土しているハラフ彩文土器は、ハラフ成立期から前期に帰属する土器であることがわかる。なお、アイン・エル・ケルク中央区の表土層からはハラフ中期に帰属すると考えられるハラフ彩文土器（図4.12:15-18）も少量出土しており、建築層としては現在削平されてしまっているものの、エル・ルージュ3期に帰属する薄い文化層がかつて存在していた可能性がある。

　このほかエル・ルージュ盆地では、2003年に実施された補足的な踏査で、盆地南部の小さなテルであるテル・エル・リッズ Tell el-Rizから、ハラフ中期に帰属する彩文土器が表採されている（常木・長谷川 2004）。

　以上エル・ルージュ盆地の諸遺跡から出土したハラフ彩文土器について言及してきた。同盆地では土器新石器時代終末に当たるエル・ルージュ2d期の文化層でハラフ成立期から同前期にかけてのハラフ彩文土器が、また銅石器時代初頭に編年されるエル・ルージュ3期の文化層でハラフ中期のハラフ彩文土器がごく少量出土していること、またこれらの文化層で主体となっている暗色磨研土器、赤色ウォッシュ土器の器形や文様が、ハラフ彩文土器と密接な関係が認められることを確認しておこう。

3）ラタキア地域

　地中海沿岸部に位置する遺跡でハラフ系彩文土器が顕著に認められるのは、ラタキア北郊のラス・シャムラ Ras Shamraである。ラス・シャムラⅣ層がハラフ併行期に当たり、下層からⅣC、ⅣB、ⅣA層の3小期に細分されている（Contenson 1992: 156-175）。Ⅳ層で主体となっている土器は

Ⅴ層からの暗色磨研土器に加えて、赤色ウォッシュ土器、明色磨研土器などで、時代を経るにつれてとりわけ赤色ウォッシュ土器 la poterie à couverte rouge mat の割合が増加していく。光沢のある彩文を持った搬入品と思われるハラフ彩文土器は、ⅣC層で出土土器の2.6％、ⅣB層では0.13％を占めるにすぎず、ⅣA層ではまったく出土していない。ハラフ土器の影響を受けて在地で生産されたと考えられるハラフ系彩文土器でも、ⅣC層で出土土器の10％、ⅣB層で20％、ⅣA層で約8％に留まっている。ハラフ系彩文土器では、ⅣC層では器形として外反する口縁を持つ胴部内湾鉢（ibid. Fig.189:8-12）、S字状プロファイルの鉢（ibid. Fig.189:2, Fig.190:1,3）、胴部が屈曲し口縁に向かって外反する鉢（ibid. Fig.190:2）などが認められ、彩文には対向する三角モチーフや矢羽モチーフ、水平線などが目立つ。連続する四つ葉モチーフも認められる（ibid. Fig.191:1-2）。ラッパ状口縁鉢に類似した器形（ibid. Fig.189:6）の存在など、ⅣC期の一部の土器はハラフ中期に遡る要素はあるものの、全体としてハラフ後期に併行するものと考えて大過ないだろう。またⅣB層のハラフ系彩文土器には、矢羽モチーフの施された器壁が外反する浅鉢（ibid. Fig.207:2）、水平線に列点モチーフを加えた彩文のS字状プロファイルの鉢（ibid.Fig.207:4）、塗潰しの三角モチーフが口縁に施文された胴部内湾鉢などがあり、ハラフ後期から終末期に併行する様相を示している。ⅣA層から出土している彩文土器の中にもハラフ後期以降の様相を呈する土器がある（たとえばibid. Fig.215:12）。したがって、ラス・シャムラⅣ層に見られるハラフ系彩文土器は、ハラフ中期以降、とくに後期から終末期に併行するものとまとめられよう。

4) オロンテス川上中流域

オロンテス川中流のハマHamaのテルでは、G11x試掘抗およびテル中央のI11発掘区で先史時代層までの連続的な文化層が第二次世界大戦以前に調査され（Ingholt 1940）、その後テュエッセンによって詳しく報告されている（Thuesen 1988）。最下層のM層は暗色磨研土器が主に出土する土器新石器時代層であり、その上層のL層が東方のハラフおよびウバイド文化の影響を受けた彩文土器の出土に特徴づけられる層である。このL層からごく少量のハラフ系彩文土器が出土しており、テュエッセンの分類区分で光沢のある単色彩文土器 Lustrous monochrome painted ware として報告されている（ibid.: 42-43）。いずれも小さな土器片で、図版や記述に依拠して、その詳細な時期について言及することは困難である。筆者は現在コペンハーゲンの国立博物館に収蔵されているハマL層出土土器を実見する機会を得た[12]。同層出土土器のうち彩文土器の多くはウバイド土器であったが、ラッパ状口縁鉢など、ハラフ彩文土器も含まれていた。それらには少なくともハラフ前期以前に遡る要素を持った土器は認められず、いずれも中期かそれ以降に帰属するものと判断された。

アルジューンArjouneは、テル・ネビ・メンド Tell Nebi Mendの北東1kmに位置する小さなマウンドであり、1978年にネビ・メンドの調査隊によって試掘されている（Marfoe et al. 1981）。4層に区分された薄い文化層の堆積を持つが、明確な遺構はほとんど検出されずピットなどの切合いが激しいために、層位区分は必ずしも有効ではない。遺物は一括して取り扱われている。先史時代土器の中で主体をなしているのはアムーク系の暗色非磨研土器と比定されている粗製の土器で、次いで暗色磨研土器や赤色ウォッシュ土器なども出土している。暗色磨研土器にはパターン・バーニッシュ

が装飾として見られる。ハラフ土器はウバイド土器とともに彩文土器として区分されており、両者を合わせても先史時代土器のせいぜい5％を占めるにすぎない。ハラフ彩文土器はほとんどが小破片で、器形が判明する例は少ない。復元された例では胴部内湾鉢などが認められる（ibid. Fig.6:23）。彩文には、直線間に列点を充填した文様（ibid. Fig.6:21）や斜格子モチーフ（ibid. Fig.5:13）などがあり、胎土が粗雑でローカルにつくられたと推定されている彩文土器の中には、牛頭モチーフを持つ例もある（ibid. Fig.9:84）。キューネによるシリアの調査年報に掲載されたアルジューン出土のハラフ彩文土器の写真では（Kühne 1981/82: Abb.5）、斜格子や連続菱形、山形、ケーブルなどのモチーフが目立っている。つい最近出版された最終報告書（Parr ed. 2003）でも同様であり、器形や文様的には、アルジューンのハラフ彩文土器はハラフ中期を中心としたものであるといえよう。

　現在レヴァント地方でハラフ彩文土器を出土する遺跡の中でもっとも南に位置すると考えられているのが、ベッカー高原のほぼ中央に位置するアルド・トライリ Ard Tlaili である（Kirkbride 1969）。この遺跡の出土土器の主体は、パターン・バーニッシュ装飾を含む暗色磨研系土器と、ビィブロス中期層から出土しているさまざまな刻線文が施された土器、それに弓状頸部壺を含むさまざまな器形を持った赤色ウォッシュ土器である。これらの土器と共伴してごく少量のハラフ彩文土器が出土している。写真に掲載されたハラフ彩文土器（ibid. Pl.III）を見ると、アルジューンから出土しているハラフ彩文土器と共通する文様がほとんどで、ほぼ同時期と考えて大過ないだろう。アルド・トライリ出土土器は、北レヴァントと南レヴァント、さらに中部レヴァント海岸部といったさまざまな地域の特徴を備えており、それぞれの地域の文化とハラフ文化との関係を考える上で興味深い資料といえよう。

　赤色ウォッシュ土器は、南レヴァントPNAのヤルムークYarumuk文化やPNBのワディ・ラバーWadi Rabah文化の諸遺跡に見られることから（ibid.:57）、北レヴァントに比べて南レヴァントでより早く出現していることは確実である。この赤色ウォッシュ土器は北レヴァントでは、ハラフ併行期直前の土器新石器時代終末、エル・ルージュ編年では2d期に出現しており、ハラフ併行期であるラス・シャムラⅣ層やエル・ルージュ3期において主体的な土器となっている。弓状口縁壺はこの赤色ウォッシュ土器の1器形としておそらく南レヴァントの影響を受けて、北レヴァントからジャジーラ西部、南東アナトリアのハラフ併行期の諸遺跡に登場するのである。その登場時期は北レヴァントでは遅くともハラフ中期であり、ジャジーラ西部ではハラフ中期以降、とくに後期から終末期に降ると考えられる。

　以上、ハラフ彩文土器を出土している北レヴァント地方の諸遺跡について、アレッポ地域、アムーク平野＝エル・ルージュ盆地、ラタキア地域、オロンテス川上中流域など地域ごとに言及してきた。基本的に北レヴァントでは、ハラフ期になっても在来の暗色磨研土器や新しく登場した赤色ウォッシュ土器が主体を占め、ハラフ彩文土器はあくまで客体的にしか出土しない。さらに、東方のジャジーラ地方から離れるに従ってハラフ彩文土器を出土する遺跡の密度が減少するとともに、土器インダストリーに占めるハラフ彩文土器の比率も減少する一般的傾向が看取される。表4.3に、北レヴァントの諸遺跡で出土しているハラフ彩文土器の帰属時期をまとめてみた。エル・ルージュ盆地のテル・アイン・エル・ケルクではハラフ成立期〜前期にかけてのハラフ彩文土器が出土して

表4.3　北レヴァント地方の遺跡から出土しているハラフ彩文土器の帰属時期

遺跡名	時期	ハラフ成立期	ハラフ前期	ハラフ中期	ハラフ後期	ハラフ終末期
テル・クルドゥ				■	■	
テル・アレイ1				■		
テル・アブド・エル・アジズ				■		
テル・アイン・エル・ケルク2d期層		■				
ラス・シャムラⅣ層				▨	■	
ハマL層				▨		
アルジューン				▨		
アルド・トライリ				▨		

■ 確実な帰属時期　　▨ 推定される帰属時期

いるが、他の多くの遺跡ではハラフ中期に帰属するハラフ彩文土器が出土していることがわかる。つまり北レヴァントにおいてはハラフ中期にジャジーラ方面からハラフ彩文土器が多く搬入され、その影響を受けて在地でハラフ系彩文土器が製作されたと考えられよう。ハラフ中期以前にも北レヴァントとジャジーラの交流が存在していたことは確実で、上述したアイン・エル・ケルク出土のハラフ成立期彩文土器例とは逆に、北レヴァント系のエル・ルージュ2d期の暗色磨研土器がジャジーラ地方の遺跡から出土している例がある[13]。したがって、どの時期のハラフ彩文土器が出土するかは、併行する北レヴァントの諸遺跡が営まれた時期によるが、ジャジーラ方面からの影響をとくに受けるようになったのがハラフ中期であることは確実にいえるだろう。

第4節　中部メソポタミア

1）エルビル＝キルクーク地域

大ザブ川、小ザブ川など、ザグロス山脈を水源とした河川は、山中の支流を集めて北メソポタミア〜中部メソポタミアの平原部に流れ出た後、南西に流路をとってティグリス河に注ぐ。河川の間の山麓平原部にはエルビルやキルクークといった大都市が発達しているが、その周辺でいくつかのハラフ文化遺跡やハラフ彩文土器が確認されている。

テル・カリンジ・アガ Qalinj Aghaはエルビルの南郊にある先史時代のテルで、ウルクの文化層の調査を主目的にイラク政府文化財総局が1960年代末〜1970年代初頭に調査を行った。ウルク文化層の中からハラフ彩文土器が少量出土しており、下層に薄いハラフ文化層の存在が想定されている（Postgate 1972: 147）。

キルクークの南西に位置し、古代ヌジに比定されているヨルガン・テペ Yorgan Tepeでは1927年から31年にかけて発掘調査が行われ、いくつかのトレンチの最下層からハラフ土器が少量出土している（Starr 1937）。また、ヨルガン・テペの調査隊は、同テペの先史時代層の比較研究のためヨルガン・テペの南東2.5kmに位置する小型の先史時代テルであるクディシュ・サギールKudish Saghirでも発掘調査を行っている（ibid.: 1-11）。クディシュ・サギールでは小型のトロスが2基検出され

ているが、層位ごとに整理して報告されておらず、これがハラフ期に帰属するのかどうかは不明である。この二つのテルから出土したハラフ彩文土器の図版（ibid.: Pl. 48）を見ると、列点、ケーブル、ジグザグ、ロゼッタなどの各モチーフが認められ、少なくともハラフ中・後期の文化層が存在したことはいえそうである。

現代のマフムールの西郊に位置するテル・イブラヒム・バイエスTell Ibrahim Bayesは、アッシリアの小城塞都市である（El-Amin and Mallowan 1950）。城塞で囲まれたほぼ中央に先史時代のテルがあり、裾部分の発掘調査でウバイド期の遺構が検出され、ウバイド土器が大量に出土している。これに混じって、ごく少数出土したハラフ彩文土器が、図版とともに紹介されている（ibid.: Pl.XI）。また、マフムールの北西1kmのところで発見された低いテルでは、サマッラ土器とハラフ彩文土器が発見されている（ibid.: Pl.X）。いずれもごく少数のハラフ彩文土器が報告されているのみであるが、図示されたものでハラフ前期に遡る資料はなく、ハラフ中期ないし後期に帰属すると思われる。

2）ティグリス河中流域

モースルより南に下りたシャルカート付近からバグダードに至るティグリス河流域では、ハラフ文化遺跡の報告は非常に少なく、テル・シャルファハット Tell Shalfahatとサマッラ文化のタイプ・サイトとして著名なテル・エス・サワン Tell es-Sawwanを挙げられるくらいである。シャルファハットはティクリート北方の径約50m、比高5mの小さなテルで、主体は紀元前3000年紀の文化層と思われる。ハラフ彩文土器がたった1点だが表採されたことをヤシンが報告している（Yasin 1968）。サマッラ南方のティグリス河東岸に位置するサワンでは、表土層であるV層からハラフ彩文土器の出土が報告されている（Yasin 1970, Breniquet 1991b, 1992b）。サワンでハラフ彩文土器が出土する地区はサマッラ期の周壁がめぐる集落（テルB）の西外部分とその西側に続くテルAの南側に限定されており、小石の基礎を持つ大型の円形プランの建物が検出されているらしい（Breniquet 1991b:88）。ハラフ土器とともにサマッラ土器も出土しており、いくばくかの間両者が並存した可能性もあるとされる（ibid.）。テルA南側のトレンチから出土したハラフ彩文土器で図示されているものは（Breniquet 1992b:Fig.J4-8）、胴部内湾鉢や器壁が軽くS字状を呈する鉢で、ケーブルモチーフや列点モチーフ、矢羽モチーフなどが描かれている。本論のハラフ中期から後期に帰属する様相を持つ土器群である。

イラク政府文化財総局の遺跡地図にもとづいてハラフ文化遺跡地図を作成したヒジャラの報告でも、同地域では上記の2遺跡のほかにはわずかにテル・ナムラ Tell Namlaという遺跡が挙げられているだけである（Hijara 1980: 323, Fig.100）。バグダードからハムリン山脈の南までのディヤラ川下流域をくまなく踏査したアダムズらの調査でも、ハラフ文化遺跡は発見されていない。テル・エス・サワンのようにハラフ彩文土器が発見されているところでも、量的にはけっして主体となっていないことにも注意を要しよう。これらの分布から、中部メソポタミアの標高100m以下の低地部にはほとんどハラフ文化遺跡が展開していないと見てもよいだろう。

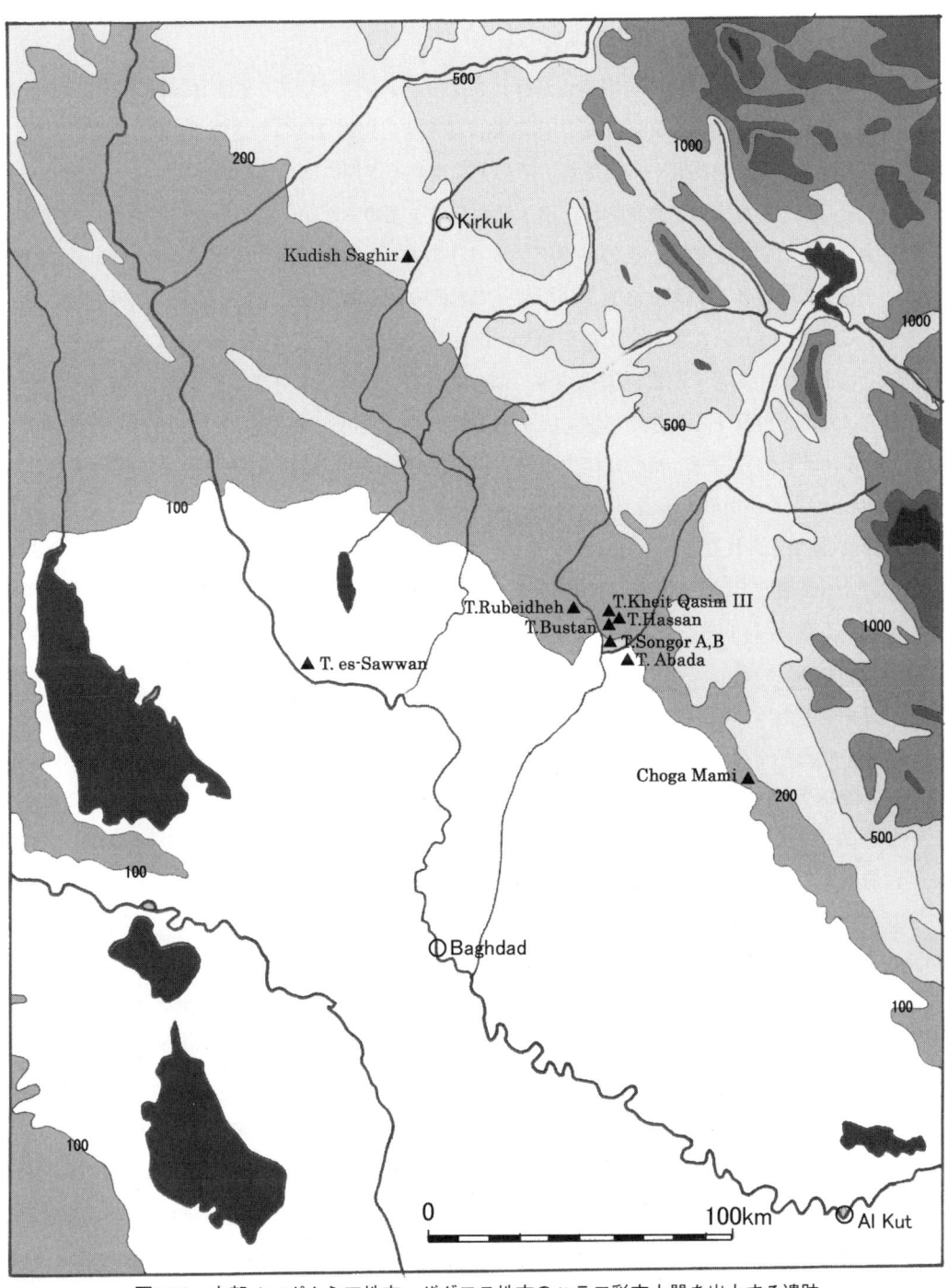

図4.13 中部メソポタミア地方、ザグロス地方のハラフ彩文土器を出土する遺跡

3） ハムリン盆地

メソポタミア平原からザグロス山脈の前衛峰であるハムリン山脈を越えたディヤラ川中流域のハムリン盆地では、1970年代後半から1980年代にかけてダム建設に伴う緊急調査が行われ、いくつかのハラフ文化遺跡の発掘調査が報告されている[14]。

その中でもっとも広い面積の発掘調査が行われたのがテル・ハッサンTell Hassanである（Fiorina 1984, 1987, Fiorina and Bulgarelli 1985）。同遺跡は径70m、比高2mの小さなテルで、地山上から4層にわたるハラフ期の建築層が検出され、その上にウバイド期の文化層がのっている。各層から複雑に入り組んだ方形遺構群が発見され、第3層からは1基のみだがトロスも検出された。同遺跡から出土するハラフ彩文土器は、土器インダストリーの75〜80％をも占めるとされる（Fiorina 1987: 294）。そして、その多くがよく水漉された胎土で光沢のある器面を呈している。黒、茶、赤、紫などを呈する顔料で描かれた多彩文土器も多く、白色顔料が加えられているものもある。器形を見ると、鉢では平底の半球形や胴部内湾の浅鉢（図4.14:1-2）とS字状プロファイル鉢（図4.14:3）が多く、壺では頸部が外反する長頸壺（図4.14:9）が目立つ。これらの器形はハラフ期の4層を通じて認められる。それに対して、量的には少ないが、胴部が竜骨状に屈曲して口縁に向け外反して広がる鉢（図4.14:4）や小型の短頸壺（図4.14:6）は下層の第1、2層で、高台付の浅鉢（図4.14:5）は最下層の第1層で見られるという。またジャジーラのものとはやや器形は異なるが、良質の無頸壺（図4.14:7）も下層から出土する。上層の第3、4層では、口縁直下の内面に蓋受けを持った大型の卵形を呈する壺（図4.14:8）や、胴部が球状の広口壺（図4.14:10）、耳状把手を有した壺など、新たな器形が加わっている。文様を見ると、鳥（図4.14:1・3・9）などの具象的モチーフを含めて細かな彩文が描かれており、浅鉢の内面底部にはロゼッタモチーフ（図4.14:2）などが施文されている。ケーブルモチーフや格子を埋めたパネル状の文様は下層の第1、2層で多いとされる。以上より、ハッサンのハラフ彩文土器がジャジーラ地方のハラフ後期およびハラフ終末期に併行することは明らかである。公表された記述からは、下層の第1、2層がハラフ後期、上層の第3、4層がハラフ終末期に帰属すると捉えておいて間違いないだろう。

テル・ソンゴルは三つのテルより成り、南からソンゴルA、B、Cと命名されている。国士舘大学が調査を行い、ソンゴルAではサマッラ期の文化層の上やそれに掘り込む形で、ハラフ期の窯とされる遺構や土壙、墓などが検出された（鎌田・大津 1981, Kamada and Ohtsu 1993）。出土しているハラフ土器は、よく水簸された精良な胎土を持つものと細かい砂粒を含むものがある。器形は、鉢ではS字状プロファイルの鉢（図4.15:1-4）、同浅鉢（図4.15:6）、胴部内湾鉢（図4.15:7）が多く、高台付底部が目立っている。壺では、やや肩部が張り口縁が外反した広口短頸壺（図4.15:8）やカラー状口縁壺（図4.15:9）などが見られる。また蓋（図4.15:11）も出土している。彩文には格子モチーフや矢羽モチーフなどを充填した異なる文様帯を交互に並べた文様（図4.15:2）や口縁から垂下する塗潰しの三角モチーフ（図4.15:7）、また鳥（図4.15:10）や獣など具象的モチーフが描かれているものもあり、多彩文土器も少なからず認められる。以上の特徴から、ソンゴル出土のハラフ彩文土器がハラフ後期以降、とくにハラフ終末期に帰属することは明らかである。

ソンゴルAの北東100mに位置するソンゴルBは径60m×50m、比高約2mの小さなテルで、下層

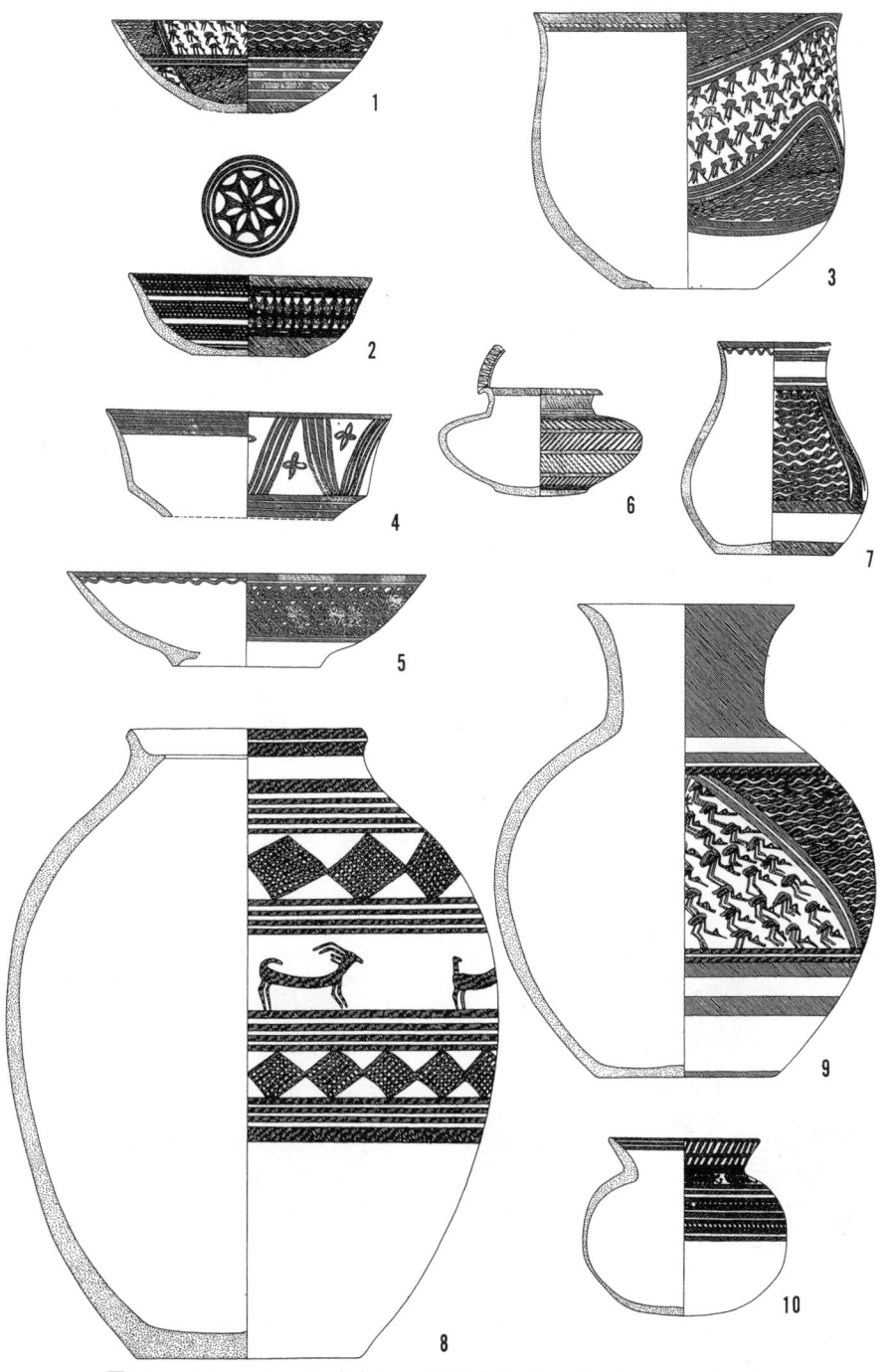

図4.14 テル・ハッサン出土ハラフ彩文土器（S=1/5）（Fiorina 1987より）

のⅣ、Ⅲ層がハラフ文化層である（松本 1981、Matsumoto and Yokoyama 1995）。遺構としては、タウフでできた方形室を組み合わせた複室の住居や、竈などが検出されている。Ⅳ、Ⅲ層から出土するハラフ彩文土器は上述のソンゴルA出土のハラフ彩文土器ときわめてよく類似していて、ほぼ同時期のものと考えて問題ないだろう。またⅡ層ではハラフ、ウバイド両土器が混在しているが、出

図4.15 テル・ソンゴルA出土ハラフ彩文土器（S=1/5）（Kamada and Ohtsu 1993より）

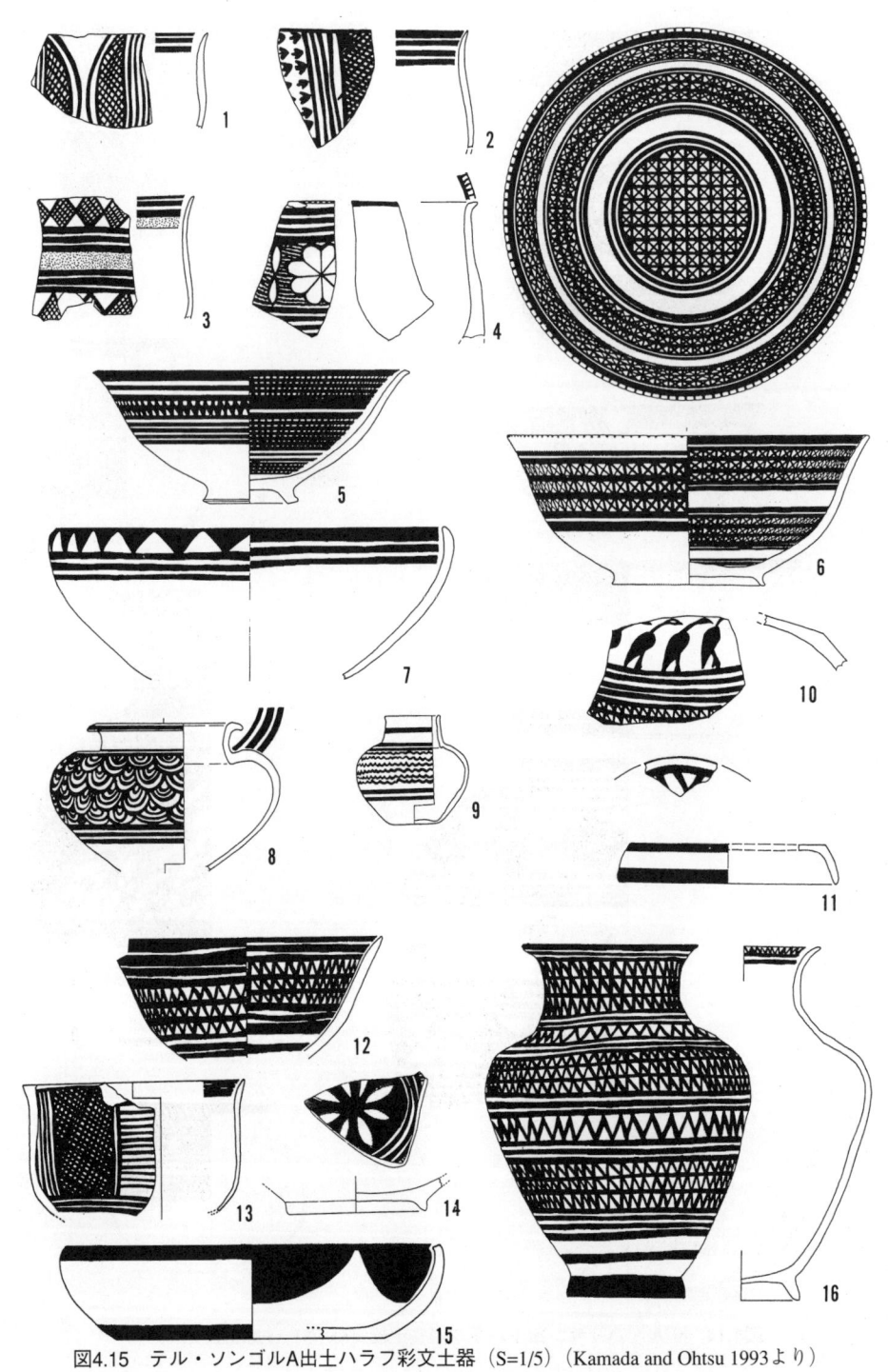

土しているハラフ彩文土器は下層のⅣ、Ⅲ層出土土器と内容的には変わらない。
　ハムリン盆地でも、ナリン川沿いに位置するテル・ルベイデェ Tell Rubeidhehでは、いくつかの近接したテルが発見されている（Killick ed. 1988）。そのうち、主丘の南西約200mのところに、30m×18m、高さ1.5mほどのごく小さなテルがあり、試掘の結果ハラフ彩文土器が出土している。

出土したのは鉢の破片であり、ネガティブな四つ葉モチーフと波線のパネル文（ibid.:Fig.24-1）や牛頭モチーフ（ibid.:Fig.24-4）などが含まれている。報告されたハラフ彩文土器が少量でしかも小破片のため明確な時期区分は困難であるが、ハラフ後期から終末期に帰属するものであろう。

ウバイド期の大型の3列構造建築が発見されたテル・アバダ Tell Abadaでは、ウバイド3期の文化層である第Ⅰ層の下層の第Ⅱ層から、多彩色のハラフ彩文土器が出土している（Jasim 1983: 181）。この第Ⅱ層はハッジ・ムハンマドないしウバイド2と呼ばれているタイプの土器が主体となっている文化層であるが、同時にウバイド3タイプの土器が見られ、また下層の第Ⅲ層の主要土器であるサマッラ土器も少量出土している。そしてこれらの土器と混在して、ハラフ彩文土器が見られるという。発掘者のジャシムはハラフ後期 late Halafの土器であるとし、ハムリン盆地の他のハラフ期の遺跡やチョガ・ミシュなどから搬入されたものと考えている。出土したハラフ彩文土器自体の詳細は全く不明であるが、本論でいう、ハラフ後期か終末期に帰属する土器と思われる。

このほかハムリン盆地では、テル・ブスタンTell Bustanおよびテル・ヘイト・カシムⅢTell Kheit Qasim Ⅲでハラフ彩文土器の出土が報告されているが（Roaf and Postgate 1981）、その詳細は不明である。

ハムリン盆地よりさらに南東に位置するマンダリ地区のチョガ・マミChoga Mamiはサマッラ文化遺跡の代表例の一つであるが、先史時代の井戸状遺構の一つからハラフ彩文土器が出土しており、時期はほぼウバイド2〜3期に併行するとされる（Oates 1969, 1973）。デフォルメされた鳥のモチーフなどが施文されており（Oates 1969:138）、本論でいうところのハラフ終末期に比定できよう。

本節ではエルビル＝キルクーク地域以南の、メソポタミア平原部にあるハラフ彩文土器を出土する遺跡を追いかけてきた。各遺跡から出土するハラフ彩文土器の帰属時期について、判明しているものを表4.4にまとめた。中部メソポタミアでハラフ成立期や前期に遡るハラフ彩文土器を出土する遺跡はない。ジャジーラ地方と接するエルビル＝キルクーク地域ではハラフ中期に遡る遺跡があるが、ティグリス河中流域やハムリン盆地で出土しているハラフ彩文土器は、いずれもハラフ後期以降特にハラフ終末期に帰属しているものばかりである。そしてハラフ文化遺跡といえる遺跡がある程度まとまって報告されているのは、今のところハムリン盆地が南限となっている。ハムリン盆地のこの時期の遺跡のあり方は、ハッサンやソンゴルBのようにハラフ後期から終末期に帰属する薄いハラフ文化層を持っているか、アバダのようにハラフ期の文化層といえるものはなく、サマッラ文化層からウバイド3期文化層への過渡期にハラフ後期から終末期の彩文土器が混入した形で少量出土するかの、2者があるようだ。ティグリス河中流域のサワンやマンダリのチョガ・マミは後者のあり方を示す。中部メソポタミアのサマッラ土器という在地土器伝統の中に拡散していったこのハラフ彩文土器を出土する遺跡のあり方の相違は、人間集団やその接触のあり方の違いを背景にしたものであろう。

表4.4　中部メソポタミア地方の遺跡から出土しているハラフ彩文土器の帰属時期

遺跡名 \ 時期	ハラフ成立期	ハラフ前期	ハラフ中期	ハラフ後期	ハラフ終末期
ヨルガン・テペ			▨	▨	
クディシュ・サギール			▨	▨	
テル・イブラヒム・バイエス			▨	▨	
マフムール北西			▨	▨	
テル・エス・サワン			▨	▨	
テル・ハッサン				■	■
テル・ソンゴルA				■	■
テル・ソンゴルB				■	■
テル・ルベイデ					▨
チョガ・マミ					▨

■ 確実な帰属時期　　▨ 推定される帰属時期

第5節　ザグロス

　メソポタミア平原の東側を北西〜南東に走るザグロス山脈中に入ると、ハラフ彩文土器を出土する遺跡はわずかに確認できるだけになる（図4.13）。同地域でもっともその内容がよく知られているのが、大ザブ川の支流であるルワンドゥズ川がつくる渓谷にほど近い山間盆地に位置するバナヒルクBanahilkである。同遺跡は100m×160m、比高4mほどのテルであり、ハラフ文化の単純遺跡と考えられている。シカゴ大学のジャルモ・プロジェクトの一環として1954年に10日間の発掘調査が行われている（Watson 1983b）。発掘は4ヵ所に設けた小さなピットによる試掘程度の規模であり、良好な遺構は検出されていない。出土土器は彩文・無文の2種に大別して報告され、後者はさらに胎土が前者に近い良質なものとスサが混和された粗質なものに細分されている。彩文土器と無文土器の比率は65:35で、彩文土器が土器インダストリーの主体を占める。彩文土器の中では、鉢では胴部内湾鉢ないし半球形鉢（図4.16:1-5）、浅鉢（図4.16:13-15）が多数を占め、クリーム・ボウルはほとんど認められず、ラッパ状口縁鉢もごく少数が出土するのみである。壺では外反した折り返し口縁の広口短頸壺（図4.16:9）が多く見られる。彩文の文様では、ネガティヴな四つ葉モチーフを連続させたパネル文（図4-16:8）やケーブルモチーフ（図14.6:10・13）、ロゼッタモチーフ（図14.6:11）などが盛行している。多彩文土器はほとんどない。格子を充填した連続菱形文が施文された器壁が軽く外反して立ち上がる平底の鉢（図14.6:12）など、ハラフ中期以前に遡る可能性のある土器も出土しているが、バナヒルクのハラフ彩文土器全体としてはハラフ中期から後期に帰属すると考えてよいだろう。

　テル・バグムTell Bagumはスレイマニアの南東シャリズール渓谷に位置する180m×230m、比高23mの小高いテルであり、1960年にイラク文化財局の手で4週間の発掘調査が行われている（Hijara 1980: 326-333）。発掘では20層にもわたり文化層が区分されており、XIII〜III層がハラフ彩文土器を

図4.16 バナヒルク出土ハラフ彩文土器（S=1/4）（Watson 1983bより）

出土する文化層である。ただし、これらの層の多くからウバイド土器も出土しており、層位的に混乱した状態が認められる。V層では、20cmの厚さの壁を持ったトロスの一部も検出されている（Hijara 1980: 328）。出土するハラフ彩文土器は、口縁に向かって外反して広がる平底の浅鉢、S字状のプロファイルを持つ鉢、半球形鉢、胴部内湾鉢、長頸壺などで、白彩を含む多彩文土器が認められるなど、出土土器の特徴は明らかにハラフ後期から一部ハラフ終末期の様相を示している。

前述のヒジャラの地図では、小ザブ川上流のラニア盆地でハラフ彩文土器を出土する遺跡が9遺跡プロットされており（Hijara 1980: Fig.96）、ザグロス山脈中のイラク＝イラン国境付近までハラフ彩文土器が広がっていたことがわかるが、土器の詳細に関してはまったく不明である。

イラン側のザグロス山脈中部には、ハラフ彩文土器との関係が指摘される"J Ware"が分布している。バフタラン（旧ケルマンシャー）付近のマヒダシュト渓谷ではJ Wareを出土する遺跡が多数発見されており、テペ・シャービッドTepe Siahbid、チョガ・マランChogha Maranなどで文化層の発掘も行われ、編年的な位置が議論されている（Levine and McDonald 1977, Levine and Young 1987）。J Wareは細かい胎土や、器形・彩文などの属性が一部ハラフ彩文土器と共通する良質の土器であるとされる。器形としては、半球形の鉢と長頸壺が主体で、甕なども認められる。文様では水平線の間に格子を充填したものや、ケーブルモチーフ、チェッカーボード状の文様が多い。白彩を含む多彩文土器も存在している。J Wareとハラフ後期の彩文土器との類似が指摘されているが（Watson 1983a: 238）、上記した要素からも、J Wareは本稿のハラフ後期～終末期とほぼ併行すると考えてよいだろう。マヒダシュト渓谷の遺跡群ではJ Wareが出土する時期に、赤ないし黒のスリップの施さ

表4.5　ザグロス地方の遺跡から出土しているハラフ彩文土器の帰属時期

遺跡名 \ 時期	ハラフ成立期	ハラフ前期	ハラフ中期	ハラフ後期	ハラフ終末期
バナヒルク			■	■	
テル・バグム				▨	▨

■ 確実な帰属時期　　　　▨ 推定される帰属時期

れた土器も出土している。J Wareはメソポタミア側のハラフ土器ばかりでなく、イラン高原上の初期銅石器時代土器との関連をも考慮して論じる必要があり、本論では考察の対象とはしない。

現在のところ確実なハラフ彩文土器が出土する東限はザグロス山脈の南西斜面の山間盆地までであり、イラン高原上にある遺跡からのハラフ彩文土器の出土例は管見に上らなかった。ザグロス山脈中では、バナヒルクのようなハラフ文化遺跡と呼んで差し支えないような物質文化的属性を有している遺跡はあるが、全体としてハラフ彩文土器の分布は希薄で、時期的にもハラフ前期までさかのぼる遺跡はない。

第6節　小　　結

前章と本章で、各地方、地域ごとに遺跡から出土するハラフ彩文土器について論じてきた。各節で作成した地域編年表にもとづいて、それぞれの地方・地域においてハラフ彩文土器の盛行する時期をまとめたのが表4.6である。さらに現在まで発表されているハラフ文化遺跡ないしハラフ彩文土器を出土している遺跡の放射性炭素年代測定値の一覧表を作成した（表4.7）。未補正の放射性炭素年代では、ハラフ成立期の始まりは紀元前5200〜5100年、ハラフ終末期の終わりは紀元前4500〜4400年頃に想定できるだろう。補正年代では、ハラフ文化期は紀元前6000〜5200年の範囲にほぼ収まるであろう。

前章と本章での記述とこれらの表にもとづいて、ハラフ彩文土器を基準としてハラフ文化の出現とその展開を編年的に展望すると、以下のように結論づけられる。

① ハラフ成立期の文化層を有する遺跡は、現在のところバリフ川流域、ハブール川上流域、モースル＝シンジャール地域、そしておそらくユーフラテス河中流域を加えたジャジーラ地方に限定されて認められる。第3章で提示したように、バリフ川流域ではハラフ彩文土器成立までのプロセスを追究することができ、おそらくジャジーラ地方の他の地域でも良好な資料にさえ恵まれれば、同様のプロセスを復元できる可能性がある。ジャジーラ地方以外ではハラフ成立期の彩文土器が少量出土することはあってもそれが主体を占めることはなく、ハラフ彩文土器の成立過程を復元することもできない。以上より、ハラフ彩文土器がジャジーラ地方で成立したことは確実である。

② ジャジーラ地方では各地域で若干の地域差を内包しながらも、ハラフ彩文土器が成立した後、ハラフ前期、中期、後期、そして終末期に至るまで、ほぼ同一歩調を取ってハラフ彩文土器インダストリーが変遷している。そしてこのハラフ彩文土器はジャジーラ地方の各地域で、ハラ

表4.6 各地方・地域においてハラフ彩文土器の盛行する時期

炭素年代 ()は未補正年代	地方 地域	北レヴァント	南東アナトリア	ジャジーラ ユーフラテス河中流域	ジャジーラ バリフ川流域	ジャジーラ ハブール川上流域	ジャジーラ モースル=シンジャール地域	ザグロス	中部メソポタミア
5200BC (4400BC)	ハラフ終末期								
5400BC (4600BC)	ハラフ後期								
5600BC (4800BC)	ハラフ中期								
5800BC (5000BC)	ハラフ前期								
5900BC (5100BC)	ハラフ成立期								
6000BC (5200BC)									

■ ハラフ彩文土器が土器インダストリーの主体となる遺跡が存在
▨ ハラフ彩文土器を出土する遺跡が存在

フ成立期から終末期に至るまで常に量的に主体をなしており、この間別の土器インダストリーに取って代わられるようなことはない。ジャジーラ地方はいってみればハラフ彩文土器インダストリーの中核地帯である。

③ ジャジーラ以外の地方でのハラフ彩文土器の初現は、北レヴァントでハラフ成立期、南東アナトリアではハラフ前期、ザグロスと中部メソポタミアではハラフ中期である。しかしながら、ハラフ彩文土器が土器インダストリーの主体となる遺跡が出現するのは、南東アナトリアおよびザグロスではハラフ中期、中部メソポタミアではハラフ後期と遅れ、北レヴァントではハラフ彩文土器が土器インダストリーの主体を占めるような遺跡はついに出現しなかった。

④ ジャジーラ以外の各地方では、ハラフ彩文土器が出現するようになってからも以前の時期から継続していた在地の土器インダストリーの伝統が根強く残り、ある一定期間、そうした土器伝統の中でハラフ彩文土器を客体的に出土する遺跡と、ハラフ彩文土器が主体を占める遺跡が並存する。両者の相違は、ジャジーラ地方からの距離や集落の主体となった人間集団の相違がその背景となっていた可能性がある。

繰返しとなるが、ハラフ彩文土器がジャジーラ地方で出現し、同地方が一貫してハラフ彩文土器インダストリー展開の中核地帯となっていたことは明らかである。また、第2章でまとめたように、ハラフ文化を規定するさまざまな物質文化的属性の分布の中心もまた、常にジャジーラ地方にあった。したがって、ジャジーラ地方こそがハラフ文化の発現地であり、同文化が展開した中核地帯である。ハラフ文化の本質を理解する糸口は、ジャジーラ地方の理解にこそあるといっても過言ではなかろう。

表4.7 ハラフ文化関連遺跡の放射性炭素年代測定値

遺 跡 名	層 位	時 期	ラボ No.	年代測定値B.P.	補正年代値B.C.	文 献
テル・サビ・アビヤド	3	成立期	GrN-16802	7065±30	5977-5818	Akkermans 1993
テル・サビ・アビヤド	3	成立期	GrN-16801	7465±35	6390-6189	Akkermans 1993
テル・サビ・アビヤド	2	成立期	GrN-16800	7005±30	5959-5818	Akkermans 1993
テル・サビ・アビヤド	1	成立期	GrN-16804	6975±30	5951-5768	Akkermans 1993
テル・アイン・エル・ケルク	Rouj 2d	成立期併行	NUTA2-2104	7230±40	6068-6035	Tsuneki et al. 2001
テル・アイン・エル・ケルク	Rouj 2d	成立期併行	NUTA2-2105	6950±50	5837-5806	Tsuneki et al. 2001
テル・サビ・アビヤド	北東部	前期	UtC-1010	6670±100	5640-5480	Akkermans 1996
ヤリム・テペⅡ	Ⅷ	前・中期	LE-1011	4840±180B.C.		Munchaev and Merpert 1981
ヤリム・テペⅡ	Ⅷ	前・中期	SOAN-1291	4710±40B.C.		Munchaev and Merpert 1981
テル・ウンム・クセイール	Phase 1a	中期	GrA-6244	6820±55	5760-5590	Kitagawa and Plicht 1998
テル・ウンム・クセイール	Phase 1a	中期	GrA-6255	6925±55	5930-5670	Kitagawa and Plicht 1998
テル・ウンム・クセイール	E3-4	中期	AA30499	6835±65	5778-5584	Hole 2001
キルベト・エッ・シェネフ	3	中期	UtC-2187	6840±80	5756-5634	Akkermans and Wittmann 1993
キルベト・エッ・シェネフ	3A	中期	UtC-2188	6740±80	5709-5687 5659-5546	Akkermans and Wittmann 1993
キルベト・エッ・シェネフ	3B	中期	UtC-2189	6790±90	5740-5610 5602-5574	Akkermans and Wittmann 1993
ギリキハジヤン	−3.0m	中期	GrN-6245	6805±45		Watson and LeBlanc 1990
ギリキハジヤン	−2.70〜−3.0m	中期	GrN-6246	6950±45		Watson and LeBlanc 1990
フストゥクル・ホユック	Ⅲc	中期	AA37093	6995±50	5980-5800	Bernbeck and Pollock 2003
フストゥクル・ホユック	Ⅲc	中期	AA37096	7020±45	5980-5840	Bernbeck and Pollock 2003
フストゥクル・ホユック	Ⅲb	中期	AA40382	6853±48	5790-5660	Bernbeck and Pollock 2003
フストゥクル・ホユック	Ⅲb	中期	AA40379	6934±48	5840-5730	Bernbeck and Pollock 2003
フストゥクル・ホユック	Ⅲa	中期	AA37095	6840±45	5770-5660	Bernbeck and Pollock 2003
フストゥクル・ホユック	Ⅲa	中期	AA37094	6950±55	5880-5730	Bernbeck and Pollock 2003
フストゥクル・ホユック	Ⅲa	中期	AA37097	6912±55	5840-5720	Bernbeck and Pollock 2003
フストゥクル・ホユック	Ⅲa	中期	AA37091	6932±55	5850-5730	Bernbeck and Pollock 2003
フストゥクル・ホユック	Ⅲa	中期	AA37092	6935±60	5870-5730	Bernbeck and Pollock 2003
フストゥクル・ホユック	Ⅲa	中期	AA40372	6738±55	5720-5560	Bernbeck and Pollock 2003
フストゥクル・ホユック	Ⅲa	中期	AA40370	7004±57	5980-5380	Bernbeck and Pollock 2003
フストゥクル・ホユック	Ⅲa	中期	AA40371	6461±67	5480-5360	Bernbeck and Pollock 2003
フストゥクル・ホユック	Ⅲa	中期	AA40374	6936±48	5850-5730	Bernbeck and Pollock 2003
フストゥクル・ホユック	Ⅲa	中期	AA40380	6903±48	5840-5720	Bernbeck and Pollock 2003
バナヒルク	DⅡ	中・後期	P-1501	4359±78B.C.		Lawn 1973, Watson 1983
バナヒルク	DⅠfl. 6	中・後期	P-1502	4801±85B.C.		Lawn 1973, Watson 1983
バナヒルク	DⅠfl. 6	中・後期	P-1504	4904±72B.C.		Lawn 1973, Watson 1983
シャガル・バザル	12〜11	中・後期	P-1487	4715±77B.C.		
テル・アルパチヤ	TT8	中期	P-584	5077±83B.C.		Radiocarbon 7, 1965
テル・アルパチヤ	TT6	後期	P-585	6114±78B.C.		Radiocarbon 7, 1965
テル・アルパチヤ	Layer 25		BM-1531	4980±60B.C.		Radiocarbon 24/3, 1982
ヤリム・テペⅡ	Ⅶ	中・後期	LE-1212	4450±120B.C.		Munchaev and Merpert 1981
ヤリム・テペⅡ	Ⅵ	中・後期	LE-1174	4490±80B.C.		Munchaev and Merpert 1981
ヤリム・テペⅡ	Ⅵ	中・後期	LE-1172	4480±80B.C.		Munchaev and Merpert 1981
ヤリム・テペⅡ	Ⅵ	中・後期	LE-1211	4550±100B.C.		Munchaev and Merpert 1981
ヤリム・テペⅡ	Ⅵ	中・後期	LE-1173	4160±110B.C.		Munchaev and Merpert 1981
カシュカショクⅠ	−1.0〜−1.25m	後期	AA30497	6845±75	5831-5580	Hole 2001
テル・アカブ	Aqab 212	後期	AA30498	6575±55	5579-5350	Hole 2001
ヤリム・テペⅡ	Ⅲ	後・終末期	LE-1015	4210±130B.C.		Munchaev and Merpert 1981
ヤリム・テペⅡ	Ⅲ	後・終末期	LE-1012	5220±180B.C.		Munchaev and Merpert 1981
テル・トゥルル	Halaf/Ubaid	終末期	M-1844	4480±220B.C.		Radiocarbon 14, 1972

註

1) たとえば器形分類の1A類は浅鉢を指しているようだが、この器形は土器インダストリー全体の39%を占めるという。浅鉢がこのように高い比率を占めることはハラフ土器インダストリーでは通常あり得ない。また浅鉢が主体的な器種となっているのであれば、ハラフ後期しかあり得ないが、ハルーラのハラフ土器は明らかにハラフ後期が主体ではない。さらに、記述および図版を見ても、浅鉢と鉢をどのように区分しているのかが不明瞭である。全形が判明する資料がきわめて少ない中で無理に細分してしまうことが、このような不明瞭さを倍加しているものと考えられる。

2) 同意できない主な理由は、クエイク川流域の表採土器をまとめたメラートの分類 (Mellaart 1981) がまったく恣意的かつ基準ででたらめで、コントンソンがそのメラートの見解を無批判に使用しているからである。

3) クルバン・ホユックの報告書のアルガーズの土器分類は特異な名称を用いている (Algaze 1990:219-234)。土器は大きく砂粒混和彩文土器群 Grit-tempered Painted Wares とスサ混和土器群 Chaff / Straw - tempered Wares に大別され、前者はハラフ彩文土器 Halaf Painted Ware、ウバイド様彩文土器 Ubaid - like Painted Ware、先史単純土器 Prehistoric Simple Ware、先史粗製単純土器 Prehistoric Coarse Simple Ware、先史「焼きなまし土器」Prehistoric "Shatter Ware"、後者は非磨研・磨研スサ混和土器 Unburnished and Burnished Chaff/Straw-tempered Ware、スサ混和彩文土器 Straw/Chaff - tempered Painted Ware、暗色磨研土器 Dark-faced Burnished Ware にそれぞれ細分されている。それぞれの分類基準を吟味した結果、本論ではこれらの名称は用いず、砂粒混和彩文土器群の大半をハラフ彩文土器に、暗色磨研土器を除いたスサ混和土器群の大半を粗製無文土器として区分している。

4) なお、北マウンドの中央発掘区最下層から出土した土器群を基準にクルバン・ホユックの第Ⅶ期が設定されている。これらの土器は一部ハラフ終末期にかかる可能性があるものの、ジャジーラのハラフ終末期土器とは相当様相が異なる南東アナトリアにローカルな土器群であり、その編年的位置の確定にはさらなる資料の検討が必要である。今のところクルバン・ホユックの遺跡内でも継続した層位として捉えられていないため、その位置づけについては本論では保留しておきたい。

5) 本文中の器形への言及ではクリーム・ボウルとされているが(Rosenberg and Togul 1991: 244)、明らかにラッパ状口縁鉢である。

6) そのほかハラフ―ウバイド移行期まで遡る遺跡が7遺跡発見されている(Watson and LeBlanc 1990:7)。これらはすべて、ディヤルバクルの東方、バットマン Batman とシールト Siirt の間に位置するとされるので、先述したアルガーズらの踏査地域内にあるものと思われる。

7) 1950年の報告ではHatched Wareと分類され(Taylor 1950: 84)、1988年のフレンチらによる同資料の再整理報告では同じ資料がハラフ土器とされている(French and Summers 1988: 73)。

8) たとえばラス・シャムラⅣC層から出土している浅鉢など(Contenson 1992: Fig.189- 7,8,12)。本文でも触れているように、口縁部が外反する胴部内湾鉢は、ジャジーラ地方より西方のハラフ彩文土器により目立っている。

9) メラートは、クウェイクC、D期とした土器の帰属を、それぞれEarly Halaf、Late Halaf期としている。この分類は、主としてアムークC、D期の彩文土器や磨研土器との比較にもとづいたものであるが、レヴァントにハラフ前期が存在することを主張したいがためにさまざまな無理が生じている。分類基準に関しても明確な根拠が示されないまま、たとえば牛頭モチーフの彩文された土器をEarly Halaf期の指標としているなど、理解に苦しむ点が多い。

10) Ⅵ層出土として掲載されている土器(Pl. XXXIX:21-23)のうち、23はその特徴から見ておそらくウバイド土器と思われる。

11）本論の赤色ウォッシュ土器は、ルージュ盆地の土器分類の中ではクリーム土器と命名されている。粒子の細かい胎土を持ち、色調はクリーム～オレンジ色を呈する土器で、その多くに光沢を持つ赤色ウォッシュが施され、まれに彩文も認められる。ブレイドウッドらのアムーク編年の土器区分（Braidwood and Braidwood 1960）ではWiped Burnished WareやRed Wash Wareに近似したものである。

12）2000年5月22～26日にコペンハーゲン大学で開催された第2回古代中近東考古学会議（2ndICAANE）の中で、5月25日に国立考古学博物館においてハマ出土土器を実見する機会が設けられ、それに参加した。

13）もっとも確実な例の一つが、バリフ川流域のテル・サビ・アビヤドのハラフ成立期層から出土しているパターン・バーニッシュの施された器壁が軽く外反しながら立ち上がる平底の鉢(Akkermans 1989: Fig.IV.19.-138)である。同資料は底部が欠如しているが脚台付鉢の可能性が高く、アイン・エル・ケルクE311発掘区第2層から出土している脚台付鉢にきわめて類似している。なお、同資料についてサビ・アビヤド遺跡の調査団長であるアッカーマンズ博士のご好意で1992年に実見する機会を得ている。

14）ハムリン盆地のセトゥルメント・パターンの通時的変遷を追った研究があるとされるが、筆者は未見である(Kim 1989 *Diachronic Analysis of Changes in Settlement Patterns of the Hamrim Region*, Cambridge)。

第5章 トロス

　本章と次章では、ハラフ社会を考察する上でのもっとも基礎的な資料である住居と集落について、現在まで報告・出版されている資料にもとづいてまとめ、その社会経済的意味についての考察を進める。西アジアの先史時代ではそれぞれの時期・地域によって多様な形態を持つ住居を発達させている。これら住居形態が変遷していく様子とその中でハラフ文化の住居・集落形態がどのように位置づけられるかについては後述するが、ハラフ文化の建築遺構をもっとも特徴づけているのが、トロスと呼ばれる遺構であることには異論がないであろう。次章で検討するように、ハラフ文化の集落はトロスを主体として形成されている例が多い。本章ではまず、ハラフ文化の遺構上の最大の特質であるトロスの出現と展開をあとづけ、その構造的特徴の意味について民族誌を援用しつつ考察する。

第1節　トロスの実例

　まず、現在まで調査報告されているハラフ文化のトロスを筆者の分類区分に従いながら紹介する。

1）テル・サビ・アビヤド（ジャジーラ地方バリフ川流域）

　1986年より、Ⅰ号丘の南東部を中心にハラフ期直前からハラフ成立期に至る文化層が調査されており、調査は現在も継続中である（Akkermans 1987a, b, 1993, Akkermans and Le Mière 1992, Akkermans ed. 1989、1996）。現在まで、20基近くのトロスが、主要発掘区である南東調査区第6～1層から検出されている（表5.1）。このほか北東部のトレンチからも、断片的にトロスが検出されている。
　第3章で詳細に論じたように、第6～4層はアッカーマンズのいうバリフⅢA期、つまりハラフ文化への移行期に当たり、第3～1層は同バリフⅢB期、つまりハラフ成立期に相当する[1]。第4層出土の1基のトロスは円形プランに方形プランの遺構が付加された方形室付加型トロスで、他はすべて単純な円形プラン遺構のみの円形室独立型トロスである。第6層で検出された4基のトロスの内訳は、内部が細かく四分割された大型のトロス1基と中型のトロス2基、それに内径が1.75mの小型のトロス1基であり、第3層以降の小型トロスばかりになる様相とはやや異なっている。第6層はハラフ文化成立期以前であるため、報告書で調査者はこれらの第6層の円形遺構をトロスと呼ぶことを躊躇している。本章第2節以降のハラフ文化のトロスを対象とした分析に際しては、これらハラフ成立期以前のトロスを統計処理に含めていないが、トロスの出自を扱った本章第4節でハラフ文化期以前のトロスについて触れたいと思う。なお、サビ・アビヤドの第5層ではトロスとお

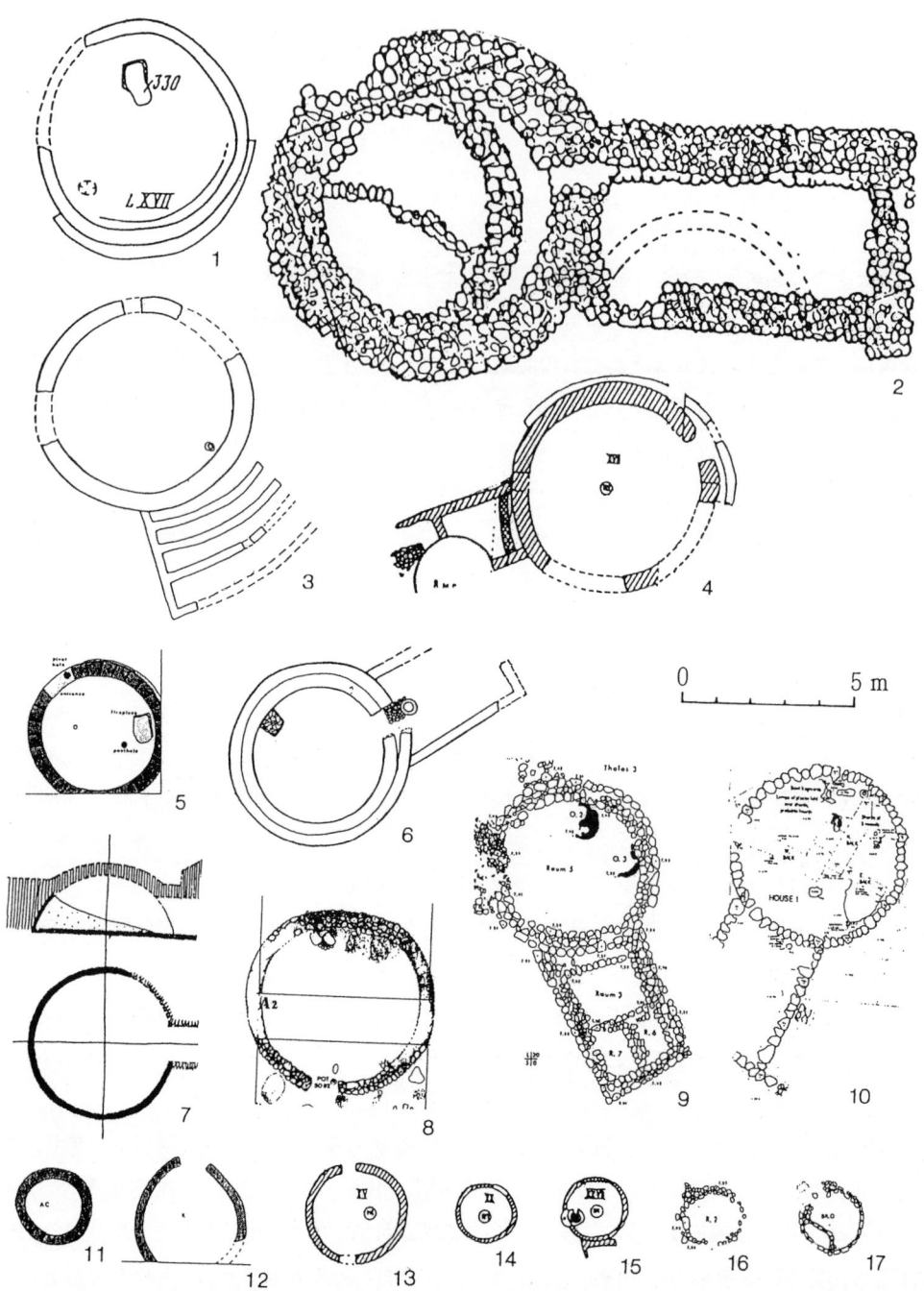

1・3・4・6・13〜15：ヤリム・テペII (Munchaev and Merpert 1973, Merpert et al. 1976, Merpert and Munchaev 1987)　2・7：テル・アルパチヤ (Mallowan and Rose 1935)　5・11・12：テル・サビ・アビヤド (Akkermans 1989)　8：シャムス・エッ・ディン (Al-Radi and Seeden 1980)　9・16: チャヴィ・タルラス (von Wickede und Herbordt 1988)　10・17: ギリキハジヤン (Watson and LeBlanc 1990)

図5.1　ハラフ文化のトロスの類例

表5.1 テル・サビ・アビヤド検出トロス

遺構名称	層位	時期	タイプ	円形室内径(m)	同壁厚(m)	方形室内法(m)	壁厚(m)	備考
Building Ⅵ	6	成立期直前	C	5.75	0.45	—	—	円形室内部が4分割
Building Ⅶ	6	成立期直前	C	4	0.5	—	—	出入口
Building Ⅷ	6	成立期直前	C	1.75	0.3-0.4	—	—	出入口
Building Ⅸ	6	成立期直前	C	3.5	0.4	—	—	内部に小区画
Sq. Q-15	4	成立期直前	A	3.25	0.25-0.3	3+×2.0	0.4-0.45	方形室に出入口
トロスⅠ	3C-3B	成立期	C	c. 2	0.25	—	—	
トロスA	3C-3B	成立期	C	?	?	—	—	
トロスO	3C-3B	成立期	C	3.1	0.3-0.4	—	—	炉付設、出入口
トロスAC	3C-3B	成立期	C	1.5	0.3	—	—	
トロスN/AE	3C-3A	成立期	C	3.1	0.3	—	—	隔壁、出入り口
トロスS	3C-3B	成立期	C	c. 3	0.3	—	—	出入口
トロスP	3B-3A	成立期	C	c. 3	0.3	—	—	柱穴3、敷石、出入口
トロスK	3B-3A	成立期	C	2.7	0.26	—	—	出入口
トロスN	3A	成立期	C	3	0.24	—	—	
トロスAH	3A	成立期	C	c. 3	0.25	—	—	
トロスL	2	成立期	C	c. 3	0.3	—	—	
トロスC	1	成立期	C	3.2	0.3	—	—	

タイプのCは円形室独立型、Aは方形室付加型。

ぼしき円形遺構は検出されていない。第3層から上層のハラフ成立期トロスは、内径3m前後のものが多く、3mを大幅に越えるものは検出されていない。ほかに内径1.5～2mのものが2基がある。

　これらサビ・アビヤド検出のトロスに関して、アッカーマンズにより以下のような観察が加えられている（Akkermans 1989: 59-66）。まず、壁は石などの基礎を持たず、地上に直接泥レンガを積んで構築される。壁の一ヵ所に幅60～90cmの出入口が認められるものが多い。残りのよい壁は床面近くですでに内傾が始まっており、上部構造はドーム状を呈していたものと想定される。壁の外面は泥で上塗りされ、さらに石膏プラスターにより白色のコーティングが施される。内面および床面にも泥プラスターが上塗りされているが、それが堅く焼き締まっている。つまり、トロスが構築された後に、トロス内面に火入れをする作業が行われていた可能性が高い。

　これらの特徴のうち、プラスターの上塗りと焼き締めは齧歯類や昆虫類などのトロス内部への進入防止を目的としたものであり、上部をドーム構造にすることで風の対流を容易にし、ヴェンチレーションの促進を図ったものと考えられた。また外面へ白色のプラスターコーティングを施しているのは、トロス内部が高温になることを避ける工夫であっただろうとされる。以上のような観察結果と民族誌例などにもとづいて、アッカーマンズはサビ・アビヤドのトロスが穀物を主に保管するための貯蔵用施設として用いられた可能性がもっとも高いと結論づけている。彼の論考には、トロスの機能を推定するさまざまな示唆が展開されており、アッカーマンズの結論を筆者も基本的に支持

したい。

　ただし、ここで留意しておきたいことは、第2節で詳述するトロスのグループ分けに従うならば、テル・サビ・アビヤドの円形室独立型トロスは、ほとんどすべてが第1の小型グループに帰属するものであることである。したがって、テル・サビ・アビヤドでの結論をもって、ハラフ文化のトロスの機能がすべて解明されたとするのは早計である。第3層で検出された内部に炉と想定される施設を有するトロスO（図5.1:5）や、統計処理には加えていないが第4層で検出された内面を焼成した痕跡がまったくない方形室付加型トロスなどは貯蔵用施設とは考えられず、これらは規模的にも円形室の内径が3m以上を示し、中型のグループに分類されるべきものと考えられる[2]。

2）　キルベト・エッ・シェネフ（ジャジーラ地方バリフ川流域）

　1988年に行われた小規模な発掘調査で、第4層で6基、第3層で2基と合計8基のトロスが検出され（Akkermans 1993）、また調査面積を広げた1991年度調査では同じ第4、3層から十数基のトロスが検出されている（Akkermans and Wittmann 1993）。この1991年度調査ではハラフ文化層全体を第3層という名称に統一したために、旧第4層は第3B層に、旧第3層は第3A層に名称変更されている。キルベト・エッ・シェネフのトロスを整理した表5.2では新しい層位名を用いているが、両層の間には時期差はほとんど認められない。第3章で記述したように、筆者の土器編年では同遺跡のハラフ文化層はいずれもハラフ中期に帰属する。

　検出されたトロスでおおよそのプランのわかるものはすべて基礎石を持たない円形室独立型トロスで、中でも内径が0.9～2.5mの小さなものが主体となっている。これら小さなトロスにはサビ・アビヤドのトロスで認められたような硬く焼き締められたプラスターは施されていない。壁の残存状況は悪くない。トロスIは約1m、トロスIIIは0.7mほどの高さまで壁が残存しており、基底部の直上からドーム状に内傾しているという。トロスV、VIなどは大きさ的に見てパン焼き竈ないし土器焼成窯の可能性も想定されるが、両遺構とも火を受けた痕跡は認められない（Akkermans 1993:90）。1991年度の調査で小型のトロスに大きさ、プランとも類似した竈が多数検出されており、トロスと竈は発掘現場で明確に区分されている。したがって、キルベト・エッ・シェネフで小型トロスが多いことは間違いないだろう。トロスXXは内部に竈を有している。

　小型のトロスとは別に、内径4～5mの中型のトロスが数基検出されている。建材や構造に関しては小型トロスと大きな相違はないが、残りのよいものの内部にいずれも竈が検出されていることが注目される。トロスXIVは円形室の壁の内側に扶壁を有していた。

3）　ハザネ・ホユック（ジャジーラ地方バリフ川流域）

　ハラン平原の北端近くに位置する巨大なテルで、ハラフ期の文化層の広がりは10ha以上と推定されている。1996年からハラフ文化層を対象とした調査が行われているが、調査面積は小さく、明確なトロスはハラフ後期に帰属する1基が今のところ報告されているのみである（Bernbeck, Pollock and Coursey 1999）。このトロスは基礎石を有する方形室付加型トロスで、円形室の内径3.7m（外径4.5m）、方形室は約4×3mを測る。浸食により明確な内部施設は残存していないが、トロスの内外

表5.2 キルベト・エッ・シェネフ検出トロス

遺構名称	層　位	時期	タイプ	円形室内径 (m)	同壁厚 (m)	方形室内法 (m)	同壁厚 (m)	備　　考
トロス I	3B	中期	C	c.2	0.35	—	—	
トロス II	3B	中期	C	1.5	0.2	—	—	
トロス III	3B	中期	C	?	?	—	—	
トロス IV	3B	中期	C	2.5	0.4	—	—	
トロス V	3B	中期	C	1.2	0.2	—	—	
トロス VI	3B	中期	C	1.2	0.2	—	—	
トロス VII	3A	中期	C	1.5-1.8	0.25	—	—	
トロス VIII	3A	中期	C	3.5-4.0	0.3	—	—	
トロス XII	3A/B	中期	C	4＋	0.25	—	—	竈付設
トロス XIII	3A/B	中期	C	4＋	0.25	—	—	竈付設
トロス XIV	3A/B	中期	C	4.9	0.25	—	—	竈付設、扶壁あり
トロス XV	3A/B	中期	?	3.5＋	0.3	—	—	
トロス XVI	3A/B	中期	C	c.2	0.2	—	—	
トロス XVII	3A/B	中期	C	2＋	0.25	—	—	
トロス XVIII	3A/B	中期	C	1.8	0.25	—	—	
トロス XIX	3A/B	中期	C?	1.6	0.2	—	—	小さな円形プランが付属
トロス XX	3A/B	中期	C	2.4	0.25	—	—	竈付設
トロス XXI	3B	中期	C	1.4	0.2	—	—	
トロス XXII	3B	中期	C	1.1	0.2	—	—	
トロス XXIII	3A	中期	C	?	0.3	—	—	
トロス XXIV	3B	中期	C	1.3	0.2	—	—	
トロス XXVI	3A	中期	C	?	0.3	—	—	
トロス XXVII	3A/B	中期	C	2.2	0.2	—	—	
トロス XXVIII	3A/B	中期	C	3.2＋	0.2	—	—	

層位は1993年調査概報にしたがった。タイプのCは円形室独立型。

にいくつもの堅く焼き締まった面が発見されている。発掘者はこれをテル・サビ・アビヤドのトロスの内面に見られた穀物貯蔵のための焼き締めと同一のものと想定している。

4） **テル・アカブ**（ジャジーラ地方ハブール川流域）

ハブール川流域のハラフ文化編年のための標準遺跡となっているテル・アカブであるが、調査面積が狭く良好な遺構が検出されていない。時期のはっきりしない径約5mのトロスが1基検出されているが（Davidson and Watkins 1981:5）、詳細は不明である。

5） **テル・ウンム・クセイール**（ジャジーラ地方ハブール川流域）

ハブール川中流域の河畔に立地する東西二つのテルより成る小型の遺跡で、径約45mの西テルの

表5.3　テル・ウンム・クセイール検出トロス

遺構名称	層位	時期	タイプ	円形室内径(m)	同壁厚(m)	方形室内法(m)	同壁厚(m)	備考
8号遺構	1b	中期	A?	4.5	0.3	?	0.25	
6号遺構	1b	中期	C	c. 4.2	0.5	—	—	炉付設、石膏プラスター床
5号遺構	1c	中期	C	c. 6	0.5	—	—	基礎石あり

タイプのCは円形室独立型、Aは方形室付加型

最下層がハラフ期の文化層である。ダムの建設に伴い2度にわたって緊急調査が行われている（Hole and Johnson 1986-87, Tsuneki and Miyake eds. 1998）。1986年のイェール大学の調査で1基、1996年の筑波大学の調査で3基、計4基のトロスが検出されている。イェール大学が調査したトロスの詳細は不明であるが、セクション図（ibid. Fig.5a）から見るとピゼないし泥レンガ製の基礎石のない中規模のトロスと思われる。筑波大学の調査では最下層のハラフ文化層で3層にわたる建築層が認められた。中層の1b層で、ピゼによりつくられた基礎石を有しない中型のトロスが2基、その上層の1c層で部分的な残存状態ではあるが基礎石を有した大型のトロスが1基発見されている（表5.3）。

6）　テル・アルパチヤ（ジャジーラ地方モースル＝シンジャール地域）

マロゥワンらのアルパチヤの調査（Mallowan and Rose 1935）では、ハラフ前期〜後期層より、計10基のトロスが検出された（テル中央部で6基、周縁部で4基＝表5.4）。アルパチヤのトロスは、プランから見て大きく2種類に区分されている。第1は、単純な円形プランを呈するトロスで6基検出されている。この円形室独立型のトロスは、内径が4mから5.6mを計り、方形室付加型トロスと比べるとやや小型である。壁の基礎には川原石や砂岩礫が用いられ上部はピゼでつくられるが、壁厚も1例を除くと0.4〜0.7m程度とアルパチヤのトロスとしてはそれほど厚くない。第2は、円

表5.4　テル・アルパチヤ検出トロス

遺構名称	層位	時期	タイプ	円形室内径(m)	同壁厚(m)	方形室内法(m)	同壁厚(m)	備考
Sq.FcV.1	周辺発掘区	前・中期	C	4	0.5	—	—	基礎石
Sq.FdV.2	周辺発掘区	中期	A	4.25	0.2 +	1.7×1.7	?	基礎石、ユニークな付加室プラン
Sq.FdIV.5	周辺発掘区	中期	C	c. 4	0.4	—	—	基礎石
Sq.GaIV.4	周辺発掘区	中期	C	c. 4	0.3?	—	—	基礎石
TT10 east	TT10	中期	C	5.6	0.7	—	—	基礎石
TT10 west	TT10	中期	C	5.6	0.7	—	—	基礎石
TT9	TT9	中期	C	5	1	—	—	基礎石
TT8	TT8	中期	A	6.2	1.65	7.3×3.0	1.35	基礎石
TT7 north	TT7	後期	A	6.2	1.65	7.2×3.4	1.2	基礎石
TT7 south	TT7	後期	A	6.2	1.2	6.2×2.8	1.4	基礎石

タイプのCは円形室独立型、Aは方形室付加型

形プランに方形プランを持つ遺構が付加された方形室付加型トロスで3基検出された（図5.1：2）。円形室と方形室の接する部分には出入口が認められる。円形室の内径はいずれも6.2mで、川原石の円礫を基礎に上部はピゼを用い壁がつくられている。壁厚は1.35〜2mと非常に厚く、そのため円形室の外径は9〜10mにも達する。アルパチヤではこのほか、方形室に直交する方向にさらに廊下状の遺構が付加された例が1例報告されているが、他の遺跡で検出されたトロスに類例は見当たらず、稀有な例といえよう。

　円形室の上部構造に関しては、FdV2グリッドで出土したトロスにもとづいて、持ち送り式のドーム構造が想定されている（図5-1：7）。このトロスは、半地下状にやや掘り込んでからつくられたために、基底部から0.85mまでの高さでピゼ壁が残っており、その形態から高さ1.5m程度のドーム状構造が復元されたのである。通常の地上につくられた円形室の場合は、もう少し緩やかに立ち上がる、つまりもっと背の高いドーム構造をとっていたものと考えられる。トロスの内部施設や出土遺物などに関しては十分な報告がなされていない。

　マロゥワンらは、出土層位にもとづき、初め円形室独立型であったものが後に方形室付加型に変化したとした。また、テル中央部では同じ位置にトロスが連続して建てられていること、それらテル中央部のトロスの壁が非常に厚く、前の時期の基礎石が再利用されず、つまり破壊されずに重なること、一部のトロスの壁に面して美しい彩文土器を多数副葬した若干の墓が認められること、トロスのすぐそばより女性土偶が出土する例があることなどから、トロスは通常の住居ではなく神殿のような用途を持っていた可能性を指摘した（ibid.:34）。

　1976年にアルパチヤの再発掘調査を行ったヒジャラは（Hijara et al. 1980）、さらに3基のトロスを検出している。しかしながら発掘がトレンチ調査であったために、新たに発見されたトロスはいずれも湾曲するピゼ壁の一部などが部分的に記録されているだけで、詳細は判明しない。また、一部のトロスの床面に石膏プラスターや彩色が施されていることなどが述べられているが、遺構の構造についての詳細な記述はない。ヒジャラはこれに加えてマロゥワンらの発見したトロスの一部を再調査して、アルパチヤの遺構の変遷についてまとめている。それによれば、ハラフ前期の遺構（ヒジャラのフェイズ1）は方形プランのみで構成され、ハラフ中期に入ると、まず石の基礎を持たない円形室独立型のトロスが出現（同フェイズ2）し、やがて壁に石の基礎を持つようになる（同フェイズ3前半）。さらにより厚い壁を有した方形室付加型のトロスが、ハラフ中期後半から後期初頭にかけて建てられるようになる（同フェイズ3後半）。ハラフ後期後半（同フェイズ4）では再び方形プランのみの遺構で集落が構成される、という。ヒジャラの調査は、混乱していたアルパチヤの土器編年を明確にするという意図のもとになされたもので、集落構造の解明が目的ではない。わずかの面積での調査結果を集落全体に当てはめてよいものか、このトロスの変遷については、大いに疑問が残されている。

7）ヤリム・テペⅡ（ジャジーラ地方モースル＝シンジャール地域）

　ヤリム・テペⅡでは、地山上の一部にハッスーナ期のごく薄い文化層が認められるが、それ以外はほぼ全層がハラフ期に属する。約600㎡の面積が発掘調査され、80基近くにのぼる数のトロスが

検出されている。これは現在のところ、1遺跡でもっとも多くのトロスが調査された例である。最終調査報告書が刊行されておらず、いまのところ年次報告にもとづいて分析するほかない（Merpert and Munchaev 1971, 1973, 1987, 1993b, Merpert et al. 1976,1977,1978, 1981, Munchaev and Merpert 1971, 1973, 1981）。

　トロスとして遺構番号がつけられたものは75基あるが、直接重なり合うトロスに同一の遺構番号がつけられている場合があるため、トロスは全部で80基前後を数えることになる。このうち図面ないし記述によって遺構の規模や形態がほぼ把握できるトロスは約50基あり、各遺構の属性をなるべく客観的に数値化してみた（表5.5）。

　トロスのプランの形態には、アルパチヤ同様に円形室独立型と方形室付加型がある。両者とも壁に基礎石を持つものは基本的にないが、これは同遺跡が建築用石材を獲得しにくいステップ地帯に位置していることとも関連しよう。

　大きさ・形態ともきわめて多様なトロスが検出されているが、いくつかの興味深いトロスについて触れておこう。トロス42（図5.1:6）は方形室付加型トロスの1例であり、円形室の内径4.0m、

表5.5　ヤリム・テペⅡ検出トロス

遺構名称	層位	時期	タイプ	円形室内径(m)	同壁厚(m)	方形室内法(m)	同壁厚(m)	備考
トロス75	Ⅸ	前・中期	C	2.5	0.3	—	—	竈付設
トロス73	Ⅸ	前・中期	C	3.3-3.5	0.3	—	—	竈付設
トロス71	Ⅸ	前・中期	C	4.3	?	—	—	
トロス67	Ⅸ	前・中期	C	5.3	0.4	—	—	炉・儀礼ピット・基段上に建設
トロス66	Ⅸ	前・中期	C	4	?	—	—	竈付設?
トロス61	Ⅸ	前・中期	C	3.3	0.3-0.35	—	—	竈・炉付設
トロス59	Ⅸ	前・中期	C	medium size	0.2	—	—	
トロス65	Ⅷ	前・中期	A	?	?	3.45+	?	
トロス64	Ⅷ	前・中期	A?	1.86	?	1.85×1.16	?	両室間に竈付設
トロス63	Ⅷ	前・中期	C?	5+	0.3-0.35	—	—	
トロス62	Ⅷ	前・中期	C	1.85	?	—	—	竈付設
トロス60	Ⅷ	前・中期	C	1.45	0.25	—	—	
トロス58	Ⅷ	前・中期	C	4.0-4.5	?	—	—	
トロス57	Ⅷ	前・中期	C	1.65-1.75	0.12	—	—	未焼成容器出土
トロス56	Ⅷ	前・中期	A	5.5	0.35	medium size	?	
トロス55	Ⅷ	前・中期	C	4	0.25	—	—	出入口
トロス54	Ⅷ	前・中期	A	3.3	?	4.1×2.15-2.4	?	出入口
トロス53B	Ⅷ	前・中期	A	3.5	0.4	3.75×1.1-1.15	?	室内に隔壁
トロス53A	Ⅷ	前・中期	A?	4	?	?	?	円形室に炉付設
トロス50	Ⅶ	中・後期	A	?	0.35	3.95×3.25	?	円形室に竈、方形室に隔壁・出入口

第 5 章 トロス 147

遺構名称	層位	時　期	タイプ	円形室内径 (m)	同壁厚 (m)	方形室内法 (m)	同壁厚 (m)	備　考
トロス48	Ⅶ	中・後期	A	3.75	0.36-0.6	2.45×1	?	円形室に竈、出入口
トロス44B	Ⅶ	中・後期	A	4.5	0.65	5.95×1.1	0.28	方形室に竈付設
トロス49	Ⅵ	中・後期	C	1.6	?	—	—	
トロス47	Ⅵ	中・後期	C	2	?	—	—	
トロス46	Ⅵ	中・後期	C	1.4	?	—	—	
トロス45	Ⅵ	中・後期	C	4	0.3	—	—	竈付設・プラスター床
トロス44A	Ⅵ	中・後期	A	3.8	?	4.75×1.45	?	方形室に竈付設
トロス43	Ⅵ	中・後期	A	5.6-5.65	0.6	3.5-5.0×2.5	0.3	方形室に隔壁
トロス42	Ⅵ	中・後期	A	3.9-4.0	0.35	2.5×1.6, 3.1×1.9?	?	
トロス36	Ⅵ	中・後期	C	4.7	0.3	—	—	
トロス31	Ⅵ	中・後期	C	2.6	0.6-0.7	—	—	室内に隔壁
トロス41	Ⅴ	中・後期	A	4.8	0.35	?	?	
トロス37	Ⅴ	中・後期	C	1.6	0.2	—	—	円形室床に貯蔵穴
トロス30	Ⅴ	中・後期	C	1.5	0.15	—	—	
トロス29	Ⅴ	中・後期	C?	2+	0.2	—	—	
トロス27	Ⅴ	中・後期	C	1.7	0.15	—	—	竈付設
トロス26	Ⅴ	中・後期	A?	3+?	0.3	?	?	
トロス25	Ⅴ	中・後期	C	3.7	0.4	—	—	
トロス23	Ⅴ	中・後期	C?	2.2+	0.2	—	—	
トロス22	Ⅴ	中・後期	A	6.15-6.40	0.3	1.1×1.1	?	
トロス20	Ⅴ	中・後期	C	1.6	0.2	—	—	
トロス19	Ⅴ	中・後期	C	1.7	0.2	—	—	
トロス18	Ⅴ	中・後期	C?	3.7	0.25	—	—	
トロス17	Ⅴ	中・後期	A	5.0-5.1	0.6	3.9×1.6	0.3	円形室に出入口、方形室に隔壁
トロス16	Ⅴ	中・後期	C	2.7	0.25	—	—	
トロス15	Ⅴ	中・後期	C	2.5	0.25	—	—	出入口
トロス9	Ⅳ	後・終末期	C?	2.75	0.25	—	—	
トロス7	Ⅳ	後・終末期	C	5	0.6	—	—	
トロス6	Ⅳ	後・終末期	A	?	0.25	1.4×1.2	?	円形室に竈、両室に出入口
トロス5	Ⅳ	後・終末期	C?	4.15	0.25	—	—	
Sq.29	Ⅳ	後・終末期	A	3.8	?	1.55×1.1	?	両室に出入口
Sq.23b	Ⅲ	後・終末期	C	4.5	0.25	—	—	円形室に出入口2

タイプのCは円形室独立型、Aは方形室付加型

壁厚0.35mで、円形室の内壁に沿って飼葉桶形の竈が取り付けられている[3]。壁は高さ0.75mまで残存しており、内傾したキューポラ形の上部構造が想定されている。内壁にはプラスターの上塗りが残る。円形室内部からは、黒曜石製・フリント製の石器、骨製の突き錐、石臼の破片、土製投弾、精製・粗製の土器片、動物骨多数など、きわめて生活臭の強い遺物が出土している。また、円形室の西側には数次にわたって方形室が取り付けられ、両者の間には出入口が設けられていた。トロス67は大型の円形室独立型トロスであるが、粘土のプラットフォーム上に建てられている。プラットフォームからは浅いピットが検出され、ピット内に彩文土器と黒曜石のマイクロブレード、土偶、ペンダント、銅製印章などが埋納され、灰と炭化物で覆われていた。これは、トロスの建築に当たって何らかの儀礼が行われたことを強く想起させるものだとされている。

　ヤリム・テペⅡではハラフ文化遺跡の中で最多のトロスが検出されているばかりでなく、基礎石を持たないということを除くと、大きさ・形態・内部施設などにおいてトロスに見られるほとんどすべてのヴァリエーションが検出されている。したがって、トロスの研究にとっては、現在もっとも重要な遺跡ということができよう。

8) **ヤリム・テペⅢ**（ジャジーラ地方モースル＝シンジャール地域）

　ヤリム・テペⅡのすぐ北側に接して位置する。1977〜1980年にかけてマウンド頂部の南側スロープを中心に約500㎡が発掘調査された（Merpert and Munchaev 1981、1984, Munchaev, Merpert and Bader 1984）。約12mの厚さの堆積を持ち、上層の4mがウバイド期、下層の8mがハラフ後期を中心とする文化層である。ハラフ期の文化層は下層よりハラフ3、2、1層と三つの建築層に細分され、各層より十数基のトロスが発見されている（表5.6）。基礎石を有しない円形室独立型のトロスがほとんどであるが、大型のトロスは円形室の内部が泥レンガの隔壁によってさまざまに分割されてい

表5.6　ヤリム・テペⅢ検出トロス

遺構名称	層位	時期	タイプ	円形室内径(m)	同壁厚(m)	方形室内法(m)	同壁厚(m)	備考
トロス138	ハラフ3層	後期	C?	5	0.5	—	—	二重の外壁、内部に隔壁
トロス137	ハラフ3層	後期	C	6	0.4	—	—	室内に隔壁
トロス118	ハラフ2層	後期	C	5	0.4-0.5	—	—	室内に隔壁
トロス133	ハラフ2層	後期	A?	3+	0.4	2+×?	0.4	円形室内に隔壁
トロス131	ハラフ2層	後期	C	3	0.25	—	—	
Ⅳ区トロス	ハラフ2層	後期	C	3+	0.4	—	—	
Ⅵ区トロス	ハラフ2層	後期	C	?	0.4	—	—	
トロス99	ハラフ1層	後期	C	1.4	0.3	—	—	
トロス92	ハラフ1層	後期	C	1.8	0.4	—	—	
トロス94	ハラフ1層	後期	C	1	0.25	—	—	
トロス3/2	テストピット	後期	C	c.5	?	—	—	
トロス3/1	テストピット	後期	C	5+	?	—	—	室内に隔壁

タイプのCは円形室独立型、Aは方形室付加型

第5章 トロス 149

ることが特徴的である。また、外壁が二重にめぐらされたトロス（トロス138）などもある。やはり大型のトロス118からは、2体の幼児埋葬が発見されている。室内の施設などの詳細は不明なものが多い。

9） テペ・ガウラ（ジャジーラ地方モースル＝シンジャール地域）

最上区発掘区の最下層であるXX層で1基、XVII層で2基のトロスが検出されている（Tobler 1950: 42-43, 47）。XX層のトロスの円形室は外径5～5.25mを測るとされているので、内径は5m弱となろう。一定の間隔で内壁に直交する扶壁が設けられている。円形室の北西部分に出入口が認められ、外壁に直交して直線の壁が伸びているため、おそらく方形室付加型トロスであったと考えられる。XVII層の遺構の主体は小部屋群で構成された複室方形住居であるが、発掘区の中に2基のトロスが発見されている。南側トロスの円形室内径は4.25mを測り、北側トロスの円形室内径は最大4.5mを測る。円形室の内壁に沿って前者は3ヵ所、後者は6ヵ所（残存しているのは5ヵ所）の扶壁が設けられており、発掘者はベンチを支える支柱ないしは屋根を支えるための材を保持する役割を担っていたものと考えている（ibid.: 43）。円形室の壁の一部が途切れており、出入口であったと思われる。方形室が付加された明確な痕跡は認められないため、これら2基のトロスは円形室独立型トロスであったと考えられる。

第3章で論じたように、ガウラ最上区のXX層はハラフ終末期、XVII層はウバイド期に帰属する。したがって、後者はハラフ文化のトロスとしては扱わない。円形室内に扶壁が設けられているのも通常のトロスとは異なる特徴である。

10） ハラベ・シャッターニ（ジャジーラ地方モースル＝シンジャール地域）

プロト・ハッスーナ期と紀元前1000年紀の薄い文化層に挟まれて、ハラフ後期の3層にわたる建築層が1mほどの薄い文化堆積の中で確認されている（Watkins 1987, Watkins and Campbell 1985, Baird, Campbell and Watkins 1995）。250㎡ほどの面積が発掘され、ハラフ層の最上層で2基、中層で1基、計3基のトロスが検出された。3基とも円形室独立型のトロスで、ハラフ層最上層のハウスADEは、円形室の内径が5.6mを測り、基礎石を有している。基礎石の上には一部タウフ壁が残存していた。基礎石の多くは60度をやや越える角度で内傾して置かれており、上部構造がドーム状をなしていたことを強く示唆しているという。ハウスADEの内側にトロスになると思われるもう一つ弧状の石列が発見されている。ハラフ層中層からは、内径が2.9～3.0mの小型トロスの基礎石部分が検出されているが、床面や内部施設は発見されなかった。

11） テル・デル・ハール（ジャジーラ地方モースル＝シンジャール地域）

径20～30mほどの小さなテルの第5層がハラフ期の文化層で、グリッドVI 8よりトロスが1基発見されている（Matsumoto and Yagi 1987）。図面などは発表されていないが円形室独立型と思われ、径約5mを測る。壁は泥レンガ製で基礎石は有さないが、トロスのすぐそばから石敷の床ないしは道の一部が検出されている。

12) シャムス・エッ・ディン・タニーラ（ジャジーラ地方ユーフラテス河中流域）

5×5mのグリッドが合計9区発掘されており、主発掘区であるA地区では3層にわたる薄い堆積が認められ、各層よりトロスが発見されている（表5.7）（Al-Radi and Seeden 1980）。A7区サイロとされた遺構を加えると、全部で4基となる。すべて円形室独立型で基礎石を有している。トロス内部に炉や竈などは設けられていないが、トロスのすぐ外に多数の竈が検出されている。とくに2層の竈とされた遺構（A5区）は内径が1.3m近くを計り、小型のトロスとそれほど遜色のない規模を有している。

表5.7　シャムス・エッ・ディン・タニーラ検出トロス

遺構名称	層位	時期	タイプ	円形室内径(m)	同壁厚(m)	方形室内法(m)	同壁厚(m)	備考
A1/A2円形住居	1	中・後期	C	4.65-4.70	0.45	―	―	ベッド状遺構、出入口、基礎石
A7区サイロ	1	中・後期	C	1.5	0.25	―	―	室内に隔壁、基礎石
A2区円形住居	2	中・後期	C	c. 5 +	0.45	―	―	出入口、基礎石
A5/A7区円形住居	3	中・後期	C	3.7	0.5	―	―	基礎石

タイプのCは円形室独立型

13) ユヌス（ジャジーラ地方ユーフラテス河中流域）

発掘年代が古いこともあって、円形遺構はトロスではなくすべて土器焼成窯として報告されている（Woolley 1934）。このうち少なくとも表5.8の6基はトロスと考えてよいものと思われる。内部施設などに関する明確な記述はない。すべて基礎石を有するトロスである。

表5.8　ユヌス検出トロス

遺構名称	層位	時期	タイプ	円形室内径(m)	同壁厚(m)	方形室内法(m)	同壁厚(m)	備考
A	―	中・後期	A	?	?	3.5×0.9-0.6	0.4	方形室に隔壁、基礎石
E	―	中・後期	C?	3.5-3.1	0.5	―	―	基礎石、室外に竈
H	―	中・後期	C	4.2	0.5	―	―	基礎石
J	―	中・後期	A	5	0.5	3.8×1.1	0.5	基礎石
L	―	中・後期	A?	4.5	0.5	?	?	基礎石
M	―	中・後期	A	c. 4?	0.7	?	?	基礎石

タイプのCは円形室独立型、Aは方形室付加型

14) テル・トゥルル（ジャジーラ地方ユーフラテス河中流域）

ハラフ中期から終末期（ウバイド移行期）にかけての文化層が7層にわたり連続的に堆積しており、各層から全部で5基のトロスが発見されている（表5.9）（Breniquet 1991a）。発掘区が限定され、トロスの全形プランが判明するものは少ない。すべて石の基礎を有し、ピゼないし泥レンガの壁が一部認められているが、壁の残存状態は極めて不良である。主要遺構はトロスであるが、その他、方形遺構と独立した炉、サイロなどが発見されている。なお、表5.9はBreniquet 1991aにもとづいて

表5.9　テル・トゥルル検出トロス

遺構名称	層位	時期	タイプ	円形室内径(m)	同壁厚(m)	方形室内法(m)	同壁厚(m)	備考
Locus 503-506	Ⅰ	中期	C	4.5	0.5	—	—	貯蔵穴、基礎石
Locus 504	Ⅱ	後期	C	c. 4	0.5	—	—	基礎石
Locus 523-530	Ⅲ	後期	C?	4	0.6	—	—	基礎石
Locus 508-524-525-527	Ⅴ	終末期	A	c. 4 +	0.6	3.5×2.5	0.7	方形室に炉、基礎石
Locus 512-516	Ⅵ	終末期	C	3.1	0.6	—	—	基礎石

タイプのCは円形室独立型、Aは方形室付加型

作成しており、Breniquet 1996に掲載されたトロス・リストとは、若干数値が異なっている。

15）フストゥクル・ホユック（ジャジーラ地方ユーフラテス河中流域）

　ハラフ中期の文化層を有する小さなテルで、テルのさまざまな地点にトレンチを設け発掘されている（Bernbeck and Pollock 1999, 2001, 2003, Pollock et al. 2001）。1999、2000年度調査で、各発掘区から全部で5基の中型トロスと2基の非常に小型の円形遺構が検出されている。
　テル中心部のユニットLで発見されたトロスⅠは円形室の内径が約4mほどで、円形室の西側に隣接して複数の小区画からなる方形遺構が発見されている。テル西側のユニットAで発見されたトロスⅡは、唯一全体のプランが判明している。円形室独立型トロスで、内径は3m弱を測る。すぐ東側に内径1mほどの小さな円形遺構がある。テル中央部のユニットE、Iで検出されているトロスⅢとⅤは、ごく一部がトレンチのコーナーにかかっているだけで、全容は不明である。ユニットEからはやはりごく小さな円形遺構も出土している。同じ中央部のユニットLで検出されたトロスⅣは、円形室内径約4mの中型のトロスで、西側に直線的なピゼ壁が伸びており、方形室付加型であった可能性がある。円形室内で、炉・ピット・ベンチなどの内部施設が検出されている。すぐ北側に複数の小区画からなる方形遺構が部分的に発掘されている。トロスの多くは石の基礎を有しているようである。

16）チャヴィ・タルラス（南東アナトリア地方ユーフラテス河上流域）

　ハラフ期の単純遺跡であり、5層にわたる文化層のうち最下層を除く各層よりトロスが検出されている（von Wickede und Herbordt 1988）。その内容がある程度報告されているのは表5.10にまとめた12基のトロスであり、この中には小型であるために報告者がサイロと名づけたものも含んでいる。帰属時期はハラフ中期を主体とし、すべて基礎石をもつトロスである。円形室独立型、方形室付加型の双方が検出されている。

17）クルバン・ホユック（南東アナトリア地方ユーフラテス河上流域）

　南丘の北斜面に設けられたステップトレンチ（A地区）の最下層（第Ⅷ期）が、約1.5mの厚さのハラフ中・後期の文化層だが、この第Ⅷ期文化層はさらに五つの層に細分されていて、そのうちの

表5.10 チャヴィ・タルラス検出トロス

遺構名称	層位	時期	タイプ	円形室内径(m)	同壁厚(m)	方形室内法(m)	同壁厚(m)	備考
トロス11	3	中期	C?	c. 5?	0.6	—	—	基礎石
トロス3	3	中期	A	4	0.6	3.6×1.8	0.7	円形室に竈2・出入口、方形室に隔壁、基礎石
トロス13	3	中期	A	3.6	0.6	3.2×1.7	0.5	方形室に出入口、基礎石
サイロ5	3	中期	C	1.5	0.3	—	—	基礎石
トロス1	2	中期	C?	3.8?	0.4	—	—	基礎石
トロス2	2	中期	C	3.5?	0.7	—	—	基礎石
トロス12	2	中期	A	3.8	0.7	2.4+×1.2-1.8	0.6	円形室に竈、方形室にプラスター床、基礎石
トロス7	1	中期	C	c. 5?	0.6	—	—	基礎石
トロス9	1	中期	C	2.4	0.8	—	—	竈付設、基礎石
トロス14	1	中期	C	3.2-2.5	0.6	—	—	基礎石
トロス10	1	中期	A?	c. 4.5?	0.5	?	?	基礎石
サイロ15	1	中期	C	c. 1.7?	0.4	—	—	基礎石

タイプのCは円形室独立型、Aは方形室付加型

下から第3、5層よりトロスが1基ずつ発見されている（Algaze ed. 1990）。

　第3層のトロスは円形室のみが判明しており、その半分が調査区内にある。円形室の内径は2.6m（外径4.1m）で、基礎石列を持つ。壁の厚さは0.3〜0.9mと場所により変異し、堅いプラスターの床面を持っている。床面上から両面が押圧剥離で加工されたフリント製短剣が出土していることが注意を惹く。第5層のトロスは方形室付加型であり、やはり基礎石列を持っている。円形室の内径は3.2m（外径4.2m）で、壁は0.4〜0.5mの厚さを持ち、方形室は一方の石列のみが検出されていて、少なくとも4.5mの長さがある。トロスの内部は上層のピットにより撹乱されていて、明確な床面などは検出されていない。

18) ギリキハジヤン（南東アナトリア地方ティグリス河上流域）

　1960、1970年の2シーズンにわたる発掘調査で、8基のトロスが確認された（Watson and LeBlanc 1990）。帰属時期はハラフ中期を主体とする。8基のうち3基が円形室独立型、5基が方形室付加型のトロスであり、すべて泥レンガ壁で、基礎石が見られる。

19) テル・ハッサン（中部メソポタミア地方ハムリン盆地）

　テル・ハッサンでは、最上層の第5層がウバイド3期に属するほかは、第1層から第4層までハラフ後期から終末期にかけての文化層が認められる（Fiorina 1984, 1987）。ハラフ期の集落の遺構は基本的に複室の方形プラン住居で構成されているが、第3層で1基のみ小型のトロス（L12区トロス）が発見された。円形室独立型のトロスで、内径は2.6m、壁の厚さは0.3mを測る。壁はタウフ

表5.11 ギリキハジヤン検出トロス

遺構名称	層位	時期	タイプ	円形室内径 (m)	同壁厚 (m)	方形室内法 (m)	同壁厚 (m)	備考
House1	OperationA	中期	A	4.5	0.35	3.75×2.2	?	円形室に炉・竈、基礎石
House2	E4N1 6-8	中期	A?	3.4	0.35	?	?	円形室に炉、一部石敷床、基礎石
House3	E4N1 8-1	中期	A	3.1	0.35	4.0×1.8-1.05	?	基礎石
House4	E5N2 3-4	中期	A?	4.25	0.5	?	?	西外に炉、焼けたプラスター床、基礎石
House5	E7N9	中期	A?	?	?	6.25×1.85	?	基礎石
House6	E8N8 3,4	中期	C	3.5	0.35	—	—	一部プラスター床、基礎石
House7	E8N8 5	中期	C	2.25	0.35	—	—	基礎石
House8	W2S5	中期	C	4.5	0.35	—	—	基礎石

タイプのCは円形室独立型、Aは方形室付加型

により、基礎石はない。円形室内部の壁に沿って炉が検出され、中央には小さな柱穴が一つ見つかっている。円筒形の上部構造が想定されており、発掘者は貯蔵庫ないしは居住用に用いられたと考えている。

　ここまで、ハラフ文化遺跡で発掘されたトロスをリストアップしてきた。このほか管見に触れたトロスが検出されている遺跡として、ジャジーラ地方では、ハブール川流域のテル・シャガル・バザル（Mallowan 1936, 1947）、モースル＝シンジャール地域のテル・アッゾⅠ（Killick and Roaf 1983）、テル・ハジラク（ibid.）、南東アナトリア地方では、ユーフラテス河上流域のネヴァル・チョリ（Hauptmann 1987）、ガジアンテップ＝アダナ地域のドムズテペ（Carter et al. 1999, Campbell and Carter 2000）、北レヴァント地方ではアムーク平野のテル・クルドゥ（Yener, Edens, Casana et al. 2000, Yener, Edens, Harrison et al. 2000）、中部メソポタミア地方では、エルビル＝キルクーク地域のクディシュ・サギール（Starr 1937）、ティグリス河中流域のテル・エス・サワン（Al-Soof 1971）、ハムリン盆地のテル・アブ・フセイニ Tell Abu Huseini （Invernizzi 1985, Brenidquet 1996）、ザグロス地方ではテル・バグム（Hijara 1980）、などを挙げることができる。しかしながら、これらの遺跡から報告されているトロスやトロス状の遺構は出土例数が少数で、各遺構の詳細についてごく断片的な情報しか得られていないものが多い。またある程度詳細が判明している遺構でも、たとえばサクチェ・ギョジュのトロス状遺構の多くはハラフ期より以前に遡り、テペ・ガウラやドムズテペのトロス状の遺構についてはウバイド期に降るものと本論では判断している。その他の遺跡のトロス、トロス状遺構についても帰属時期が判然としないものがある。したがって、次節以降のハラフ文化のトロスの分析に際しては、本節でリストアップした諸遺跡のトロスを資料の主体とする。

　本節でリストアップしてきたトロスの検出される遺跡の分布を見ると、ジャジーラ地方のバリフ川流域、ハブール川流域、モースル＝シンジャール地域、ユーフラテス河中流域および南東アナト

リア地方のティグリス河=ユーフラテス河上流域にほぼ限定され、これ以外では南東アナトリア地方のガジアンテップ=アダナ地域や中部メソポタミア地方のいくつかの地域でごくわずか断片的に認められる程度である。第2章第2節で扱ったように、その分布はハラフ彩文土器の分布と比較してかなり限定的なものとなる。さらに、ジャジーラ地方および南東アナトリア地方のティグリス河=ユーフラテス河上流域のごく一部の遺跡ではトロスを主体とした集落が見られるが、その他の地域でトロスが検出される場合、ハムリン盆地のテル・ハッサン例に典型であるように、方形プランの住居群の中に小型のトロスがごく少数存在しているだけである点にも留意しておきたい。

第2節　トロスの分類と機能

　本節ではトロスの機能を抽出することを目的にまず分類を行うが、その際とくに以下の点に留意した。トロスの持つさまざまな属性のうち、機能差や時期差ではなく主に地域差に起因すると思われるような属性は、分類基準の下位においた。たとえば基礎石の有無などである。石灰岩礫などの得にくいジャジーラ地方のステップ地帯に位置するヤリム・テペⅡなどでは、ハラフ期の多様な時期と形態のトロスが揃っているにもかかわらず、まったく基礎石が用いられていない。それに対して、石材に恵まれた、たとえば南東アナトリア地方の丘陵地帯に営まれたチャヴィ・タルラスやギリキハジヤンといった遺跡のトロスはすべて基礎石を有している。

　機能を考えたときに基本的な問題となるのはトロスの大きさである。円形室独立型および方形室付加型という二つのタイプのトロスに共通する円形室のうち、利用という観点から広さを考えて、円形室の内径を分類基準の第1属性とした。したがって、前項のトロス・リストに示した大きさの値はすべて内径・内法をとっている。次に円形室や方形室の内部施設の有無などを第2属性とした。竃や炉といった調理用施設や暖房・採光施設、ビンなどの貯蔵施設の有無は、遺構の機能を考える際の大きな手がかりとなるはずだからである。また、プラスターやプラット・ホームの存在なども属性として留意している。

　ここで行っている分類では、これまでの研究者達がトロスの分類を行う際に最重視してきた円形室独立型か方形室付加型かというタイプ分けは、上位の分類属性として用いなかった。それは、広さや内部施設などの属性と異なり、このタイプ分けがそもそもどのような意味を持っているのか筆者に把握できていないためであり、意味不明の属性を第一の基準として分類することで、分類自体の意味づけができなくなる恐れがあったからである。したがって、円形室独立型か方形室付加型かというタイプ分けは、分類基準としてではなく、上述した属性にもとづいて分類されたトロスを考察する際に配慮することにした。

　前節で実例を挙げたように、管見に触れた限りでは、現在まで28遺跡210数基のトロス例が認められた。これら210数基あまりのトロスのうち、第1属性とした円形室の内径が計測可能なトロスは148基であった。この中には地域性や遺跡の特殊な性格を反映したトロスが含まれている可能性があるため、まず全トロス例の41％、円形室内径が計測可能なトロス例の33％を占め、多様なトロス

が検出されているヤリム・テペⅡ検出のトロスを分類し、次にそれにもとづいて全トロス例の分類を試みることにする。

　ヤリム・テペⅡで検出されたトロスのうち、円形室の内径が計測可能なトロスは48基あり（表5.5）、それらの円形室の内径と面積の基数分布を図5.2に示した。この図を見ると、円形室の内径が1.6〜1.7m、3.3〜4.0m、面積では2〜3㎡、8〜13㎡を中心に二つのピークがあることがわかる。前者の山全体では、内径1.4m〜3.0m、面積では1.5〜8㎡をカヴァーし、後者の山全体は、内径3.3〜4.8m、面積8〜16㎡前後をカヴァーしているように見える。また、基数のピークは示さないが、後者よりもさらに大きな円形室を持ったトロスが少数例存在しており、その内径は5.0m以上、面積は20㎡前後より大きくなる。つまり、円形室の大きさを基準としたとき、ヤリム・テペⅡで検出されているトロスは、内径が3m以下の小型、3〜5mの中型、5m以上の大型という三つのグループに分類されるといえよう。そして、48基をこの基準で分類すると、小型19基、中型22基、大型7基となる。次にグループごとにそれぞれの特徴を見てみよう。

　第1は内径3m以下の小型のトロスであるが、壁は主としてピゼによりつくられ、0.2m内外の薄いものが多い。通常、壁の内面及び床面はプラスターで塗りかためられ、円形室の内部には特に設備を持たないものが主体となる（図5.1:13,14）。ただし、床下に貯蔵用のピットが検出された例が1例、内部に竈を持つもの（図5.1:15）が4例ある。また、このグループでは、トロス64を除くとすべて円形室独立型トロスであり、方形室が付加されることがない。

　第2は内径3mから5mを示す中型のトロスであり、多くは3.3〜4.5mに集中している。壁はピゼないしは泥レンガ製で、壁厚は0.5m内外を示す。やはり内面および床面にプラスターが塗布されるものが多い。円形室内部に竈ないし炉を持つものが6例あり、また方形室内に竈を持つものも2例ある。つまり、トロス内部に何らかの調理施設が発見されている例が、22基のトロスのうち8基にのぼっている。円形室内部からは、土器、石器、骨角器、石臼、土製投弾など、日常的な道具類や動物骨などが出土している例がいくつもある。なお、このグループに属する23基のトロスは、円形室独立型13基、方形室付加型10基で、両者はほぼ半数ずつ混在している。

　第3は、内径が5m以上を示す大型のトロスで、第Ⅸ層のトロス67を除くとすべて方形室付加型である（図5.1:1,3,4）。壁厚は0.4m以上を示す。円形室の内部に竈などを持つ例は、やはりトロス67を除くと存在しない。このグループのトロスには、建設前の入念な準備を想定させるものが含まれている。たとえば第Ⅵ層のトロス43では、幅0.65mの大きな円形のピゼ壁を準備してからその内側に建材としてのアドベを含んだ粘土を入れて壁を形づくっている。また前述したように、トロス67はさまざまな遺物が埋納されたピットが設けられた粘土のプラットフォーム上に建てられていた。

　以上、ヤリム・テペⅡで検出されたトロスに関して、主として円形室の規模にもとづいて大きく三つのグループに分類してみた。これを層位的に眺めてみると、第3グループの大型トロスは絶対数が少ないこともあり、各層で複数例見られることがほとんどないことに気づく。それに対して、第1および第2グループの小型・中型のトロスは、各層より多数が万遍なく検出されているといえ

表5.12 トロス分類集計表

地方/地域	遺跡名	トロス基数	計測可能数	グループ分け	竈・炉付設トロス数	タイプ分け
ジャジーラ地方 バリフ川流域	テル・サビ・アビヤド	12	11	s=8		C=8
				m=3	1	C=3
	キルベト・エッ・シェネフ	24	21	s=15	1	C=15
				m=6	3	C=6
	ハザネ・ホユック	1	1	m=1		A=1
ジャジーラ地方 ハブール川流域	テル・ウンム・クセイール	4	3	m=2	1	C=1, A=1
				l=1		C=1
ジャジーラ地方 モースル＝シンジャール地域	テル・アルパチヤ	13	10	m=4		C=3, A=1
				l=6		C=3, A=3
	ヤリム・テペII	80	48	s=19	4	C=18, A=1
				m=22	8	C=13, A=9
				l=7	1	C=3, A=4
	ヤリム・テペIII	12	11	s=3		C=3
				m=3		C=2, A=1
				l=5		C=5
	テペ・ガウラ	1	1	m=1		A=1
	ハラベ・シャッターニ	3	2	s=1		C=1
				l=1		C=1
ジャジーラ地方 ユーフラテス河中流域	シャムス・エッ・ディン	4	4	s=1		C=1
				m=2		C=2
				l=1		C=1
	ユヌス	6	5	m=4		C=2, A=2
				l=1		A=1
	テル・トゥルル	5	5	m=5	1	C=4, A=1
	フィストゥクル・ホユック	7	4	s=1		C=1
				m=3	1	C=1, A=2
南東アナトリア地方	チャヴィ・タルラス	12	12	s=4		C=4
				m=6	3	C=2, A=4
				l=2		C=2
	クルバン・ホユック	2	2	s=1		C=1
				m=1		A=1
	ギリキハジヤン	8	7	s=1		C=1
				m=6	2	C=2, A=4
中部メソポタミア地方	テル・ハッサン	1	1	s=1		C=1
合計		195	148	s=55	5	C=54, A=1
				m=69	20	C=41, A=28
				l=24	1	C=16, A=8

記号： s=小型トロス、m=中型トロス、l=大型トロス、C=円形室独立型、A=方形室付加型

図5.2 ヤリム・テペⅡ検出のトロス円形室内径・面積分布図

図5.3 ハラフ文化遺跡検出のトロス円形室内径・面積分布図

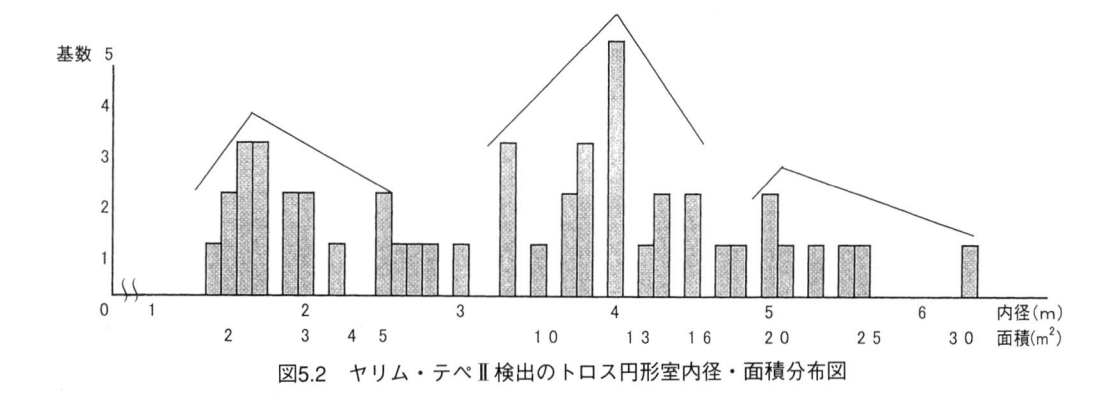

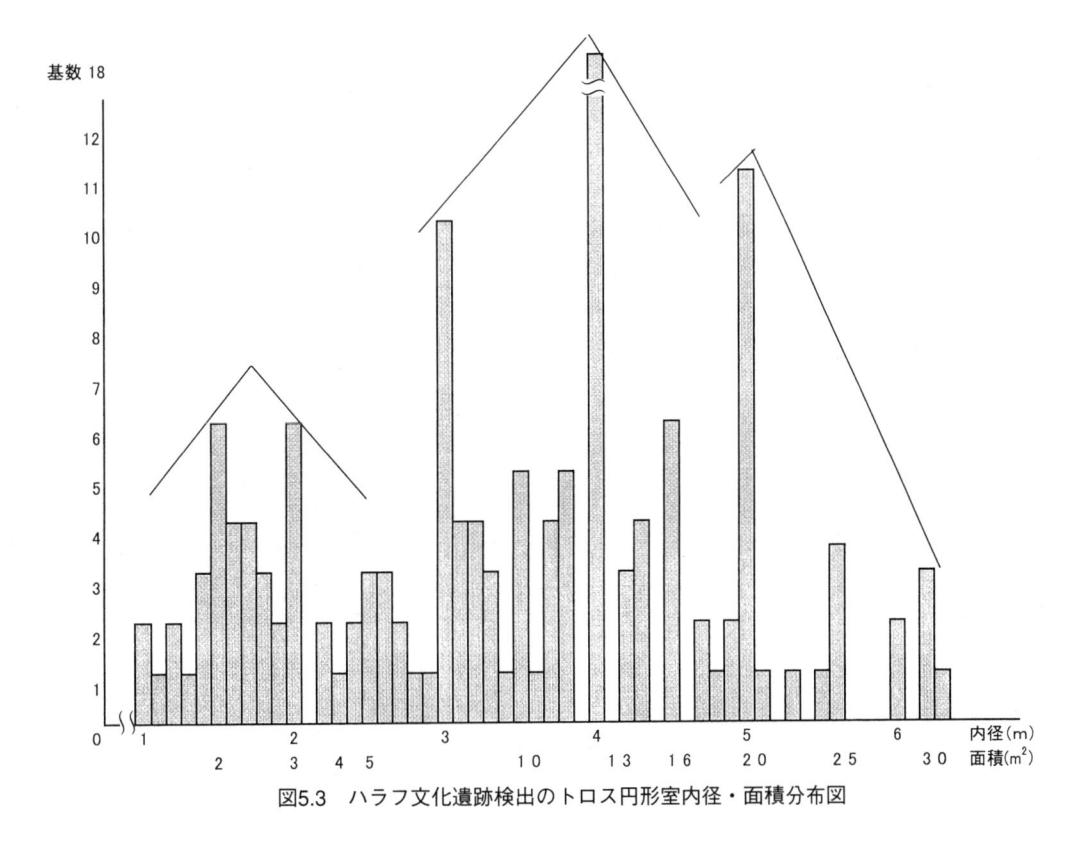

よう。

　さて、小・中・大型としたトロスの分類と各グループの特徴が、ハラフ期に見られるトロスの一般的傾向といえるかどうかを、次に確かめてみよう。図5.3は、前述した円形室の内径が計測可能なトロス148基の、円形室の内径と面積の差の基数分布を示している。ヤリム・テペⅡだけを扱った図5.2と比べて、内径3m前後、面積7～8 m^2 のトロス基数が突出しているが、これはこの規模のトロスがテル・サビ・アビヤドから多数発見されていることなどによる。しかしながらそれを除くと、全体の傾向はほとんど変わらないことがわかる。すなわち、円形室の内径が1.5～1.7mと4m前後、

面積では2〜3㎡、12〜13㎡を中心に二つのピークがある。前者の山全体では、内径1.0m〜2.9m、面積では1〜7㎡をカヴァーし、後者の山全体は、内径3.0〜4.8m、面積8〜16㎡前後をカヴァーしており、それぞれ小型、中型トロスのグループを形成している。内径3m前後のトロスは小型と中型のちょうど境に当たるが、後述するように内容的には小型トロスに近似している。また、内径5.0m以上、面積20㎡前後より大きな大型トロスのグループがあることも同じである。

　この基準にもとづいて148基のトロスを分類してみると、小型トロスが55基、中型トロスが69基、大型トロスが24基となる（表5.12)[4]。小型トロス55基のうち、内部に竈・炉を持つものは、キルベト・エッ・シェネフの1基とヤリム・テペⅡの4基の計5基のみであった。また、55基のうち54基は円形室独立型のトロスであった。したがって、小型トロスは基本的に円形室独立型で、竈や炉などの施設を有していなかったと考えられよう。これに対し、中型トロス69基の中で、円形室ないしは付設の方形室内に竈、炉などの施設を持つトロスは20基あった。床面がきちんと検出されていないトロスや内部が撹乱されているトロスもあることを考えると、中型トロスで竈・炉などの調理・暖房・採光などの諸施設を持つ割合は実際にはもっと高くなるだろう。また、ベッド状の施設や貯蔵ピットなどを持つトロスもある。69基のうち、円形室独立型41基、方形室付加型28基となっている。したがって、中型トロスは円形室独立型、方形室付加型が混在しており、内部に調理施設などを持つ例も一般的といえよう。大型トロス24基の中で内部に竈を持つものは、上述したヤリム・テペⅡ検出の1基のみで、大型トロスは基本的に竈や炉などを有しない。24基のうち、円形室独立型は16基、方形室付加型は8基であった。

　以上の一般的傾向は、ヤリム・テペⅡで導き出されたトロスの分類およびそれぞれのグループの特徴と、大きな矛盾はないといえよう。やや異なるのは、大型トロスはヤリム・テペⅡでは基本的に方形室付加型であったが、全体で見ると円形室独立型の大型トロスの方が多いことであろう。この一般的傾向から、ハラフ文化の諸遺跡から検出されるトロスと呼ばれる遺構は、基本的に以下の3種に分類することが妥当である。そして、規模、内部施設などの特徴からそれぞれ異なった機能を有していたと理解することができよう。

＜小型トロス＞　円形室の内径が3m以下の円形室独立型トロス。内壁および外壁にプラスター張りの施されているものが多い。内面が焼き締められる例もある。円形室内の面積は1〜7㎡であり、居住用に供されたと考えるにはあまりに狭い。とくに小型トロスの主体をなす内径1.5〜1.7mのトロスを住居として使用することはまったく不可能であり、基本的に貯蔵用施設と考えられる。パン焼き用と想定される竈などの調理用施設が内部に検出される例がごく少数あり、この場合は独立した炊事用施設と想定される。

＜中型トロス＞　円形室の内径が3〜5m内外を示し、円形室独立型と方形室付加型がある。円形室内の面積としては、8〜16㎡前後である。内部に竈や炉などの調理用施設が検出される例がかなりあり、またベット状遺構などを伴う例もある（図5.1:8)。検出例も多く、もっとも普遍的に見られるトロスといえる。規模や出土遺物から考えても、これらは基本的に住居と考えられる[5]。

<大型トロス＞　円形室の内径がおおむね 5m 以上で、円形室独立型と方形室付加型がある。調理用施設などドメスティックな内部施設は検出されない。検出例はトロスの中でもっとも少ない。壁に厚い石の基礎が採用されたり、プラットフォーム上に建てられたりしており、建設に当たっての入念な準備が認められ、儀礼を行った形跡を示すものもある。単なる住居というよりも、集落共同体全体に係わる遺構であった可能性が高い。

第3節　トロスの変遷

　前項で、ハラフ文化に見られるトロスは、基本的に小型・中型・大型の3種に分類することができ、それぞれが貯蔵用施設・調理用施設、一般住居、共同体全体にかかわる施設といった基本的機能を有していたと結論づけた。ここでは、ハラフ期全体の中でこの3種のトロスがどのように変遷したかについて考察を進めよう。

　図5.4は、前項でグループ分けに用いた円形室内径が計測可能なトロスを、第3〜4章で行ったハラフ成立期、前期、中期、後期、終末期という5期に区分したときの基数分布を示している。148基のうち、ハラフ成立期に帰属するトロスが11基、ハラフ前期（ハラフ前/中期を含む）18基、ハラフ中期（ハラフ中/後期を含む）91基、ハラフ後期24基、ハラフ終末期4基という内訳となっており[6]、全体としてはハラフ中期ないし中/後期に帰属するトロスが圧倒的に多い。各時期のトロスの分布傾向を見ると、ハラフ成立期では小型トロスが多数派で、大型トロスはまだ認められない。それに対してハラフ前期になると、中型トロスが数の上で小型トロスを上回り、大型トロスも出現している。その傾向はハラフ中期により明確になる。中期では中型トロスが主流で小型トロスがこれに続き、大型トロスも一定数見ることができる。ハラフ後期には小型トロスは少数派となり、中型・大型トロスが一定数存在する状況に変わる。そして終末期にはごく少数のトロスが認められるだけとなる。

　3種のトロスの基数分布の変化は、各時期のトロス円形室内径平均値にも現れている。その平均値は、ハラフ成立期2.78m、前期3.52m、中期3.32m、後期4.03mであり[7]、時期を追うに従いトロスが大型化する傾向が見られる。

　3種に分類されたトロスの基数分布と円形室内径平均値の変遷が何を意味しているかを、前項でまとめたトロスの機能から整理してみよう。ハラフ成立期にはトロスの円形室内径平均値は3mに満たず、小型トロスが圧倒的に多いことがわかる。この小型トロスは居住用ではなく貯蔵用施設であると考えられることから、トロスという特異な遺構は、まず貯蔵用施設としてハラフ社会に登場したと考えられる。ハラフ前期になるとトロス円形室内径平均値は3.52mとぐっと大きくなり、ほぼハラフ中期の様相と変わらなくなる。中型トロスが一般的になるからである。成立期にあった貯蔵用施設としてのトロスの一部が徐々に大型化し、居住用施設つまり住居としても使用されるようになったと考えられる。ハラフ中期ではトロスの円形室内径平均値は3.32mを示し、中型トロスが完全に主体となっている。前期よりも円形室内径平均値がやや小さくなっているのは、小型トロスも依然として多く存在しているからである。また大型トロスも、数は少ないながらも安定的に存在

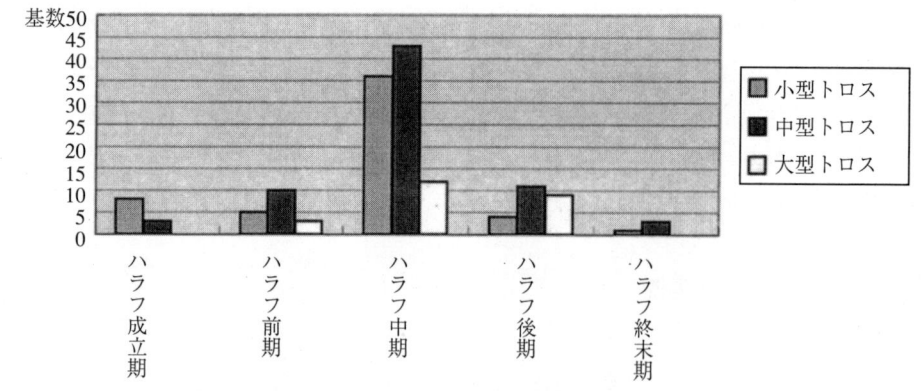

図5.4　小・中・大型トロスの時期別分布

している。つまり、ハラフ中期には住居の大半がトロスとなり、貯蔵用施設やコミュニティのための共同施設など、ハラフ社会のあらゆる建物がトロスを基本として建設されるようになったと解釈される。ハラフ後期になると、全体的にトロス基数は減少する。建物にトロスを採用することが徐々に衰退していき、とくに貯蔵用施設としての小型トロスは極端に減少してしまう。トロスは主として住居とコミュニティ用の共同施設として残存するが、この時期には方形プランを基本とした建物群が徐々に復活しており、トロスは社会的役割を失い始めていたと考えられよう。そしてハラフ終末期には、ハラフ文化の集落でさえもトロスを建てる習慣が消滅していったようである。

第4節　トロスの出自

前節でトロスの変遷についてまとめたが、本節ではトロスの出自について追究したい。それにはまず、ハラフ成立期より遡る時期のジャジーラ地方の土器新石器時代に帰属する遺跡に認められる円形遺構に着目する。

ハラフ土器の出自と同様に、トロスの出自を考える際にももっとも重要となる遺跡は、現在のところハラフ期直前の文化層からハラフ成立期までの文化層が連続的に発掘調査されているほぼ唯一の遺跡といってよいバリフ川流域のテル・サビ・アビヤドである。本章第1節で言及したように、ハラフ成立期直前に位置づけられる同遺跡第4層およびそれに遡る第6層からもトロス状の円形プランの遺構が検出されている。第6層は、ほぼ800㎡の広さが発掘調査されており、一辺が2m前後の方形の小部屋多数で構成された長方形プランの建物が8軒と、それに伴って合計4基のいずれも円形室独立型の遺構が発見された（Akkermans ed. 1996:59-62）。

第Ⅵ建物 BuildingⅥと名づけられた円形遺構の内径は5.75mもあり、それは初現期のトロスとして予想される小型トロスではなく、大型トロスに区分されるものであった。ただし、円形遺構の内部は隔壁で4区画に細分された特異な構造で、同様の隔壁を持ったトロスはハラフ後期のヤリム・テペⅢで類例が認められる程度である。内部からは、石棒や紡錘車、錘、骨錐などが出土しており、発掘者は食糧調理や衣服の縫製などに関わる作業が行われていたのではないかと推定している。

第Ⅶ、Ⅷ建物 BuildingⅦ, Ⅷ（ないしTholosⅦ, Ⅷ）と名づけられた二つの円形遺構の内径は、そ

れぞれ4.0m、1.75mを測る。前者は外壁に厚い白色のプラスターが塗布されていて、壁は基礎の部分から既に内傾しており、ドーム状の上部構造が推定されている。また後者からは5枚のローム床面が検出されており、長期にわたって使用されていたことがわかる。もう一つの円形遺構第Ⅸ建物 Tholos Ⅸは内径が3.5mで、L字状の隔壁により内部に小さな小部屋がつくり出されている。壁は直立しており、ドーム状ではなく平屋根であったと推定されている。

テル・サビ・アビヤド第6層で検出されているこれらの円形遺構は、とくに第Ⅶ、Ⅷ建物などは後の第3層以降のトロスと構造上やプラスターを施す点でも共通しており、第4層で検出されている方形室付加型のトロス（Sq. Q15）を含めて、ハラフ文化に帰属するトロスと大きな相違はない。本章第2節の分類基準では、第Ⅷ建物が小型トロス、第Ⅶ建物とSq. Q13トロスが中型トロス、第Ⅵ建物は大型トロスに区分されるが、上述したように内部が隔壁で区分されていたり、外面にプラスターが施されている点などから、これらは基本的に居住を目的として建てられたのではなく、貯蔵用施設や作業場としての役割を果たしていた可能性が高い。第6〜4層の住居の主体が小部屋群からなる方形プランの建物であることも、これらのトロス状の遺構が住居ではなかったことを強く示唆する。なお、テル・サビ・アビヤド第6層以前の文化層からもトロス状の遺構が発見されているというが（Akkermans personal com.）、今のところその詳細は不明である。

ユーフラテス河中流域のテル・ハルーラでは、紀元前7000年紀半ば過ぎ（補正年代）に年代づけられるプレ・ハラフ層で、2基の円形遺構が報告されている（Molist 1998a）。テル・ハルーラのハラフ層はハラフ中期に帰属するもので、このプレ・ハラフ層との間にヒアタスがあり直接連続しないが、ハラフ文化以前のトロス状の遺構として留意しておく必要があろう。石の基礎部分のみの残存であり、ほぼ全体のプランがわかる1基は円形室独立型で、円形室の内径は約3m（外径3.8m）を測る。すぐ隣から検出されているもう1基はごく一部が残存するだけである。同じ層位で検出されている遺構は複室方形プランの建物であり、このプレ・ハラフ層やそれ以前の層で円形遺構は例外的な建物である。

テル・サビ・アビヤド第6層や、テル・ハルーラのプレ・ハラフ層の文化的要素は、東のモースル＝シンジャール地域を中心とするハッスーナ文化とも西の北レヴァント地方のアムークA〜B文化とも異なるバリフ川からユーフラテス河中流域独自の土器新石器文化とでもいうべきものであるが、ハッスーナ文化に帰属する遺跡からも円形遺構の報告がある。ハッスーナ文化の集落では、基本的に複室方形プランの遺構が建物の主体となっているが、これに伴って、たとえばテル・ハッスーナやヤリム・テペⅠなどの遺跡で円形遺構が認められる（Lloyd and Safar 1945, Merpert and Munchaev 1987）。テル・ハッスーナでは第1c層で内部が隔壁に分割されたかなり大型の円形遺構（11号遺構）が検出されており、出土遺物からドメスティックな施設とされているが、報告者はハッスーナの遺構としてこれはかなり特異な例であると言及している（Lloyd and Safar 1945: 272）。ほかに、第Ⅱ層などから穀物貯蔵所とされる内径2m前後の小型の円形遺構が複数検出されている。ヤリム・テペⅠでは、第12〜7層というハッスーナ前期に帰属する文化層から、複数のトロス状の円形遺構が検出されている。いずれも内径が1〜3mの小型の円形遺構であり、規模や形態、出土遺物などから通常の住居ではないことは明らかだとされる（Merpert and Munchaev 1987: 6）。報告者は、

これらトロス状の遺構の内部や床下から埋葬された人骨が検出される例があることから、墓に関連した施設ではないかと推察している（ibid）。ただし、墓としての使用は二次的な利用であった可能性も大きく、もともと貯蔵施設や作業施設であった可能性が高い。また、円形遺構はサイロなどと記述される例もある。これらの円形遺構の上部構造がドーム状を呈していたかどうかに関して検討する必要があるが、これらはハラフ文化でトロスとして報告される遺構の中の小型トロスと、少なくとも規模やプランの上で基本的な相違はない。

　注目しておきたいのは、ハラフ期以前に、既に方形室付加型トロスとでもいうべき遺構がいくつか発見されていることである。たとえば前述したハラフ成立期直前のテル・サビ・アビヤド第4層例（Akkermans 1993: 54, Akkermans and LeMière 1992: 6-7, Akkermans ed. 1996: 76-77）であり、またハッスーナ前期終末に属するヤリム・テペⅠ第7層20号遺構（Merpert, Munchaev and Bader 1976: 27）などである。いずれも円形室の内径は3mをわずかに上回り、居住用の遺構であったと想定することも可能である。とくに後者の例では、内部にパン焼き竈を有しており、ハラフ文化に認められる中型トロスとほぼ同様の内容を有している。貯蔵用や作業用の施設としての小型の円形遺構とともに、居住用の施設としてこのような中規模の円形遺構も使用され始めているという先駆的な例と捉えることもできようか。

　ジャジーラ地方に隣接する地域においても、土器新石器時代の集落遺跡からトロス状の遺構が発見される例が散見される。たとえば南東アナトリア地方ガジアンテップ＝アダナ地域のサクチェ・ギョジュでは、1911年に調査されたトレンチZの最下層であるθ層で、2基の円形遺構が検出されている（Garstang et al. 1937）。この層はハラフ期直前の土器新石器時代終末に位置づけられる層であり、上層にハラフ中期、同後期の文化層が続く。2基とも内径1.5m前後と小型の円形遺構で、基礎石を有している。うち1基の遺構は石灰床 lime floor（おそらく石灰プラスター貼りの床のことか）を持つという。北レヴァント地方アムーク平野のテル・アル・ジュダイダ Tell al-Judaidahでは、第23層（アムークB期）より、方形遺構に伴うかたちで内径1〜1.5mの円形遺構が2基検出されている（Braidwood and Braidwood 1960: 102-103）。また、それよりも時代的に遡る資料として、エル・ルージュ盆地のテル・エル・ケルク2号丘Tell el-Kerkh 2の第3層（エル・ルージュ2b期＝アムークA期併行）で検出されている円形遺構も注目される（岩崎・西野編 1993: 41-42）。この遺構は内壁と床にプラスターが施されており、それが焼き固められている。遺存している基礎壁が若干内傾していることから、上部構造がドーム状をなしていたと推定されていることも重要であり、ハラフ成立期に帰属するテル・サビ・アビヤドのトロスと類似する要素をいくつか指摘することができる[8]。

　以上言及してきたように、ジャジーラ地方のハラフ期以前に遡る土器新石器時代集落の中に、トロスに類似した円形プランの遺構をいくつか見出すことができる。同地方の土器新石器時代の基本的な住居はいずれも多室の小部屋からなる方形プランの建物であるが、そうした住居に付随する形で、小型の円形遺構が少数例存在している。規模やプランなどから見る限りこれらの円形遺構はハラフ文化の小型トロスとよく類似したものといえ、貯蔵用施設や作業場などとして機能していたも

のと考えて間違いないだろう。またごく一部ではあるが、中型ないし大型の円形遺構も検出されている。これらの中型・大型の円形遺構が居住用に供された可能性がないわけではないものの、内部が隔壁で区画されている例があるなど、やはり貯蔵用・作業用などの施設として利用されていたと考えるほうがより自然である。

　ジャジーラ地方を中心とするこれら土器新石器時代に見られる貯蔵用・作業用施設としての小型の円形遺構が、現在のところハラフ文化のトロスのプロトタイプと想定される遺構である。

第5節　トロスの社会経済的意味

　前節までにトロスを3種に分類しそれぞれの機能が異なっていた可能性に言及し、またトロスの時代的変遷とその出自を追ってきた。本節ではハラフ文化ではなぜトロスをつくるのかという問題に迫るために、民族誌を援用しつつ構造上の特徴からトロスの社会経済的意味を考えてみたい。

　トロスの建築遺構上の特質は、平面プランが円形をなすということ以上に、その上部構造にあると考えられる。トロスの発掘例のほとんどは基礎石ないし基礎壁が検出されているだけであり、上部構造が完全に遺存している例は存在しない。しかしながら、基礎から数10㎝、時には1mほど壁が残存している例があり[9]、トロスの大きさに関わらず多くの場合壁が内傾しているという特徴が報告されている（Mallowan and Rose 1935: 28-31, Merpert, Munchaev and Bader 1976: 45, Akkermans 1989: 60など）。壁が内傾しているということは、基礎部分に比べてすぼまっていく上部構造を有していたということであり、もっとも考えられるのは持送り式のドーム構造である。ドームといっても、研究者たちにより推定復元された上部構造は、完全に半球形に近いものから上部がやや狭まっただけのキューポラ状のものまでさまざまである。とくに小型のトロスの場合、ほとんど壁が内傾せずに円筒状の構造に推定復元されている場合もある（Seeden 1982: 74-75, Fiorina and Bulgarelli 1985: 34 など）が、基本的にトロスの上部構造は、多かれ少なかれドーム状を呈していたと考えることができよう（Aurenche 1981: 188-191）。

　さて、ハラフ文化のトロスに論究した多くの研究者は、トロスの構造を考える際のヒントとして、現代のアレッポ周辺の北西シリアを中心とする地域に見られる特徴的なドーム構造の屋根を持った民家（蜂の巣状家屋 beehive houseなどと言及される）に注目している（Mallowan and Rose 1935: 33, Aurenche 1981: 150-153, Seeden 1982: 72, Akkermans 1989: 61-63）。この持送り式天井の家屋は、一般的にアラビア語でコゥッベ Qubbehと呼ばれ、基本的に住居として、また炊事などの作業場や貯蔵庫、家畜小屋などとしても用いられている。家畜飼料などを貯蔵するための小さなものはクゥフ Koukhと呼ばれることもある。筆者もコゥッベがハラフ文化のトロスの社会経済的意味を考察する有効な資料となり得ると考えているので、まずこの民族誌例について詳しく紹介してみたい（写真5.1, 5.2）。

　現代のコゥッベの多くは、地上に3～4m四方の正方形プランの基礎を日乾レンガないし粗石で

数10cm～3m程度の高さまで積み上げ、その上に持送りで高さ数mの日乾レンガによる紡錘形ドームがのっている（写真5.1:1, 5.2:1）。1971年にアレッポの北20kmに位置するムスリミエ村のコゥッベを調査した阿久井喜孝によれば、上部ドームの工法は以下のようである。

> 原理的には正方形平面の壁の四隅上部にペンデンティヴを造り、その上に正方形に内接する円を底面とするドームをのせるものであるが、ペンデンティヴもドームも煉瓦を少しずつ内側に持ち出して水平に積んでいくので、水平断面形は上に行くにつれて正方形から隅丸方形、円形と随時移行する。（中略）ドームはこの上に煉瓦を水平に持ち出しながら螺旋状に積まれている。したがって仮枠の類は一切使わない。（中略）外壁面ではドームも壁体も数センチの麦藁のスサを多量に混ぜた粘土で厚く仕上げられ、内壁面も少なくともペンデンティヴの上面までは同じ材料で仕上げ、さらに白く塗られることもある。（中略）頂点のいわゆるキーストーンは、細長い砕石で充填されるが、厨房などでは、通気、排煙、明り取りを兼ねて、開口したまま仕上げられる場合が多い（阿久井 1979:169）。

筆者が実見したドームもすべて基本的にここで述べられているように日乾レンガを水平螺旋状に持ち出す工法でつくられている（写真5.1:3）が、ドーム天井と壁体の形状にはいくつかのタイプが存在する。ドームの形状では完全な紡錘形を呈するもののほか、紡錘形の途中で積み上げをやめ、材をわたしてそこから上を平屋根としている例、つまり裁頭紡錘形ドームを呈するコゥッベがかなり見られる。また壁体の形状では、方形プランの基礎を持たずに地上から直接紡錘型ドームが立ち上がっているコゥッベがある（写真5.1:4, 5.2:1）。この場合、内部にごく低い正方形壁体を有する場合と、それがなく最初から日乾レンガを水平螺旋状に積み上げている場合がある。後者の例は比較的小型のコゥッベに多いが、この場合、地上の平面プランはハラフ文化のトロスと同様の円形となる。

コゥッベは通常いくつも隣接して建てられ一軒の家を成しているが、壁体の一方向に設けられた出入口を除いて、コゥッベどうしの行き来は遮断されている場合が多い。したがって一部屋の空間の広さは、通常レンガによる持ち送りのドーム天井をのせられる程度の広さ（4～5m四方）に限定されてしまう。これに対して大空間をつくるペデステン型のドーム群も存在している（阿久井 1979: 172）。外見上通常のコゥッベが連続したように見えるが、内部に柱脚を持つアーチ構造を多用するこのドーム群の構造は明らかに異質であり、技術的・構造的にハラフ文化のトロスを考えるための参考とはなり得ないため、ここではペデステン型のドーム群は扱わない。

さて、北西シリアでコゥッベがいつ頃から建築されていたのかは不明であるが、コープランドによれば17世紀の欧米の旅行者たちも記述を残しており、少なくとも数世紀は遡ることができるという（Copeland 1955: 21）。しかしながらコゥッベは現在急速に姿を消しつつあり、平屋根方形プランの家屋に取って代わられている。1950年代当時最大のコゥッベ村落としてコープランドのエッセーに掲載されたイドリブ東郊15kmのタフタナーズ Taftanazの写真では、見渡す限りのコゥッベが立ち並び、村のほとんどすべての家屋がコゥッベである。しかしながら現在（2000年）のタフタナーズ

1：ベルネ村近景（テル・ベルネから）

2：崩落して使用されていないコゥッベ

3：左のコゥッベの内面天井

4：炊事用のコゥッベ

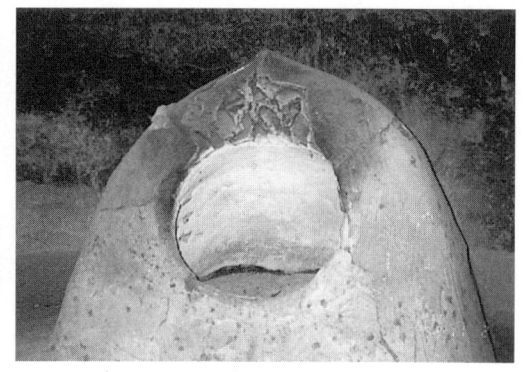

5：左のコゥッベの内部に設けられたパン焼き竈

写真5.1　北西シリア・ベルネ村に見られるドーム天井構造を持つ民家コゥッベ

1：コゥッベ近景（後が居住用、前が炊事用のコゥッベ）

2：雨季の前の泥プラスターの上塗り修復風景

3：同左

4：泥レンガの製造

5：レンガ積み風景

写真5.2　ベルネ村のコゥッベと修復風景および泥レンガの製造とレンガ積み

は、平屋根方形プランの家屋ばかりでほとんどコゥッベは認められない。筆者自身コゥッベに興味を持って何度か実地踏査を試みたことがある[10]。しかし残念ながら、最近10数年間のコゥッベの消滅は実に急激で、生きている民族誌資料としての有効性は現在ほぼ失われてしまった、といっても過言ではないかもしれない。

　図5.5に、筆者の1992年秋の踏査時点でのコゥッベを確認した村の分布図を示しておく。上述したように現在コゥッベが急速に消滅していっていることと、筆者がプロットしたのは主に幹線道路沿いから見える村であるという制約から、この分布図がどれだけコゥッベを有する村の分布を忠実に反映しているかは明らかではないが、少なくとも現代シリアのコゥッベ建築の最小分布範囲を示しているとはいえるだろう。コゥッベを主体とする村は南ではホムスからパルミラに向かう街道沿いに認められるが、これは分布の中心域からは飛び離れている。中心分布域の南限はハマ周辺で、ここからマアッラト・アッ・ヌマンまでのダマスカス―アレッポ街道沿いには、石灰岩を利用した石造りの平屋根方形プラン住居と泥レンガによるコゥッベが複合して認められた。サラケブ周辺からアレッポ、そして西へ向かってモンベジ、メスケネまでの街道沿いは泥レンガを建材とした平屋根方形プラン住居と泥レンガによるコゥッベで構成された集落が多数分布している。これらの集落の多くは、50年ほど前まではほとんどコゥッベのみで構成されていたであろう。モンベジからユーフラテス河を渡りバリフ川流域に至るまでの街道沿いにも、泥レンガのコゥッベによる村落が多数認められるが、このあたりではコゥッベによる村落と泥レンガの平屋根方形プラン住居による村落が並立している。バリフ川流域をラッカに南下する道沿いにもコゥッベの村落が散見される。またバリフ川上流では現在のトルコ領ハラン平原地帯にもアラブ系住民の家としてコゥッベの村落が存在していることがたびたび紹介されている（たとえば Yakar 2000: fig.42）。コゥッベの東限はこのバリフ川流域で、ここから東には筆者の踏査ではほとんどコゥッベを認めなかった。したがって、現在のコゥッベの中心分布域は、ハマ周辺からアレッポ、バリフ川流域に至る幅約50kmほど、距離にして約300kmの帯状の地帯であるといえよう。

　ここでまず考えておかなければならないのは、現代のコゥッベの村落分布を説明する自然環境や人間集団に共通する何らかの要件が存在しているかということだろう。コゥッベの中心分布域は年間降雨量から見ると400〜300mmの疎林ステップ帯で、比較的肥沃な石灰岩風化土壌地帯に位置し、コムギなどの天水農業が十分可能である。事実コゥッベの村落に居住する人々の多くは農民であり、居住者に遊牧民などはいない。コゥッベの中心分布域の特徴を見出すためにその隣接地と比較してみると、西側と北側の隣接地は降雨量のより多い森林地帯であり、南東側はステップ帯〜砂漠帯の乾燥地帯となっている。前者では穀物や果樹栽培を組み合わせた多角的な農業が営まれ、後者では遊牧が盛んであるが、コゥッベの中心分布域はその中間的な位置にあるといえる。また住居の建材の面から見ると、前者では木材や石灰岩が豊富に使われ、後者では粘土とテント用の織物ということになるが、コゥッベの中心分布域では主に石灰岩と粘土が建材の主体となっている。大まかにいえば、コゥッベの中心分布域の特徴は以上のように整理できるが、それでも同様の環境を有した地域はバリフ川流域よりも東側のジャジーラ地方にも広がっているので、これだけでは上記の帯状の地帯に限ってコゥッベが展開している背景を説明したことにはならない。ほかに人間集団に関する

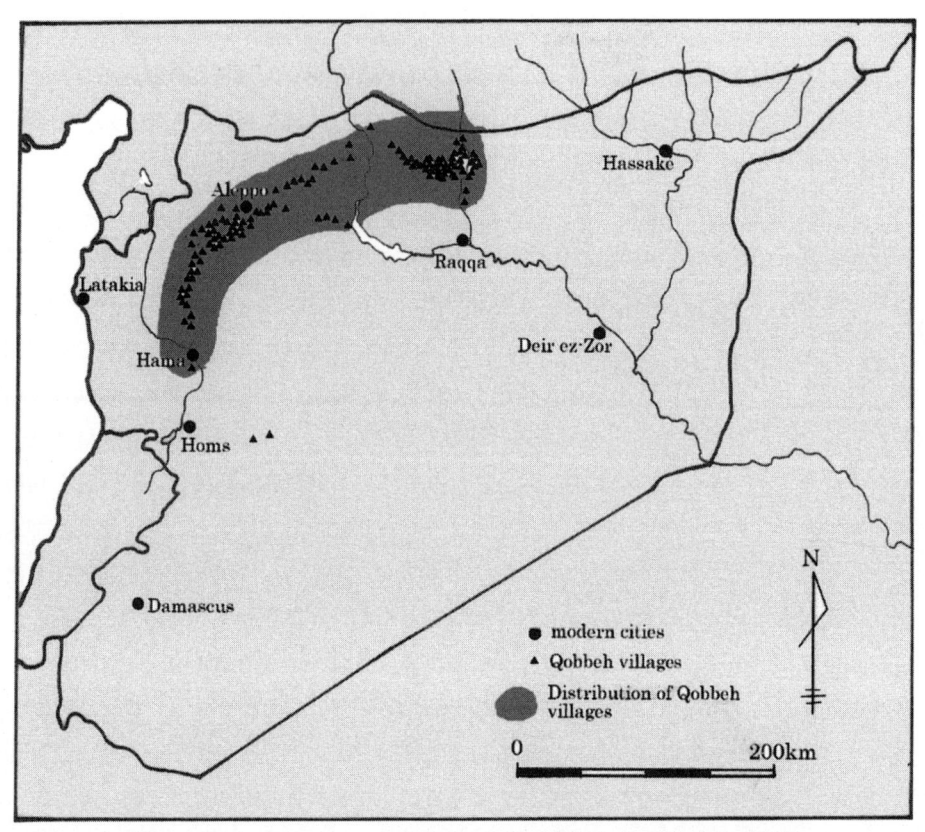

図5.5　現代シリアのコッベを確認した村の分布図（1992年秋の踏査時）

　何らかの特徴がコッベの分布と重なるだろうか？　管見の限りでは、部族や言語、宗教などの集団とコッベの分布範囲と一対一で明確に対応する属性は見出せなかった。もっと大まかな対応でいえば、ハラン平原の中でトルコ系住民はけっしてコッベをつくらないのに対して、アラブ系の住民の一部がコッベをつくっていること、またジャジーラ地方では定着遊牧民はけっしてコッベをつくらないのに対して、もともとの農耕民の一部がコッベをつくっていることから、アラブ系で農耕を生業とする人間集団の中の一部の人々の間で伝統的にコッベがつくり続けられていることがわかるが、やはりこれではコッベが地域的に限定して展開している背景は説明できない。

　以上、現代の特徴的なドーム構造の屋根を持った民家であるコッベについて言及してきた。このコッベについての民族誌的な情報は、ハラフ文化のトロスを考察するときにいったいどのように利用できるであろうか。コッベはある特定の自然環境や人間集団とは単純に結びつけられず、また、その中心的な分布域もハラフ文化のトロスの分布域とはずれが生じている。さらに、コッベの平面形の多くは方形プランを示し、ハラフ文化のトロスのように基礎が円形プランを示す建物とは建築プラン上では明らかに異なっている。基本的に基礎が方形プランの建物によるコッベの村落構造もまた、次章で言及するハラフ文化の集落構造とはまったく異なり、中庭を中心とする密集型を呈する例が多い（たとえば阿久井 1979）。したがって、ハラフ文化のトロスと現代のコッ

べを直接比較することはまったく適切ではないように見える。しかしながら、現代のコゥッベは住居、炊事などの作業場、貯蔵庫、家畜小屋などの施設として利用されており、本章第 2 節で推定したハラフ文化のトロスとほぼ同様の用途を持っている。また、もっとも重要な建築上の意味である上部構造に持ち送りのドーム構造を採るという点が共通しており、その点に限って考えれば、ハラフ文化の人々がなぜ平屋根を有した方形プランの建物ではなく、ドーム構造のトロスを多数建設したのかを考えるヒントを提供するものと思われる。

その点に焦点を絞って、現代のコゥッベに居住する人々がなぜドーム天井をつくるのかについて筆者が行った聞き取り結果と、コゥッベを観察した結果判明したコゥッベの利点と欠点を以下に挙げてみよう。まず利点としては、

① 天井部に梁などの長大な木材を使う必要がなく、ドアの鴨居や窓枠などを除くと建材は泥レンガなど粘土のみで建設が可能であること。
② したがって建設費が非常に安価であること。
③ 平屋根家屋の天井は梁と桁材により泥や漆喰を支えるために乾燥させる時間が必要であるが、コゥッベの場合、壁に引き続いてドーム天井を立ち上げられるので、建設に要する時間が短いこと。
④ 同じ面積の場合、少ない泥レンガで天井の高い家屋が建設できること。
⑤ 天井が高いためにヴェンチレーションがよく[11]、屋内が夏季に大変涼しく、また穀物や干し草などの貯蔵に有利なこと。

などが挙げられる。また、平屋根の方形プラン住居と比較したときの主な欠点としては、

① 天井部が不安定な持ち送り構造で、強い風雨によって壊れやすく、耐用年数が短いこと。
② 雨季に備えての防水防風対策としてのよりていねいで入念なプラスターの上塗り作業が必要なこと（写真5.2:2,3）[12]。
③ 基礎が円形ないしは正方形プランを採らざるをえず、一部屋当たりの面積も限られてしまうこと。

などを挙げることができる。ここで述べた利点と欠点は、多分に機能的側面からのまとめである。実際に現在の住民にコゥッベ建設の理由を聞いたときにもっとも多かった答えは、「伝統的にこのような家屋をつくってきたから」というものであった。また、前述したように現在コゥッベは急速に姿を消し、平屋根の方形プラン家屋に置き換えられつつあるが、なぜコゥッベをやめて平屋根家屋をつくるのかの主な理由は、「コゥッベでは周りの人々から経済的に貧しく見られるから」というものであった[13]。しかしながら、こうした答えの背景には、上記した長所と欠点で言及した機能的背景があることは間違いないだろう。

現代のコゥッベに関わる以上のような利点と欠点は、同じドーム構造の家屋であったはずのハラフ文化のトロスにも共通していたであろう。したがって、ハラフ文化で人々がトロスを建造した社会経済的な理由として抽出できるのは、平屋根方形プランの建物と比べて耐久性の上では数段劣るものの、安価で素早く建設できるヴェンチレーションのよい建物であった、という点につきよう。

これらの利点と欠点は、後述するようにハラフ文化の性格を考察する際の一つの大きな要素となってくるだろう。

註

1) トロスについて詳細に記述された1989年の著作後(Akkermans 1989)に、アッカーマンズはサビ・アビヤドの層位名称の変更を行っている。本論ではすべて変更後の層位名称に従った。
2) この第4層から検出されたトロスに関しては、他のトロスのような建築後に内面を焼いた痕が認められないことより、アッカーマンズ自身も住居の可能性があるとしている(Akkermans 1993: 54)。
3) 図面ではトロス42の円形室の壁が二重であるように見えるが、これはトロス42の上にそれよりもやや大きな円形室を持つトロス41がつくられていて、プラン上に同時に表現されているためである。
4) 内径が3mのトロスのうち、テル・サビ・アビヤドで検出された5基は小型に、他の遺跡で検出された5基は中型に分類している。その区分は、形態や伴出する他のトロスとの関連で判断した。
5) トロス内に調理用施設が検出されない場合、居住用と考えてよいかどうかという問題が生じると思われる。この問題は、ハラフ文化の集落全般に、中型トロスと近接して屋外の竈などの調理用施設の発見例が非常に多いことを考える必要があろう（たとえばシャムス・エッ・ディンなど）。
6) 出土土器が2時期ないしそれ以上の時期わたっていて、トロスがどちらの時期に帰属するのか判断できない場合は、基本的により古い時期に帰属するものとして図5.4を作成している。原位置ではなく覆土から土器が出土する場合、土器はトロス廃棄後の堆積と考えられ、実際にトロスが営まれた時期はより古かった可能性が高いからである。
7) ハラフ終末期に帰属するトロスは4基と少なく、その内径平均値は統計的意味を持たないと考えたので算出していない。
8) ただし、テル・エル・ケルク2の円形遺構が床面下に石を敷き詰めている点は異なる。
9) 管見に触れた限りでもっとも壁の残存高の高いトロスは、ハラフ後期に帰属するヤリム・テペⅢのトロス138とトロス137であり、それぞれ2m、1.25 mも残存していたという(Merpert and Munchaev 1993c: 174-175)。この2基のトロスは大型トロスであり、壁が真っ直ぐ立っていたためにドーム天井ではなく平屋根であったと考えられている。このような例はきわめて例外的で、通常は1mも残存することはない。このことはまた、一般的にはトロスの壁が内傾していたために、高く残存し得なかったことを示していると思われる。
10) 最初の踏査は1988年で、イドリブ近郊のいくつかの村に残るコゥッベを見学した。1992年には、アレッポを中心として南はホムスから東はバリフ川流域までの地域で、コゥッベで形成されたいくつかの村を訪れ、1994年にも同様の実施踏査を行っている。
11) ドーム構造の建築物のヴェンチレーションのよさは、さまざまな著作や論文で論じられている(たとえばBahadori 1978)。
12) 1992年11月に実施したアレッポの南西約25kmに所在するベルネBerne村での実見にもとづく。
13) コゥッベが安上がりであるとか経済的弱者が建設するという聞取り結果は、コゥッベを研究した論文にもしばしば登場している（たとえばCopeland 1955: 24、阿久井 1979: 169）。

第6章　集落とセトゥルメント・パターン

　前章ではハラフ文化の遺構上もっとも特徴的なトロスについて考察したが、本章ではトロスを含めたハラフ文化の集落構造の特徴について言及し、それをジャジーラ地方を中心とする西アジア集落史の中に位置づける。さらに集落相互の関係を示すセトゥルメント・パターンに関するハラフ文化の特質をまとめていきたい。

第1節　ハラフ文化の集落構造

　ハラフ文化の建築遺構上の最大の特徴がトロスにあるにしても、ハラフ文化の集落がすべてトロスで構成されていたわけではない。トロスのほかに方形プランの建物や囲い、パン焼き竈、土器焼成窯などさまざまな遺構で集落は構成されていた。本節では、ハラフ社会の特徴を把握するために、トロスがハラフ集落の中でどのようなあり方をしているのかを含めて、ハラフ文化の集落構造の特徴を抽出してみる。

　集落プランの全容が判明しているハラフ文化遺跡は皆無であるが、比較的広い面積が発掘調査されたいくつかの遺跡では、集落内の建物配置などをある程度復元できる場合がある。現在のところ、このような発掘例でもっとも古く位置づけられるのは、図6.1:1に示したハラフ成立期に帰属するテル・サビ・アビヤド第3C～3B層である。ここでは方形の小部屋群で構成された三つの建物群が北側に、5基の円形室独立型トロスがそのすぐ南側で検出されている。北側建物群のうち、西側に位置する第I建物 Building I は、居住するにはあまりに小さな方形の小部屋（最大面積は 5㎡に満たない）で構成されている。発掘者は、内部の面積に対して壁が厚いこと、出入口が存在しない部屋があることなどから、二階建ての建物の基礎であり、小部屋自体は貯蔵庫のような役割を果たしていたのではないかと想定している（Akkermans 1993: 61）[1]。方形の部屋で構成される他の二つの建物群には、居住用のスペースが存在していると考えられる。また、この層で発見されているすべてのトロスが小型トロスないしは小型トロスにきわめて近い規模の中型トロスに分類され、内部に竈などの調理用施設もないため、これらのトロスは基本的に貯蔵用施設と考えられる。したがって、テル・サビ・アビヤド第3層では、方形プランの多数の小部屋で形成された複室住居を基本とし、その周辺に貯蔵用施設としての小型トロスが配されているという建物構成が考えられよう。

　図6.1:2は、ハラフ前期/中期と考えられるヤリム・テペII第IX層のプランである。主な遺構は、円形室独立型トロスが7基[2]と、方形の小部屋列で構成されている。そのほか屋外に土器焼成窯やパン焼き竈などが見られる。トロスは、前章の分類に従うと小型・中型・大型のすべてを含み、こ

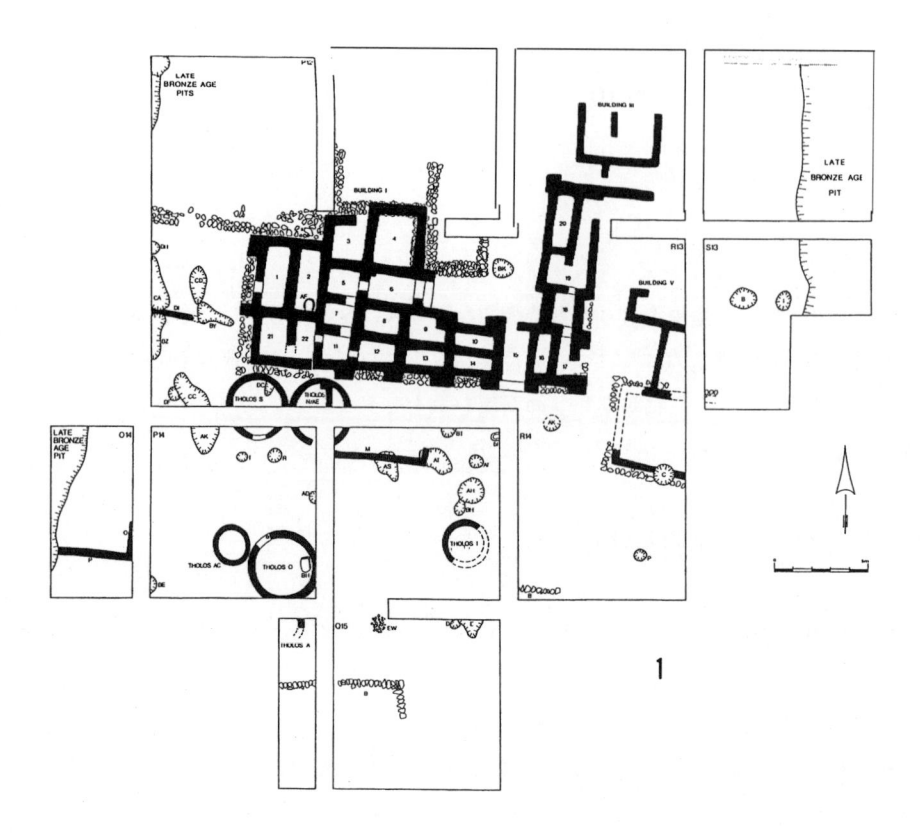

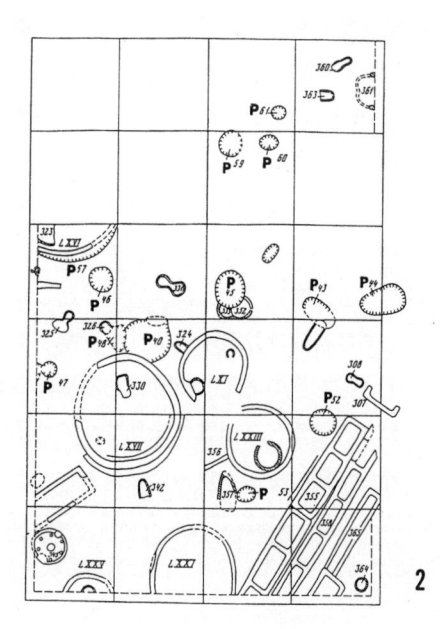

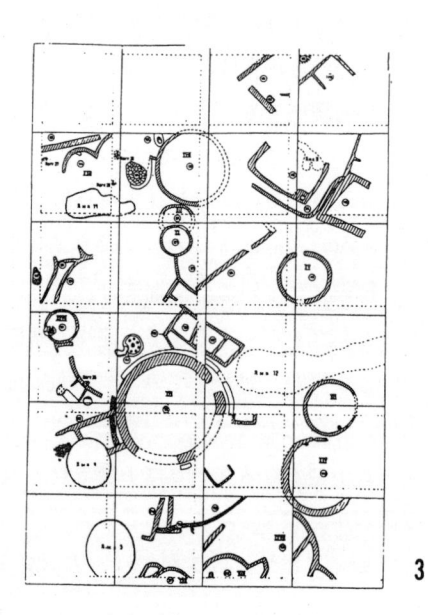

1：テル・サビ・アビヤド第3C〜3B層（ハラフ成立期）(Akkermans et al. 1996: Fig.2:25)
2：ヤリム・テペⅡ第Ⅸ層（ハラフ前/中期）(Merpert and Munchaev 1987:Fig.10)
3：ヤリム・テペⅡ第Ⅴ層（ハラフ中/後期）(Munchaev and Merpert 1973:Fig.1)
図6.1　ハラフ文化遺跡の集落平面プラン図(1)

の層の集落が方形の建物ではなくトロスを基本として構成されていることがうかがえよう。しかしながら方形の小部屋列が並存していることは、前述したテル・サビ・アビヤド第3層期と共通する要素である。調査者は、これらの方形小部屋列を、穀物貯蔵用施設と想定している（Merpert and Munchaev 1987: 21）。もしそれが正しいとすると、ハラフ成立期からハラフ前期に至るまでの間に、方形プランの遺構とトロスの役割が逆転したことになる。集落の基本となるトロスの出入口方向やトロス相互の配置に、明確な規則性は認められない。

　図6.2: 1はハラフ中期に帰属するキルベト・エッ・シェネフ3層のプランで、少なくとも二つの建築層が重層している。この遺跡で小型トロスが多く検出されていることは前章で触れているが、居住用の中型トロスも少なからず存在している。中型トロスのうち3基には竈が設備されている。発掘区の南東隅では長方形の小部屋から成る方形プランの建物が1軒だけ検出された。うち一つの小部屋には竈が発見されており、作業場や居住スペースだった可能性がある。ただし建物の基本としてはトロスが圧倒的に主体となっていて、ヤリム・テペⅡ第Ⅸ層とほぼ同様の建物構成であるといえる。やはり屋外で多数の竈が検出されている。

　図6.2: 2は、チャヴィ・タルラスの第3～1層の遺構配置プラン図である。方形プランの建物がごく部分的に認められるものの、各層ともトロスが建物の主体となっている。各層でそれぞれトロスどうしが近接して建てられる傾向が見られるが、主軸の方向性などに統一はなく、トロスはランダムな配置となっている。第2層では屋外型の竈が多数検出されている。

　図6.1: 3のヤリム・テペⅡ第Ⅴ層はハラフ中期/後期に帰属し、断片的に検出されているものを含めると、小型・中型・大型のすべてを含む15基ものトロスが、600㎡ほどの発掘区内にランダムに分布していた。トロスのほか、方形小部屋列やそれよりやや大きい方形プランの建物もいくつか見られ、また土器焼成窯や屋外型のパン焼き竈も多数発掘区内で検出されているが、集落の建物の基本がトロスであることは明確である。

　図6.2: 3は同じくハラフ中期/後期のユヌスの遺構プラン図である。発掘年代が古く、いくつかの居住層で検出された遺構が重ねて図示されているが、240㎡ほどの調査区内で近接して建てられた中型・大型のいくつかのトロスと、おそらく1, 2の方形遺構、それに土器焼成窯を含む屋外型の竈が複数検出されていることがわかる。トロスは重層しており、同時期に営まれていたトロス数は数基であっただろう。

　このほか、テル・ウンム・クセイール（Tsuneki and Miyake eds. 1998）、テル・アルパチヤTT10～8層（Mallowan and Rose 1935）、シャムス・エッ・ディン（Al-Radi and Seeden 1980）、ギリキハジヤン（Watson and LeBlanc 1990）などのハラフ中期に帰属する遺跡では、一部に方形プランの建物が共存するものの、検出される遺構の多くがトロスであり、基本的にトロスによって構成された集落ということができる。そしてこれらの遺跡で検出されるトロスは中型トロスが主体で、住居の基本がトロスにあったことは明かであろう。また、小型や大型のトロスも併存しており、貯蔵用施設や公共用施設としてもトロスが採用されていた。また、屋外に竈が設けられている例も多く、炊事などの作業は屋外で行うことが一般的であったと思われる。一部の遺跡でトロスが同じ場所に繰り返し建てられる傾向は認められるが、トロスの長軸方向や開口方向、配置などに明確な計画性を指摘

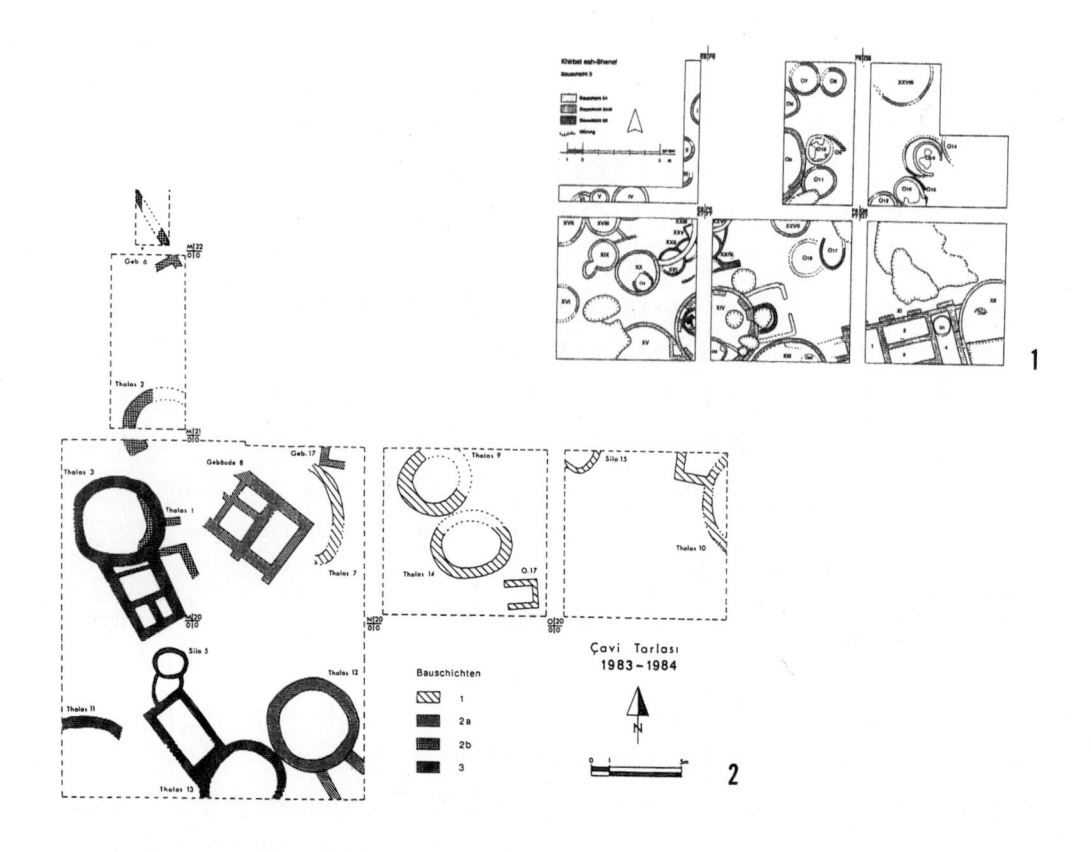

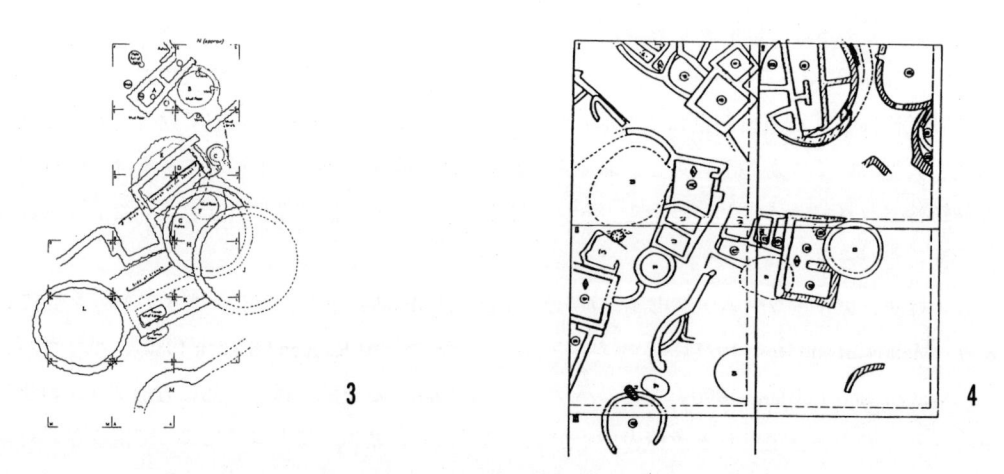

1：キルベト・エッ・シェネフ第3層（ハラフ中期）(Akkermans und Wittmann 1993:Abb.5)
2：チャヴィ・タルラス第3〜1層（ハラフ中期）(von Wickede und Herbordt 1988: Abb.2)
3：テル・ユヌス（ハラフ中/後期）(Wooley 1934:Fig.1)
4：ヤリム・テペⅢ第2層（Merpert and Munchaev 1993:Fig.9.3.）

図6.2　ハラフ文化遺跡の集落平面プラン図(2)

できる例は皆無である。したがって、全体としてハラフ中期の集落は、トロスが無計画に散在した拡散的な構成であったといえよう。

　明確にハラフ後期の集落として挙げられる集落プラン例は少ない。テル・アルパチヤでは、後期初頭のTT7層ではトロスが主体の集落であるが、TT6層になるとトロスがまったく検出されずに、代わって長方形の部屋が連なった方形プランの建物（いわゆるburnt house）が連続して発掘区内に広がっている。集落の全体構成などはよくわからない。

　ヤリム・テペⅢ中央区では約400m²の発掘区で三つの建築層にわたるハラフ後期の文化層が調査されているが、いずれの層においても方形の小部屋群で構成された方形プランの建物が主体で、それにトロスが付随する形の集落となっている。図6.2: 4はそのうちの2番目の建築層の平面プラン図である。方形の小部屋群で構成された3軒の建物と5基のトロスが複雑に入り組んだ様相が看取できる。方形プランの建物内外からは竈が検出され、また内部からはドメスティックな遺物が多数出土しており、方形プランの建物が住居として用いられていたことは確実である。同時期に存在しているトロスの用途は必ずしも明確ではないが、大型のトロスの内部は隔壁で区画されたやや特異な例であり、住居としては使用しづらい。第3層などでは方形プランの建物と大型トロスが連結している例も認められ、この場合の大型トロスは壁が直立していて、ドーム状の屋根を持っていなかったと考えられる。これをトロスの形骸化の一端と捉えることもできよう。第1層の小型トロスからは炭化穀物が出土しており、貯蔵施設として使用されたことが想定されている。集落全体としては方形プランの建物が多くなっていることもあって、街路状の通路が建物どうしの間に認められるなど、ブロックごとのまとまりに区分されるという、中期とはやや異なる集落構造上の傾向が認められる。

　ハラベ・シャッターニのハラフ文化層もハラフ後期に属するが（Watkins and Campbell 1986, Baird, Campbell and Watkins 1995）、建替えが頻繁なせいかトロスおよび方形遺構とも残存状態が悪く、どちらがこの遺跡の遺構の主体となるかは判断がつきかねた。

　ジャジーラ地方から離れた中部メソポタミア地方ハムリン盆地に所在するテル・ハッサンやテル・ソンゴルBのハラフ後期～終末期の文化層では、長方形の大小の部屋を組み合わせた方形プランの建物が並んで密集した状態で発見されている（Fiorina and Bulgarelli 1985: 31, 松本1981: Fig. 44）。このうちテル・ハッサン第3層で1基のみ、小型のトロスが方形プランの建物群からぽつんと離れて検出された。出土する遺物や付属施設から、方形プランの建物が居住用、炊事用、作業用、貯蔵用など生活のすべての用途に用いられていたことは明らかであり、そこで検出されているトロスはきわめて例外的なものでしかない。したがって、その集落構造は方形プラン建物の密集型と呼んで何ら差し支えないと思われる。上述してきたように、ハラフ後期から徐々にトロスが衰退して方形プランの建物にとって代わられていく傾向が認められるが、ハラフ後期から終末期に編年づけられるテル・ハッサンやソンゴルBの方形プラン建物の密集型という集落構造が時期的な様相を表しているのか、それともハラフ文化の核地域から離れているという地域性によるのかについては、議論を深めなければならないところであろう。いずれにせよハムリン盆地を含むディヤラ川流域でハラフ後期より遡るハラフ文化遺跡は発見されておらず、当然のことながらトロスを主体とする集落もまったく認められないのであり、これらをハラフ後期集落の典型例な集落構造と見なすことは適切

ではなかろう。

　本節ではハラフ文化の集落の実例を挙げながら、その特徴について考察してきた。最初に触れたように、現時点では集落プラン全体を把握できる発掘例がなく、けっして十分な資料があるわけではないが、現在判明している資料から描けるハラフ文化の集落構造は、以下のようにまとめられるだろう。

　ハラフ成立期では、方形プランの多数の小部屋で形成された複室住居を基本とし、その周辺に貯蔵用施設としての小型トロスが配されるという集落構造を有していた。ハラフ前期から中期にかけて建物の主体がトロスとなり、住居、貯蔵施設、炊事施設、作業場、公共施設など、集落の主要な施設はほぼすべてがトロスでつくられるようになる。トロスの主軸方向や配置に明確な計画性を指摘できる例はなく、トロスが散在する拡散的な集落構造を採っていたものと思われる。ハラフ後期に入ると、方形小部屋群で形成された方形プランの建物が再び増加し始め、徐々にトロスにとって代わる。それとともにハラフ後期から終末期には拡散的であった集落構造が、いくつかの建物ごとのブロックにまとまった密集的な集落構造に変化していった様相が看取される。もしハラフ文化の建築上の最大特徴をトロスに求め、それを視点とするならば、ハラフ中期に代表される規則性の希薄な拡散的集落構造がもっともハラフ文化的な集落構造ということができよう。またそうであれば、ここでまとめたハラフ成立期からハラフ終末期にかけての集落構造の変遷は、この拡散的な集落構造の出現から衰退までを述べていることになるだろう。

第2節　ジャジーラ地方の先史時代集落史から見たハラフ文化の特質

　トロスを基本として構成される拡散的なハラフ文化の集落は、ジャジーラ地方の集落史の中でどのように位置づけることができるだろうか。そのために、本節ではジャジーラの先史時代集落史を簡単に振り返ってみたい。

　ジャジーラ地方ではレヴァントのナトゥーフ文化後期にほぼ併行して定住的な集落が登場し始めるが、この時期の住居はレヴァントのナトゥーフ文化と同様に、円形竪穴を基本としていた。代表的な遺跡はテル・アブ・フレイラ Tell Abu Hureyra（Moore 1975, Moore et al. 2000）やテル・ムレイベトTell Mureybet（van Loon 1968、Cauvin 1977, 1978, Cauvin 1991、Aurenche 1977, 1981a）などのユーフラテス河中流域の諸遺跡である[3]。ジャジーラ東部からザグロス山脈方面でナトゥーフ文化とほぼ同時代として挙げられる遺跡は少ないが、ザウィ・チェミ・シャニダール Zawi Chemi Shanidar（Solecki 1981）やカリム・シャヒル Karim Shahir（Howe 1983）、そして時期的にはこれらよりやや新しくなるムレファート M'lefaat（Dittemore 1983）などでも、このような円形竪穴を基本とした遺構が検出されている。南東アナトリア地方のティグリス＝ユーフラテス河上流域からも、ナトゥーフ文化終末頃に併行する時期の遺跡がいくつか報告されている。チャユヌ Çayönüの円形建物層 Round building phaseやハラン・チェミ Hallan Çemi（Rosenberg et al. 1998）、デミルキョイ

Demirköy（Rosenberg et Peasmall 1998）などであり、これらの遺跡から検出されている遺構も、円形竪穴を基本としたものであった。

　先土器新石器時代A期に入ると円形竪穴から平地式の円形プランの建築への変化が現われ、同期の終末から先土器新石器時代B期へかけて、西アジアの他地方に先駆けてジャジーラ地方で初めて、円形から方形プランの建築へと漸移的に変化する。この時期の住居の変遷過程を示唆する良好な遺跡がユーフラテス河中流域のテル・ムレイベト（van Loon 1968、Cauvin 1977, 1978、Cauvin 1991、Aurenche 1977, 1981a）や、モースル＝シンジャール地域のネメリク9（Kozlowski ed. 1990, Kozlowski and Kempisty 1990）である。変遷の要点をまとめると、木質の軽い上部構造を持つ単室の円形竪穴から、粘土による堅固な上部構造を持ち内部が直線壁で区画された円形住居、そして堅固な上部構造を持つ方形住居という変化をたどる。遺跡によって柱の配置や材質、壁材などにおいて若干の相違はあるが、ほぼ歩を同じくしての変遷である。方形建物成立の端緒について、ジャック・コヴァンは円形住居内部の直線区画壁から方形プランの建物が考案されたと考えているが（Cauvin 1978）、筆者はさらに、円形住居が隣接する円形住居と壁を一部共有しあっている点を重視したい。つまり住居を隣接して建てることが、密集構造をとりやすい直線壁考案の一助となったのだろう。この円形竪穴から方形プランの建物への変化は、単に建築学上の問題にとどまるものではない。その社会的意味についてコヴァンが的確に述べているように（Cauvin 1978）、円形住居が1軒の家で独立しているのに対し、方形住居は一つの家に隣接して別の家を付加していくことが可能であり、集落の景観もまったく異なることになる[4]。住居が円形から方形に変化したということは、人間集団の紐帯にも変化が起こったと見なさなければならないだろう。

　ジャジーラ地方では、続く先土器新石器時代B前期で既にほとんどの遺跡が基本的に方形プランを呈した住居で集落が構成されるようになっている。前期から中期にかけての遺跡としては、ユーフラテス河中流域のテル・ムレイベトⅣB層（Cauvin 1977）やテル・アブ・フレイラ（Moore 1975, 1981, Moore et al. 2000）、ジャデ・エル・ムガラ Dja'de el-Mughara（Coqueugniot 2000）などが挙げられる。ピゼや泥レンガの壁による複室構造の長方形プラン住居が報告され、住居の床面は数度にわたるプラスターの上塗が施されている例が多い。先土器新石器時代B後期には、方形プランの住居を基本に、より高密度でより規模の大きな集落が形成されているが、その傾向は先土器新石器時代B後期から土器新石器時代初頭に見られる拠点的な集落に典型的に認められる。たとえばボッコロスやテル・アブ・フレイラでは複室構造の方形プランの遺構が隣接して密集しており、前者では街路が配された計画的な集落プランまで準備されている。集落規模も3haから時に10ha以上にも達している（Akkermans et al. 1983, Moore et al. 2000）。テル・ハルーラでも、ボッコロス同様に、密集計画型の集落が存在していたものと思われる。また同遺跡では、PPNB後期に帰属する高さ3.4mにも達する積み石の大壁がテルの南西側の斜面上で発見されており、防御壁や扶壁として利用された可能性が議論されている。詳細分布調査からテル・ハルーラの先土器新石器時代B期の集落は7.5ha程度の規模を有していたと想定されている（Molist 1996）。シンジャール平原に位置するテ

ル・マグザリヤ Tell Maghzaliya では方形プランの住居が同じ壁の方向で隣接し合っており、やはり集落建設に当たっての計画性を看取することができる（Bader 1979, 1993a）。また集落に周壁が巡っていたことも注目される。ジャジーラ地方の先土器新石器時代B期の集落の特徴をまとめてみると、ほとんどすべての建物が方形プランで、複室住居が主流となっていること、それに伴い住居規模が拡大していること、住居に企画性が認められ、住居どうしが密集し合うこと、とくに後期には集落内に街路が存在し集落プランに明確な計画性が認められる遺跡が存在していること、一部に周壁を有する集落が登場すること、などを挙げることができる。先土器新石器時代B期に属する遺跡の集落規模は大型化しており、後期になると10haを超えると推定される超大型の集落が登場していることや、集落間の規模の格差が顕在化し、集落間に階層的な差異が生じていたことにも留意しておきたい。

　ジャジーラ地方では、先土器新石器時代B後期に顕在化する建築遺構と集落プランの流れは、紀元前7000年紀の土器新石器時代の集落にも基本的に引き継がれていく。ただしこの時代、集落の高密度化・計画化・巨大化・防御化の速度はそれ以前に比べてやや足踏みをし、むしろスケール的には小型化する傾向が認められる。

　ジャジーラ地方の土器新石器時代初頭の遺跡としては、テル・アブ・フレイラやボッコロス、テル・ハルーラといった先土器新石器時代B期から継続している遺跡のほか、とくにシンジャール地域ではウンム・ダバギヤ（Kirkbride 1982）やテル・ソット（Bader 1989, 1993b）、クル・テペ（Bader 1989, 1993c）などのような、新たに形成された小型の集落がある。これらの新たに建設された遺跡の中には、ウンム・ダバギヤのように現在の年間降雨量200mmラインに近い乾燥地に位置していて、オナゲル狩猟図が描かれた住居壁画や動物骨の研究などから、天水農耕を行っていたというよりも、草原性の動物を狩猟した季節的サイトであった可能性が指摘されている遺跡もある（Kirkbride 1982）。ただし、これらの遺跡で検出される住居もまた方形プランの密集型であり、計画的な建設と高密度化の原則は貫徹している。ジャジーラ東部の土器新石器時代文化を代表するハッスーナ文化の諸遺跡では、中庭を有した方形プランの複室住居が密集し、その間に街路やスペースを配するという基本的構造を持つ。中部メソポタミア地方で時期的にハラフ前・中期と併行して営まれているサマッラ文化遺跡の中では、たとえばテル・エス・サワンでは、方形プランの部屋で構成される多室構造の住居を、集落を囲む周壁内に密集して計画的に配置するようになっている（Yasin 1970）。つまり土器新石器時代の集落の特徴としては、集落規模は概して大規模とはいえないが、高密度・計画的に集落を造営する傾向が認められるのである。

　さて、以上のような建築遺構と集落プランの歴史的展開のなかで、トロスで構成されるハラフ文化の集落がいかに特異なものであるかが容易に理解されよう。トロスという円形遺構は、互いに隣接させたり壁を共有させたりすることができず、高密度の集落構造をつくるのにまったく適さない。遺構の面積も、居住用と想定した中型トロスで円形室は 8～16㎡程度であり、たとえ方形室付加型トロスであっても、数10㎡の面積は有する複室方形プラン住居と比べると格段に小さい。そればか

りでなく、調査されたハラフ文化遺跡の集落を見るかぎり、住居の配置に計画性が認められず、拡散的な集落構造となる。また、集落を囲む周壁などもまったく報告されていない。さらに次節で論じるように、ハラフ文化の集落自体がその前の時期の集落と比べてさらに小規模になっている。つまりハラフ文化の集落とは、核家族程度の世帯の居住する、計画性のない配置をもった、独立性の高い住居が散在する、比較的小規模の集落である、と考えられる。

第3節　ハラフ文化のセトゥルメント・パターン

　ある地域の限定された時期に認められる集落の位置関係、すなわちセトゥルメント・パターンは、そこに住んでいた人々と周辺環境との関係や、同地域内での他者との社会的関係を反映する。ある社会を考古学的に研究しようとしたときに、広範な踏査にもとづいたセトゥルメント・パターンの研究は、一つの限定された遺跡の発掘調査に勝るとも劣らない情報をもたらす。その嚆矢は、1946年に実施されたゴードン・ウイリーによるペルーのヴィル Viru 渓谷の踏査（Willey 1953）であり、リチャード・マクネイシュやケント・フラナリーなどにより（MacNeish et al. 1972, Flannery 1976）、アメリカ考古学の中では社会関係の考察において必要不可欠な研究法として確立してきている。

　西アジアにおいても、体系的な地域踏査と航空写真の解読を組み合わせて、セトゥルメント・パターンにもとづいて南メソポタミアでの都市の形成過程を読みとろうとしたロバート・マック・アダムズやハンス・ニッセンらによる著名な研究があり（Adams 1965,1981、Adams and Nissen 1972）、その有効性は深く認識されているところである。しかしながら、西アジア各地で遺跡踏査は数多く実施されてきてはいるものの、その多くは水没地区内の遺跡確認調査ないし発掘のための遺跡選定を主たる目的としたもので、セトゥルメント・パターンの復元まで踏み込んだ研究は1990年代に入るまではけっして主流とはいえなかった。また、西アジアの先史時代のうち、とくに本論の対象としている時期の主要な遺跡は、そのほとんどが重層的な文化層を有したテル型遺跡であり、限定された時期の集落範囲を通常の踏査で採用されている表面調査のみから決定することには大きな困難が伴う。したがって、ハラフ文化の社会関係の復元に用いることのできる踏査資料そのものがきわめて限定されているのが現状である。ここでは西アジア先史時代を対象とした踏査のうち、ハラフ文化の中核地帯と目されるジャジーラ地方の踏査から復元され得るセトゥルメント・パターンについて主に考察してみよう。

1）　バリフ川流域

　アッカーマンズらによるトルコ・シリア国境からユーフラテス河との合流地点にあるラッカに至るバリフ川流域の調査では、先土器新石器時代B後期からハラフ期までの遺跡が全部で49遺跡発見され、バリフ編年に従ってこれらの遺跡はバリフⅠ期からⅢD期に区分されている（Akkermans 1993）。

　先土器新石器時代B後期であるバリフⅠ期の文化層を持つと考えられている遺跡は49遺跡中24遺跡で、流域北部の密度がやや濃いが、当該期遺跡は流域全体に分布する。推定される集落規模の多くは0.5～1.2haと小型であるが、2ha内外が2遺跡、それに4.4～7haと大型のものが2遺跡あり、大

中小と 3 段階の階層的な集落分布が想定されている（図6.3）。

　紀元前7000年紀前半（補正年代）の土器新石器時代前半期に当たるバリフⅡ期の遺跡数は12遺跡に減少し、分布も流域北半に限定される。集落規模は1ha内外までの小型のものと、2～4haの中型のものが数遺跡ずつ見られる（同図）。ハラフ期直前のバリフⅢA期も同様の傾向が続く（同図）。
　次のバリフⅢB期～ⅢD期が本論文でいうハラフ期であるが、49遺跡中34遺跡がこの時期の文化層を持つと想定されている。注意しなければならないのは、同じハラフ期でもハラフ成立期～前期に当たるバリフⅢB期は11遺跡で、すべて流域北半に分布が偏るのに対して（同図）、ハラフ中期に当たるバリフⅢC期になると遺跡数が22（ⅢD期との区分がはっきりしないものまで入れると32）に急増し、分布も流域全体に広がることである（同図）。そして、想定されている集落パターンも、この二つの時期の間で大きく異なる。ⅢB期の遺跡の集落規模はすべて2ha以下と推定されているのに対して、ⅢC期になると流域中部に位置するテル・ムンバタTell Mounbatahが急速に大規模化し、すぐ南のテル・アス・サワンTell as-Sawwanと合わせて10ha以上（最大推定値は14ha）の巨大な集落を形成したと推定されている。アッカーマンズは、このムンバタ＝サワンが流域北部の天水農耕地帯と流域南部の潅漑農耕地帯を区分する現在の年間降雨量250mmライン上に位置し、またバリフ川とカラムク川の合流点近くの戦略的地点に近いことから、異なった環境間の境に形成された交通の要衝的集落 gateway communityと見なし、ハラフ中期のバリフ川流域においてはこの遺跡が社会経済的中心であったと考えている（ibid:199-201）。
　この想定は純粋に表面調査のみの成果で語られており、集落規模の推定根拠は明確に示されていない。ムンバタは625×360×9.5mのテルの北側に430×340×3.3～2.3mのテラスが付随するバリフ川流域最大の巨大なテル複合体であるが、先土器新石器時代B期からハラフ期までの連続する文化層の堆積が想定され、さらに前1000年紀、ローマ期の文化層がのる。サワンは周辺のテラス状部を加えて390×240×20mの規模を持ち、ハラフ中期からウバイド期、さらに青銅器時代前期および後世の文化層が堆積している。こうした長期にわたる居住層を持つ巨大なテルの各時期の集落規模を推定するには、グリットに区分した詳細表面調査が肝要であるが、そうした方法は採られていない（Akkermans personal com.）。集落範囲確認のための発掘や試掘なども行われていない。また、近接している遺跡が同じ時期の文化堆積を持っているからといって、両者を同一集落のように扱って集落規模を算定することにも問題があろう。したがって、ムンバタ＝サワンに最大14haに達するような巨大集落がバリフⅢC期（ハラフ中期）に営まれていたというアッカーマンズの主張をそのまま容認することに、筆者は現段階では躊躇せざるを得ない。
　注意すべきことは、ムンバタ＝サワン集落を除く他のハラフ文化遺跡がすべて2ha以下の小型集落と推定されていることである。そこにはムンバタ＝サワンを頂点とした数段階の階層的なセトゥルメント・パターンが認められるのではなく、一つの巨大集落と多数の小型集落という規模が両極端に分化したセトゥルメント・パターンが認められることになる。そして、このセトゥルメント・パターンが存在しているのは、ムンバタ＝サワンが大型集落であったと推定されるバリフⅢC期のみである。その直前のバリフⅢB期にはムンバタは2ha程度の集落であったと推定され、サワンには

第6章 集落とセトゥルメント・パターン 181

バリフⅠ期　　　バリフⅡA期　　　バリフⅡB・C期　　バリフⅢA期

バリフⅢB期　　バリフⅢC期　　バリフⅢD期

● ～2ha程度の集落
● 3～4ha程度の集落
● 5ha程度以上の集落

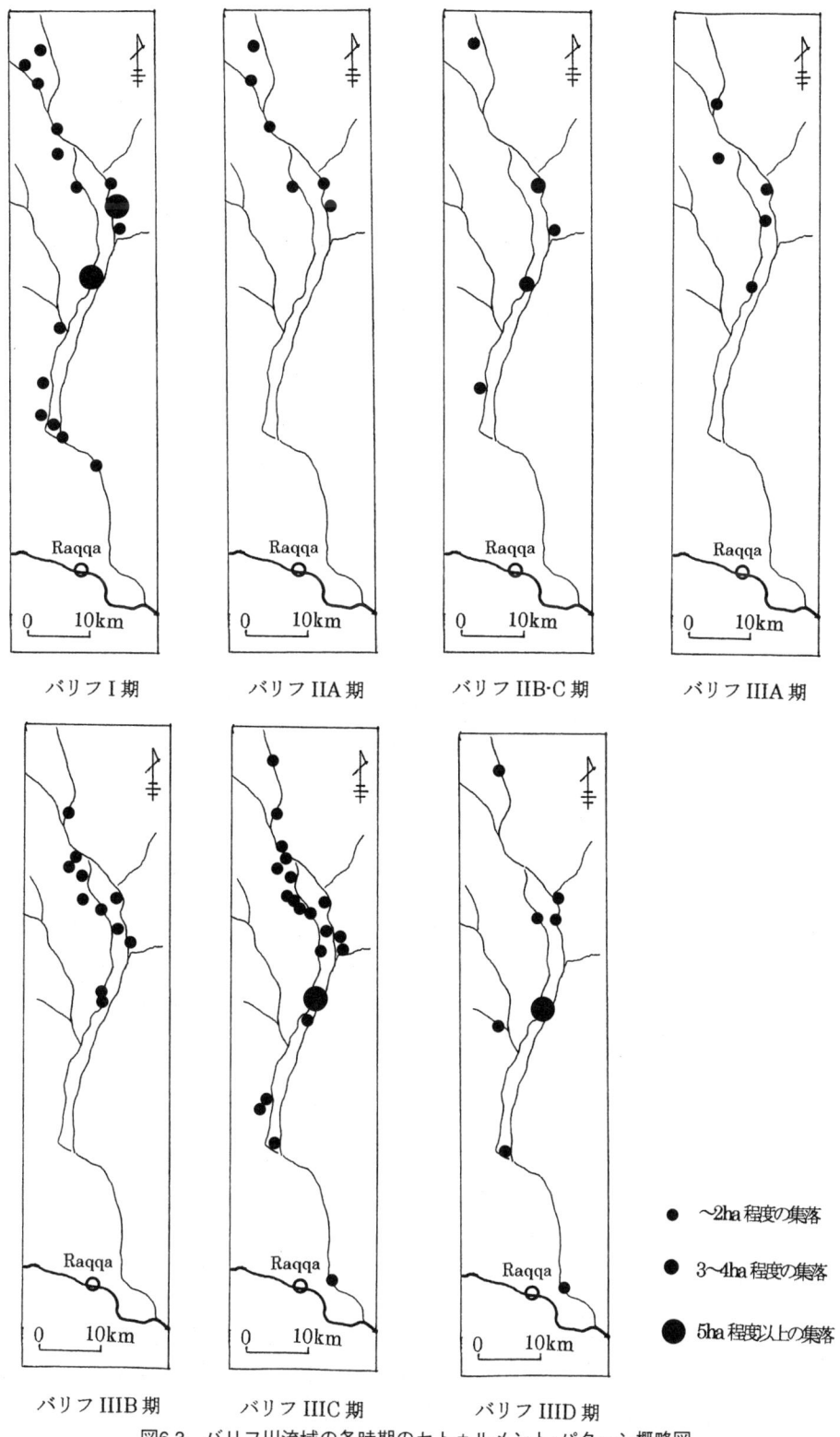

図6.3　バリフ川流域の各時期のセトゥルメント・パターン概略図
（Akkermans 1993 : Figs.5.1～5.14を改変）

この時期の文化層はない。またバリフⅢD期のムンバタ＝サワン集落の規模は、ⅢC期と同様に10ha以上が推定されているものの、アッカーマンズ自身もそれに疑問符をつけざるを得ないほど不確定要素が大きい。したがって、一つの巨大集落と多数の小型集落というセトゥルメント・パターンをバリフ川流域のハラフ期全体に当てはめるということは困難で、むしろバリフ川流域のハラフ期の大半は2ha以下の小型集落ばかりで形成されていたということができよう。そう考えるならば、バリフ川流域では、それ以前の時期と比較してハラフ期には集落間の規模の格差が縮小する傾向が認められることになる。また、バリフⅢC期の集落は互いに約3～5kmの距離で分布し（Akkermans 1993:199）、集落密度の上でも後述するハブール川上流域のハラフ中期などと類似し、小型の集落が拡散して分布していた情況が想定できるのである。

2) ハブール川流域

シリア有数のテル密集地帯であるハブール川上流域では、多くの調査団により繰り返し遺跡踏査が実地されている。それらのうち主要なものを追っていこう。

同川上流の支流であるジャグジャグ川、ワディ・ジャッラ Wadi Djarrah、ワディ・ハンジィール Wadi Khanzir の流域を中心として、アムステルダム大学が1976～1979年にかけて遺跡踏査を実施している（Meijer 1986）。同地域は年間降水量が300mmを優に越え、現在のシリアでも有数の穀倉地帯である。地勢的に大きく分けると、北部の丘陵地帯と南部の平原地帯に区分されるが、ハラフ期の遺跡はこの地勢区分とはあまりかかわりなく、踏査地域内に広く分布するとされる（図6.4）。その立地は必ずしも河川・ワディ沿いに限定されておらず、伏流水などの地下水が先史時代から利用されていた可能性が指摘されている。

踏査地域の南西端に離れて存在するテル・ブラクを除いて、踏査地域内で32のハラフ文化遺跡が確認されているが、ハラフ文化の単純遺跡はなく、すべての遺跡で青銅器時代前・中期の文化層を中心とした後代の文化堆積が認められる（表6.1）。ハラフ期以前の文化堆積を有すると考えられる

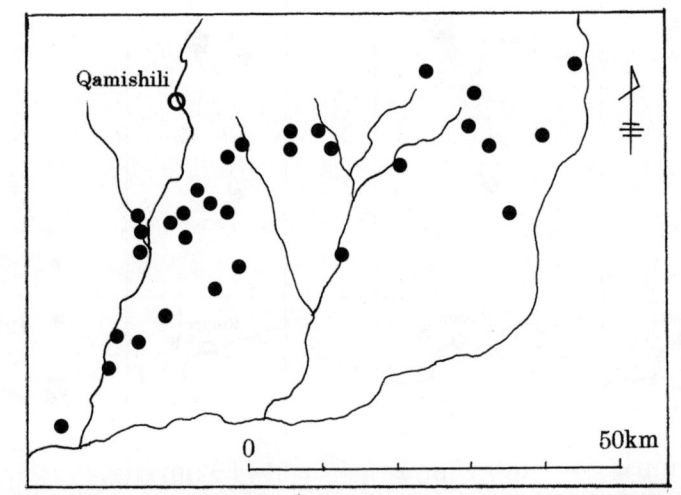

図6.4 ハブール川上流東部域のハラフ期のセトゥルメント・パターン概略図
(Meijer 1986: Fig.31を改変)

表6.1 ハブール川上流東部域の遺跡データ（Meijer 1986より作成）

遺跡番号	プレ・ハラフ期	ハラフ期	ウバイド期	ウルク期	青銅器時代前期	青銅器時代中期	青銅器時代後期	鉄器時代	ヘレニズム期以降	テルの大きさ (m)・ha
7		○				○				100×80×9
15		○	○		○	○			○	300×200×22　6.0ha
16		○	○			○				160×140×19
23		○	○		○	○			○	280×200×17　5.6ha
25		○	○	○						160×130×14
42	○									70×50×3
58		○	○		○	○				260×110×6
61		○	○	○					○	80×60×3
63a	○	○	○						○	220×140×13　3.0ha
68	○							○		50×50×1
71		○	○	○	○					150×80×3
85		○				○				170×120×6
88a			○	○						100×100×3
92			○	○	○					150×?×2
96			○	○						340×200×23　6.8ha
106		○		○		○				200×100×14　2.0ha
140		○	○			○				360×180×19　6.4ha
142			○	○						200×100×2
145a		○	○							80×60×2
146			○	○		○	○		○	350×260×27　9.1ha
157										43.0ha
163		○	○	○	○	○			○	120×90×12　6.2ha
170a	○									50×30×2
183			○						○	40×30×2
188		○	○							100×100×6
190		○		○						80×50×5
192		○	○			○				60×50×15
197	○	○		○						60×50×2
207		○				○			○	80×80×13
224a		○								60×60×10
231b		○	○	○	○	○				400×300×35　12.0ha
235		○	○							50×50×3
237		○								100×100×9
239		○			○					90×60×9
242b		○	○	○						40×30×2
245		○		○		○			○	150×80×10
261		○	○		○					80×70×8
273a		○	○		○					80×80×2
273b		○		○		○				100×80×4
273c		○				○				70×70×3
284		○				○				100×100×15
289		○		○	○	○	○		○	500×400×40　20.0ha

遺跡はわずか5遺跡しか報告されておらず、その中でハラフ期の遺物を表採できる遺跡は2遺跡しかない。つまり、ハラフ期になって形成され始めた遺跡がほとんどであることになる。またハラフ期の32遺跡中20遺跡でウバイド期の遺物が表採されている。ウバイド期の遺跡は全部で26遺跡であるので、そのほとんどがハラフ期から継続して、あるいは同様の立地で居住されていたことになる。

　ハラフ期の32遺跡中、24遺跡が2ha以下と小規模で、小型の集落であったと想定される。2ha以上の面積を持つ8遺跡（ここでの記述・分析に際しては調査地域内にあるテル・ブラクは除いている）のほとんどは後代のとくに青銅器時代前・中期の厚い文化堆積に覆われ、青銅器時代文化層の想定されていないNo.63a遺跡もまたビザンツからイスラム時代の堆積が存在しており、ハラフ期の集落規模を算定することは大変困難である。いずれにしろ、ハラフ期に集落規模が最大であったような遺跡は報告されておらず、各遺跡におけるハラフ期の集落規模はかなり限定されたものであったと思われる。また遺跡分布（図6.4）を見ると、ある河川沿いや特定地域に遺跡が遍在する傾向は認められず、ハラフ期には4〜5kmないしはそれ以上の間隔で小規模な集落が分散していた、というセトゥルメント・パターンが想定される。

　メイヤーらの踏査地域のすぐ西側に当たるジャグジャグ川、ワディ・ダラWadi Dara流域では、エディンバラ大学がハラフ文化を中心とした遺跡踏査を行っており、約300km²の踏査範囲で22のハラフ文化遺跡を発見している（Davidson and McKerrell 1976, Davidson 1976）。1集落当たり約14km²の平均領域面積となり、集落間の間隔は平均すると4〜5km程度となる。集落規模などのデータは提示されていないが、大規模な遺跡は存在せず、調査地全体に拡散するという分布パターン（Davidson and McKerrell 1976: fig.2）は、メイヤーらの踏査結果と同様の傾向を示すということができよう。

　テル・ブラクの調査に参加していたエイデム、ウォーバートンらは、ジャグジャグ川、ラッダ川の合流点近辺の考古学的踏査を行っている（Eidem and Warburton 1996）。調査地域は上述したメイヤーの踏査地域と一部重なる。踏査面積は両川沿いとテル・ブラク周辺を中心にした170km²で、56遺跡が踏査されている。記録されたもっとも古い時期はハラフ期であり、全部で5遺跡から同期の遺物が表採されている。約5haの面積を持つ1遺跡を除いて、1.5〜3ha程度の小型の遺跡であるが、5遺跡とも後代の文化層が重複しており、ハラフ期には少なくともこれよりは小さな集落であったはずである。踏査がワディ沿いを中心に行われているため4遺跡はワディ近くに位置しているが、1遺跡はやや離れて存在している。踏査の主対象が前4000〜3000年紀におかれているため、ハラフ期のセトゥルメント・パターンに分析はとくに加えられていない。

　ジャグジャグ川以西のハブール川上流西部域を対象とした最近の踏査としては、フランスのベルティーユ・リヨネらによる大規模な地域研究が特筆される（Lyonnet 2000）。この踏査により、先のいくつかの踏査と合わせてハブール川上流域全体の遺跡動向がほぼ明らかにされたことになる。その報告で、ハブール川上流域のハラフ文化集落の動態をニューヴェンハウゼが詳細に論じている（Nieuwenhuyse 2000）。ハブール川上流西部域踏査で確認された62遺跡中、40遺跡からハラフ期の遺物が表採されている。東部域同様、ハラフ期と認定される遺跡は必ずしもワディ沿いばかりでなくワディ間からも発見される。土壌の状態や降雨量の変異により、踏査地域では南に行くほど遺跡が減少する傾向が認められた。ハラフ文化遺跡の平均領域面積は約25km²に1遺跡となっており、前

述したハブール川上流東部域、また後述するモースル＝シンジャール地域北部やバリフ川流域などと比べると、遺跡分布密度はやや疎の数値となっている。

　ハブール川上流西部域で認められるハラフ期の40遺跡中26遺跡は1ha以下の小規模なもので、それも0.5haに満たないごく小さな村落が多い。また3ha以上の遺跡は全部で5遺跡あるが、ニューヴェンハウゼにより6ha以上の大型集落と認定されている遺跡は、10数haの広さを有していると想定されたsite70＝ニシビスNishibis遺跡（Tell Badan）ただ一つであった。ニューヴェンハウゼはハラフ期をプレ・ハラフ―ハラフ移行期、ハラフⅠa期、ハラフⅠb期、ハラフⅡa期、ハラフⅡb期、ハラフ―ウバイド移行期の6期に区分して論を進めているが、本論文で用いている編年名では、これらはハッスーナ期、ハラフ成立期、ハラフ前期、ハラフ中期、ハラフ後期、ハラフ終末期にほぼ相当する。セトゥルメント・パターンはこれら各期を通じてどのように変化しているだろうか。

　リヨネらの編年ではハラフ期以前に遡るプロト・ハッスーナ期の遺跡は、すでに発掘調査が行われているテル・カシュカショクⅡとテル・ハズナⅡを除くと、踏査地域内では最北端に当たるワディ・ダラ北部にわずか6遺跡のみが限定的に確認されているだけである。ハッスーナ期の遺跡は14あり、地域北側に限定して分布する。プロト・ハッスーナ期からハッスーナ期に継続する可能性のある遺跡は6遺跡中4遺跡であるが、この4遺跡のうち、ハラフ成立期ないし前期の遺物が表採できるのはわずか1遺跡しかない。つまり、プロト・ハッスーナ期よりハラフ期まで継続して居住された遺跡はほとんどない。換言すれば、ハッスーナ期ないしハラフ成立期になって同地域では新たな集落が多数形成され始めたことになる。ハラフ成立期からハラフ前期の遺跡はハッスーナ期と同じく14遺跡が同定されている。これに既発掘のテル・アカブなどを加えると、踏査地域内で17遺跡となる。ほとんどが0.5haに満たないごく小さな集落で、ニシビスのみが数haの規模を有していたものと考えられている（図6.5上）。ハラフ中・後期になると同定遺跡数は27と急増し、既発掘の遺跡などを加えて34遺跡が地域内に存在する。ハッサケに近い地域南側にも分布が広がっている。遺跡の規模は相変わらずその多くが0.5ha以下と小規模であるが（18遺跡）、1haを越える集落がいくつか見られるようになり、またこの時期にニシビスは17haまで拡大したと想定されている（図6.5下）。そして遺跡サイズのこのような変異にもとづいて、ニューヴェンハウゼはこの時期にニシビスを中心集落とした強い階層的なセトゥルメント・パターンの存在が認められるとしている（Nieuwenhuyse 2000:188）。ハラフ終末期になると遺跡数は9遺跡に急減する。しかしながら、たとえばハラフ終末期の最大の指標であるとされる弓状口縁壺がほとんど認められなかったために、光沢を有しない多彩文土器 Mat Polychrome Fine Ware と赤色土器 Red Ware の存在にもとづいてハラフ終末期が区分されているが、これらの土器はハラフ後期にも存在するなど、土器編年上いくつかの解決しなければならない問題も多い。

　ニューヴェンハウゼが描いたハブール川上流西部域でのハラフ期のセトゥルメント・パターンの評価は、ニシビス遺跡をどう捉えるかに大きく左右されるものである。ニシビスがはたしてハラフ中・後期に17haもの巨大な集落であったのかどうかを確定するためには、もちろん発掘調査を待つしかない。表採はテルを9地区に区分して体系的に行われており、各地区からハラフ期の遺物が表採されることからハラフ中・後期にテル全域が居住されたと推定されているわけだが、テルの外形

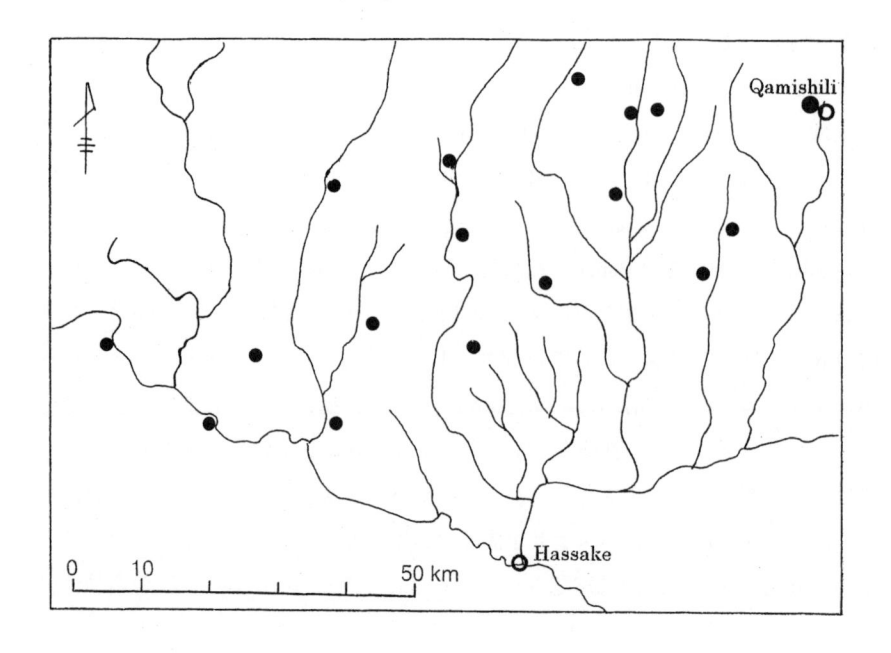

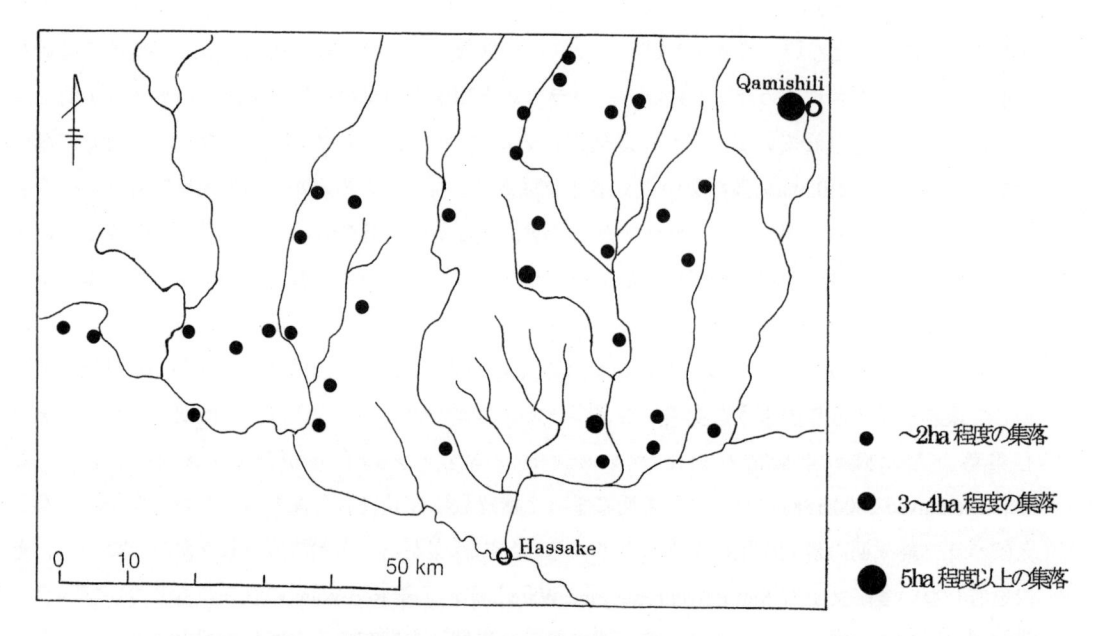

上：ハラフ成立期〜ハラフ前期 (Nieuwenhuyse 2000: Fig.74を改変)
下：ハラフ中期〜ハラフ後期 (Nieuwenhuyse 2000: Fig.76を改変)
図6.5　ハブール川上流西部域のハラフ期のセトゥルメント・パターン概略図

が直線的な平面プランを持つことからも明らかなように、後代、とくに鉄器時代からローマ・ビザンツ、イスラム時代の集落がのっており、テルの形状は著しく改変を受けている。また、前3000年紀前半やミタンニ期の遺物も相当数表採できることから、青銅器時代の居住層が存在することも確実である（Lyonnet 2000:Table 4）。したがって、ニシビスにハラフ期の巨大な集落が存在したかどうかはまだ確定できていないというべきであろう。このニシビスを除くと、踏査で確認されているハラフ期の集落の中で最大のものはsite 56（Tell Nourek）で、ハラフ中・後期に5.6haの広がりの集落が想定されている（Nieuwenhuyse 2000:188）。このテル・ヌーレックはA・B二つのマウンドから形成されていて、約6ha弱の面積を持つAマウンドでハラフ期の遺物が少量表採されているが、このテルの居住の中心は青銅器時代前・中期である（Lyonnet 2000, ibid.）。このような遺物の表採状況を考えれば、同テルのハラフ期の集落はずっと小規模であったことは間違いない。次に大きい3.6haの規模を持っていたとされるsite 60（Tell Tcholama Tahtani）についてもまったく同様のことが指摘できるために、筆者はニューヴェンハウゼのハラフ期落規模の算出方法について、大いに疑問を持っている。

したがって、ハブール川上流西部域で確実なハラフ文化集落は、いずれもせいぜい数haまでの規模の小型の集落ばかりと考えておいた方が無難に思われる。そうであれば、前述したハブール川上流東部域や後述するモースル＝シンジャール地域テル・アル・ハワ地区とほぼ同様に、ワディ沿いという立地に必ずしも限定されずに、天水農耕が可能な降雨量の平原地帯に拡散的に広がった小集落を基本とする、分散したセトゥルメント・パターンをハブール川上流西部域でも示している、とまとめられる。また、大規模集落である可能性が存在するのはニシビスだけであり、5〜10ha程度の中規模集落が欠如していることも間違いないだろう。

3) モースル＝シンジャール地域

トニー・ウイルキンソンらは、シリア国境に接するイラク側北部テル・アル・ハワ地区の約475 km^2を対象として、詳細遺跡分布調査と環境科学的調査を1986〜1990年に行い、新石器時代からイスラム時代にわたる長期のセトゥルメント・パターンの変遷をまとめている（Wilkinson and Tucker 1995）。調査地は上述したメイヤーらの調査地のすぐ東側に当たり、年間降雨量も500〜300mmで、ほぼ同様の自然環境を示す。彼らの調査範囲の中でハラフ期の遺物が確認できた遺跡は40遺跡に上り、ハッスーナ期の38遺跡（サマッラ期の4遺跡を含む）、ウバイド期の43遺跡とほぼ同数である。これらの数字には数点しか当該期の遺物が表採できないオフ・サイト的な遺跡も含まれており、当該期に確実に集落を形成していたと考えられている遺跡数は、それぞれの数字から10程度差し引いた数となる。

ハラフ文化遺跡は、河川やワディ沿いを中心に立地するものの、必ずしもそれに限定されない（図6.6）。1遺跡当たりの平均領域面積は約12km^2で、互いに数kmかそれ以上離れて、調査地全体に拡散した遺跡分布を示している。ハッスーナ期およびウバイド期も同様な遺跡分布状況を示し、ウルク後期以降に明確に見られる、河川・ワディ沿いに直線的に遺跡が並ぶという分布とは大きく異なっている。ハッスーナ期とハラフ期の遺物双方が表採できる遺跡は3割程度、ハラフ期とウバイド

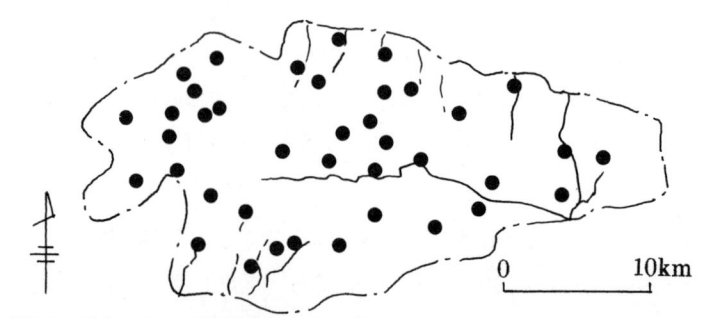

図6.6 テル・アル・ハワ地区のハラフ期のセトゥルメント・パターン概略図
(Wilkinson and Tucker 1995: Fig.31を改変)

期双方の遺物を表採できる遺跡も 3 割程度である。ハッスーナ期とハラフ期の間の遺跡分布状況、立地に大きな相違が認められないことから、ウイルキンソンらは両文化間の文化的断絶を強調すべきでないとする (ibid.: 9)。確かに河川などに集中せずに拡散するという遺跡の分布は共通するものの、実際ハッスーナ期からハラフ期へと直接継続することが明らかな遺跡は非常に少ない[5]。

遺跡規模に関しては興味深い調査結果が得られている。ハッスーナ期では1ha以下の遺跡がもっとも多く、1〜2.5haがその約半数でそれに続き、2.5〜5haの遺跡も 3 遺跡を数えるが、ハラフ期になると1〜2.5haの規模の遺跡がもっとも多くなって、遺跡間の規模の格差が縮小する傾向がはっきりと認められる。ハラフ期の遺跡はすべて5ha以下で、ウバイド期、ウルク期のように15haとか30ha以上にもなる地域でずば抜けて規模の大きな遺跡が存在することもない (ibid.: 175, fig.32)。この調査結果から、ウルク期以降はもちろん、ハッスーナ期やウバイド期と比較しても、ハラフ期には階層的なセトゥルメント・パターンが稀薄であるという特徴を指摘することができよう。

同じ資料を分析したキャンベルは、ハラフ期の集落について時期的により細分した報告を行っており (Campbell 1992)、本論文のハラフ成立期および前期に当たる時期 (キャンベルのハラフⅠ期) の集落数は 8 ないし 9 遺跡、それに対しハラフ中・後期 (キャンベルのハラフⅡ期) になると集落数は確実なもので13遺跡、やや不確実なものを含めると30遺跡近くにまで急増している。集落規模も前者が3ha以下の小型のものばかりであるのに対して、後者の時期では5haに近いやや大型の集落も少数登場するという。キャンベルはハラフ文化に首長制的な社会の存在を主張している (ibid) 関係上、ハラフ中期になって集落密度が増加することおよびやや大型の集落が登場することをもって階層的なセトゥルメント・パターンの出現としているが、ウイルキンソンらが提示したデータを素直に読めば、筆者がまとめたようにハッスーナ期やウバイド期に比較してハラフ期のセトゥルメント・パターンが特段階層的なわけではなく、むしろ集落規模の格差は小さい。いずれにせよ、数haまでの小型の集落が互いに数kmの間隔で拡散して分布するというセトゥルメント・パターンをそこに描くことはできよう。

イラクのテル・アル・ハワ地区はシリア側ハッサケ以北のハブール川上流域とほぼ同様の自然環境にあり、先史時代に関して先述したハブール川上流域の遺跡分布調査とほぼ相関した結果がウイルキンソンらの調査により得られていることは、その調査結果が北部ジャジーラ地方通有のものであることを示していると考えられよう。

4) その他の地域

　第3章第2節で触れたように、アルガーズらは、イラク・シリア国境に近接したトルコ領内ティグリス河流域のジュズレ＝シロピ地区と、シリア国境にほど近いトルコ領内ユーフラテス河中流域のカルケミシュ＝ハルフェティ地区において、ダム新設による水没予定遺跡確認のための踏査を行っている（Algaze et al. 1991）。ハラフ文化層を有すると想定される遺跡は、ジュズレ＝シロピ地区で8遺跡、カルケミシュ＝ハルフェティ地区では4遺跡発見されている。ジュズレ＝シロピ地区の8遺跡はいずれも典型的なハラフ中・後期の彩文土器が表採される。このうち、タクヤン・ホユックはハラフ期に約12haの規模に達したと推定される大型の集落であり、あとの7遺跡はいずれも1ha前後の小さな集落であるという。タクヤン・ホユックには青銅器時代前期など後代の文化層が存在することは確実で、アルガーズらがどのような表面調査の手法を採用して同遺跡がハラフ期に最大規模に達したと推定したかについては判明しない。この結果にもとづいてアルガーズは、一つの大型集落の周囲に小型の集落が並立する階層的なセトゥルメント・パターンがハラフ期にあったことを主張している。

　ところが、カルケミシュ＝ハルフェティ地区ではこれとまったく異なる結果が得られている。そこにあるハラフ文化に帰属する4遺跡すべての面積を合計しても3～4haにしかならず、平均して1ha前後の小型集落がユーフラテス河に沿って点在するというセトゥルメント・パターンが見られたのである。注意しておかなければならないのは、同地区の踏査でハラフ期より以前の時期に属するとされる2遺跡、すなわちテレイラット・ホユックTelleilat Höyükとアカルチャイ・テペAkarçay Tepeが、それぞれ7ha、5haと大型のテルであることであろう。両遺跡とも土器新石器時代層と先土器新石器時代層（PPNB後期）を有するが[6]、集落が最大規模になったのは後者の時代と推定されている。カルケミシュ＝ハルフェティ地区では、ハラフ期になって規模が突出するような集落が出現したわけではなく、むしろそれ以前と比較すると集落の規模は小型化・均質化しているようである。

　このほか、ジャジーラ周辺における先史時代遺跡に関連して、大ザブ川流域（Braidwood and Howe 1960）、ラニア平原（Al-Soof 1970）、リマ周辺（Oates 1968）などの各地で踏査が実施され、またジャジーラ地方のシンジャール周辺（Lloyd 1938, Hijara 1980）でも簡単な踏査が実施されているが、ハラフ文化のセトゥルメント・パターンを復元できるような資料提示はなされていない。

5) 小　　結

　これまで提示されたジャジーラ地方の踏査資料・研究から見る限り、ハラフ文化のセトゥルメント・パターンとして想定されるのは、次の2パターンである。第1は、せいぜい2～3haまでの面積の小型の集落が互いに3～5km程度の距離を置いて散在するというパターンであり、集落間の顕著な格差は認められず、河川・ワディ沿いに限って並列するような集落立地も示さない。もっとも通有に認められるもので、ハラフ文化の全時期にわたって優勢なセトゥルメント・パターンといえよう。第2は、10haを越える大型の集落一つとその周辺に多数の2～3haまでの小型の集落が並立するというパターンである。上述したようにハブール川上流西部域やバリフ川流域のバリフⅢC期、ティグ

リス川流域のジュズレ＝シロビ地区で想定されており、ハラフ中期（ないしハラフ後期）の特定の地域に認められるセトゥルメント・パターンである。

この二つのセトゥルメント・パターンの相違は、10haを越えるような大型の集落が存在しているか否かのみにあり、特定の河川沿いに遺跡が集中せずに数kmの間隔で地域全体に集落が拡散している点や、ほとんどすべての集落が2～3ha程度までの面積の小型の集落で、5～10ha程度の中型の集落が欠如している点などは共通している。筆者は、バリフ川流域のテル・ムンバタやハザネ・ホユック、ハブール川上流域のニシビス、ティグリス河上流域のタクヤン・ホユックといったハラフ文化の大型集落といわれている遺跡の集落規模の推定法に疑問を持っており、これらが想定されているよりもずっと小型の集落であった可能性も十分ある。このほかガジアンテプ地域のドムズテペやアムーク平原のテル・クルドゥなど、大型のハラフ文化遺跡と主張されている遺跡がある。これらは確かに10haを越える大型のテルであるが、ジャジーラ地方の外側に位置し、ハラフ期と併行する時期の文化層は有してはいるものの、第4章で論じたようにハラフ文化遺跡の範疇で捉えられるかどうかには大いに疑義がある。さらに両遺跡で集落が最大規模に達していると思われるのは、ハラフ期併行というよりハラフ終末期からポスト・ハラフ期併行に当たる時期であるので、本論ではこれらを大型のハラフ文化遺跡とは考えない。

さて、上述の第2のセトゥルメント・パターンの存在自体を仮に認めたとしても、ハラフ期の大型集落は、それ以前の時期の拠点集落と比較して規模的にさらに巨大化しているとはまったくいえない。先土器新石器時代B期の半ば以降土器新石器時代にかけて、レヴァントやアナトリアなど西アジア各地に拠点的な大型集落が出現しているが（Rollefson 1987，常木 1995）、これらはすべて10haを越える規模を持ち、テル・エル・ケルクなどのように16～20haに達するのではないかと想定される規模の集落も存在するのである（Tsuneki et al.1998, 1999, 2000, 2001）。これらの拠点的大型集落の発掘調査が現在各地で進行しており、規模ばかりでなく複雑な社会構造を内包していたことが明らかにされてきている。本章第2節で触れたように、ジャジーラ地方でも先土器新石器時代B期後半から土器新石器時代にかけて、テル・アブ・フレイラのような大型集落が出現していた。それに対して発掘調査でその規模が確認されているハラフ文化の大型集落は一つも存在せず[7]、集落規模はシステマティックではない従来型の表面調査によって類推されている場合がほとんどである。

さらに、ハラフ文化の集落自体がそれ以前の集落と比べて小規模になっていることが、多くの研究者により指摘されており（Watson 1983a: 239, McCorriston 1992: 315, Yakar 1993: 665）、筆者自身が確認しているハラフ文化のほとんどの集落がせいぜい2～3haまでの面積であったという結果とも符合している。したがって、現在までの確実な資料にもとづいて復元されうるハラフ文化のセトゥルメント・パターンは、上述した第1の、すなわち小型の集落が分散するパターンに代表されるということができよう。

第4節　集落人口の推定

ハラフ文化の集落の基本がせいぜい2～3haまでの小さな集落であったことを主張してきたが、で

はそれらの集落はいったいどれほどの人口規模を擁していたのだろうか。民族誌的データを用いた西アジアの先史遺跡の集落人口推定値にもとづいて、ハラフ文化の集落人口を推定してみよう。

これまで西アジアの先史時代集落の居住者数について、研究史の比較的古い段階から主に発掘者によるさまざまな数値が提案されてきた[8]。その中には推定の根拠が明確に示されず何にもとづいて集落人口が推定されたのか不明な値もけっして少なくないが、多くの場合民族誌的なデータが根拠とされている。たとえばフランクフォートは、アレッポとダマスカスの人口密度にもとづいて1ha当たりの人口密度297〜494人という数字を提案し（Frankfort 1950）、アダムズはバグダードの旧市街の人口密度（216人/ha）などにもとづいてメソポタミアの古代遺跡の集落人口密度を約200人/haと算出している（Adams 1965）。ブレイドウッドらも、エルビルの現在の人口密度にもとづいて213人/acre（≒526人/ha）という数値を提案している（Braidwood and Reed 1957）。

しかしながら、集落遺跡の人口を推定するために体系的に民族誌的データを利用し、ある程度蓋然性の高い推定値が提出されるようになったのは1970年代になってからである。これら先史時代の集落人口モデルづくりの西アジアでの出発点となったのが、キャロル・クラマーやウィリアム・サムナーらによる現代イランの農村の集落面積と人口の比較研究である（Kramer 1978, Sumner 1979）。クラマーはシャハバード地区などの豊富な民族誌的データにもとづいて、西アジアの現在の集落人口密度の平均は119.6±54人/haで、ほとんどの集落で1ha当たりの人口密度は200人以下であることを明らかにした（表6.2）。

クラマーの研究を受けてサムナーは、南イランのクル川流域を対象に、世論調査による人口と航空写真から作成された1/5000の地図による集落面積の算定にもとづいて、集落域1ha当たりの人口を算出している（表6-3）

サムナーによれば、当地の中心都市であるマルヴ・ダシュトを除いた110村の1村当たりの平均人口は313人、平均集落面積は2.1ha、集落面積1ha当たりの平均人口密度は147人となっている。集落の規模によって平均人口密度は変異する傾向があり、人口の多い大型集落では1ha当たり155人、人口の少ない小型の集落ではその半分の70人である[9]。当地の中心都市マルヴ・ダシュトは、人口25,498人、市域は223haで、1ha当たりの平均人口密度は114人と周辺村落の平均147人を下回っている。これはマルヴ・ダシュト市内に、大規模なシュガービート工場を始め、商店や工場、役場、公園などの非居住用の公共スペースが存在していることによる。このサムナーのデータから、通常の

表6.2 西アジアにおける現代集落の人口密度（Kramer 1978より）

地　　区	集落数	人口密度（人/ha）
シャハバード地区	30	106.8
マルヴ・ダシュト地区	110	147
中央タウラン地区	13	52.3
デズ・ピロット地区	54	208.8
その他の地区	22	82.9±58

表6.3 南イランのクル川流域における集落人口・集落面積・人口密度（Sumner 1979:Table 6.1より）

集落形態	集落数	平均人口（人）	平均集落面積（ha.）	平均人口密度（人/ha）
合　計	110	313	2.1	147
大型集落（400人以上）	20	760	4.9	155
小型集落（100人以下）	18	60	0.9	70
高密度集落（200人/1ha以上）	17	381	1.3	293
低密度集落（100人/1ha以下）	21	215	3.2	66

農村では集落の規模が大きいほど人口密度が高くなる傾向があること、南イランではその平均が150人/ha程度であること、地域の行政や経済の中心となる集落では公共スペースが広くとられる関係でその値がやや低くなる傾向があること、などが判明した。当地域の村落は周壁で囲繞されたものが多く、また中庭を中心とした住居構造を有していることなど、先史時代の集落と単純に比較することはできないものの、これらの指摘は先史時代集落の人口規模を推定するためのいくつものヒントを与えた。

　先史時代遺跡の人口推定を目的にしたオリヴィエ・オレンシェによる現代西アジアの集落人口密度に関する概括的な研究も、クラマーらのデータを一部に用いている（Aurenche 1981b）。ただしオレンシェの研究には、南イラン以外の10ha以上の大型集落のデータがかなりつけ加えられており、クラマーらの算出した1ha当たりの人口密度の数値とはやや異なる数値が出されている。オレンシェは先史時代遺跡の規模を勘案して、現代西アジアの集落を10ha以上、3～10ha、1～3ha、1ha未満の4グループに区分しており、それぞれのグループごとの平均人口や集落面積、1ha当たりの人口密度を算出した。それを前述のクラマーらの研究データと同様の形式で表示してみると、表6.4のようになる。

　オレンシェの分類した10ha以上の集落には、192haと広大な集落面積を持ちながら601人しか居住人口がおらず1ha当たりの人口がわずか3人というタイベ Tybé村を始め、きわめて人口密度の低い大面積の集落がいくつか含まれている。そしてこれらの特異な集落の存在のために、全体の平均人口密度は大幅に押し下げられてしまっている。そのため、提示されたデータから西アジアの集落の平均人口密度を算出すると1ha当たり78.4人と、前述のクラマーらの数値を大幅に下回っている。筆者はオレンシェのデータ中の10ha以上の集落の値が全体の数字を大きくゆがめてしまっているものと考えている。1ha以下の小型集落が70人/ha前後の低密度集落で、1～3ha程度のやや小型の集落がそれより高密度の百数十人/haの人口密度を持つという点は、クラマー、サムナーらのデータと絶対値を含めて大きな齟齬は生じていない[10]。しかしながら、集落面積が3ha以上のものについては、集落規模が大きくなるにつれて人口密度が小さくなるという顕著な傾向が指摘されている。この点は、行財政の中心地でない一般的な農村では、集落面積が大きくなるにつれ人口密度も増している南イランのクラマーらのデータとは、やや異なりを見せている。

　フェクリ・ハッサンは、上記したクラマーの数値にもとづいて、先史時代の集落面積と人口の関係についての数学的モデルを作成した（Hassan 1981:66-67）。それによると、ある遺跡の集落人口は以下の数式で求められるとされる。

表6.4　現代西アジアの集落人口・集落面積・人口密度（Aurenche 1981: Tableau 3より作成）

集　　　落	例数（実数）	平均人口（人）	平均集落面積（ha.）	平均人口密度（人/ha）
合　　　計	39例（242）	649	18	78.4
10ha以上の集落	15例（15）	1207	40.8	52.6
3～10haの集落	14例（43）	402	5.4	84.1
1～3haの集落	7例（181）	201	1.8	126.1
1ha未満の集落	3例（3）	59	0.8	69.5

P（人口）＝146.15×A（集落面積ha）.51

上の式は以下の式にほぼ単純化できる。

P＝146.15√A

つまり、146.15を定数として、集落面積（ha）の平方根を乗ずれば、ほぼ集落人口が得られるとした。この数式の意味するところは、西アジアの集落の人口は、集落面積が1haのときに平均146.15人であるが、集落面積がそれより小さければ1ha当たりの人口密度は増加し、集落面積がそれより大きくなると1ha当たりの人口密度が減少していく傾向があるということである。この数式の基礎となったクラマーの数値では、集落人口と集落面積の相関は数式よりもずっと幅広く変異し（ibid. Figure 6.2）、このような数式にまとめられるほど実態は単純ではない。しかしながら、先史時代の集落人口を推定する際に集落面積の大きさによる人口傾向を考慮しなければならないことを主張する数式としては、一定の意味があるだろう。

さて、筑波大学が行った北西シリア、エル・ルージュ盆地の総合調査の中で、考古学的遺跡のセトゥルメント・パターンとの比較研究として、同盆地内に所在する現代村落のセトゥルメント・パターンの分析を筆者が行っている（Tsuneki n.d.）。その中で集落域と人口の関係を算出しているので、そのデータを次に提示しておきたい。

エル・ルージュ盆地内には現在36の村落が存在している（図6.7）。これらの36の村落は、イドリブ県 Idlib *Mohafaza* 内の四つの下位の行政区分である郡 *Monteqa* にそれぞれ帰属している（図6.8）。これらの各村落の居住人口をイドリブ県庁の住民台帳（1981年版）から、また各村落の集落面積をイドリブ県庁が作成した行政地図（1990年版1/10000）から算出し、世帯当たりの人口と集落面積1ha当たりの人口密度を算出して加えたデータが表6.5である。このデータには、住民台帳と行政地図の年代に9年の誤差があり、また集落範囲を地図上で線引きするには筆者の恣意を完全に排除することがかなわないという制約がある。

36の村落のうち、集落面積2～3ha以下の小型村落が22村と大部分を占める。これらの小型村落の人口は、最小のイズハンIzhanが14人、最大のエル・マズーレEl-Mazouleが429人で、人口が判明していない1村を除いた21村の平均人口は195人である。集落面積があまりに小さい場合、地図上の線引きでは

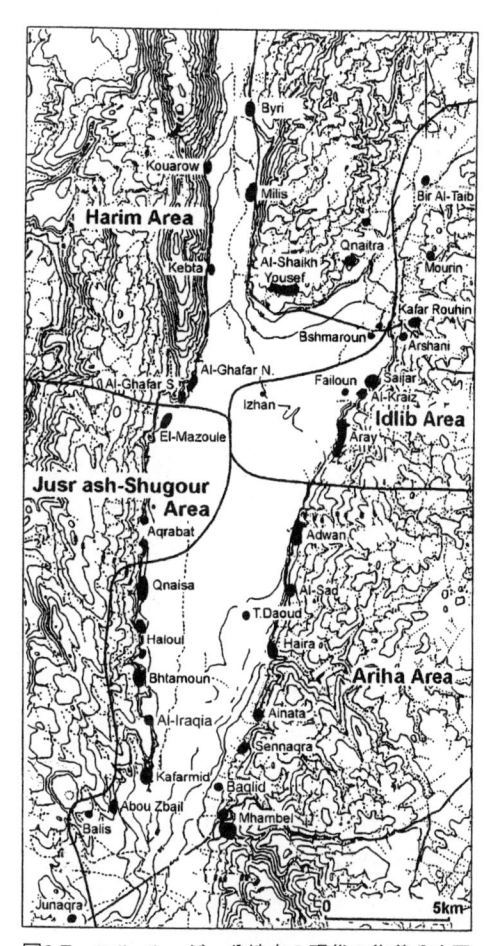

図6.7　エル・ルージュ盆地内の現代の集落分布図

県（*Mohafaza*）　　　　　　　　　　　　　　　　イドリブ

郡（*Monteqa*）　イドリブ　　アリーハ　　ジュスル・エッ・シュグル　　ハッリム　　マーラ・アッ・ヌマーン

地区（*Nahia*）　イドリブ市　　（アーリハ市）　ジュスル・エッ・シュグル市　ハッリム市　マーラ・アッ・ヌマーン市
　　　　　　　<u>イドリブ市郊外</u>　アーリハ市郊外　<u>ジュスル・エッ・シュグル市郊外</u>　ハッリム市郊外　マーラ・アッ・ヌマーン市郊外
　　　　　　　アブ・アル・ジフール　アフサム　ブダマ　アル・ダーナ　ハン・シェイフーン
　　　　　　　ブンニッシ　<u>ムハンベル</u>　<u>ダルクーシュ</u>　セルキン　シンジャール
　　　　　　　タフタナーズ　　　　　　　　　　　　　<u>カファルタハッリム</u>　カファルナハル
　　　　　　　サラケブ
　　　　　　　<u>マーラ・アッ・ムスリン</u>

図6.8　イトリブ県の行政区分（<u>　　　</u>はエル・ルージュ盆地内の村落が帰属する*Nahia*）

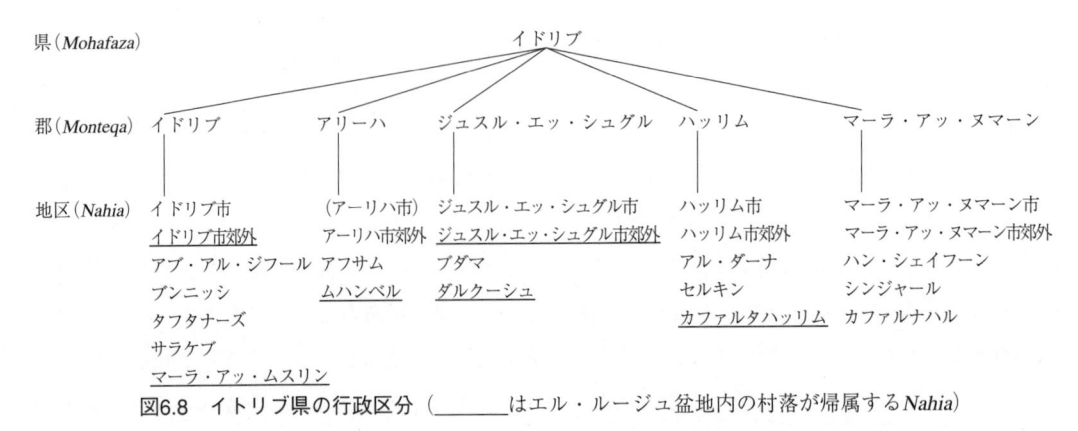

実態とかなりの誤差が生じる恐れがあるので各集落の細かい面積は算出せずに、これらの村落の集落面積については2haないし3ha以下とだけ区分した。1村当たりの平均人口は上記したように195人であるので、これらの小型村落においては、平均集落面積を1haとしたときには1ha当たりの人口密度が195人、2haとしたときは97.5人、3haとしたときには65人となるが、実態はおそらく100人前後となるだろう。

　集落面積が3ha以上で、集落面積が算出でき、なおかつ人口が判明している集落は12村であった。これらの集落面積の変異は3～16ha、平均集落面積は6.75ha、人口の変異は403～2,313人、平均人口は518人となる。以上のデータから、12村の人口密度の変異は83～173人/ha、平均人口密度は131.6人/haと算出された。12村のうち10haを越える集落面積を持っているのは、エル・ルージュ盆地最大の集落であるムハンベルMhambelとクネイセKnaisaで、これら2集落の人口密度は145人/ha、150人/haと、12村全体の平均値よりやや高くなっている。このほかの10村の集落面積の変異は3～8haで、平均集落面積は5.4ha、人口の変異は403～1,272人、平均人口は691人であった。したがって、平均人口密度は128.5人/haと算出された。

　以上の結果をまとめたものが表6.6である。集落面積の規模ごとに分けてみると、平均人口密度は、2～3ha以下の小型の集落で100人前後/ha、3～10ha（実際は3～8ha）の中型の集落で128.5人/ha、10ha以上の大型の集落で147.4人/haと、集落規模が大きくなるにつれて高密度化していることがわかる。このような傾向は数値を含めて、表6.3のサムナーのデータとよく一致していると考えられる。ただし、エル・ルージュ盆地の中には、南イランのように大面積で低密度の集落が見当たらないことと、盆地内に地域の行財政中心地が存在していないこともあって、ある程度の規模を超えた大型集落は低密度化するという傾向を看取することはできなかった。

　以上、先史時代の集落人口を推定するために、現代の西アジアの集落規模と人口の関係を扱ったいくつかの研究について紹介してきた。ここで取り上げた研究には地域や時代の相違があり、人口や集落面積の算出方法などにもさまざまな限界が存在しているが、概括的な数値はそれほど大きく隔たらない。集落面積1ha当たりの人口密度に関していえば、50～200人/ha程度の変異が認められるが、多くの場合100～150人/haに収束しているといえる。この人口密度値は、集落の規模や生業形

表6.5　エル・ルージュ盆地の現代集落の世帯数・人口・集落面積・世帯人口・人口密度
(Tsuneki. n.d.: Table 3を改訂)

イドリブ郡

村落名(帰属地区)	世帯数(戸)	人口(人)	集落面積(ha)	1世帯当たりの人数	人口密度(1人/ha)
ビール・アル・タイーブ(マーラ・アッ・ムスリン)	20	109	〜2	4.36	
ムーリン (マーラ・アッ・ムスリン)	3	23	〜2	7.67	
カファール・ローヒン(イドリブ市郊外)	109	695	4	6.38	173
アルシャーニ(イドリブ市郊外)	34	220	〜2	6.47	
セイジャール(イドリブ市郊外)	100	706	5	7.06	141
アル・クレイズ(イドリブ市郊外)	61	479	4	7.85	120
フェイルーン(イドリブ市郊外)	6	62	〜2	10.33	
イズハン(イドリブ市郊外)	2	14	〜2	7	
アレイ(イドリブ市郊外)	84	576	5	6.86	115

アリーハ郡

村落名(帰属地区)	世帯数(戸)	人口(人)	集落面積(ha)	1世帯当たりの人数	人口密度(1人/ha)
アドワン(ムハンベル)	131	809	7	6.17	116
アル・サード(ムハンベル)	28	172	〜2	6.14	
テル・ダウード(ムハンベル)	35	252	〜2	7.2	
ハイーラ(ムハンベル)	54	350	〜3	6.48	
アイナータ(ムハンベル)	12	66	〜2	5.5	
センナクラ(ムハンベル)	14	123	〜2	8.79	
バクリード (ムハンベル)	19	162	〜2	8.53	
ムハンベル(ムハンベル)	351	2313	16	6.59	145
バリス(ムハンベル)	23	138	〜2	6	
アブ・ズベイル(ムハンベル)	29	160	〜2	5.52	
カファルミド(ムハンベル)	63	386	〜3	6.13	
アル・イラキーア (ムハンベル)	?	?	〜2	?	
ブフタムーン(ムハンベル)	62	395	〜3	6.37	
ハロール(ムハンベル)	45	297	〜3	6.6	
クネイセ(ムハンベル)	246	1646	?	6.69	150

ジュスル・エッ・シュグル郡

村落名(帰属地区)	世帯数(戸)	人口(人)	集落面積(ha)	1世帯当たりの人数	人口密度(1人/ha)
ジュンナクラ (ジュスル・エッ・シュグル市郊外)	30	170	〜2	5.67	
アクラバート(ダルクーシュ)	57	403	3	7.07	134
エル・マズーレ(ダルクーシュ)	76	429	〜3	5.64	

ハッリム郡

村落名(帰属地区)	世帯数(戸)	人口(人)	集落面積(ha)	1世帯当たりの人数	人口密度(1人/ha)
アル・ガファル南（カファルタハーリム）	32	194	〜2	6.06	
アル・ガファル北（カファルタハーリム）	71	451	?	6.35	
ケブタ（カファルタハーリム）	86	496	6	5.77	83
クアロウ（カファルタハーリム）	82	429	4	5.23	107
ビリ（カファルタハーリム）	100	687	?	6.87	
ミリス（カファルタハーリム）	234	1272	8	5.43	159
アル・シェイフ・ヨーセフ（カファルタハーリム）	175	1049	8	5.99	137
クネイトラ（カファルタハーリム）	36	222	〜2	6.17	
テル・ビシュマローン（カファルタハーリム）	18	105	〜2	5.83	
合計ないし平均	2528	16060		6.53	131.6

表6.6　エル・ルージュ盆地の現代集落の人口・集落面積・人口密度

集　　落	例数（実数）	平均人口（人）	平均集落面積（ha.）	平均人口密度（人/ha）
合　　計	33例	452	（3～4.3ha）	（105～151）
10ha以上の集落	2例	1980	13.5	147.5
3～10haの集落	10例	691	5.4	128.5
～3haの集落	21例	195	～2or3	（65～195）

態などによって中心域が異なってくることも指摘できるが、ここであまり細かい数値を提出しても意味がないであろう。

　さて、前節で主張したように、ハラフ文化の集落規模とセトゥルメント・パターンの特徴は、せいぜい2～3haまでの面積の集落が分散して存在することにある。この2～3haという集落規模に上述した現代西アジアの民族誌的データを適用すると200～450人となり、これがハラフ文化の平均的集落の人口の上限値になろう。しかしながら、ハラフ文化に帰属する遺跡では面積が1haに満たないものも多い。また民族誌的データの資料で現在見られる西アジア農村の平屋根で方形プランの住居とは異なり、ハラフ文化の主体であった円形プランのトロスは、本章第2節で結論づけたように拡散的で低密度の集落しかつくり得ないので、ハラフ文化の平均的集落人口の実態はこの上限値をはるかに下回る数値でしかあり得ない。各遺跡の平面プランなどにもとづいて人口推定することも不可能ではないが、あまりに介在する変数が多い。筆者はハラフ文化の1集落当たりの人口は、上に挙げた上限値の半分程度、すなわち100～200人ほどが一般的であったのではないか、と考えている。

第5節　ハラフ文化の居住形態の特質

　前章の最後にまとめたトロスの社会経済的意味と、本章で考察してきた集落構造、セトゥルメント・パターン、集落人口推定などから、ハラフ文化の居住形態の特質をまとめ、それが意味するところを抽出してみよう。
　トロス建造の社会経済的な理由は、平屋根方形プランの建物と比べて耐久性の上では数段劣るものの、安価で素早く建設できる、ヴェンチレーションのよい建物であった、という点である。さらに、集落構造上の特徴として密集しない拡散的な集落構造、セトゥルメント・パターンの特徴として小型集落が分散するパターンを抽出した。そしてハラフ文化の一般的な集落人口はせいぜい100～200人程度であったと推定した。これら住居、集落、セトゥルメント・パターン、人口規模の特徴は、すべて同じ方向性を有した特徴と捉えることができる。すなわち、先土器新石器時代B文化の成立以来西アジア社会が志向してきた、住居の耐久化と集住化、集落の規格化と大型化の流れとは逆行する戦略を採った人々の姿である。
　ハラフ文化を形成した人々は、耐久性よりも簡便性の高い住居、集住よりも拡散的な居住形態、そして個別の集落を巨大化させるのではなく小型で少人数の集落を分散させるセトゥルメント・パターンを採用したのである。彼らがなぜそのような戦略を採ったかについては、おそらくジャジー

ラ地方という自然環境と彼らの生業に密接に関係していると思われるので、次章でハラフ文化の生業と経済を検討したい。

註

1) 西アジアの先史時代遺跡で小部屋群で構成された建物が発見された場合、その解釈の一つとして二階建て家屋の基礎であった可能性が主張されてきたが、その明確な証拠はほとんど提出されてこなかった。ところが北西シリアのテル・アイン・エル・ケルク遺跡の調査で土器新石器時代の明確な二階建て建物の証拠が検出されたので(Tsuneki et al. 2001)、小部屋群の建物の少なくとも一部は二階建ての建物の基礎であったことが確定した。

2) Merpert and Munchaev 1987では6基と数えられているが、Merpert et al. 1978, 1981aの記述を丹念に追いかけると7基となる。

3) ただし、レヴァント地方の円形竪穴住居と比較するとジャジーラ地方ではやや小型のものが多く、単独で用いられたかどうかは確定していない。たとえばテル・アブ・フレイラでは、円形竪穴は互いに連結して住居として用いられた可能性が指摘されている(Moore et al.2000:118-121)。

4) 住居の平面形、集落プランと生業や社会構造の関係を扱った民族考古学的な論考として、Flannery 1972や渡辺仁 1986などがあり、円形プランと方形プランの住居の持つ社会経済的な相違が論じられている。

5) ハッスーナ期とハラフ期双方の遺物が表採できる遺跡が3割という数字を多いと見るか少ないと見るかといった評価の問題がまずある。またウイルキンソンらは、ハッスーナ期やハラフ期の土器片の詳細な編年結果を提示せずに、キャンベルの行った分析を簡単に紹介しているだけで、ハッスーナ後期とハラフ成立期双方の遺物が出土している遺跡数が判別できない。そのため、この地域での両文化を連続的に見るか断絶として見るかに関しては、今のところ資料が不十分といわざるを得ない。

6) テレイラット・ホユックについてはイスタンブール大学のオズドガンらが、そしてアカルチャイ・テペについてはトルコ、日本、スペインによる合同調査隊が2000年より発掘調査を開始している(Arimura et al. 2001)。

7) 本文中で前述したように、集落規模の解明を一つの焦点として南東アナトリアのガジアンテップ地域に所在するドムズテペの調査が行われている。しかしながら、その概要報告を見る限り(Carter et al. 1999, Campbell and Carter 2000)、ハラフ期に当地に大型集落が存在した可能性はきわめて低いといわざるを得ない。

8) 西アジアの先史時代集落の人口推定でもっとも著名な値の一つは、ケニヨンによるイェリコの人口推定値であろう。ケニヨンは3haほどの大きさしかないイェリコの人口を約3,000人と見積もり、西アジアの先史時代集落がきわめて高密度居住であったイメージを振り撒くことになった(Kenyon 1957)。この数値は後に次々に改変され、現在では数百人規模の人口であったと考えられるようになっている。なお、イェリコの人口問題については、藤井1999に詳しい。

9) 小型で低密度の拡散した集落は、基本的にごく最近定住生活を始めた遊牧民の集落であることをサムナーが指摘している。実際、当時のイラン政府は遊牧民の定住化政策を進めていた。筆者は1977年にマルヴ・ダシュト南東のアルセンジャン地区で行われた京都大学の遺跡踏査に参加する機会があったが、周壁で囲繞された高密度の集落はもともとの定住農民が居住する集落で、数軒から数十軒の住居が散在するだけの開放的な周壁を持たない集落は、ほぼ例外なくカシュガイなどの定住遊牧民の集落であった。

10) もっとも、オレンシェの研究にクラマーらのデータが取り込まれているため、両者の値が近似するのは当然かもしれない。

第7章　生業と経済

　本章では、ハラフ文化の生活基盤を形成していた生業と経済について、多角的な資料を用いて復元し、その特徴を抽出する。ここで生業と呼んでいるのは主に食糧を獲得するための手段のことであり、経済とは生業を含んださまざまな生活戦略の総称を指している。

第1節　動植物資料から見たハラフ文化の生業

　ある社会の主生業を復元していくときのもっとも基本的な資料は、遺跡から出土する動植物遺存体の研究である。西アジアにおいても、食糧生産社会の成立過程を追究するために動植物遺存体を中心とする資料が積極的に研究対象となり蓄積されてきた歴史がある。そのために主な関心は、旧石器時代終末から新石器時代へと転換する時期に集中しており、食糧生産が明らかに成立していたと見られているハラフ文化の動植物資料研究はけっして多くはない。ここでは、現在知られているハラフ文化の遺跡から出土している動植物資料についてまとめる。

1）　テル・サビ・アビヤド（ジャジーラ地方バリフ川流域）
　ハラフ成立期に限定されるものの、遺構や他の遺物と同様に動植物資料に関してもハラフ文化の遺跡の中でもっとも詳細な報告がなされてきている。
　植物資料は、ウイレム・ヴァン・ザイストらによって1986年度の出土資料（van Zeist and van Rooijen1989）および1986/1988年度出土資料（van Zeist and van Rooijen 1996）が分析報告されている。膨大な量の植物資料が分析されているが、採集地点や層ごとにサンプル番号がつけられて、それぞれのサンプルごとに植物種別にまとめられている。ハラフ成立期に帰属する第3〜1層から得られたサンプルで目立つのは、栽培種エンメルコムギ *Triticum dicoccum*の多さである。ほとんどすべてのサンプルで圧倒的にエンメルコムギが量的な主体をなし、多くの場合少量のアインコルンコムギ *Triticum monococcum*を伴っている。とくに穀物がまとまって検出された「穀物集中地点 cereal-grain concentrations」では、分析された8地点8サンプルとも、ほぼエンメルコムギのみで構成されていた。コムギに比べるとオオムギはごくわずかであり、各サンプルで数百から数千点のコムギに対してオオムギは数点から10数点である。サビ・アビヤドのオオムギは二条系の *Hordeum distichum*であるという。コムギ、オオムギ以外の作物では、アマ *Linum usitatissimum*が少量出土している。レンズマメ *Lens culinaris*、エンドウ *Pisim sativum*、カラスノエンドウ *Vicia ervilia*などのマメ類も出土しているが、各サンプルで検出されていてもせいぜい数点ずつといった量である。ピスタチオ *Pistacia*やアーモンド *Amygdalus*などがいくつかのサンプルにごくまれに含まれてはいるものの、野

生種の堅果や果実の積極的利用の証拠はなく、経済的には重要性を持っていなかったと見られている。

動物資料に関してもこれまでにいくつかの報告が蓄積されてきたが、ここではもっとも新しいチアラ・キャバロの報告をまとめてみよう（Cavallo 1996）。キャバロは1988年度調査で出土した動物資料サンプル13,072点のうち、同定可能な3,921点に基づいて分析を行っている。このうち本論で問題とするハラフ文化期の資料は、ハラフ成立期に帰属する第3〜1層出土の資料サンプル874点である。この中で主体をなしているのはヒツジ/ヤギであり、全部で629点（72%）を数える。ほぼすべてが家畜種 Ovis aries, Capra hircusである。このうちヒツジとヤギに判別可能な資料は57点あり、内訳はヒツジ37点、ヤギ20点と、ヒツジがヤギのほぼ倍となっている。次に多い資料はブタ Sus domesticusで115点（13%）、続いてウシ Bos Taurus 99点（11%）である。これら家畜動物4種で資料全体の96%を占める。したがって、野生動物はごくわずかな出土数である。同定されているのは、ウマ科（おそらくオナゲルEquus hemionus）6点、野生種ウシBos primigenius 1点、ガゼル Gazella sp.12点、アカシカ Cervus elaphus 2点、キツネ Vulpes vulpes 1点、ウサギ Lepus capensis 3点、鳥2点、カメ Testudo graeca 1点、魚1点である。

2）テル・アカブ（ジャジーラ地方ハブール川流域）

1970年代のエディンバラ大学の発掘調査時にトレンチ2のハラフ後期の灰層から水洗法により採集されていた植物資料が、後にジョイ・マッコリソンの手により研究・発表されている（McCorriston 1992）。407mlのサンプルのうち、73ml分が実験室で分析され、723点の植物資料が検出された。種類が同定されているのはこのうち425点である。同定された植物資料の中で主体となっているのがエンメルコムギの種子と小穂軸、皮の破片であり、これに二条オオムギの種子を加えると、これら2種の栽培穀類で全同定遺存体の半数近くを占める。数は少ないが、このほかの栽培植物としてレンズマメおよびカラスノエンドウなどのマメ類も検出されている。単独の種で量的にもっとも多いのは181点検出されたレンゲソウ属の種子 Astragalus typeであるが、これは穀物畑の雑草でもあり、また草原環境に位置するアカブでは燃料としても使用された可能性が指摘されている。このほか9種類の畑雑草と2種類の木材が植物資料として検出されているが、それぞれの資料数は10点以下ときわめて少ない。堅果類や果実を含めて野生植物はまったく検出されていない。

アカブの動物資料に関してはゼダーらによる分析が進められているようだが（ibid.）、その詳細に関しては報告がない。

3）テル・カシュカショクI（ジャジーラ地方ハブール川流域）

ハラフ後期を主体とするカシュカショクI遺跡出土の動物資料に関して、メリンダ・ゼダーによるごく簡単な報告がある（Zeder 1995:25）。動物骨の資料数190点中同定に用いたものはわずか10点で、分類結果の統計的意味はほとんどないといえるが、家畜種のヒツジ/ヤギが主体で、それに加えて家畜ウシとガゼルが存在していることがわかっている。

4）テル・ウンム・クセイール（ジャジーラ地方ハブール川流域）

1986年のイェール大学による発掘調査時にハラフ中期層（第3章で詳述したように本論ではウンム・クセイールのハラフ文化層はすべてハラフ中期の帰属とする）中のレンズ状の灰層堆積中から水洗選別された植物資料を、マッコリソンが分析している（Hole and Johnson 1986-87:176-177, McCorriston 1992）。2,221点の資料のうち、949点が種別同定された。圧倒的に多いのがエンメルコムギであり、種子、小穂軸、皮で611点を数えた。六条オオムギと二条オオムギ Hordeum vulgare、レンズマメも一定量検出されている。マメ類ではほかにカラスノエンドウ、ヒヨコマメ Cicer arietinum、エンドウが検出されており、以上の3種の穀類と4種のマメ類を合わせると813点となり、同定された資料の86％を占める。Goat-faced grassなどの畑雑草は11種類124点で、このほかヤナギ/ポプラ Salix/Populusとアーモンドの材、スベリユリ Portulaca oleracea、クロイチゴ Rubus sanctus、ピスタチオなどの野生果実類もごく少量ながら出土している。

動物資料は、ゼダーによる概括的分析が簡単に報告されている（Hole and Johnson 1986-87:177-179, Zeder 1995）。ウンム・クセイールのハラフ文化層動物骨の最大の特徴は、家畜ヒツジ/ヤギの割合が30％程度で、ガゼルやオナゲルを始めとする野生動物種が全体の60％近くを占めていることである。ブタは小型で明らかに家畜種であるとされ、全体の12％ほどを占めるが、ウシは野生種であるという。驚くことにこの傾向は同遺跡のウルク層においてより顕著になり、ガゼル、オナゲルなどの野生動物種の割合は70％以上とさらに増加するという。そして報告者のホールたちは、野生動物の割合が高いことを一つの根拠として、天水農耕が不可能に近い年間降水量250mm以下のステップに位置するウンム・クセイール遺跡の性格を、ガゼルなどの狩猟を行った季節的な居住地だったのではないかとした。そして、この遺跡は定住農耕民から派生した初期の遊牧民の起源とも絡んで議論されたが、後に家畜種動物の歯の萌出、磨耗状態を分析したゼダーは、ウンム・クセイールの居住者が年間を通じて家畜を屠殺していたことを明らかにし、遊牧民のキャンプであったとする見方を明確に否定している（Zeder 1995:25）。

1996年に筆者らが中心となって行った同遺跡の再発掘調査で得られた動物資料の一部を日本に持ち帰り、西本豊弘が分析を行っている（Nishimoto 1998）。その結果によれば、ハラフ中期層ではガゼルやウマ科、シカなどの野生動物が一定量見られるものの、通例のハラフ文化遺跡と同様にヒツジ/ヤギ、ブタ、ウシなどの家畜種動物が資料全体の過半数を占めている。同定可能であった動物資料の全体サンプル数はハラフ中期層で161点と少ない点にはやや問題がある。しかしながら、基本的な動物種構成はホールたちの結果と大きな相違がないにもかかわらず、野生動物の割合が大きいと主張したホールたちの結論とはやや異なる動物利用の姿をこの分析結果は示している（Tsuneki 1998:202-203）。

5）テル・アルパチヤ（ジャジーラ地方モースル=シンジャール地域）

第二次大戦前のマロゥワンらの調査については、TT5からエンメルコムギとオオムギが出土していることに触れた断片的な記述（Mallowan and Rose 1935:15）およびアマを扱ったハンス・ヘルビークの論考（Helbaek 1959）以外には、動植物資料に関する報告はない。1976年のヒジャラらによ

る再発掘調査で出土した動植物資料に関しては、その概報に簡単な報告が添付されている（Hubbard 1980, Watson 1980）。ハバードによれば、ハラフ期の3点の土壌サンプル資料の中に少なからぬ炭化種子が含まれていた。検出例でもっとも多かったのがエンメルコムギであり、ほかに皮性および裸性六条オオムギ、皮性二条オオムギが主体をなすという。アインコルンコムギもあるが数は少ない。一つの土壌サンプルからはレンズマメが検出され、また六倍種のクラブコムギ *Triticum compactum* も二つの土壌サンプルから出土しているという。エンドウマメは検出されず、堅果類・果実などの野生種子、また炭化木材の出土も報告されていない。

ワトソンによれば、アルパチヤで出土する動物骨のほとんどがウシ、ブタ、ヒツジ、ヤギであった。ほかにはガゼル、大型のイヌ科動物の骨がいくつかと、ロバないしオナゲルの歯が1点、淡水魚の脊椎骨が1点、それに甕から一括出土したカエルの骨がある程度であるという。主要4種の動物骨ではヒツジ/ヤギが多く、ブタとウシはそれよりかなり少数である。時期を追うに従い、ブタとウシがやや増加する傾向が認められる。ヒツジとヤギの比率では、前者が後者の3〜4倍となっている。

6) ヤリム・テペⅡ（ジャジーラ地方モースル＝シンジャール地域）

ヤリム・テペⅠおよびⅡ出土の植物資料のうち、とくに穀類を扱った論考がある（Bakhteyev and Yanushevich 1980）。そこでは、ヤリム・テペⅡ各層から得られた7サンプルが分析されている。7サンプルのうち、4サンプルはほぼオオムギのみで構成されており、2サンプルはコムギのみ、1サンプルは両者が混合した種子構成となっている。オオムギは、皮性、裸性の六条オオムギおよびボトル形の種子が特徴的な *Hordeum lagunculiforme* が検出されている。コムギではエンメルコムギとスペルトコムギ *Triticum spelta* がほとんどである。マメ類や野生植物などに関しては報告されていない。この7サンプルから見る限り、ヤリム・テペⅡでは六条オオムギやエンメルコムギの栽培が主要な生業となっていたようである。

動物資料に関しては簡単に触れられているだけである（Merpert, Munchaev and Bader 1981）。それによると、ヒツジ/ヤギが資料全体の6割近くを占めている。ウシとブタがそれぞれ1割程度で、これら4種の家畜で動物資料の8割ほどとなっている。

7) ハラベ・シャッターニ（ジャジーラ地方モースル＝シンジャール地域）

動物資料に関する簡単な報告がある（Croft 1995）。資料サンプル数はハラフ文化層でわずか31点であり、その内訳は、ヒツジ/ヤギ18点、ウシ7点、ブタ6点となっている。基本的に全て家畜種と考えられているが、ウシの中に家畜種とするにはややサイズの大型のものが含まれている。ハラフ文化層の分析資料ではこの4種の動物骨のみが確認されているが、ハラフ文化層とアケメネス朝ペルシア文化層の混合層（アケメネス朝ペルシア期のピットが多数ハラフ文化層を掘り込んでいるために混合層がある）からは、多数のオナゲルが出土しており、ハラフ期に帰属する可能性もある。

8) シャムス・エッ・ディン・タニーラ（ジャジーラ地方ユーフラテス河中流域）

動物資料について、ハンス・ペーター・アープマンによる詳細な報告がある（Uerpmann

1982, 1986)。動物骨は1,730点のサンプル中、1,396点が種別に同定されている。このうち485点（34.74％）がヒツジ/ヤギで、すべて家畜種と見なされている。このほかウシが101点（7.24％）、ブタが17点（1.15％）で、そのほとんどが家畜種であるが、サイズ的に野生種の範疇に入るものが若干含まれている。また明らかにイノシシと同定されているものがほかに2点ある。これら4種で、サンプル全体の43％ほどを占めている。シャムス・エッ・ディンの動物資料の最大の特徴は、家畜動物よりも数的に多い野生動物骨が出土していることである。中でもオナゲルが多く、588点（42.18％）が同定されている。次いでガゼルが103点（7.39％）となっている。このほかキツネや鳥類などが出土しているが、量的にはごくわずかである。資料点数ではなく骨の重量から見るとオナゲルの割合は全資料重量の60％以上を占めることになり、当時の人々の肉食糧資源として重要な役割を果たしていたものと考えられている。

9) **テル・トゥルル**（ジャジーラ地方ユーフラテス河中流域）

　動物資料についてピエール・デュコスの報告がある（Ducos 1991）。同定資料サンプル数が123点と少ないため、種別比の算出にはやや無理があるように思えるが、大まかな傾向はつかめよう。もっとも多いのはヒツジ/ヤギであり、68点で全体の約6割を占める。すべて家畜種と考えられている。ヒツジとヤギの比率は7点の資料にもとづき2:5程度でヤギが多いとされるが、この比率を資料全体に敷衍させるのは躊躇せざるを得ない。次にブタが30点と続き、資料全体の約4分の1を占める。さらにウシが13点で1割程度となる。このヒツジ・ヤギ・ブタ・ウシの4種で動物資料の95％程度を占めており、ウシ1点を除いてすべて家畜種であるため、トゥルルでは動物性資源のほとんどを家畜によりまかなっていたものと考えられている。野生動物としては、ガゼルとダマジカ *Dama mesopotamia* の出土が報告されている。

10) **チャヴィ・タルラス**（南東アナトリア地方ユーフラテス河上流域）

　動物資料に関してヨハン・シェーファーらの報告がある（Schäffer und Boessneck 1988）。判別可能な資料のうち97.8％（重量では95％）が家畜種動物で、ガゼル、オナゲル、イノシシなどの野生種動物は合わせても2.2％（重量では5％）を占めるにすぎない。家畜種の中ではヒツジ/ヤギが数量で37.2％を占め、次いでウシが35.7％、ブタが27.1％となっている。野生のヤギやウシなどもごく少量出土しているが、チャヴィ・タルラスの動物性食糧のほとんどが4種の家畜より得られたものと考えられる。

11) **ギリキハジヤン**（南東アナトリア地方ティグリス河上流域）

　植物資料に関してヴァン・ザイストによる報告がある（van Zeist 1979-80）。主体となっているのは栽培種エンメルコムギであり、穀類ではほかに皮性のオオムギと少量のアインコルンコムギが検出されている。パンコムギ *T.durum/aestivum* も一つのサンプルから検出されている。アインコルンコムギのほとんどは栽培種であるが、野生種 *T.boeoticum* var.*aegilopides* にきわめて類似している種子が2点のみであるが出土している。野生種アインコルンがいくつかのサンプルで見られるが、

多数のサンプルから出土しているライムギ Lolium sp.とともに、畑雑草であった可能性が高いことが指摘されている。マメ類で主体となっているのはレンズマメ、カラスノエンドウ、ヒヨコマメの3種であるが、中でもレンズマメがもっとも多くのサンプルから多数出土した。ソラマメも出土しているが、エンドウはまったく検出されていない。多くのサンプルで穀類よりもむしろマメ類の方が多数を占めていて、ギリキハジヤンではマメが重要な役割を果たしていたようである。野生植物ではピスタチオ、サンザシ Crataegus sp.、アーモンドなどの種子が出土している。

　動物資料については、本報告書でマックアーデゥルが報告している（McArdle 1990）。2,132点の分析資料のうち、ヒツジ/ヤギが1,277点と59.9％を占め、ブタ362点（17.0％）、ウシ314点（14.7％）を加えると、4種で全体の9割を優に越えてしまう。残りの1割弱は、イヌ、キツネ、アカシカなどとなっている。このほかカタツムリが100点ほど出土している。ヒツジとヤギの割合は、ほぼ2：1程度であると推定されている。ほとんどが家畜種であるが、野生種のヒツジ O.orientalis, とヤギ C.hircus aegagrus も存在している。ブタとウシはすべて家畜種に区分されている。

12）　テル・ハッサン（中部メソポタミア地方ハムリン盆地）

　動物資料に関してフランチェスコ・フェデレの簡単な記述がある（Fedele 1985）。それによると、ヒツジ/ヤギがもっとも多く、ウシとブタがほぼ同量で一定の割合を占める。この4種は家畜種であり、ハッサンにおける日常生活の食糧的基盤となっていたことは間違いないという。ヒツジ/ヤギよりはずっと少ないものの、ウシやブタよりは多くのガゼル Gazella subgutturosa の骨が出土しており、オナゲルも一定量見られる。ガゼルとオナゲルという2種類の野生動物の狩猟が恒常的に行われていたことは明らかである。このほか、シカやイノシシ、鳥などさまざまな野生動物の骨が出土しているが、いずれもごく少量であるという。

13）　バナヒルク（ザグロス地方）

　植物資料については出土が報告されていない（Watson 1983b: 578）。動物資料はジョアン・ラファーによって詳細に分析されているが（Laffer 1983）、分析資料のサンプル数は962点とけっして多くはなく、うち152点は種別が不明である。同定された資料のうち95.9％がヒツジ、ヤギ、ブタ、ウシの4種で占められている。残りの4.1％はアカシカ、ノロジカ Capreolus capreolus、キツネ、レオパード Felis pardus、クマ Ursus arctos、イヌ Canis sp.などである。主要4種の中では、ヒツジ/ヤギが63％前後を占め、ウシが約21％、ブタが約16％である。これは骨片数で算出した割合であるが、最小個体数で見ても、ウシとブタの比率が逆転するものの、全体として大きな相違は生じない。ヒツジとヤギの比率は、前者が後者の倍程度であったと考えられている。ヒツジ/ヤギの中には家畜種と野生種双方が含まれているとされ、全体の約7割が家畜種であると推定されている。ウシとブタについては、ウシの一部が野生種である可能性はあるものの、そのほとんどが家畜種の範疇に捉えてよいものであるという。

　以上、現在知られているハラフ文化の諸遺跡から出土した動植物資料を記してきたが、全体をま

表7.1 ハラフ文化遺跡から検出されている植物資料の概要

遺跡	エンメルコムギ	アインコルンコムギ	六倍種コムギ	六条オオムギ	二条オオムギ	アマ	ライムギ	レンズマメ	エンドウマメ	カラスノエンドウ	ヒヨコマメ	畑雑草類	野生種堅果・果実類
テル・サビ・アビヤド	◎	×			×	×		×	×				×
テル・アカブ	○				△	×		×		×		○	
テル・ウンム・クセイール	◎			△	×	×		△		△	×	△	×
テル・アルパチヤ	○	×	×	△	△	×	×	×					
ヤリム・テペ II	○			○	△								
ギリキハジヤン	○	×	×		×		△	○		△	△		×

出土資料中のそれぞれの植物種が占めるおおよその割合：◎＝50％以上　○＝20％以上　△＝5～20％程度、×＝少量存在する

とめてみよう。植物資料がある程度判明している遺跡は、表7.1のようにわずか6遺跡しかない。穀類のうちコムギでは、ほかにアインコルンコムギと六倍種コムギ（クラブコムギないしパンコムギ）がいくつかの遺跡で出土しているが、すべての遺跡で出土し主体となっているのは栽培種のエンメルコムギである。アインコルンコムギは野生種の場合コムギ畑の雑草としてよく見られる。またパンコムギは明らかに栽培種であり、裸性で籾摺りが不要なために後に西アジア全域で徐々に主体となっていくコムギであるが、ハラフ期にはまだ一部の利用に留まっていたようである。オオムギに関しては、二条オオムギが上記6遺跡のすべてから出土し、六条オオムギも3遺跡から出土しており、ヤリム・テペIIでややまとまって出土しているものの、オオムギの出土はエンメルコムギに比べて量的には限定される。アルパチヤやギリキハジヤンで出土しているライムギは、畑雑草の可能性が考えられる。マメ類はレンズマメを中心に西アジア通有の数種類が各遺跡で副次的に利用されていたようだ。基本的にすべて栽培種と考えられる。ハラフ文化遺跡から出土している植物資料の中に野生の堅果類や果実がわずかしか出土せず、また出土植物資料の中で栽培エンメルコムギが主体となっていることから、ハラフ文化の人々がエンメルコムギを中心とした農耕を主生業としていたことは確実といえよう。また、サビ・アビヤドのようにエンメルコムギが他のコムギやオオムギとほとんど混じらない状態で集中して出土していることから、厳密な穀物管理が行われていた可能性も指摘できる。

　さて、このエンメルコムギを中心とした農耕が基本的に天水農耕であったかどうかを次に検討しておく。ハラフ文化遺跡の多くは、今日の天水農耕地帯の南限近くに分布している。通常、土壌ととくに降雨量によって天水農耕が可能かどうか決定されるが、栽培される植物の種類によっても相当な変異がある。たとえば石灰分の多いテラ・ロッサなどの土壌では、年平均降雨量250mm前後がコムギを中心とした天水農耕の限界であると考えられており、オオムギの場合は時としてこれよりやや少ない降雨量でも天水農耕が可能とされる。ハラフ文化の遺跡から出土している植物資料のほとんどは、年平均降雨量が250mm以上あれば基本的に天水農耕で生育可能な植物ばかりである。さ

らに、たとえばテル・アカブからは*Vaccaria pyramidata*や*Silene* sp.（Catchfly）といったような、大陸一亜地中海気候の中での天水農耕による穀類栽培に伴う典型的な雑草が出土していること（McCorriston 1992:324）も、ハラフ文化の人々が基本的に天水農耕を営んでいたことの直接的な証拠となる。ただし、量は少ないものの通常の耕作法では灌漑による給水が必要なアマがいくつかの遺跡から出土していることなどから、灌漑が一部の作物の耕作に用いられていた可能性は残されている。とくに、現在の年平均降雨量250mmラインより南側に分布する遺跡でそうした可能性を考える必要があろう（ibid）。しかしながら、ハラフ文化遺跡から灌漑用施設などが検出された例は皆無であり、一部の遺跡が立地する生態学的な状況を除くと、積極的に灌漑農耕の存在を支持できるような証拠は得られていない。

　動物資料に関しては、ハラフ文化遺跡で家畜種のヒツジ/ヤギが主体となっていることは明らかである。表7.2 にまとめた11遺跡のいずれにおいてもヒツジ/ヤギの占める割合は高く、動物骨の割合を統計的に記述している遺跡の多くでサンプルの半数以上をヒツジ/ヤギが占める。しかしながら注意しておかなければならないのは、すべての遺跡でウシとブタが一定量出土していることであり、ハラフ文化の人々はヒツジ/ヤギにウシ・ブタを加えた形態の家畜飼養を行っていたと考えられる。

　動物資料の中で野生動物が占める割合はハラフ文化のほとんどの遺跡できわめて低いが、このパターンに合致しない例外が認められる。それはユーフラテス河中流域に位置するシャムス・エッ・ディンとハブール川中流域のウンム・クセイールの2遺跡である。前者ではオナゲルとガゼルを中心とした野生動物がヒツジ/ヤギなどの家畜動物よりも数量的に多く出土し、中でもオナゲルの割

表7.2　ハラフ文化遺跡から検出されている動物資料の概要

遺跡	ヒツジ/ヤギ	ウシ	ブタ	ウマ科	ガゼル	シカ類	イヌ	その他
テル・サビ・アビヤド	◎	△	△	×	×	×	×	キツネ・ウサギ・カメ・鳥
テル・ウンム・クセイール	○	×	△	△	○		×	ハイエナ・キツネ・鳥・魚
テル・ウンム・クセイール1996	○	△	△	△	△			キツネ・リス
テル・アルパチヤ	○	△	△		×		×	魚・カエル
ヤリム・テペⅡ	◎	△	△					
ハラベ・シャッターニ	◎	○	△	×				
シャムス・エッ・ディン	○	△	×	○	△	×	×	キツネ・鳥
トゥルル	◎	△	○		×	×	×	
チャヴィ・タルラス	○	○	○	×	×	×	×	キツネ・クマ・ウサギ・モグラネズミなど
ギリキハジヤン	◎	△	△	×		×	×	キツネ・ウサギ・カメ・魚
バナヒルク	◎	△	△			×	×	キツネ・レオパード・クマ
テル・ハッサン	○	△	△	△	△	×	×	カメ・鳥・魚

出土資料中のそれぞれの動物種が占めるおおよその割合：◎＝50％以上、○＝20％以上、△＝5～20％程度、×＝少量存在する。その他はすべて極少数の出土

合がとくに高い。分析に当たったアープマンは、シャムス・エッ・ディンの人々がオナゲルを食糧資源として特別に嗜好したというよりも、穀物畑に侵入しようとしたオナゲルやガゼルが多くいて、それを狩猟した結果、これらの野生動物が高い比率を示しているのではないかと推定している（Uerpmann 1982: 46）。後者でもやはり、ガゼルやオナゲルなどの野生動物が高い比率を示し、発掘者のホールらがウンム・クセイールをガゼルなどの季節的な狩猟基地と想定している（Hole and Johnson 1986-87）のに対して、動物骨の分析を行ったゼダーが季節的居住を否定し（Zeder 1995）、また同遺跡の再発掘者である筆者らもホールらの解釈は必ずしも事実に合致していないのではないかという疑問を呈したこと（Tsuneki 1998:204）は前述した。いずれにせよこれら2遺跡においては、オナゲルやガゼルといった草原性野生動物の割合が通常のハラフ文化遺跡よりも高いことは確かである。その理由がアープマンのいうように穀物畑を荒らすこれらの野生動物を狩猟した結果かどうかはともかくとして、この2遺跡がユーフラテス河中流域、ハブール川流域それぞれのハラフ文化遺跡の中でもっとも南側に位置し、より乾燥した草原植生を主体とする環境の中にあったことに留意しておかなければならない。そこは北方の遺跡群と比べて天水農耕がより困難である一方、オナゲルやガゼルなどの草原性有蹄類の生息密度はより濃密であったと推定され、人々の生業活動もこのような周辺環境に対応したものと考えられる。なお詳細は明らかにされていないが、バリフ川流域のキルベト・エッ・シェネフにおいても、オナゲル、ガゼルという野生獣の割合が大きく、出土動物骨の1/3以上に達しているとされる（Akkermans and Wittmann 1993: 162）。

　以上まとめてみると、現在の天水農耕地帯の南限をやや越えるいくつかの遺跡を例外として、ハラフ文化の人々はエンメルコムギを中心とした穀類を主体にレンズマメなどのマメ類を加えた天水農耕、およびヒツジ/ヤギを中心にウシ、ブタを補完した牧畜を基本的生業としていたと結論づけられよう。

　西アジア新石器時代の栽培植物の種類を簡単に眺めてみると（たとえばWillcox 1999:Table 25.4）、PPNA期にアインコルンコムギとエンメルコムギおよび二条オオムギの栽培種が登場し、PPNB期に入るとこれに栽培六条オオムギが加わる。マメ類は野生種か栽培種かの区分が難しいが、PPNB期にはレンズマメ、エンドウマメ、ヒヨコマメなどが穀類とともに栽培化されたと想定される。PPNB中期では栽培種穀類を出土する遺跡が増加し、裸性のデュラムコムギ（マカロニコムギ）やパンコムギを出土する遺跡も出現する。それまでアインコルンコムギが主体であったジャジーラ地方にエンメルコムギが導入され、とくにPPNB後期からは西アジアの多くの地域でエンメルコムギが栽培種コムギの中心となり、これにオオムギと裸性のコムギ（主としてデュラムコムギとパンコムギ）、レンズマメなどのマメ類が付加され、アインコルンコムギはマイナーな構成要素となってしまう。ハラフ文化遺跡から出土する植物資料は、ジャジーラ地方での先土器新石器時代B後期～土器新石器時代の植物資料の特徴をそのまま継承していて、新たな要素はほとんど加わっていない。したがって、前述した畑雑草の問題と合わせて、農耕開始期から土器新石器時代まで主体をなしてきた天水農耕がハラフ文化において大きく変化した兆候はないといえよう。

　次に家畜飼養についてであるが、動植物資料から見ると西アジアにおける動物の確実な家畜化は

植物栽培化よりも1,000年程度遅れ、紀元前8000年（補正年代）以降、レヴァント編年ではPPNB中期以降と考えられている（Legge 1996:258）。最初にヤギ・ヒツジが家畜化され、PPNB後期以降にブタ・ウシが家畜に加わっている。土器新石器時代になると、乾燥草原環境などやや特異な環境にある遺跡を除いた多くの遺跡で、ヤギ/ヒツジを主としてブタ、ウシを従とする獣種構成となり、その後、この４種が動物性食糧資源の主役を長くつとめることになる。家畜飼養が開始されてからも野生動物の狩猟は長期にわたって続けられるが、いくつかの例外を除くとその比率はごく小さい。このような家畜飼養の流れを見ると、ハラフ文化の人々は前代の土器新石器時代までに成立していたヤギ/ヒツジにブタ、ウシを加えた西アジア先史時代通有の獣種構成にもとづく牧畜を基本的に継承していたといって間違いないだろう。

第２節　生産用具から見たハラフ文化の生業

　前項では動植物資料に依拠してハラフ文化の生業をまとめたが、ここでは主に石器などの生産用具が前項の結論を支持するかどうかを検討していきたい。

　ハラフ文化の打製石器について細かく整理、分析が行われている報告書は少ない。その原因の一つは、多くの研究者が「ありふれた」「みすぼらしい」「衰退した」などと表現するように(Copeland 1996:316)、ハラフ文化の打製石器インダストリーがそれ以前の時代と比べて質・量とも極度に貧弱となってしまい、石器研究者の研究対象として興味を惹かなくなることが挙げられよう。実際ジャジーラ地方では、先土器新石器時代B期までは洗練された石刃剥離技術による石刃を素材とした定型的で美しくかつ多様な打製石器がつくられていたが、土器新石器時代になると打製石器の石刃の剥離技術が衰退して多くの石器が不定形な剥片でつくられるようになり、ハラフ期になるとこの傾向がさらに強まって、石器インダストリーの中にまともな石器を見出すことが稀になってしまうのである。その原因や人びとが石器づくりに傾けていた情熱をいったいどこに転化してしまったのかという問題は後述することとして、ここではハラフ文化の打製石器の詳細についての数少ない報告例である、テル・サビ・アビヤド（Copeland1996）、テル・ウンム・クセイール（Maeda 1998）、シャムス・エッ・ディン（Azoury and Bergman 1980）、ギリキハジヤン（Watson and LeBlanc 1990）、バナヒルク（Watson 1983b）の報告にもとづいて、ハラフ文化の打製石器をまとめてみよう。

　上記した遺跡から出土している打製石器の素材としては基本的にフリントおよび黒曜石があるが、これらの遺跡ではフリント製石器の出土量が黒曜石製石器を上回っている。フリント製石器の中で石刃の占める割合が30％を越えるシャムス・エッ・ディン以外では、石刃の割合はきわめて低く10％に満たない遺跡がほとんどである。石核やデビタージュを除いたいわゆるトゥールの多くが剥片を素材としており、石刃を素材とした定型的なトゥールは概して非常に少ない。トゥールの大半は剥片にリタッチを施して刃をつけた不定形の石器か、使用痕の観察される剥片であり、限定的な使用対象や使用法を想定できる石器がほとんどない。

　そうした中で、数量的には少数であるもののハラフ文化遺跡から共通して出土する石器として、剥片・石刃素材のスクレイパー類と石刃・剥片素材の鎌刃類をまず挙げることができる。これに加

えてチョッパー、チョッピング・トゥール、ハンマーなどの礫器、ドリル類、彫器類などを出土している遺跡が多い。

つくり出された刃部の位置による細分を行わなければ、ハラフ文化遺跡の乏しいトゥール群の中でスクレイパー類がもっとも通有の定型的な石器ということができるだろう。ラウンド・スクレイパー、エンド・スクレイパー、サイド・スクレイパーなど多様な形態が存在している（図7.1:1-4）。スクレイパーは一般的に動物の解体や皮なめしなどに用いられていたと考えられており、ハラフ文化のスクレイパー類がそれとは異なる用途に用いられていた積極的証拠はない。また、サビ・アビヤドなどで出土しているスクレイパー類の一つに、原礫面を残した薄い板状のフリントの一辺に刃部をつくり出したいわゆるタイル・ナイフ tile knifeがある（図7.1:5）。このタイル・ナイフの用途については、プラスターの塗布用具などと考える研究者もいるが（Copeland 1989:255）、筆者としては南レヴァントのタビュラー・スクレイパー tabular scraperと同様に羊毛刈り用石器（藤井 2001:257）と捉えておきたい。さらに第2章第2節で言及したように、ハラフ文化の重要なアセンブリッジの一属性として土器片利用のいわゆる土製スクレイパーが存在するが、これが石製のスクレイパーと同様の用途を持っていたとするならば、ハラフ文化遺跡から出土する動物解体・皮なめし用の道具はより普遍的に存在したことになろう。

鎌刃には石刃素材で石刃の一端ないし両端を折り取り二次加工を施さずに鎌刃としたものと、石刃ないし剥片を素材として二次加工によって台形ないし半月形状に整形した鎌刃がある（図7.1:6-9）。上述した5遺跡すべてで両タイプの鎌刃が出土している。鎌刃の側縁に平行ないしは斜行して鎌刃光沢が認められ、鎌柄に平行装着ないし斜行装着されたものと考えられる。また側縁部に鎌刃光沢を有した不定形の剥片も出土しているが、これらは鎌刃というよりもむしろ脱穀橇などに装着して用いられた可能性があるだろう。そしてその場合は、コムギ・オオムギの刈取りというよりも脱穀の場面で使用されたことになるだろう。また、ウンム・クセイールでは鎌刃の素材として遺跡周辺では得られない良質のフリントが用いられており、鎌刃が同遺跡では僅少の石刃素材であることとあいまって、黒曜石を素材とする石器同様にフリント鎌刃が遺跡外からの搬入品であると考えられている（Maeda 1998）。

以上まとめてきたように、ハラフ文化遺跡の打製石器類でもっとも基本的なトゥールといえるのはスクレイパー類と鎌刃である。そして前者が家畜などの動物の解体や皮なめし、羊毛刈り、後者がコムギ・オオムギの収穫に関わる道具と認定することができると思われる。そのことは前項でまとめた動植物資料の研究で、ハラフ文化の人々がエンメルコムギを中心とした天水農耕およびヒツジ/ヤギを中心にウシ、ブタを補完した牧畜を基本的生業としていたという結論と何ら矛盾しないと思われる。

スクレイパー類や鎌刃ほど生業との結びつきが明らかではないが、ドリル類（図7.1:10-12）や彫器類（図7.1:13-14）は骨角器や木器、装身具などの生産と結びついていた可能性が高い。しかしながら、この両者ともハラフ期以前に比べるとハラフ文化遺跡で出土する種類や量は減少傾向にあり、出土している骨角器や装身具自体などから見ても、これらの生産がハラフ期に特段に盛んになったとはいえそうにない。

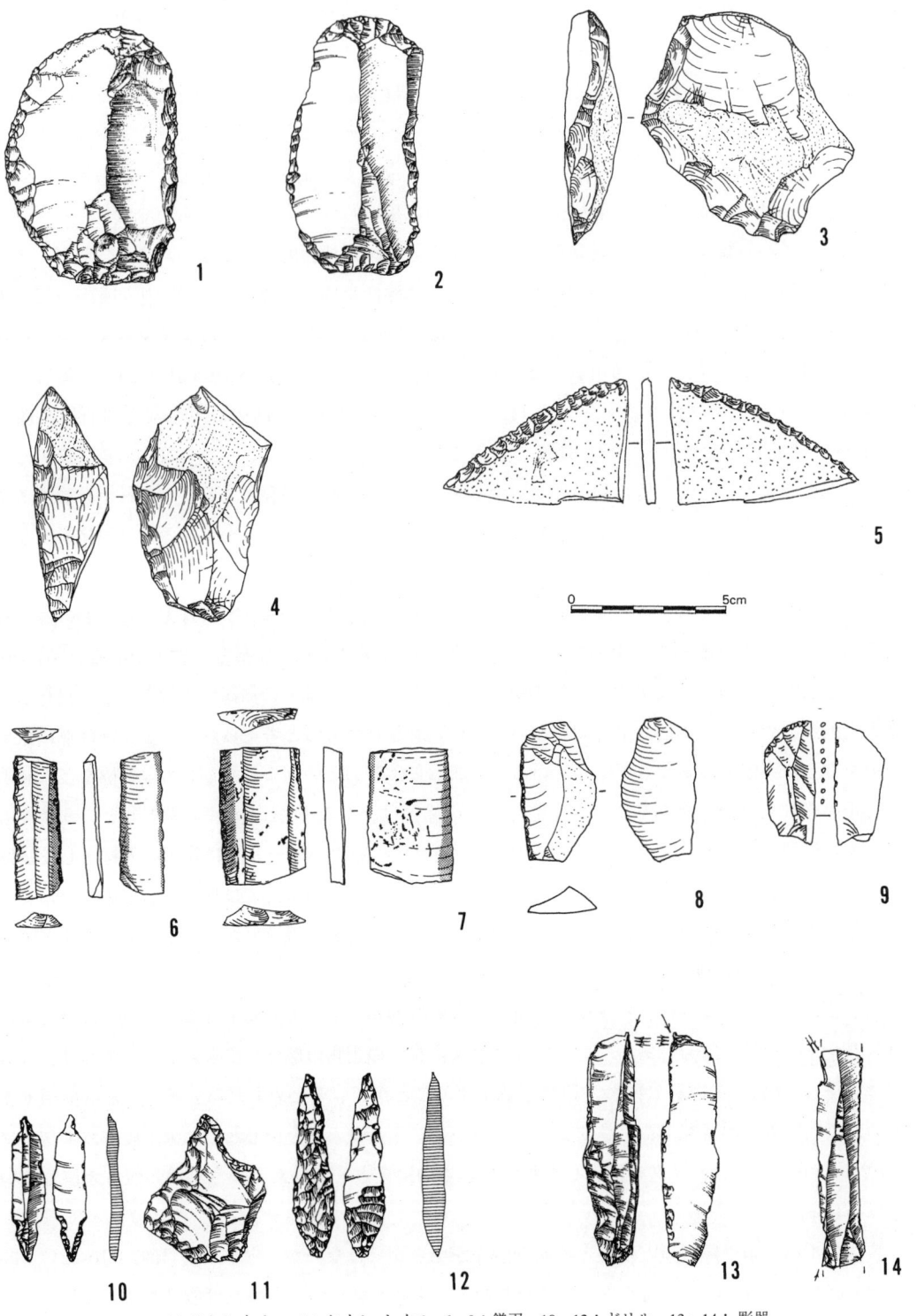

1〜4：スクレイパー　5：タイル・ナイフ　6〜9：鎌刃　10〜12：ドリル　13〜14：彫器
1・2・10〜14：シャムス・エッ・ディン(Azoury and Bergman 1980: Pl. 2-3)
3・4・6〜8：テル・ウンム・クセイール（Maeda 1998: Figs. 36・38）
5・9：テル・サビ・アビヤド（Copeland 1996: Fig.4.18.）
図7.1　ハラフ文化の打製石器

ハラフ文化の打製石器にはフリントと並んで黒曜石を素材としたものがある。西アジアの新石器時代遺跡やハラフ文化遺跡から出土する黒曜石製石器の多くは石刃ないし細石刃であるが、新石器時代には尖頭器やスクレイパー類などのトゥールや、サイド・ブロウ・ブレイド・フレイク side-blow blade flake、CT石刃 corner-thinned blade、ストランギュレーション strangulation[1] などの黒曜石製の特殊な石器が認められる（Nishiaki 1993）。ところがハラフ期になると黒曜石のツールや特殊な石器はほとんど姿を消してしまい、黒曜石製石器は石刃、細石刃にほぼ限定される。石刃、細石刃がどのような用途で用いられていたかについては確定していないが、特殊な生業活動に結びついて生産・使用されていた証拠は得られていない。しかもフリント製石器と同様に、これもまた前代から継続する型式の石器であるといえる。

　石器インダストリー中に占める黒曜石の割合は、上記した5遺跡中もっとも高いウンム・クセイールで36.4％、もっとも低いシャムス・エッ・ディンで11.2％であるが、概して20％ほどを占めている[2]。全体としてハラフ文化遺跡では直前の土器新石器時代の遺跡よりも黒曜石の割合がやや増加する傾向にあり、またアルメニア産かと考えられる黒曜石がジャジーラ地方の遺跡に多数供給され始めるなど（Renfrew and Dixson 1976, Wright 1969）、黒曜石の供給元が前代から大きく変化していることが判明している。さらに、この時代に衰退していたフリントの石刃製作技術と比べて、黒曜石では石刃製作技術が継続しており、黒曜石の石刃、細石刃がある特定の遺跡で専業的に生産されて周辺の遺跡に供給されていた可能性が指摘されている（前田 1998）。これらの現象から、石器インダストリー中に占める黒曜石製石器の重要性が前代までに比べてハラフ文化遺跡では相対的に高かったということはいえそうであるが、それがハラフ文化遺跡の重要な生産品となっていたかどうかを判断する材料は十分でない。

　ハラフ文化遺跡出土の打製石器は、基本的に前代のジャジーラ地方の土器新石器文化遺跡から出土する打製石器から型式的に継続するものである。たとえばハラフ成立期に帰属するサビ・アビヤド第3層出土石器は、そのすべての型式が同遺跡第6～4層のいわゆる移行期出土の石器に認められる（Copeland 1996: Table 4.5.）。つまり、ハラフ期になってから新たに開発されたり工夫されたりした石器はまったく存在しないといっていい。

　それどころか、前代に比べて石刃の剥離技術の上でも定型的石器の種類や量においても貧弱になっていってしまうことは前述した。ジャジーラ地方では既に土器新石器時代から石器製作の衰退傾向が認められ、ハラフ期になるとその傾向がよりいっそう顕著となるわけだが、その背景として農耕の展開に伴って男性が専業農民化したことなどが指摘されている（西秋 1995:71）。つまりPPNB期までの、ガゼルを中心とした動物狩猟などに関わってナヴィフォーム式石刃製作など専業的な石器生産を行っていた男性たちが、農民化することによって専業的石器生産の利点を失い、石刃生産やそれを素材とした定型的石器が衰退し、場当たり的な剥片石器製作に転換していくという図式である。尖頭器などの石刃素材の定型的石器が衰退していく状況は、この図式でよく説明できるものと思われる。しかしながら同様の論理を採用するならば、石刃素材の鎌刃などは男性農民による専業生産が強まるにつれて、土器新石器時代以降に、より効率的で洗練されたものが出現してもよさ

そうであるが、ジャジーラ地方の土器新石器文化やハラフ文化の石器インダストリーにそのような傾向は認められない。

　筆者としては、ハラフ社会は農耕や牧畜の専業性を強化する方向を志向していなかったと考えている。前節で明らかになったように、動植物資料を見ると特定の種に特化した様子は看取されず、すべて前代までに開発された動植物種を用いてほどほどの生産を行っている。そのような姿勢が石器のあり様や石器生産にも反映しているのではないだろうか。つまり、土器新石器時代の石器の中で有効なトゥールについてはハラフ期においてもつくり続けられてはいるものの、特別な石器を効率的集約的につくるというような姿勢はまったく認められず、打製石器インダストリーに表象される道具類は、小規模で散発的な生産・使用を強く示唆するのである。

第3節　土器生産と交易

　前節まで描いてきたハラフ文化の生業基盤として抽出できたのは、エンメルコムギを中心とした穀類にレンズマメなどのマメ類を加えた天水農耕と、ヒツジ/ヤギを中心にウシ・ブタを補完した牧畜であり、ジャジーラ地方で土器新石器時代までに開発された資源を営々と継承する人々の姿であった。これらの生業に対応した道具類も、その型式はすべて前代から継承されたもので、生産に新たな技術開発が伴っていたわけではなく、打製石器などではむしろ技術的には退潮の兆しが認められた。このような証拠から、筆者はハラフ社会は農耕や牧畜といった生業面に関して専業性を強化する方向を志向していなかったのではないかと前節の最後にまとめたのだが、それでは彼らの生活戦略を支えた経済活動とはいったい何であったのだろうか。それを探るために、まずハラフ文化のアセンブリッジを列挙して再点検してみよう。

　ハラフ文化遺跡から出土する主要な遺物として挙げられるものは、土器、フリント製・黒曜石製の打製石器、石斧や磨石などの磨製石器、石製容器、骨角器、印章と封泥、土製・石製の投弾、土製スクレイパーや土板などの土製品、紡錘車、土偶、ビーズやペンダント、腕輪を含む装身具などがある。これらの遺物のうち、土器は調理や食器・貯蔵・運搬・供献用、打製石器や骨角器は農工生産具、磨製石器は調理具・工具、石製容器は貯蔵・供献具、印章と封泥は物資管理用具、投弾は狩猟具、紡錘車は織物生産具などとして用いられたと考えられるが、土板や土偶など明確な用途が不明の遺物も少なくない。注意しておきたいのは、これらハラフ文化のアセンブリッジを形成している遺物群のうちの多くが、前節の打製石器の項目でも触れたように、ジャジーラ地方の土器新石器文化のそれぞれの遺物を技術的・型式的に引き継いだものとなっている点である。たとえば磨製石器の主体となる粉化具の玄武岩製鞍形磨石 saddle quernは、ジャジーラ地方で先土器新石器時代A期から開発された伝統的な形態をほぼそのまま継承しているし、石斧の材質や形態にも前代から大きな変化は見られない。骨角器も偶蹄類の中指骨や肋骨などを利用した突錐や箆、針などで、新たに開発された顕著な型式や技術を看取することができない。投弾は尖頭器の衰退に対応するかのように土器新石器時代の遺跡から多数出現し始め、ハラフ期に継続している。これら各遺物の出土状況などを見ても、ハラフ期になってから急に大量に出現したりするような遺物はほとんど存在しな

いのである。しかしながら、ハラフ期に新たな技術が加えられたり、新たな型式が登場したりした遺物が存在しないわけではない。そのような例外的な遺物のうち、もっとも重要なものとして、ハラフ彩文土器とペンダント型印章を筆者は挙げておきたい。

ハラフ彩文土器は、ハラフ期以前からジャジーラ地方に存在したハッスーナ彩文土器やサマッラ彩文土器とは異なる型式の土器と認識され、良質な胎土と光沢を有した美しく細かい彩文で特徴づけられる（第2章第2節参照）。土器の成形や施文などの技術において、それまでの彩文土器の伝統を凌駕しており、分布域もそれまでの土器に比べて圧倒的に広範囲に拡散する。つまり、ハラフ彩文土器の生産と流通は、ジャジーラ地方の土器新石器時代の土器とは異なる次元に達していた可能性が高い。換言すれば、土器生産に専業化が進行していた可能性を看取できるのではないかと筆者は考えている。

ペンダント型印章は、先土器新石器時代B期終末に出現し土器新石器時代になってから一般化していくスタンプ印章の一類型として、ハラフ期になって登場し盛行したハラフ文化を代表する印章である（第2章第2節参照）。西アジアにおける初期の印章の発達史は、より小さな石材でより大きな印面をつくり出そうとする流れと見ることができ（常木1983:167）、そのような意味で薄く平板なハラフ文化のペンダント型印章は、スタンプ印章では究極の形態の印章ということができる。テル・アルパチヤ（Mallowan and Rose 1935: Chapter 7, von Wickde 1991）やキルベト・デラク（Breniquet 1996:Chapitre IV-III）などからペンダント型印章が押捺された粘土塊や封泥が多数出土していることから、これらの印章が物資管理のステイショナリーとして用いられていたことは間違いない。ハラフ文化の人々がこのような効率的な印章を創造した背景に、交易の発達などに伴う複雑な物資管理の必要を見なければならないだろう。

ハラフ文化のアセンブリッジにおけるハラフ彩文土器とペンダント型印章の革新性を考えると、土器生産と交易活動がハラフ社会の経済活動の一翼を担っていたと想像してみることも、あながち無謀なこととは思えない。否、むしろこれらの活動こそが、農耕牧畜生産の集約化大規模化を志向しなかったハラフ社会の中で、人々の生活戦略を支えた重大な役割を果たしていたのではないかと筆者は捉えている。したがって、本節ではハラフ社会において土器生産が専業的に行われていた可能性について考えてみることにする。

土器の生産形態を示す直接的な考古学的証拠として挙げられるのは土器生産に関連する道具類であるが、その中核をなすのが土器焼成窯である。後述するようにハラフ期には明らかに土器焼成窯が存在していて、ハラフ彩文土器の製作にそのような窯が用いられていたことは確実である。そこで、ハラフ期とその前後の土器焼成窯の形態と規模を整理検討し、さらに現代シリアの民族誌資料を用いて土器生産力の推定を試み、ハラフ文化の土器専業化問題を考察する。

1) 考古資料に見る初期の土器焼成窯

ハラフ期以前の土器焼成窯

西アジアで本格的に土器生産が開始されるのは紀元前七千数百年前（未補正の放射性炭素年代では紀元前6000年ごろ）のことである。この頃、北レヴァントではアムークA期の主体的土器として

いわゆる暗色磨研土器が、またジャジーラ東部ではプロト・ハッスーナ期のスサを混和した明色系の土器が、最初の本格的土器として登場した。両者は、胎土や器面色、調整法、装飾法など、土器製作の基本的な点でことごとく異なっており、その出現にはそれぞれの地域での土器以前からの容器づくりの伝統が反映しているものと考えられる（三宅 1995）。

　アムークA期およびプロト・ハッスーナ期の段階で、明確に土器焼成窯と断定できる遺構は今のところ検出されていない。わずかに土器焼成窯の可能性のある遺構が、後者の分布圏内にあるテル・エス・サラサートⅡの第XVI, XV層から報告されている（Fukai and Matsutani 1981）。それらは、長径1.5～2.5mほどの楕円形に近いプランを持つ0.5m前後の深さのよく焼けたピットであり、ピット窯 kiln pit と呼ばれている。内部からは黒色の灰と焼けた粘土が大量に出土し、床面には土器を置いたと推定される粘土装置を持つものもある。これを後述する垂直焔式窯の火床が崩れたものと想定する研究者もいるが（Alizadeh 1985:43）、そのように考えるには残存する証拠があまりに少ない。これらのピットが土器焼成に用いられていたことが確かであれば、ジャジーラ地方では土器が本格的につくられ始めた直後から土器焼成に窯を用いていたことになる。

　西アジアで先史時代より現代まで連綿と続くもっとも基本的な土器焼成窯の形態は、2室垂直焔式土器焼成窯 Double-chamber updraught pottery kiln（垂直焔式窯と略する）と呼ばれる土器焼成窯である。垂直焔式窯は、燃料をくべる火室 combustion chamber の上に土器を置く焼成室 firing chamber を垂直に重ねた2室構造の土器焼成窯であり、火室の天井部、すなわち焼成室の床（火床）grate には火気を伝えるための複数の通焔孔 vent-hole が設けられている。平窯や窖窯、登窯といった、火室と焼成室を基本的に水平や斜め方向に発達させた東アジアの伝統的な土器焼成窯とは異なり、西アジアやヨーロッパでは、この垂直焔式窯が土器焼成用の窯としてもっとも一般的な形態となっている。

　この垂直焔式窯の先駆的な例が、ハッスーナ期に帰属するヤリム・テペⅠの第7,5層から発見されている（Merpert and Munchaev 1973, 1993a）。このうち第7層検出例は、内径1.2mで火室は地下に掘られ、その天井部（火床）は厚さ10cmの大きな粘土プレートにより覆われていた（図7.2:1）。火室には径15cmほどの通焔孔が約50個穿たれているのが明確に認められ、この遺構が土器焼成用の垂直焔式窯であったことがわかる。焼成室の上部は残存しないが、ドーム状の構造をとっていたものと思われる。図7.2:2は同遺跡で発見された同タイプの窯の例であるが、火床の通焔孔の数はずっと少なく、火室の一部が外に開いて燃料の焚口となっていた様子がわかる。同遺跡の第7, 5層は古拙ハッスーナ土器から標準ハッスーナ土器へと変遷する時期に当たり、紀元前7000年紀半ば（未補正の放射性炭素年代では紀元前6000年紀半ば）の年代となろう。

　ヤリム・テペⅠでは、ほかに多数のドーム状の窯が発見されていて、その一部は大きさや検出状況から土器焼成窯として報告されている。それらは上述した第7層例とは異なり、すべて単室の窯で、パン焼き窯との区分が困難なものも多いが、少なくともその一部は土器焼成に用いられたものと思われる。ヤリム・テペⅠのほかにも、テル・マタッラ Tell Matarra やテル・ハッスーナなどのハッスーナ文化遺跡でドーム状の単室窯が発見されており、この時期までに野焼き以外に、土器がピット窯や単室窯で焼成されるようになっていたことは確実であろう。サマッラ文化に帰属するテ

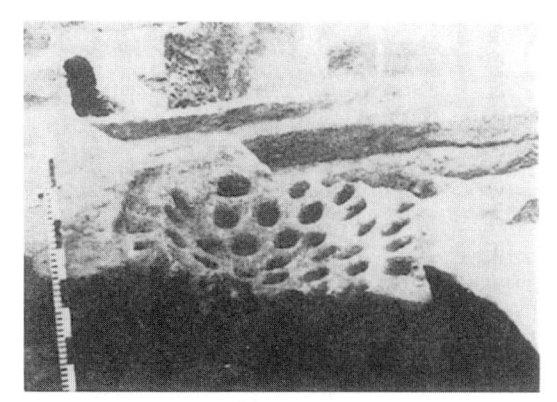

1. ヤリム・テペⅠ　7層窯 (Merpert and Munchaev 1973)

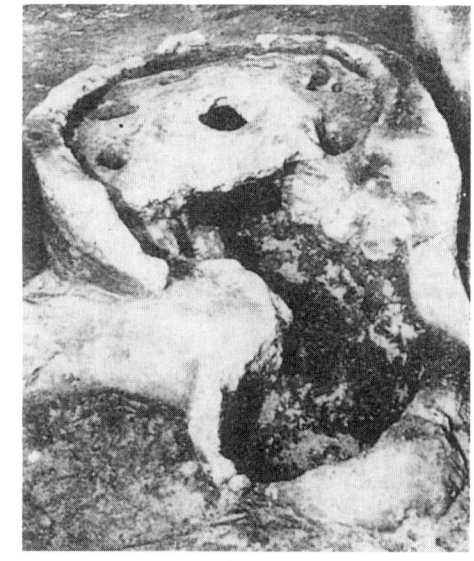

2. ヤリム・テペⅠ　窯 (Oates and Oates 1976)

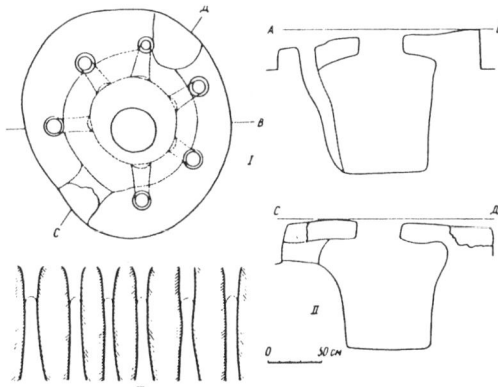

3. ヤリム・テペⅡ　345号窯 (Merpert and Munchaev 1993b)

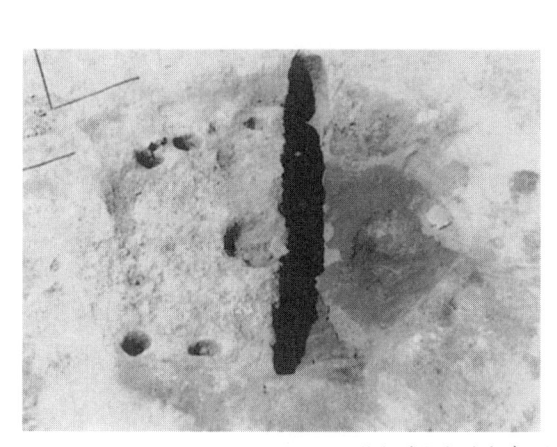

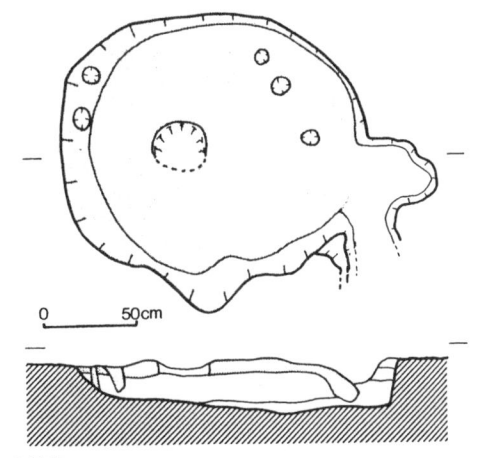

4. テル・ウンム・クセイール　1号窯 (Tsuneki 1998)

図7.2　ハッスーナ期、ハラフ期の垂直焔式土器焼成窯の例

ル・エス・サワンで報告されている土器焼成窯もまた、単室タイプの窯である（Al-Soof 1971）。

ハラフ期の土器焼成窯

　ハラフ期には土器焼成窯の報告例が増加する。ヤリム・テペⅡ第Ⅸ層検出の345号窯（図7.2：3）の焼成室の火床は粘土プレート製で、内径は1.85～1.98mを測る（Merpert and Munchaev 1993b:Fig.8.11.-8.12.)。火床中央に径35～40cmのやや大きめの通焔孔が1孔、その周囲に径約15cmの通焔孔が6孔穿たれている。その下部には半地下状に高さ1mの火室が設けられており、火室の南面に40×18cmの楕円形の焚口が開く。ハラフ期の垂直焔式窯の代表例である。

　ハブール川中流域のテル・ウンム・クセイールのハラフ中期に帰属する垂直焔式窯（図7.2:4）は、径1.6～1.5m、厚さ10cmほどの粘土プレート状の硬く焼き締まった火床を持つ（Tsuneki 1998: 37）。火床中央やや東よりに、径30cmの孔が一つと、プレート南側半分の外縁近くに径10cm内外の通焔孔が5孔検出された。これらのプレートに穿たれた孔は硬く焼き締まった粘土に覆われていて、断面を切ったときに初めて認識されたため、プレートの北側半分では確認できていないが、おそらくプレート外縁に沿って通焔孔が一周していたと考えられる。粘土プレートの約20cm下に、火室の床となる黒い炉の焼けた硬い床面が認められた。この火室は西側より地面に掘り込まれたようで、ここから燃料が投げ入れられたものと推定されるが、崩落がひどく焚口を確定できなかった。火室の高さがあまりに低いのは、焼成室の火床である粘土プレートが、窯の廃棄後に落下してしまったためであろう。窯からは少量の土器片が出土しただけで、焼成中の土器などは残存していなかった。同遺跡では同じハラフ中期に帰属する窯がほかに2基発見されているが、いずれも火室の床のみが検出されただけで、それが単室窯か上記例のような2室の垂直焔式窯かは判断できなかった。

　テル・アルパチヤでは、テル中央部よりハラフ後期に帰属する土器焼成窯が検出されている（Mallowan and Rose 1935: Pl. XXI d）。径1mでピゼの壁を持ち、中央に支柱が残されていると記述されているが、詳細はわからない。

　複数の土器焼成窯が検出されているユヌスの窯はいずれも円形のプランを呈しており、一部残っている壁体は泥レンガで構築されている（Wooley 1934）。B遺構と名づけられた大型の窯は内径約2mで、壁体に煙道状の施設が認められる。詳細は不明だが、垂直焔式窯の可能性がある。C遺構は火室の床面内径が0.9mを測り、断面図を見ると焚口を持ったドーム状の火室が半地下状に掘り込まれていたことがわかる。この火室の上部に焼成室がのっていた可能性がある。このほかピット窯も検出されている。

　テル・ソンゴルAのハラフ後期層からは、地中に掘り込んだ径1.3m、深さ0.6mのピット状の窯が発見されている（Kamada and Ohtsu 1993: 187）。ドームなどが壊れた形跡もなく、図面から判断する限り単純なピット窯と思われる。

　ハラフ期には、土器の焼成に当たりピット窯や単室窯、垂直焔式窯などさまざまな形態の窯が使用されていたようである。ピット窯や単室窯と垂直焔式窯のもっとも大きな相違は、前者が燃料を土器と同一の室の中で燃焼させるのに対して、後者は土器を燃料と接触させずに焼成できることにある。ハラフ文化の土器に残された焼成斑を観察すると、ハラフ彩文土器に代表される精製土器と、スサやスナが多量に混和された粗製土器とでは、焼成斑を有する比率や焼成斑の形がまったく異な

第 7 章　生業と経済　217

1. ハラフ彩文土器に見られる半月形状の色変わり

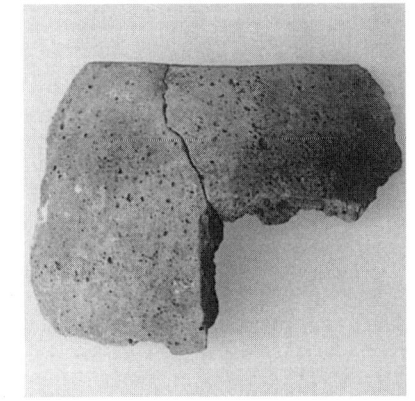

2. ハラフ粗製土器に見られるパッチ状の焼成斑
写真7.1　ハラフ土器に見られる焼成斑

っていることがわかる。筆者自身が観察したテル・ウンム・クセイールやテル・カシュカショクⅠ出土の土器についていえば、ハラフ彩文土器の中に焼成斑が観察される土器はきわめて少ない。焼成斑が観察される場合でも、パッチ状に黒化しているような斑はほとんどなく、たとえば浅鉢の内面に半月形に色変わり部分が認められる（写真7.1:1）といったような例がほとんどである。このようなラインに沿った色変わりとでもいえる焼成斑は、窯内で重ね焼きをしたために起こってくる現象と考えてよいだろう。それに対して、粗製土器にはその外面にパッチ状の焼成斑が認められる場合がある（写真7.1:2）。燃料と土器が直接触れ合ったために生じた斑であろう。このような焼成斑の有無や形状、土器焼成窯の違いとを考え合わせると、ハラフ文化の人々は、ハラフ彩文土器を垂直焔式窯で、粗製土器を単室窯かピット窯ないしは野焼きで焼成するといったように、対象によって

焼成法を変えていた可能性がきわめて高い。

ウバイド期の土器焼成窯

　ジャジーラ地方でハラフ期に継続するウバイド3、4期になると、垂直焰式窯はさらに普遍化してくる。ウバイド文化に帰属する遺跡を大規模に発掘調査すると、多くの遺跡から土器焼成窯が発見されるが、ここではまとまった数の土器焼成窯が発見されている2遺跡の例を取り上げてみよう。

　中部メソポタミアのハムリン盆地に位置するテル・アバダはウバイド3期の代表的な集落址である（Jasim 1985）。同遺跡の発掘調査では多数の土器焼成窯が検出されており、それらは報告者により、地上型2室窯、半地下型2室窯、単室窯、一時的な単室窯、通風システムを持った窯の5種に分類されている。記述や図面が必ずしも十分ではなく、窯の構造がよくわからない例も多いが、これらは基本的に垂直焰式窯と単室窯に分類できると思われる。報告書に記載ないし図面のある18基の窯を一覧表にしてみた（表7.3）。

　1号窯は火室の平面プランが矩形を呈し、その内法は約2.5×1.7m、火室の高さは1mを越える非常に大型の窯である。壁体はレンガ製で、火室内は2部屋に分割されドーム状を呈する。このドームの上に焼成室の火床がのっていたことは間違いないが、崩れて残存しない。内傾する焼成室の壁が一部残っていて、焼成室は楕円形プランでドーム状につくられていたことがわかる。現在のところ、垂直焰式窯でドーム状の火室を持つ最古の例である。

表7.3　テル・アバダで検出されたウバイド期の土器焼成窯

窯名	種別	火室の内径 （火室上端内径）	通焰孔	火室の高さ （火室の深さ）	備考
1号窯	垂直焰式窯	2.5×1.7m	—	1.15m	長方形プラン、焼成室壁は内傾
2号窯	単室窯	1.6m	—	0.3m+	焼成室壁は内傾
3号窯	単室窯	1.6m	—	0.75m+	焼成室壁は内傾
4号窯	単室窯	1.75m	—	0.75m+	焼成室壁は内傾
5号窯	単室窯?	1.1×0.5m	—	0.45m+	長方形プラン、半地下式
6号窯	単室窯	0.95 - 0.6m	—	0.37m+	楕円形プラン、半地下式
7号窯	垂直焰式窯	1.1m	小18孔	0.4m	焼成室壁は内傾
8号窯	垂直焰式窯	1.3×1.3×1.3m	小11孔	0.55m	三角形プラン、焼成室壁は内傾
9号窯	垂直焰式窯	1.37 - 0.8m	小5孔	0.4m	楕円形プラン
10号窯	垂直焰式窯	不明	—	—	詳細不明
11号窯	垂直焰式窯	1.2m	大1,小7孔	0.67m	半地下式
12号窯	単室窯	1.6 - 0.75m	—	0.87m+	楕円形プラン、半地下式
13号窯	垂直焰式窯	1.0×0.55m	小3孔	0.3m+	隅丸方形プラン、火室に隔壁
14号窯	単室窯	1.0 - 0.55m	—	0.45m+	隅円方形プラン、焼成室壁は内傾
15号窯	単室窯	0.77×0.62m	—	0.37m+	隅丸方形プラン、半地下式
16号窯	単室窯?	1.25 - 0.87m	—	?	楕円形プラン、地下に煙道
17号窯	単室窯	1.15 - 0.5m	—	0.15m+	楕円形プラン、半地下式
18号窯	単室窯	1.6 - 0.8m	—	0.3m+	楕円形プラン、半地下式

7号窯（図7.3:1）や8号窯は、火室・焼成室とも地上につくられた垂直焔式窯の例で、火床に円形の通焔孔が多数穿たれていた。火室には燃料補給用の焚口が認められ、8号窯の焚口の前にはベンチが配されている。11号窯は地下に掘り込んだ火室を持つ半地下式の垂直焔式窯で、焼成室火床の中央に径35㎝の孔が1孔、その周囲に径10㎝ほどの通焔孔が7孔穿たれている。これらの垂直焔式窯は、一部の三角形プランを除くと円形プランを基本とし、径は1.2m内外のものが多い。焼成室の内傾する壁が一部残存しているものも多く、焼成室がドーム状を呈していたことの証拠となっている。2～4号窯などは単室窯の例として挙げられているが、垂直焔式窯の火室であった可能性も捨てきれない。いずれも円形プランに内傾する壁を持ち、内径が1.6mを越えている。このほか15号窯のように地下に掘り込んだピット状の窯も出土している。

テル・アバダと同じハムリン盆地に位置し、時期的にも併行するウバイド3期に帰属するテル・ソンゴルB第Ⅰ層からは、11基の土器焼成窯が検出されている（Matsumoto and Yokoyama 1995）。これらの窯を、報告者は地上型、半地下型、地下型に分類しているが、ここではアバダと同様に2室垂直焔式窯と単室窯（ピット窯も一部含む）に区分して一覧表にした（表7.4）。

この中で確実な垂直焔式窯は3号窯1基だけで、径1.3mの円形プランを呈するスサ入り粘土製の火床をもつ（図7.3:2）。火室は地下に掘り込んだ形でつくられ、火室より北西に20㎝離れた当時の地表面に、焚口の端が顔を出している。火床には径10～20㎝の通焔孔が18孔検出された。

ここでまとめたテル・アバダとテル・ソンゴルBの窯の構造や種類のヴァリエーション、規模などは、ウバイド文化の土器焼成窯としてごく一般的な様相を示しているということが可能である。たとえばウバイド文化の窯として比較的古くから知られているテペ・ガウラⅩⅥ層検出の垂直焔式窯は、焼成室火床の内径が1.1mで、中央に大型の1孔、その周りに7孔の通焔孔を持ち、火床の下部に径0.85m、深さ0.65mの火室が掘り込まれていた。焼成室の壁体はレンガ製で、20㎝ほどの高さで残った部分は内傾していたという（Tobler 1950:411, XLIIa）。これは、大きさ・構造ともアバダ

表7.4 テル・ソンゴルBで検出されたウバイド期の土器焼成窯

窯名	種別	火室の内径 (火室上端内径)	通焔孔	火室の高さ (火室の深さ)	備　　考
1号窯	単室窯	1.7 - 2.0m	—	1.1m	垂直焔式窯の可能性あり
2号窯	単室窯	1.2 - 1.7m	—	0.5m +	焼成室壁は内傾
3号窯	垂直焔式窯	1.3m	18孔	0.75m +	半地下式
4号窯	単室窯	1.2 - 0.85m	—	0.25m +	焼成室壁は内傾
5号窯	単室窯	1.1 - 0.8m		0.15m +	
6号窯	単室窯	1.6 - 2.7m		0.8m +	焼成室壁は内傾
7号窯	単室窯	1.2 - 1.4m	—	—	無文土器大型片出土
8号窯	単室窯	1.5m	—	0.7m+	
9号窯	単室窯	1.5 - 1.6m	—	—	Ⅱ層帰属の可能性
10号窯	単室窯	1.2 ×0.65m	—		長方形プラン
14号窯	単室窯	0.8m	—		

11、12、13号窯は窯として明確ではない例およびパン焼き窯になる可能性が高い例であるため省いている。

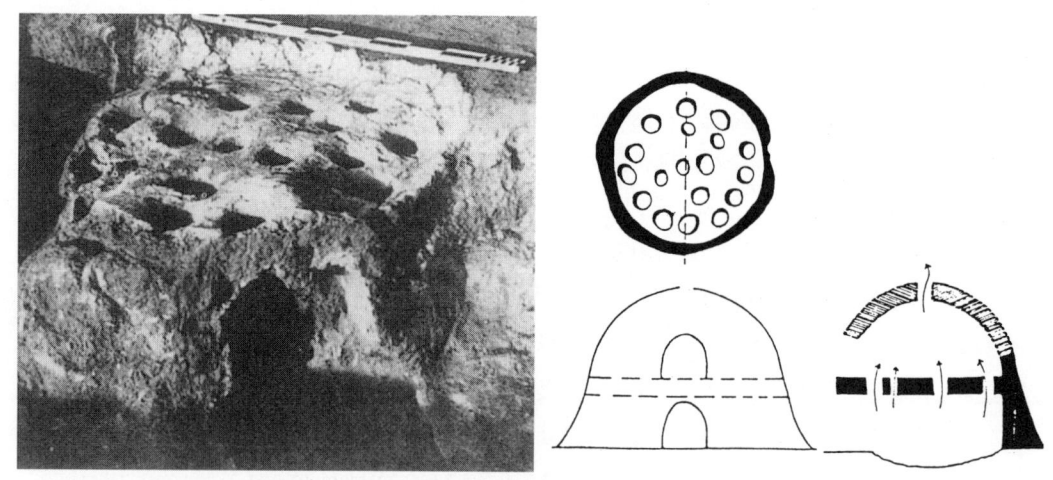

1：テル・アバダ7号窯 (Jasim 1985)

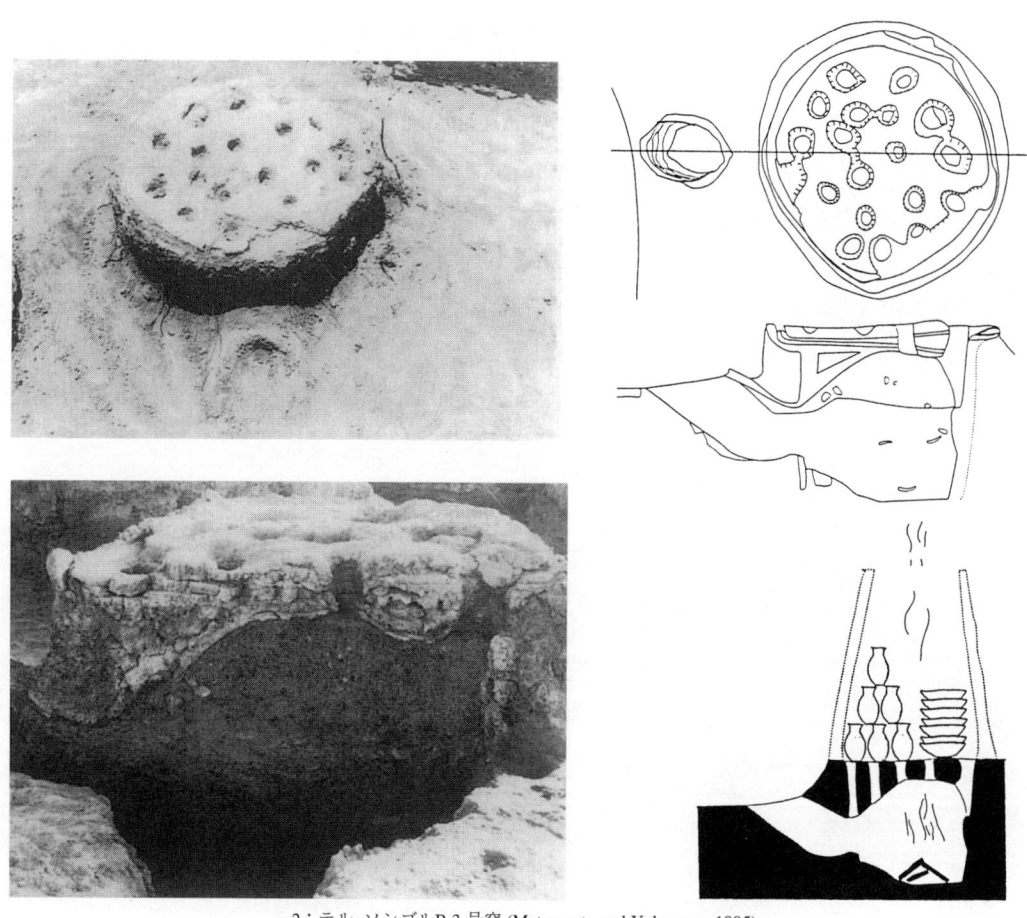

2：テル・ソンゴルB 3号窯 (Matsumoto and Yokoyama 1995)

図7.3　ウバイド期の垂直焔式土器焼成窯の例

の11号窯ときわめて類似している。また、ガウラでは垂直焔式窯のほかにドーム構造を持った単室窯も検出されている。

　垂直焔式窯とはいえないが、ハブール川中流域のテル・ズィヤーデで報告されたウバイド3期初頭[3]の土器焼成窯と見られる遺構は、その良好な残存状況と複雑な内部構造で注目される（Buccellati et al. 1991）。同遺構は基底部の内径2.8mを測り、泥レンガで構築されたドームがほぼ完全に残っていた。ドームに付随して、焚口のような小さな方形の部屋がついている。ドーム内には、ニッチや礫で覆われたベッド状の遺構が見られ、床下には通風施設があるという。室内は激しく焼けており、多数の彩文土器が動物骨などと一緒に出土している。もしこれが土器焼成窯であることが間違いなければ、垂直焔式窯とは別に、単室窯にも複雑な構造を有した窯が存在したことになる。

小　　結

　初期の土器焼成窯の展開についてまとめてみよう。土器が本格的に生産され始めた紀元前7000年紀前半の土器新石器時代初頭には、ピット窯を除くと土器焼成専用の明確な窯は報告されていない。紀元前7000年紀半ばのハッスーナ文化では、主としてピット窯やドーム状の単室窯を用いて土器が焼成されていたが、その中に土器焼成専用窯として垂直焔式窯の先駆的例が出現している。この垂直焔式窯は次のハラフ文化で類例が増加し、ウバイド文化では土器焼成のための普遍的な窯として確固たる地位を確立している。

　単室窯はその構築に用いられた材料とドーム状の構造を考えると、明らかに先土器新石器時代から出現しているタノールTanourと呼ばれるパン焼き窯の系譜から発達したものと思われる。実際パン焼き窯との区別が困難な遺構例も多く、大量の土器片が出土したり、大型でとてもパン焼き窯とは考えられない、というような点から土器焼成窯と認定されているのが現状である。ピット窯の場合はなおさらで、炉や石膏・石灰焼き窯との区別が困難な場合も少なくない。垂直焔式窯がどのように出現したのかははっきりしない。祖型として単室窯を想定する場合は、ヤリム・テペⅠ（Munchaev and Merpert 1981）やテル・サビ・アビヤド（Akkermans ed. 1996）などから検出されている「8の字窯」などが構造的に両者を繋ぐものかとも思われるが、「8の字窯」が土器焼成専用に用いられた明確な証拠が今のところなく、直接の祖型を指摘することはできない[4]。

　西アジア先史時代に見られる初期の土器焼成窯を大別すると、ピット窯、単室窯、垂直焔式窯の3タイプがあり、これらの窯の系譜関係や編年については必ずしも確定してはいないが、ハラフ社会の中において土器生産にこれら3タイプの窯が用いられていたことは確かである。そして焼成斑など土器自体の観察から、垂直焔式窯は主に精製品のハラフ彩文土器の生産に用いられていたと考えられる。またピット窯や単室窯は粗製土器を焼成するために土器新石器時代に引き続いて用いられ続けてきたものと思われる。

2）現代シリアの民族誌に見る土器焼成窯と生産力

　ハラフ文化においてハラフ彩文土器の生産が専業的に行われていたのかどうかを探るために、窯の生産力の推定は重要な意味を持つと考えられる。考古学的情報からでも、たとえば焼成中に火事などで放棄された土器焼成窯が多数検出されれば、どのような規模の窯で一度にどれだけの土器を

焼成していたかなどを知ることも可能であるが、残念ながら西アジア先史時代の窯に関してそのような良好な資料は管見に触れなかった[5]。まして、一度ではなく年間にどれだけの土器が生産されていたのかや、土器工房で何人くらいの人が働いていたかなどの情報を考古資料から得ることは困難である。こうしたことを推定するには、古代の文献や民族考古学的研究などを援用せざるを得ない。

たとえばウル第3王朝期の粘土板文書の研究から、当時の土器工房で働いていた職人が2～10人であったことや、土器生産が神殿や宮殿経済の中でコントロールされていたことなどが判明しており（Waetzoldt 1971）、このような研究は先史時代の土器生産を考察する上での一つの材料を提供するだろう。本論では、現代シリアの土器工房で用いられている土器焼成窯と、そこでの土器生産に関する情報を整理することによって、西アジア先史時代の土器焼成窯の生産力を考えるヒントを得たいと思う。提示するデータは、1992年～1995年に筆者が断続的に行った、シリア国内の土器工房に関する民族考古学的調査にもとづいている。その一部については既に報告してあるので、工房の位置や概要については拙稿を参照されたい（常木 1994b, 1996）。

筆者が調査したのはシリア各地の12工房[6]であるが、土器焼成窯の大きさを実測したのは9工房11基の窯である。また各窯で焼成された土器の数量を数えているのは7工房8基の窯である。11基の窯はすべて焼成レンガで本体の壁体がつくられている。焚口の枠材などごく一部に金属パイプや石材を用いているものがあるが、基本的にはレンガと粘土プラスター、若干の木材でできていると考えてよい。形態的にはすべて垂直焔式窯で、平面プランは圧倒的に円形が多い。火室は地下に、焼成室の床である火床はほぼ現地表面と同一レヴェルに、なだらかなドーム状の焼成室は地上につくられており、半地下式の垂直焔式窯ということができる（図7.4）。

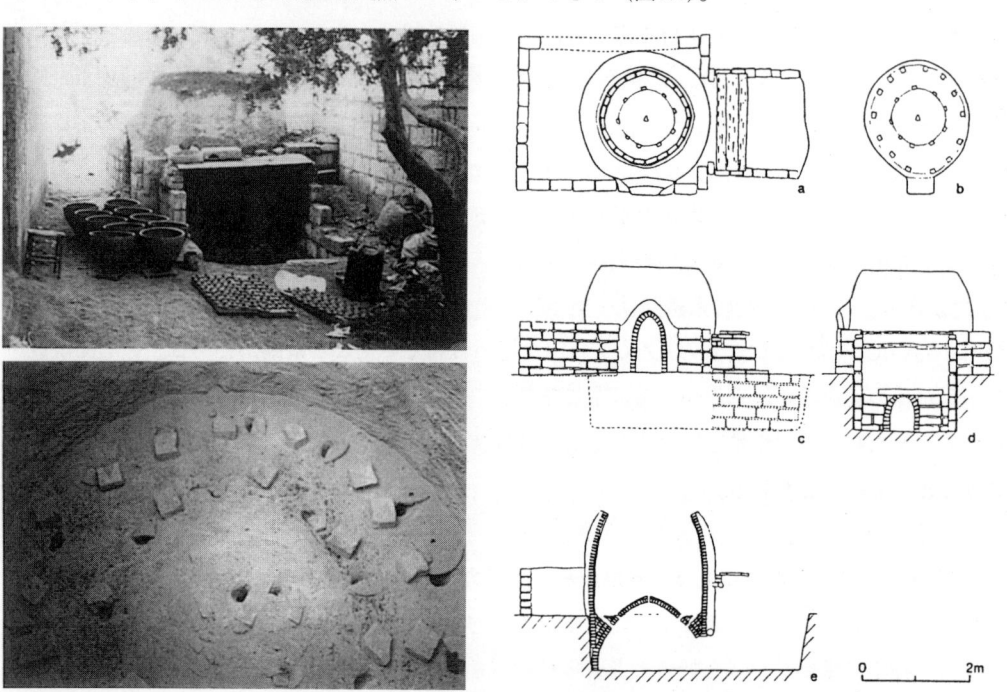

図7.4　アルマナーズA2号窯の写真および実測図

第7章　生業と経済　223

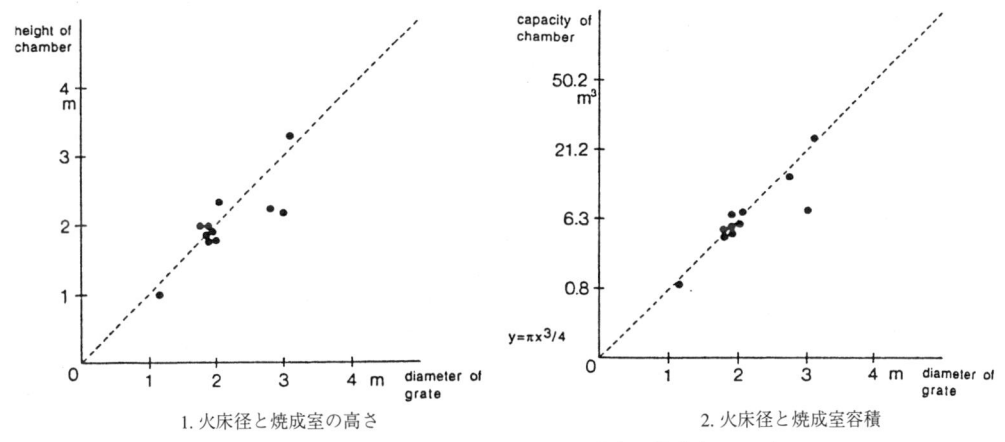

図7.5　現代シリアの垂直焔式土器焼成窯の焼成室サイズ

1. 火床径と焼成室の高さ　　　　　2. 火床径と焼成室容積

表7.5　現代シリアの土器焼成窯（焼成室の規模、1回の焼成土器数、職人構成など）

窯　名	火床の径	焼成室の高さ	焼成室の容積	通焔孔数	1回の焼成土器数	職人構成
シェイク・サイード	2.05m	2.35m	7.1㎥	?	m=450, s=280	M+S+S+W=4
アルマナーズM	1.8m	2.0m	5.1㎥	34	l=70, m=300, s=1500	M+B+S+H+H+H=6
テル・フンドク	1.9m	1.8m	4.8㎥	31	l=100, m=400	M+B=2
イドリブ	2.0m	1.8m	5.7㎥	?		M+B+H=3
ダルクーシ	1.15m	1.0m	1.0㎥	15	l=20, m=150	M+W+W=3
アルマナーズJ	1.8m	2.0m	4.5㎥	32	l=60, m=250	M+S+S=3
アルマナーズA1号	11.9m	1.8m	5.0㎥	24	l=60, m=250, s=1000	M+B+S+S+H=5
アルマナーズA2号	21.9m	1.9m	6.9㎥	36		同　上
ホムスS	3.0m	2.2m	7.5㎥	?		M+B+W=3
ブセイラ1号	3.1m	3.3m	24.9㎥	62	l=200	M+S+S+S+W+H=6
ブセイラ2号	2.8m	2.25m	13.8㎥	?	l=119	同　上

l：大型土器　m：中型土器　s：小型土器
M：親方　B：親方の兄弟　S：親方の息子　W：年長のワーカー　H：年少（15歳以下）のワーカー

　表7.5に、筆者が実測した11基の窯の火床の径、焼成室の高さ・容積、通焔孔の数、一度に焼成された土器の数、工房で働く職人構成をまとめた。火床の内径は、最大のブセイラ1号窯で3.1m、最小のダルクーシ窯で1.15mを測るが、多くは2m弱である。焼成室の高さはおおむね火床の大きさと対応しており（図7.5:1）、最大のブセイラ1号窯が3.3m、最小のダルクーシ窯が1.0mで、やはり多くの場合2m弱を示している。上述したように焼成室はなだらかなドーム状に立ち上げられていて、窯によって若干膨らみ具合が異なり容積に影響しているが、ほとんどが火床の径の大きさと比例して3乗で大きくなっている（図7.5:2）。火室と焼成室を結ぶ通焔孔は、現代の窯ではすべて小孔のみのタイプであり、先史時代の一部の窯に見られる火床中央に大孔を持つ例はない。その数は火床の大きさが大きくなるにつれ増加する傾向があるものの、増え方はそれほど規則的ではない。
　このような窯で生産されている土器は、水甕や水差し、バターなどの乳製品をつくる容器、植木

鉢、貯金箱などさまざまであり、工房によって生産する土器の種類は大きく異なっている。これを平準化するために、高さ（長さ）ないし径の大きい方が一方でも50㎝を越えるものを大型土器、30㎝を越えるものを中型土器、それ以下のものを小型土器と区分して、一度に窯入れされる土器の数量を表したのが、表7.5の「1回の焼成土器数」の項目である。各窯で1回に焼成される土器の量が膨大なことがまず目を引く。もっとも小さなダルクーシ窯でも、高さ60㎝を越える大型の水甕が20個とバター撹拌容器などの中型土器が150個も同時に焼成されていた。平均的な大きさのアルマナーズA1号窯では、大型の水甕が60個、水差しなど中型土器が250個、貯金箱や水タバコの炭載せ台など小型土器が1,000個も同時に窯入れされ焼成されているのである。

　焼成室の容量とそこで1回に焼成される土器の総量との関係を求めるために、平均的な大きさの窯であるシェイク・サイード窯、および大型の窯であるブセイラ2号窯で、1回に焼成される土器の大きさと数、土器容積総量の詳細を見てみることにしよう。シェイク・サイード窯の火床の径は2.05m、焼成室の高さは2.35m、容積は7.13㎥である。そこで焼成されているのは、ドルバッキーと呼ばれるアラブ世界の伝統的な土製太鼓と、ストーブ用の土製煙突、トイレ用土製ジョイントである。各土器の大きさは表7.6のようになる。平準化のための区分では、ドルバッキー（大）、土製煙突と土製ジョイントが中型土器、ドルバッキー（中）が小型土器に分類される。これらの土器を同時に窯入れした場合に、各土器が最大径で直方体状態のときの容積（図7.6:左）と、同じく最大径で円筒状態のときの容積（図7.6:右）も表7.6に示している。窯入れ時の各土器の個数とこの二つの場合の容積の積を合計すると、直方体状態での土器容積の総計は約8.29㎥、円筒状態の土器容積

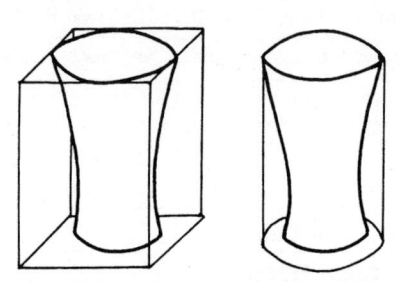

図7.6　直方体時の容積（左）と円筒時の容積（右）

表7.6　シェイク・サイード窯で1回に焼成された土器一覧

器　　種	径	長さ	直方体時の容積	円筒時の容積	土器数
ドルバッキー（大）	0.22m	0.40m	0.01936㎥	0.01520㎥	300
ドルバッキー（中）	0.13m	0.23m	0.00388㎥	0.00303㎥	280
土製煙突	0.14m	0.48m	0.00941㎥	0.00739㎥	50
土製ジョイント	0.17m×0.17m（方形）	0.32m	0.00925㎥	0.00925㎥	100

表7.7　ブセイラ2号窯で1回に焼成された土器一覧

器　　種	径	高さ	直方体時の容積	円筒時の容積	土器数
水甕（大）	0.64m	0.40m	0.1024㎥	0.08038㎥	90
水甕（小）	0.54m	0.33m	0.05881㎥	0.05193㎥	29

の総計は約6.71㎥となる。シェイク・サイード窯の焼成室の容積は7.13㎥であるので、両者の中間値、やや円筒状態の土器容積の総計に近い値となった。この値は、土器の純粋な容積の合計よりは大きいが、それは焼成室の中に土器を詰めたときに土器間にどうしてもデッド・スペースができてしまうからである。ただし、窯入れ時には大きな土器の中に小さな土器を入れ子状に重ねたりして、焼成室内にできるだけ多くの土器を詰め込もうとするのが通例で、焼成室の容積を窯入れする土器容積の総量が上回ることもあり得る。現実は、重ね焼きによる空間節約と土器間のデッド・スペースが相殺し合い、土器を円筒状態と考えたときの容積総量が焼成室の容積とほぼ等しい、ということができよう。

ブセイラ2号窯の場合はどうであろう。この窯の火床の径は2.8m、焼成室の高さ2.25m、容積13.8㎥で、ブセイラ1号窯と並んでシリアの現代の窯の中では群を抜いて大きい。この窯で焼成されているのは大小の水甕のみで、その大きさと、やはり直方体状態および円筒状態時の水甕の容積を表7.7で示す。表7.5に示した平準化のための土器の大きさ区分では、大小の水甕とも大型土器に分類される。直方体に見立てたときの両者の容積総量は約10.92㎥、円筒に見立てたときは約8.74㎥で、いずれもこの窯の焼成室の容積である13.8㎥をかなり下回っている。これは焼成されているのが大型の水甕ばかりで、窯入れ時に相当なデッド・スペースが生じてしまうことが最大の原因である。

表7.5で示している各土器工房で働いている職人構成についても触れておこう。職人構成を見ると、ほとんどが親方の親族を中心とした家内工業的な生産形態であることが理解される。職人数は最小がテル・フンドクの2人、最大がアルマナーズMとブセイラの6人であり、他の工房はすべて3〜5人で、平均すると4人弱となる。なお土器工房で働いているのはすべて男性で、女性は1人もいない。そして彼らはほぼ完全なフルタイムの職人である。

3) 民族誌例から見た先史時代土器焼成窯の生産力

前項までまとめてきた民族誌例のデータを参考に、先史時代の土器焼成窯を見直してみよう。窯をつくる材料や基本的な構造に関しては、先史時代の垂直焔式窯と現代の民族誌例との間に際立った相違はない。材料は、先史時代ではピゼ、泥レンガないし日乾レンガが主体で、民族誌例ではすべて焼成レンガを基本材に用いている。耐久性の面では焼成レンガに軍配は上がるものの、窯という性格上、使用し続けるうちにピゼや泥レンガでも壁などはかなり焼き締まっていく。窯の耐久性の強弱は、壁体の問題というよりも火室の天井部、すなわち焼成室の火床をどのような材でどう構築するかにある。現代の土器工房の職人にとっても、そしておそらく先史時代の土器製作者にとっても、火床を保持していくことが垂直焔式窯を運用する上で最大の問題の一つであった。現代民族誌例の火室では、焼成レンガをやや内側に傾けながら積み上げ、ドーム天井をつくっている。先史時代の窯の火室は、地下に掘り込んだピットであるか、泥レンガを持送りに積上げドーム状に構築したもので、後者の場合はアーチか持送りかの差はあるものの現代の窯とほとんど同じ構造といえる。火室が地下に掘り込んだピットの場合、火床の耐久性がやや劣っていたことが想像されるが、このことが一度に焼成室内（つまり火床の上）に置ける土器の数量に影響を与えていたかどうかについては、今のところ十分な答えが用意できない。

窯の規模という点ではどうであろうか。先に現代の窯の火床と焼成室の高さおよび容積の関係をまとめ、それぞれがほぼ対応していることを示した。先史時代の窯の復元例の多くは、焼成室をドーム状に復元しており（たとえば図7.3：1）、単室窯ではあるがテル・ズィヤーデで検出された遺構のように、実際にかなり角度のあるドーム天井を示す考古資料もある。テル・ソンゴルBでの復元例（図7.3：2）のように内傾する円筒状の焼成室も考えられるが、現代の民族誌例ではほぼ例外なく穏やかなドーム状で、考古資料で残存している焼成室の壁の内傾角度から考えると、先史時代の窯もこれに近い焼成室を持っていたと推定される。したがって、現代民族誌例で見られる火床と焼成室の高さ、容積の対応関係は、先史時代の土器焼成窯の規模を推定する手がかりとなり得ると筆者は考えた。

ハッスーナ期からウバイド期までの初期の垂直焔式窯のうち、火床が方形プランを基調とするものでは、アバダ1号窯のように一辺が2.5mに達するものから、同13号窯のように短辺が0.55mと小さいものなど差異が激しいが、火床が円形プランの定型的なものを取り上げると、火床の内径は1m強（アバダ7号窯、ガウラ窯）から2m弱（ヤリム・テペⅡ345号窯）の間を示す。先史時代の平均的な窯の火室内径は1.2～1.5mで、やや小ぶりながらも現代民族誌例に見られる火床規模のヴァリエーションの範疇に収まっている。こうした窯は、火床径とほぼ同じ高さの焼成室を持っていたと推定され、焼成室の推定容積は、平均的な火床内径である1.2～1.5mの場合、1.3～2.6㎥になる。ハラフ期の土器焼成窯の報告例の絶対数が少ないために、ハッスーナ期やウバイド期の報告例を加えてこれらの数字を算出したが、ハラフ期の報告例がここから大きく逸脱することはない。

さて次に、民族誌資料からのデータを用いて、先史時代のとくにハラフ期の垂直焔式窯で一度にどのくらいの数の土器を焼成していたかを推定してみよう。先史時代の土器を考えたときに、大型の水甕ばかりを焼成しているブセイラ窯例よりも、多種のしかも中・小型の土器を焼いているシェイク・サイード窯例の方が、より実際に近いと思われる。前述したように、そこでは土器の最大径をとって円筒状態に考えたときの容積総量が、焼成室容積とほぼ等しいという結果が得られた。これを用いて、たとえば筆者が土器整理に関わった、典型的なハラフ後期の土器を出土したハブール川流域のテル・カシュカショクⅠ出土のハラフ彩文土器で試算してみよう。もっとも多く出土している鉢の平均的な大きさは、径が20～30cm、高さ6～10cmを測る[7]。同遺跡で平均的な大きさの鉢を、上記した先史時代の平均的な大きさの垂直焔式窯に窯詰めした場合、以下のような数量が見積もれる。

　　　最小値　1.3㎥（火床内径が1.2m）÷（0.15×0.15×3.14×0.1）≒ 184個
　　　最大値　2.6㎥（火床内径が1.5m）÷（0.1×0.1×3.14×0.6）≒ 1,380個

つまり、垂直焔式窯で一度に焼成されるハラフ彩文土器の数は、最小で184個、最大で1,380個という見積もりが算出されたわけである。実態値は両者の間にあると考えて間違いないと思われるが、筆者としては基本的にハラフ期を含めて先史時代の垂直焔式窯では、1回に数百個単位で土器が焼成されていたと考えている。そしてこの数字は、あくまでも1回に焼成される土器の数であり、土器焼成窯が1年に1度しか火入れされなかったなどということはほとんど考えられないので、1基の土器焼成窯の年間の土器生産力は少なくとも数千個というきわめて膨大な数量に上ったことは確

実である。

　ここでは民族誌例を援用して、西アジア先史時代の土器焼成窯の生産力について考察してきた。一つの結論として、少なくとも垂直焰式窯が普遍的に出現するようになったハラフ期の段階では、ハラフ彩文土器は自給自足的な規模での生産からはまったくかけ離れ、専門的な工人による商業的な生産に転換していたと推定される。管見に触れた限りでは、西アジアに限らず、土器焼成窯を持たずに土器を専業的に生産している工人集団は民族誌に数多く見出せたが、土器専用の焼成窯を有していて、なおかつ専業的に土器製作を行っていない集団を民族誌に見出せなかったことも、この結論を支持する理由の一つである。もちろんハラフ期にすべての土器が専業的に生産されていたわけではなく、クッキング・ポットのような調理用の粗製土器などは、ドメスティックに生産・消費されていた。それは、垂直焰式窯とともに、ピット窯や単室窯など多様な土器焼成窯がハラフ期に存在している理由をも説明しよう。しかしながら、ハラフ文化の主体をなす土器であったハラフ彩文土器が、基本的に親族を中心とする家内工業的な職人集団によって専業的に生産されていたことについては、ほぼ間違いないといえるだろう。

4）　土器生産と交易

　ハラフ彩文土器が専業的に生産されていたとすれば、製品であるハラフ彩文土器が生産者から集落内外の消費者に広く流通していなければならない。この流通を考えるときに興味深いのは、ハラフ彩文土器が集落間を頻繁に移動していたという証拠が、何人かの研究者たちによって提出されていることである。

　ダヴィドソンらは、胎土に含まれる微量元素の理化学的分析にもとづいて、ハブール川流域およびモースル地域におけるハラフ彩文土器の遺跡間の搬出入について論じた（Davidson 1981, Davidson and Mckerrell 1976, 1980）。ハブール川流域のとくにワディ・ダラ地区では、シャガル・バザルが彩文土器の中心的な生産センターと想定され、ハブール川流域の多くの遺跡からシャガル・バザル産と想定される胎土を持ったハラフ彩文土器が出土している。たとえば同地域に位置するテル・アカブでは、遺跡近くで採取される粘土を用いて美しいハラフ彩文土器が生産されていたにもかかわらず、集落の営まれた全時期を通じて外部からハラフ彩文土器が搬入されている。その中でももっとも目立つのがシャガル・バザル産と想定される彩文土器で、アカブから出土したハラフ彩文土器の5〜10％を占めているという。とくにハラフ前期層では単彩の壺が、そしてハラフ後期層では口縁部に向かって器壁が外反する浅鉢が多数搬入されているという。後者については、アカブで出土したすべてがシャガル・バザル方面から搬入されていた可能性があるともされる（Davidson 1981）。

　モースル地域ではテル・アルパチヤが彩文土器の中心的生産センターであったと想定されている（Davidson and Mckerrell 1980）。とくにハラフ後期では、テペ・ガウラから出土するハラフ彩文土器の30〜40％にも上る土器が、アルパチヤからの搬入品であったらしい。ハラフ後期の指標ともいえる内面に多彩文で主文様が描かれた広い平底を持つ浅鉢は、そのすべてがアルパチヤ産の胎土を示している。アルパチヤからの搬入品と思われる土器は多彩文浅鉢に限らず、贅沢品ではないごく普

通の器種のハラフ彩文土器にも及んでいるという。同じモースル地域にあるハラベ・シャッターニからも、アルパチヤ産と考えられる彩文土器が出土している（Watkins and Campbell 1986: 60-62）。土器の胎土分析による産地同定とそれにもとづく土器の動きの分析については、計測する微量元素の種類や方法などにより結果が異なる場合があり、その蓋然性に若干の疑問が残されてはいる。しかしながら、ハラフ文化に帰属する各遺跡から在地産ではない彩文土器が出土する事実はかなり普遍的であると考えられる。とくにハラフ後期になると、それぞれの地域で特定のセンターを中心として盛んにハラフ彩文土器が搬出入されていた様相が判明している。地域センターと考えられている遺跡はシャガル・バザルやテル・アルパチヤなどであるが、胴部外反の浅鉢や多彩文の描かれた平底の浅鉢がセンターからの主要搬出品であったとすると、交易されていたのは土器の中に詰められた物資ではなく、ハラフ彩文土器そのものであったといってよいだろう。興味深いのは、地域センターと考えられている遺跡ではハラフ彩文土器が搬出されているだけでなく、他の遺跡で生産されたハラフ彩文土器が搬入されている事実である。つまり彩文土器の主要生産遺跡すらもまた、他遺跡でつくられた彩文土器を搬入していたわけである。

　ハラフ彩文土器が搬出入されていた範囲は同一地域内にとどまっていたわけではなく、ジャジーラ地方を中心とするハラフ文化の核地帯にとどまっていたわけでもない。たとえば本論第4章第3節で論じているように、北レヴァント地方のアムークC、D期やエル・ルージュ2d、3期に併行する諸遺跡からは一定量のハラフ彩文土器が出土するが、その多くがジャジーラ方面の遺跡から搬入されたものであると思われる。またそれとは反対に、ジャジーラ地方のハラフ文化遺跡からは北レヴァント方面でつくられたパターン・バーニッシュの施された暗色磨研土器などが少量出土する場合がある。これらのハラフ彩文土器や暗色磨研土器は、両者が出土する文化層の時期的な併行関係を証明する重要な資料であるが、ハラフ彩文土器の出土量の方が圧倒的に目立ち、両者の商品性にはかなりの差異があった可能性がある。同様に、南東アナトリア地方のユーフラテス、ティグリス両河上流域のハラフ併行期の諸遺跡においても、アナトリア在地系の暗色磨研土器に貫入して少量のハラフ彩文土器が出土しているが、これらの彩文土器はアタチュルク・ダム地区からディヤルバクル地区以南の南東アナトリアないしはジャジーラ方面から搬出されたものと考えられる。

　ジャジーラ地方に所在する集落間で土器が交換されていた証拠が見られるのは、ハラフ期になってからが初めてではない。ルミエールらは、土器新石器時代の遺跡間において一定量の土器が交換されていたことを、やはり胎土の理化学的分析結果から主張している（LeMière 1986, LeMière et Picon 1987）。ルミエールらの分析では、とくにプロト・ハッスーナ期のウンム・ダバギヤやボッコロス出土土器のある部分が在地の粘土に適合せず、搬入品だったのではないかと見なされているわけである。それらはより精製の土器であることが多いが、量的質的にハラフ彩文土器のような広がりはもっておらず、婚姻や集団の交流に伴って土器が動いたと見なしたほうがより適切であろう。それに対してハラフ彩文土器の動きはより広範で特定器種に偏っていることなどを考えると、人間集団どうしの交流というよりも商品として流通した可能性の方が高いと思われる。

　ハラフ文化遺跡からは、黒曜石を始め紅玉髄や瑪瑙、トルコ石、海産の貝製ビーズなどさまざまな外来品や将来品が出土している。これらは何らかの交易活動の結果として存在しているわけであ

る。第2章第2節で扱ったように、ハラフ期に新しいタイプの印章として押捺部が平板なボタン型印章とペンダント型印章が発達する。交易活動の活性化が、こうした効率的な印章を発達させた背景となっていたことは明らかであろう。将来品の見返りに何が対価として支払われたかについては明確ではないが、農牧畜生産の大規模化・集約化を図らなかったハラフ社会において、その第一候補となり得る遺物はハラフ彩文土器であったと筆者は考えている。換言すれば、ハラフ彩文土器こそがハラフ社会が生産・流通させたもっとも商品価値の高い物資であった可能性が高いのである。ハラフ彩文土器の生産と流通がハラフ文化の人々の経済活動の一部をなしていて、彼らの重大な生活戦略品となっていたであろうことを、ここで再び強調しておきたい。

註

1) ストランギュレーションはほかに、嘴状突起石刃 beaked blade (Mortensen 1970)、黒曜石製背付石刃 backed obsidian blade (Braidwood and Braidwood 1982) などさまざまな用語で呼ばれている。用語などについては藤井 (1988) に詳しい。

2) 上記の5遺跡以外の遺跡のうち、ハブール川流域およびモースル＝シンジャール地域に位置するいくつかの遺跡の報告では黒曜石が石器インダストリーの主体をなすと記されているが（たとえばテル・アカブやテル・アルパチヤ）、これらの遺跡では詳細な石器インダストリーが報告されていないため確認できない。

3) 報告者は、この窯の帰属時期に関してはハラフ―ウバイド移行期としているが、出土土器などからすると、本論のハラフ終末期より後出するであろう。

4) 西アジアの土器焼成窯の変遷については、古くはギルシュマンによってテペ・シアルク Tepe Sialk の報告書の中で論じられ (Girshman 1938:36-40)、その後ドラクロア（Delcroix et Huot 1972）やマジズザデ（Majidzadeh 1975-1977)、アリザデ (Alizadeh 1985)、モーレイ (Moorey 1994: 141-166) らが考察を加えてきた。ギルシュマンやドラクロア、アリザデらが発展段階的に窯の編年を考えているのに対して、マジズザデやモーレイは単純な発展的編年を退け、地域や時期によってさまざまなタイプの焼成窯が錯綜していた状況を示した。前者の問題点は、地上型や地下型、平面プランの形態、火室の隔壁の様子など多数の属性を考慮しすぎて、現実的ではない編年を組み上げてしまうところにあろう。筆者の考えは後者の主張に近いが、やはりある程度の発展の枠組みも必要であろうと考えてもいる。ごく単純に、ピット窯、単室窯、垂直焔式窯と3タイプの窯の分類によって現状の考古資料を見た場合、本文で論じたような展開になるだろう。

5) たとえば本文中で前述したテル・ズィヤーデ出土のウバイド3期の窯は、土器焼成中に廃棄された窯である可能性があるが、出土土器の詳細は不明である。

6) 以前の報告時には、1994年秋の時点でシリア国内で操業する土器工房として7地域33工房を確認していたが（常木 1996: 図1)、その後新たに筆者によって存在が確認された若干の工房がある。ただし、この数年間に廃業してしまった土器工房もあり、絶対数は減少しつつある。

7) テル・カシュカショクⅠ出土のハラフ彩文土器については、本論第3章第2節で詳しく扱っている。ここでいう鉢は、半球形鉢や胴部内湾鉢のことである。同遺跡ではこれらの鉢より小型の鉢も数多く出土している。また数はずっと少ないが、短頸壺については、径、高さとも30cm内外を示すものが大半である。また、同遺跡出土の最大の彩文土器は、無頸壺ないし甕といってよい器形で、径58cm、高さ70cmを測るが（図3.8:1）、これは同遺跡ばかりでなく他のハラフ文化遺跡の出土土器を見渡しても、きわめて例外的に巨大なハラフ彩文土器である。

第 8 章 墓　　　制

　本章ではハラフ文化遺跡で検出された墓に関する資料をまとめていく。ここでは埋葬法や副葬品などからハラフ文化の信仰や精神生活を復元しようとすることに主眼をおくのではない。社会経済的視点からハラフ文化を俯瞰するという本論全体の目的に沿って、墓制を検討した場合に捉えられるハラフ社会の様相を確認することを主な目的としたい。

　墓制が生きている社会を反映するかどうかについては、多くの議論が考古学の中で重ねられてきた。たとえば墓の大小や副葬品の多寡が、生前の社会的地位や貧富の差を反映しているのかどうかである。反映の度合いはもちろんそれぞれのケースによって異なり、民族誌例などでは両者の関係は非常に曖昧であったり（Ucko 1969）、墓が生前の社会的ランクを隠そうとする場合すらあるという（Okley 1979）。しかしながら、ある人の社会的地位が死後の取扱いに何らかは反映するという基本的な認識は多くの考古学研究者が共有しており、その理論的基盤については、サックス（Saxe 1970）やビンフォード（Binford 1971）の著作に詳しい[1]。後述するように、ハラフ文化遺跡から発見される墓には多様な形態が見られ、また副葬品もさまざまである。第5、6章でハラフ文化の住居や集落のあり方をまとめ、そこから考えられるハラフ社会の様相を抽出したが、本章ではこれらの結論とハラフ文化の墓制のあり方が対応するのかどうかについて、主に検討することにする。

第1節　墓の実例

1）テル・ウンム・クセイール（ジャジーラ地方ハブール川流域）

　テル・ウンム・クセイールでは、地山まで到達した発掘区において、地山を掘り込むピット群が検出されている（Tsuneki and Miyake eds. 1998）。全部で21基のピットが発見されているが、そのうちの1基から人骨が出土している（7号墓）。この7号墓は掘込み面が1.23m×0.8mの楕円形プランを示す土壙墓で、上端から60cmほど縦に掘り進んでから長軸に沿って土壙側面を横に掘り広げて側室状の空間をつくり、そこに遺体を収めている（写真8.1:1・図8.1:1）。したがって土壙の長軸に直交する断面形は長靴形を呈す。人骨は11～16歳の若年で、体部右側を下にした側臥屈葬で埋葬され、頭位は東向き、顔は北向きであった。頭蓋骨のそばに完形の彩文土器が1点副葬されていた。人骨は出土しないものの、7号墓と同様のプランとセクションを有する土壙は、このほかに数基発見されており、これらも墓であった可能性がある。後述するように同様の土壙墓がヤリム・テペⅠなどでも検出されており、ここでは縦坑側室墓と呼んでおく。

2) **テル・シャガル・バザル**（ジャジーラ地方ハブール川流域）

テル・シャガル・バザルのハラフ文化層である第12～6層からは、9基の墓が発見されている（Mallowan 1936: 17-18, 59）。半数以上の5基が幼児墓であるとされる。人骨の埋葬状態などに関する詳しい報告はないが、カタログ化されている7基の墓はいずれも土器が副葬されている。その多くは土器1個体分の副葬のようであるが、彩文土器が副葬される場合と無文土器が副葬される場合があるようである。

3) **テル・アルパチヤ**（ジャジーラ地方モースル＝シンジャール地域）

テル・アルパチヤのハラフ文化層では、マロウワンらの調査で9基（Mallowan and Rose 1935:42-43）、ヒジャラらの調査で3基（Hijara 1978）、合計12基の墓が報告されている（表8.1）。検出されている墓のタイプは、側臥屈葬で人骨を一次埋葬した土壙墓と、頭蓋骨を土器に納めて埋納した二次的な頭蓋埋葬がある。土壙墓の多くは成人が埋葬されており、彩文土器がもっとも通例の副葬品となっている。墓によっては彩文土器のほかに骨角器などヴァラエティに富んだ副葬品を持つ例がある（54、58号墓）。2基の墓（55、57号墓）からは、遺体を包んでいたと思われる莚状の有機物が検出されている。幼児が埋葬された墓では彩文土器は副葬されておらず、その他の副葬品も認められない。土壙墓の側臥屈葬時の左右の向きや頭位方向はばらばらであり、強い規制があったようには見えない。

頭蓋埋葬では、ヒジャラの報告の2号墓がとくに注目されている。これは一種の集合墓であり、四つの頭蓋骨がそれぞれ異なる土器（3点は鉢、1点は短頸壺）に埋納された状態で発見された

表8.1　テル・アルパチヤ検出墓

墓名称	層位	時期	タイプ	人骨	副葬品	備考
51号墓	TT7	後期	土壙墓	成人・左下側臥屈葬	彩文土器3	頭位SE
52号墓	TT9?	中期?	土壙墓?	幼児	なし	
53号墓	TT7?	後期	土壙墓?	成人?	彩文土器1	
54号墓	Sq.Fd Ⅳ5. at 3.2m	前期	土壙墓	成人・右下側臥屈葬	彩文土器2、黒曜石製石刃1、骨製突錐2	頭位NW
55号墓	Sq.Fd Ⅳ4. at 2.7m	前期	土壙墓?	成人?	貝製ビーズ	頭位E
56号墓	at 3m	前期	土壙墓	若年・左下側臥屈葬	フリント製石刃	
57号墓	at 3m	前期	土壙墓	幼児	なし	
58号墓	Sq.Fc Ⅴ2. at 1.7m	中期	土壙墓	成人?右下側臥屈葬	彩文土器1、ミニュチュア土器3、磨斧2、黒曜石製石刃、骨角器、石製アミュレット1	
59号墓	Sq.Fd Ⅳ5. at 1.7m	中期	土壙墓?	成人	なし	頭位NW、戸口の敷居下より出土
Hijara 1号墓	Level Ⅵ	中期	頭蓋埋葬	成人頭蓋骨	彩文土器2、石製容器1	土器内に埋葬
Hijara 2号墓	Level Ⅶ	中期	頭蓋埋葬	成人頭蓋骨4	彩文土器6、石製容器1	土器内に埋葬
Hijara 3号墓	Level Ⅶ	中期	土壙墓?			

第 8 章 墓　制　233

1.テル・ウンム・クセイール7号墓 (Tsuneki and Miyake 1998: Pl.6-3)

2: テル・アルパチヤ、ヒジャラ2号墓 (Hijara 1978: Pl. 5b)

3: ヤリム・テペⅡ 40号墓 (Merpert and Munchaev 1993d: Fig. 10.5)

写真8.1　ハラフ文化の墓

（写真8.1:2）。この集合墓の副葬品として、石製容器1点と彩文土器6点が伴出している。彩文土器の中には、ハラフ彩文土器の文様としてはきわめて稀な人物を描いたものが含まれており、狩猟と儀礼的な場面が描かれている。この彩文の図像学的解釈をめぐって、さまざまな見解が提案されている（たとえばBreniquet 1992b）。

4) テペ・ガウラ（ジャジーラ地方モースル＝シンジャール地域）

テル裾部のA地区で土壙墓と想定される墓が3基、および同地区のいわゆる井戸Wellと呼ばれている遺構からは全部で24個体分に上る大量の人骨がまとまって発見されている（Tobler 1950）。前者の土壙墓のうち、F層から出土したLocus G36-159からは、彩文土器が副葬された屈葬人骨が検出されている（ibid. Pl. LXIV-b）。後者は井戸の中のレヴェル差により上からA～D墓と区分されているが、これらの間にはほとんど時間差がないとされる（ibid. Pl.C）。副葬品もほとんど見当たらずにまるで投げ込まれたような状態で発見されたこの集団墓をめぐっては、疫病や戦闘などさまざまな背景の憶測がなされているが、いずれにせよハラフ文化遺跡で見られる通常の墓の状態とは異なる。

5) ヤリム・テペI（ジャジーラ地方モースル＝シンジャール地域）

ハッスーナ期の連続した集落遺跡であるが、テルの表層から掘り込む形で後代のさまざまな時期の多数の墓がつくられており、そのうちの約20基ほどがハラフ期に帰属するものである（Merpert and Munchaev 1993d）。ヤリム・テペI自体にハラフ期の集落跡を示す文化層が残されていないために、これらはおそらくすぐ近くに営まれたハラフ期の集落であるヤリム・テペIIの住人たちによってつくられた墓地ではないかと考えられている。もしそうであれば、ハラフ期の墓地遺跡として、現在まで調査された唯一の例となる。

発見された墓のほとんどが一次葬の土壙墓である。年齢の判定できる人骨の残されていた墓が10基あるが、9基（21,45,47,48,53,60,62,63,72号墓）は成人、残る1基（56号墓）が4歳ほどの幼児であった。集落内で検出される土壙墓の場合、幼児や若年が埋葬されている例が少なくないが、このようなあり方と異なることも、ヤリム・テペIのハラフ期の墓が集落外の墓地であった可能性を示唆するとされる（ibid.: 218）。土壙墓の多くは、縦坑を掘ってから下端部分を側室状に脇に掘り進め、そこに遺骸を埋葬した縦坑側室墓である。遺骸はほとんど例外なく側臥屈葬であり、通常、数点の彩文土器とアラバスター製容器、酸化鉄製の磨研されたピンや石斧、石製や貝製ビーズ、ペンダントなどが副葬されている。60号墓は2mもの深さに掘り込まれた土壙墓であり、土壙途中に設けられた段に雄牛の頭蓋骨や人骨片の堆積が発見され、また土壙中から土器やアラバスター容器、酸化鉄製ピン、200点ものガゼルの距骨などさまざまな遺物が出土している。人骨は二次的な再葬と考えられている。

6) ヤリム・テペII（ジャジーラ地方モースル＝シンジャール地域）

ハラフ期に帰属する50基を下らない墓が発見されており（Merpert and Munchaev 1993d, Munchaev

第 8 章 墓　制　235

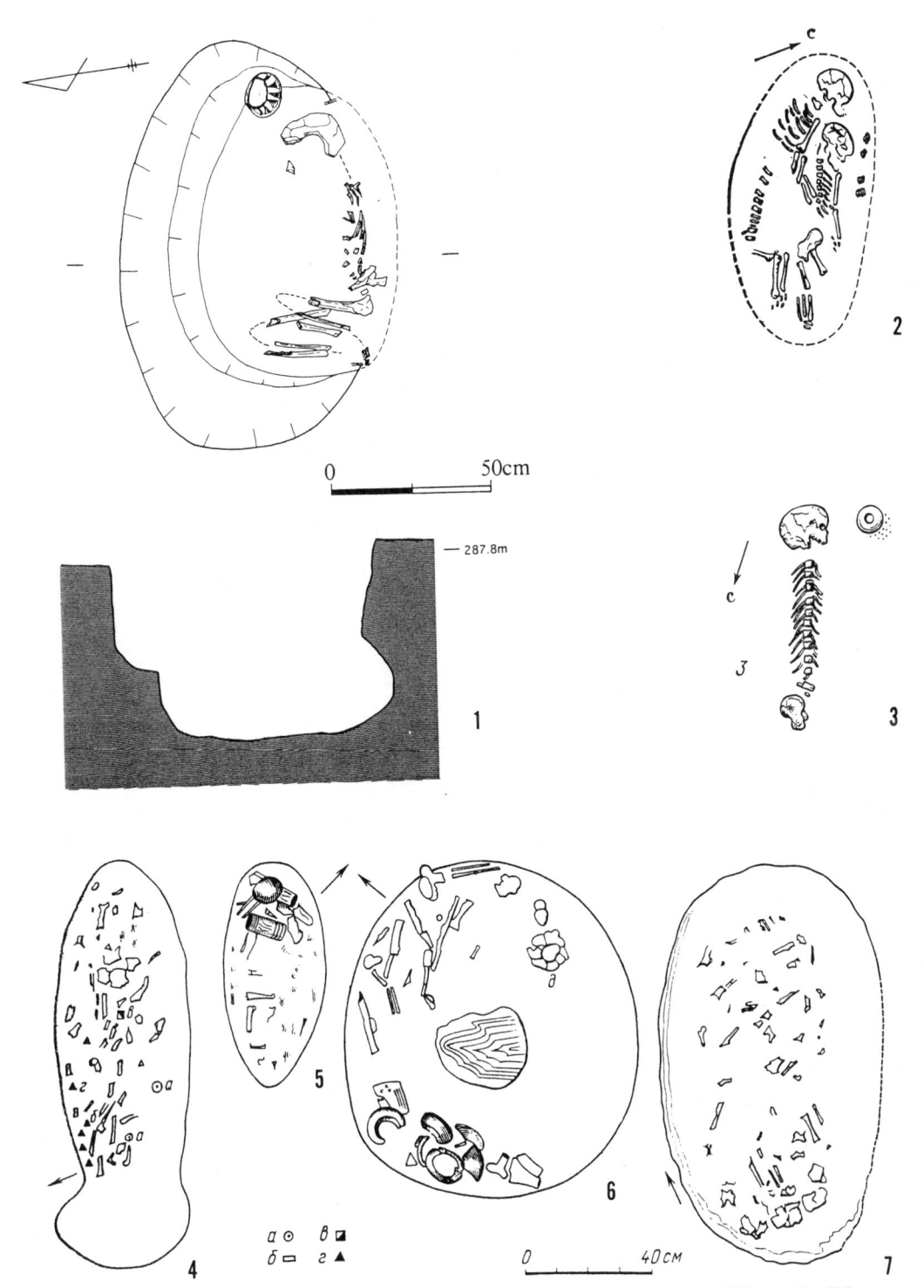

1：テル・ウンム・クセイール 7 号墓 (Tsuneki and Miyake 1998: Fig.13)　2：ヤリム・テペⅡ 59 号墓　3：同 58 号墓
4：同 54 号墓　5：同 50 号墓　6：同 51 号墓　7：同 53 号墓 (Munchaev and Merpert 1981: Figs. 60-61)
図8.1　ハラフ文化の墓の類例

and Merpert 1981)、現在までもっとも多数の墓が検出されたハラフ文化遺跡である。ただし詳細が判明する墓は20数基にとどまる（表8.2）。ハラフ前・中期に帰属する下層のⅨ～Ⅷ層からは23区を中心に15基に上る墓が検出されており、墓の性格として大きく3タイプがある。

まず第一に挙げられるのが一次葬の土壙墓である。57～62号墓の6基が検出されており、2体の成人とともに出土した1体の幼児（61号墓）を除いて、すべて若年を含む成人墓であった。59号墓（図8.1:2）、61号墓が複数遺骸埋葬例であるが、他の4基はすべて1遺体ずつ埋葬されていた。これらは例外なく側臥屈葬で埋葬され、体部の左側を下にしたものが多い。しかしながら頭位方向に関してはS-SW、SE、NWとバラバラであり、副葬品に関しても2基の墓からのみ発見されているだけである。58号墓（図8.1:3）からは多数の装身具（ピン、ビーズ）が詰められたミニュチュアの灰

表8.2　ヤリム・テペⅡ検出墓

墓名称	層位	時期	タイプ	人骨	副葬品	備考
40号墓	Ⅶ	中・後期	火葬墓	若年	土器3、ミニチュア土器2、石製容器3、印章1、骨製ペンダント片、石製紡錘車片、ビーズ多数	土器内に埋葬
41号墓	Ⅶ	中・後期	土壙墓	幼児・左下側臥屈葬	なし	頭位E
42号墓	Ⅶ	中・後期	土壙墓	成人?・仰臥屈葬	なし	頭位SE、投げ込まれた可能性
43号墓	Ⅶ	中・後期	火葬墓	若年	土器3、石製容器2	土器内に埋葬
44号墓	Ⅶ	中・後期	土壙墓	幼児・右下側臥屈葬	彩文土器1	頭位S
45号墓	Ⅶ	中・後期	土壙墓	幼児・右下側臥屈葬	なし	頭位E（NEE）
46号墓	Ⅶ	中・後期	土壙墓	幼児・左下側臥屈葬	なし	頭位S（SSE）
48号墓	Ⅸ-Ⅷ	前・中期	土壙墓（再葬）	若年	なし	体部人骨上に頭蓋骨をのせる
49号墓	Ⅸ-Ⅷ	前・中期	頭蓋埋葬	成人?	なし	左下、顔は西向き
50号墓	Ⅸ-Ⅷ	前・中期	火葬墓	成人	彩文土器2	
51号墓	Ⅸ-Ⅷ	前・中期	火葬墓	成人	彩文土器2	少量の炭化材
52号墓	Ⅸ-Ⅷ	前・中期	火葬墓	若年	なし	
53号墓	Ⅸ-Ⅷ	前・中期	火葬墓	若年	なし	
54号墓	Ⅸ-Ⅷ	前・中期	火葬墓	成人?	土器3、土製紡錘車2、骨など	焼土層
55号墓	Ⅸ-Ⅷ	前・中期	頭蓋埋葬	成人?	なし	顔は東向
56号墓	Ⅸ-Ⅷ	前・中期	頭蓋埋葬	成人2、若年1	なし	
57号墓	Ⅸ-Ⅷ	前・中期	土壙墓	幼児	なし	
58号墓	Ⅸ-Ⅷ	前・中期	土壙墓	幼児	ミニチュアカップ、土偶片、ビーズ572	
59号墓	Ⅸ-Ⅷ	前・中期	土壙墓	幼児2	石製容器	
60号墓	Ⅸ-Ⅷ	前・中期	土壙墓	幼児	なし	
61号墓	Ⅸ-Ⅷ	前・中期	土壙墓	成人2、幼児1	なし	
62号墓	Ⅸ-Ⅷ	前・中期	土壙墓	幼児	なし	

本表では、0～10歳程度を幼児、10～15歳程度を若年、それ以上を成人としている。

色カップ、炭化したヒツジ・ヤギの骨が、59号墓からは破砕された白色アラバスター製注口付カップが出土している。

　第二の墓のタイプは火葬墓である。50〜54号墓の5基が検出されている。楕円形プランの小さく浅いピットに、若年を含む成人の焼けた人骨がほぼ一体ずつバラバラの状態で発見された（図8.1:4-7）。50号墓、51号墓では意図的に破砕された彩文土器が2個体分ずつ、それぞれ焼骨とともにピット内から出土した。52、53号墓からは副葬品は出土しなかったが、54号墓からは3点の土器と土器片、土製紡錘車2点、その他の遺物が出土している。ピット内からはわずかに炭化木材が出土するものの（51号墓）、焼土や灰層がまったく検出されない場合と（50、52、53号墓）、焼土や灰層が検出される場合（54号墓）がある。前者の場合、火葬はどこか別の場所で行われて、その後に焼骨をピットに納めた再葬墓と考えられ、後者の場合はピット自体が火葬場所と考えられる。

　第三は頭蓋埋葬であり、IX層の23区で3基出土した。49号墓、55号墓の2基は、頭蓋骨のみが単独で出土しており、これに伴う明確な墓壙などは検出できなかった。頭蓋骨は左を下にして置かれ、顔は西向き、東向きと一定していない。56号墓は成人2体、若年1体の計3個体分の頭蓋骨が径0.6mほどの小さなピット内に置かれた状態で発見された。これらの頭蓋埋葬には副葬品などはまったく認められなかった。

　IX〜VIII層より上層では、VII層で火葬墓がさらに2基出土したほかは、火葬墓も頭蓋埋葬も認められず、土壙墓が主流となっている。VII層の火葬墓は、若年人骨を火葬した後に彩文土器壺に骨を納め、それをピット内に埋めるという土器棺再葬的な墓制である。40号墓は10〜13歳の、43号墓は10歳前後の若年人骨が埋納されていた。2基の火葬墓とも比較的豊富な副葬品を有しているが、とくに40号墓（写真8.1:3）は骨壺の中に黒曜石製ビーズが、ピットの西側からは意図的に破砕された3点の土器、破砕された石製容器2点、ペンダント型印章、焼けた皿、穴のあいた骨製ペンダント片が、ピットの東側からはミニュチュア土器2点、破砕された石製容器1点、半截された石製紡錘車、子安貝や黒曜石、石膏などを素材とした多数のビーズが出土している。43号墓からは刻線が刻まれたアラバスター製ゴブレットや鉢、3点の土器が出土した。43号墓では火葬した人骨が納められたピットのすぐそばから、火葬場として用いたのではないかと考えられる厚い炭化物と灰の堆積が検出されていることも注目される。

　IV〜III層で検出された土壙墓の報告例は少ないが、ウンム・クセイールやヤリム・テペIで報告されているような、縦坑の下端を側室状に横に掘り込んだ縦坑側室墓が含まれている（Merpert and Munchaev 1993d: Fig.10.3-1）。人骨は側臥屈葬で埋葬されていて、副葬品として彩文土器を死者に供献することは一般的になっているようである。

7) **ヤリム・テペIII**（ジャジーラ地方モースル＝シンジャール地域）

　ハラフ期の墓として、土壙墓が少なくとも4基（29-32号墓）報告されている（Munchaev, Merpert and Bader 1984, Merpert and Munchaev 1984）。いずれも一次葬の土壙墓であり、幼児ないし若年が側臥屈葬で埋葬されていた。29、31、32号墓は2歳前後までの幼児が埋葬されており、副葬品は認められなかった。側臥の向きは左右双方が見られ、頭位も南、北、西と一定していない。30号墓は12

歳前後の若年墓であり、3点の彩文土器を含む4点の土器が副葬されていた。頭位は西向きであった。

8） ハラベ・シャッターニ（ジャジーラ地方モースル＝シンジャール地域）

確実なハラフ期の墓1基（墓BAL）に加えて、ハラフ期か後代の時期（アケメネス朝ペルシア期）に帰属するか決定できない墓（墓BAT）が1基検出されている（Baird, Campbell and Watkins 1995: 12, 16）。前者は楕円形のピットの土壙墓であり、40歳前後の成人男性（Bolt 1995）が体部右側を下にした側臥屈葬の状態で埋葬されていた。頭位は北向きで顔は西を向いている。骨盤の周りから骨製・貝製・石製のビーズが発見されており、腰帯か服飾の一部かと見られている。後者も土壙墓であるが、墓壙の閉塞石が認められるなど通常のハラフ期の墓とは異なっているため、ここではハラフ期の墓として扱わない。副葬品も認められなかった。

9） クタン（ジャジーラ地方モースル＝シンジャール地域）

ハラフ期の墓が1基検出されている（Forest 1987:88）。土壙墓であり、体部左側を下にした側臥屈葬の状態で成人が埋葬されていた。頭位は南を向く。副葬品として、彩文土器1点と紡錘車が数点、それに凹みのついた骨製品が出土している。

10） テル・アッゾI（ジャジーラ地方モースル＝シンジャール地域）

トロスが何基か検出されており、そのうちの一つにピゼを建材とする多重壁を有したトロスがあるが、そのトロス内から頭部を欠損した人骨が埋葬された墓が数基発見されている（Killick and Roaf 1983: 206）。墓の詳細については不明であるが、土壙墓と思われる。頭部欠損の人骨は、アルパチヤやヤリム・テペIIで検出された頭蓋埋葬との関連を連想させる。すなわち、頭蓋埋葬のために頭部がはずされた状態の一次葬である可能性が高い。

11） シャムス・エッ・ディン・タニーラ（ジャジーラ地方ユーフラテス河中流域）

A2発掘区でハラフ期の土壙墓が1基検出されている（Al-Radi and Seeden 1980: 106）。楕円形プランの土壙であり、残りの悪い幼児骨が発見されている。図面を見る限り、側臥屈葬で頭位は東向きに埋葬されている。副葬品などは出土していない。

12） チャヴィ・タルラス（南東アナトリア地方ユーフラテス河上流域）

ハラフ期の墓として報告されているのは18基に上る（von Wickede and Misir 1985, von Wickede und Herbordt 1988）。その多くが、体部右側を下にして幼児骨が側臥屈葬された土壙墓である。副葬品を伴う例は少なく、短頸壺、長頸壺の彩文土器が2基の墓からそれぞれ1点ずつ出土している。2体の人骨が埋葬されている墓が2例あり（3、9号墓）、いずれも成人男性と幼児という興味深い組み合わせになっている。3号墓は3層のトロス3の北側に接して、9号墓は1層より掘り込まれているが2層の方形遺構付近より発見されている。後者に伴って、土器、石斧、土製円盤、石刃な

13) ギリキハジヤン（南東アナトリア地方ティグリス河上流域）

4基の土壙墓が報告されている（Watson and LeBlanc 1990: 121-122）。1号墓は成人（25〜40歳）のおそらく男性が、左側を下にした側臥屈葬で埋葬されていた。頭位は東向きで、副葬品は見られなかった。2号墓は6〜7歳の幼児埋葬で、同様に左側を下にした側臥屈葬であった。頭位は南東向きで副葬品は見られない。3号墓は3歳前後の幼児で、大きな土器片の下から、左側を下にした側臥伸展葬で埋葬されている。頭位は東向きで副葬品は見られない。ハラフ期の埋葬で伸展葬は非常に珍しい。4号墓は人骨が断片的に残存するだけで、上腕骨の長さから身長160cm程度の成人であったと考えられる。副葬品は出土していない。

14) ボズテペ（南東アナトリア地方ティグリス河上流域）

小さなテルの北側に設けられたA地区第1トレンチにおいて、4基の土壙墓（1〜4号墓）が発掘されている（Parker and Creekmore 2002）。断片的にしか人骨が検出されなかった4号墓を除いて、3基はいずれも若い成人が右側を下にした側臥屈葬で、頭位は東を示し顔は北を向いて埋葬されていた。1号墓には完形で列点文が彩文された短頸壺が1点、2号墓には無文のミニュチュア土器1点と押捺部が平板なスタンプ印章が1点、3号墓には列点モチーフと首の長い動物（鳥？）が描かれた彩文土器1点とミニュチュアの彩文土器と無文土器が各2点と1点、4号墓にはミニュチュアの無文有頸壺1点が副葬されていた。

15) テル・ソンゴルA（中部メソポタミア地方ハムリン盆地）

サマッラ期の泥レンガ層に掘り込まれたハラフ期の土壙墓（65号墓）が1基検出されている（Kamada and Ohtsu 1993: 187）。後代の墓により撹乱を受けていて、もともとの土壙の大きさははっきりしない。土壙の中からは、頭位を南東にとり、右側を下にした側臥屈葬の幼児骨が出土している。ほぼ完形の彩文の鉢と壺が副葬されていた。

第2節 墓制から見たハラフ社会

前節でハラフ文化の墓の実例を挙げたが、ハラフ文化の墓制を考える際の資料上のいくつかの問題点を最初に挙げておくことにしよう。まず、ハラフ文化遺跡の墓の実例数が十分とはいえず、資料もジャジーラ地方モースル＝シンジャール地域に偏ってしまっていることが指摘できる。また、資料数に比べると多様な墓のタイプが存在しており、検出例の少ない墓のタイプをハラフ文化通有の墓制に含めてしまってよいかどうかという問題がある。さらにヤリム・テペⅠをほぼ唯一の例外として、現在まで調査されているハラフ文化遺跡のほとんどすべてが集落遺跡で、もし集落外の墓地がハラフ期に存在していた場合、現在判明しているような集落内で検出される墓の方がむしろ特殊なケースとなるかもしれない可能性がある。以上のような問題点を内包していることを前提に、

本節では現在まで明らかにされている資料からハラフ文化の墓制をまとめ、さらにその特徴からハラフ社会をどのように描けるかを模索してみる。

ハラフ期の墓制について考察を加えたいくつかの先行研究がある。アッカーマンズは、ハラフ文化の墓制には土壙墓、集団墓、頭蓋埋葬、火葬墓など多様なタイプが存在し、さらに同一の墓制タイプの中でも、頭位方向や副葬品の数・種類などきわめて多様であることを強調している（Akkermans 1989）。いくつか存在する墓制タイプの中では、火葬墓や頭蓋埋葬が若年以上の成人に限定されているため、これらが社会的地位のある人に限定された墓制であった可能性があるものの、墓制を分ける社会的背景として年齢ランク以上の積極的な要素は現在のところ見出せないと考えている。幼児の墓に特別の副葬品が供される例がほとんどないことも、そうした考えを補強する証拠とされる。

これに対してキャンベルは、アッカーマンズとほぼ同じ資料を扱いながらも、異なる墓制が存在すること自体や、同一タイプの墓制の中で副葬品の多寡が存在していることの背景に、社会階層や信仰システムの複雑性を見ようとする（Campbell 1992: Chapter 9）。富や権力の存在を示唆する墓の例として、ヤリム・テペIIの火葬墓やヤリム・テペIの雄牛の頭蓋骨、200点ものガゼルの距骨が副葬された60号墓などを挙げている。ただし、この複雑性が社会階級といえるようなものの存在を意味するかどうかについては明言を避けている。

ブレニケは、ハラフ文化のさまざまな墓制タイプの中でも、集落居住域内の土壙墓が基本となっていることを強調する。そして墓制タイプのハラフ期の中での編年的な消長に目を向け、ハラフ中期までに頭蓋埋葬などの部分葬や火葬墓、そして集合墓なども消滅していってしまうが、その背景に社会勢力の変化を読み取ろうとする（Breniquet 1996: Chapter IV-II）。

これらのハラフ文化の墓制を扱った研究は、いずれも墓制とハラフ社会とのかかわりを探ろうと試みた点で本論が目指す方向と一致しているが、そこで描かれた世界は各研究者が捉えたハラフ文化像が色濃く反映されたものとなっている。これらの先行研究の成果も参照しながら、ハラフ文化の墓制についてまとめてみよう。

1) 墓のタイプ

ハラフ文化の墓のタイプで圧倒的に主体となっているのが土壙墓であることに疑いはない。土壙の掘り方まできちんと報告されている例は必ずしも多くないが、プランやセクションが報告されている例では、単純な縦坑墓というよりも縦坑の下部を側室状に横に掘り込んだ縦坑側室墓が目立つ。二次的な再葬と考えられる土壙墓が2例検出されているが（ヤリム・テペI 60号墓、ヤリム・テペII 48号墓）、それを除くと土壙墓のほとんどは一次葬である。一次葬の埋葬姿勢はほぼ例外なく側臥屈葬であり、仰臥姿勢をとる1例（ヤリム・テペII 42号墓）は、前述したように遺体が安置されたのではなく、投げ込まれた可能性が指摘されている。側臥姿勢で体部の左右どちらを下にするかや頭位方向など、埋葬法の細部に関しては統一性がなく、遺跡間はもちろん遺跡内でもバラバラの状態である。キャンベルは頭位方向東～南向きが多数を占め、西向きはほとんどないと指摘しているが（Campbell 1992）、サマッラ期やウバイド期の土壙墓との関連を意識した指摘であると考えられ

る。実際、ハラフ期の土壙墓の埋葬人骨で北向きや西向きの頭位を採るものもあり、規則性がほとんど見られないというのが実情であろう。

土壙墓以外のハラフ文化の墓として、火葬墓、頭蓋埋葬、集団墓がある。火葬墓の明確な例は今のところヤリム・テペⅡで報告された7基のみであり、それも火葬後に人骨を土器内に納めてピットに埋納した例や、ピットに火葬骨が散布した状態で置かれた例、さらに火葬場として用いられたと考えられるピット例がある。火葬されているという点では共通しているが、第1の例は土器棺墓、二次葬墓、第2の例は二次葬墓（再葬墓）としての性格も有している。頭蓋埋葬はテル・アルパチヤで2基、ヤリム・テペⅡで3基が報告されている。これも、前者は頭蓋骨が土器内に埋納されているのに対して、後者は頭蓋骨のみがピット内に埋置されていた。したがって、前者は土器棺墓、二次葬墓、後者は二次葬墓としての性格も有する。集団墓はテペ・ガウラのいわゆる井戸内で発見されたA～D墓のことで、前述したように、大量の人骨が投げ込まれたような状態で発見されている。今のところ、ハラフ文化の集団墓はガウラ例に限られているようである[2]。

これら火葬墓、頭蓋埋葬、集団墓については検出されている遺跡や検出数が限定されており、ハラフ文化遺跡に通有の墓制であったのかどうかについて確証はないが、少なくともモースル＝シンジャール地域でハラフ文化の墓制の一部をなしていたことは間違いない。そして後述するように、被葬者や副葬品などに関して土壙墓と異なる部分が多いため、その性格をめぐって検討が必要であると思われる。

土壙墓を含めて、これらの墓は基本的に集落内から発見されているわけだが、何らかの居住遺構と密接に関連して発見されたという例はほとんどないといっていい。たとえばテル・アルパチヤの土壙墓は、発掘区中央のトロスの基礎の下や壁の付近より発見されたとされるが（Mallowan and Rose 1935: 42）、それらが床下埋葬や壁際埋葬であったかどうかは不明で、廃絶された居住区に土壙墓をつくった可能性の方が大きいように思われる。

2) 被 葬 者

土壙墓には、成人、若年、幼児などさまざまな年齢の人々が埋葬された。前節で例示した土壙墓は60基以上あるが、このうち56例が被葬者の年代がある程度わかる。内訳は、15歳前後以上の成人29例、10～15歳前後の若年3例、10歳前後以下の幼児29例（複数被葬者例があるため被葬者の合計数は56例を上回る）となっている。これに、たとえば墓の基数や被葬者数が明記されていないものの幼児埋葬が圧倒的に多いとされるチャヴィ・タルラス例などを加えると、土壙墓の被葬者には幼児がやや多いといえそうである。とはいえ若年と合わせ成人の被葬者例もかなりの数に上る。

これに対し火葬墓および頭蓋埋葬の被葬者はすべて若年ないし成人となっており、今のところ幼児は1例も見出せない。前述したように、火葬場ピットと考えられる遺構を除く火葬墓と頭蓋埋葬は二次葬墓でもあり、このことから二次葬が実施されるのは若年以上の成人に限定されていたということができよう。土壙墓のうちの二次的再葬例と思われる2基もまた若年と成人が被葬者となっていることも、この見通しを支持するものと思われる。

3）副葬品

　一次葬の土壙墓に死者を埋葬する場合、副葬品が供えられる場合が少なくない。前節で例示した土壙墓のうち副葬品の有無が判明するのは64基で、そのうち28基に副葬品が認められた。もっとも一般的な副葬品はハラフ彩文土器を中心とした土器で24基を数え、このほか石製容器やビーズなどが目立つ。副葬品の認められる墓の被葬者のほとんどが若年・成人であり、幼児に副葬品を供えた墓は数例にとどまっている。したがってハラフ文化の集落では、幼児の段階で死亡した被葬者には副葬品をほとんど供えないのに対して、若年以上で死亡した被葬者には何らかの副葬品を供えることが一般的であったといえよう。副葬品の多寡について見てみると、土器では1～3点の範囲内であり、ミニュチュア土器を加えても4点が最多例となっている。石製容器も一次葬土壙墓では複数副葬された例はない。もともと着装していたと考えられるビーズ類が数百点まとまって出土することはあるものの、死者に供献された遺物で特別に多数の遺物が出土する例は認められない。

　これに対して、二次葬の土壙墓や火葬墓、頭蓋埋葬ではやや状況が異なる。二次葬土壙墓のうち、ヤリム・テペⅠの60号墓からは土器やアラバスター容器、ピンなどに加えて雄牛の頭蓋骨や200点ものガゼルの距骨が出土している。ヤリム・テペⅡで検出された7基の火葬墓のうち、副葬品が出土した5例のすべてで複数の土器が出土しており、火葬骨が納められた土器を加えると、同40号墓では6点も出土している。石製容器は40号墓で3点、43号墓で2点が出土し、40号墓からはこのほか印章を含むさまざまな遺物が発見されている。同じヤリム・テペⅡの頭蓋埋葬には副葬品が伴っていないが、テル・アルパチヤの2例の頭蓋埋葬では、それぞれ彩文土器が6点と2点、および石製容器が1点ずつ出土している。したがって、二次葬の土壙墓や火葬墓、頭蓋埋葬などには副葬品が供されることが一般的で、しかも一次葬の土壙墓に比べるとやや副葬品が豊富であるということができよう。

　以上、ハラフ文化遺跡に認められる墓のタイプとその諸属性について言及してきた。ハラフ文化の墓としては土壙墓がもっとも普遍的に認められ、その他火葬墓と頭蓋埋葬が少数例存在し、ごく例外的に集団墓が報告されている。また一、二次葬という視点でこれらの墓を見てみると、一次葬の土壙墓と、二次葬の土壙墓・火葬墓・頭蓋埋葬に区分することもできる。こうした資料からハラフ文化で採用されていた葬制を復元してみると、以下のようになろう。

　集落構成員が亡くなると、成人・若年・幼児を問わず、集落外か集落内の廃絶された居住区に土壙を掘って、死者を側臥屈葬で埋葬した。その際成人には少量の副葬品を供えたが、幼児の場合は原則として副葬品は供えなかった。埋葬する場所や頭位方向などに特段の規制は存在しなかった。その後、若年以上の集落構成員のうちの特定の人々について、土壙墓を掘り返して人骨が取り出され、別の土壙に直接再葬したり、火葬したり、頭蓋骨を取り去って頭蓋埋葬したりする二次葬が執り行われた。二次葬を行う際には、遺物を意識的に破砕したり、一次葬時に比べて多めの副葬品を供えたりするような葬送儀礼が実施された。

　さて、以上述べてきたハラフ文化の墓制の特徴を浮かび上がらせるために、ハラフ期以前の墓制

の特徴と比較してみよう。ジャジーラ地方の土器新石器時代の墓に関する資料は、テル・ソット（Merpert, Munchaev and Bader 1978）やヤリム・テペⅠ（ibid）、テル・ハッスーナ（Lloyd and Safar 1945）、テル・エス・サラサート（Fukai, Horiuchi and Matsutani 1970）などから出土している。これらの資料をまとめたキャンベル（Campbell 1992, 1995b）の研究を参考にすると、土器新石器時代の主としてハッスーナ文化に、少なくとも土壙墓、部分骨埋葬、土器棺墓の3種の墓制が存在していたことは確実である[3]。土壙墓は被葬者が成人の場合は仰臥伸展葬で埋葬され、また幼児の場合は側臥屈葬でしかも土器片で遺体を被覆した例が認められ、年齢による埋葬法の相違が指摘されている。土器棺墓はほぼ幼児に限定されており、土器棺内の幼児骨は原位置を保つ場合とバラバラにされている場合がある。前者は一次葬、後者は二次葬といえよう。部分骨埋葬は、多くの部位が欠如した人骨やバラバラにされた人骨が、住居の床面や壁内の空洞に置かれた状態で検出されるものを指している。テル・ハッスーナで出土している部分骨埋葬では頭蓋骨が欠如した人骨があり、頭蓋埋葬の存在を示唆している。この部分骨葬の営まれたのが、集落の中で使用中の住居などであったのか廃屋であったのかについては確定できない。いずれのタイプの墓についても副葬品は概して貧弱であり、まったく存在していない例も多い。

中部メソポタミア地方のテル・エス・サワン（El-Wailly and Al-Soof 1965, Al-Adami 1968, Yasin 1970, Al-Soof 1971）やテル・ソンゴルA（鎌田・大津 1981）、サマッラ（Herzfeld 1930）などの遺跡からは、サマッラ文化の墓に関する資料が得られている。そのうちサワンでは、Ⅰ～Ⅱ層で200基以上の墓が調査されている。墓の多くは建物下につくられた浅い楕円形プランの土壙であり、成人・若年・幼児が屈葬状態で埋葬されている。頭位は北東から南の方位を向くものが多く、西向きのものはほとんどない。Ⅰ層の墓に土器は副葬されないが、石製容器、石偶、ビーズ、ペンダント、石斧、男根形石棒、フリントや黒曜石の石刃など、多様で豊富な石製品が副葬されている。石製容器や石偶の中には精巧に細工されたものが含まれている。ほとんどすべての墓から何らかの副葬品が出土しているが、その多寡は墓によって異なる。たとえばもっとも一般的な石製容器では、最多8点が出土する墓がある一方で、1点も出土しない墓も存在している（Campbell 1995b: 31）。とくに25号墓は19点に上る突出した数の副葬品が出土している。副葬品は成人や若年が埋葬された墓に限定されずに、幼児埋葬にもかなりの数の副葬品が伴っている。サワンⅢ～Ⅴ層はサマッラ期の盛期に当たる時期であるが、墓の検出数はⅠ～Ⅱ層に比べると圧倒的に少ない。主体は楕円形プランの土壙墓で、屈葬人骨が検出される。Ⅰ～Ⅱ層のように豊富ではないものの、土器を中心とした副葬品が供えられている例が多い。また、人骨がバラバラにされた状態で集積された土壙も少数ながら出土しており、二次葬が行われていたことは確実である。ほぼ同時期のソンゴルA検出の247号墓からは、屈葬状態で埋葬されていた成人の頭骨近くから土偶、彩文土器、角形石製品、無文の壺が、足元からは無文土器4個体と石臼、川原石が、また279号墓からも4個体の土器が出土している（鎌田・大津 1981: 36-37）。

ハラフ文化の墓制は、ジャジーラ地方の土器新石器文化の墓制から大きく逸脱したものではない。ハッスーナ文化の墓制と比べると、葬法に相違が認められるものの土壙墓が主体になっていること

や、副葬品が概して貧弱なこと、頭蓋埋葬が存在していることなどが共通している。ジャジーラ地方では頭蓋埋葬は少なくとも先土器新石器時代A期までさかのぼるが[4]、頭蓋埋葬を含む部分骨葬のような二次葬は、土器新石器時代、ハラフ期を通じて同地方に存在していたといえるだろう。ハラフ期になってから登場した新たな墓制は火葬墓であり、前述したように火葬墓は二次葬墓の1類型ということもできるので、ハラフ期には二次葬がより多様化したと捉えることもできよう。また、民族誌では、二次葬は死者の霊魂を慰めたり、祭祀期間を長くして政治的な意味をもたせたりとさまざまな理由で行われるが、いずれにせよ、「死体の操作を通して死を表象しようとする一般的傾向の精巧な形態」（メトカーフ、ハンティントン 1996: 56）として、人々に選ばれたことは間違いないだろう。つまり、二次葬を行う目的は、死者と生者のかかわりを強め、両者の共存期間を引き伸ばすことに主眼があると考えられ、ハラフ期になって火葬墓が採用されたということは、そのような目的を達成するための手段の多様化として捉えられるわけである。ハラフ文化の墓では二次葬の墓に、一次葬土壙墓よりも多種多数な副葬品が埋納される傾向があるが、二次葬が死者とのかかわりあいをより深めようとする葬制だと考えれば、これは自然なことであろう。

サマッラ文化遺跡で検出された墓をハラフ文化遺跡の墓と比較すると、頭位方向などにある程度の規制が認められること、副葬品が概して豊富であること、その多寡が目立つこと、幼児墓にも少なからぬ副葬品が供されていること、などの差異を挙げることができる。これを社会の反映としてそのまま解釈することが許されるのならば、サマッラ文化に比べてハラフ文化では、社会的規制が弱く、貧富の差や血縁などによる階層差が顕在化していない社会の存在を想定できよう。またわざわざサマッラ文化と比較するまでもなく、ハラフ文化の墓制については、規模や形態、副葬品の質や多寡などにおいて、墓どうしの差異はごく小さく、埋葬法などの規制も緩やかであったと結論づけることができよう。そして墓制から見れば、ジャジーラ地方のハラフ文化以前のハッスーナ文化においても、ハラフ文化と同様の傾向が看取される。

註

1) サックスやビンフォードらは墓制が生前の社会を直接反映していると考えたが、これに対し単純すぎる議論であるという批判（たとえばHodder 1980やMetcalf and Huntington 1991）がある。近年では、墓制は死者の生前の社会を反映するというよりも、死者を祭る会葬者の意識や意図をより反映するという議論がなされている(Barrett 1988, Bradley 1990)。これらの議論については、Campbell 1995bに詳しい。

2) テペ・ガウラの集団墓とはやや性格が異なるかもしれないが、キリキア地方のユミュク・テペ XIX層から、火葬された大量の成人人骨の集団墓が発見されていて(Garstang 1953)、ハラフ文化の火葬墓や集団墓との関連が指摘されている(Akkermans 1989: 81)。また、時期的にはハラフ期よりやや遅くなるものの、南東アナトリア地方ガジアンテップ＝アダナ地域のドムズテペのポスト・ハラフB期層で、9～6個の頭蓋骨を含む人骨の集積がピット内から発見されている(Campbell and Carter 2000)。

3) キャンベルの分類では、ハッスーナ文化の墓はタイプ1から5までの5種に区分されている(Campbell 1992: Chapter 9)が、本論では大きく3種に区分した。

4) たとえばケルメズ・デーレQermez Dereでは、円形プランの半縦坑住居を廃棄した後に、6個の頭蓋骨をまとめて埋納した跡が検出されている(Watkins and Baird 1987, Watkins 1990, Watkins et al. 1991)。

第9章　結論：ハラフ文化の特質

　本論は、西アジア先史時代の中で「農耕の開始」と「都市社会の形成」という人類史的な転換点の間を繋ぐ諸文化の一つであるハラフ文化に焦点を当てて、ハラフ文化の社会経済的実態を明らかにし、西アジア先史時代においてハラフ文化を位置づけ、その果たした役割を解明することを目的としてきた。本章で結論を導くに当たって、まず本論各章の論点をまとめていきたい。

　第1章「ハラフ文化研究の目的と研究史」では、ハラフ文化が都市文明へと至る農耕社会の発展期であると捉えて、アプリオリにチーフダム段階の社会が存在したとする考えを批判し、社会経済的資料の再検討の必要性を強調した。また、上記したような捉え方が醸成されてきたハラフ文化の研究史を瞥見し、本論の多様な視点を明示した。

　第2章「自然環境的背景とハラフ文化の定義、遺跡分布、地域ごとの特徴」においては、まず、ハラフ文化とそれに関わる諸文化が展開した西アジアをジャジーラ地方、南東アナトリア地方、北レヴァント地方、中部メソポタミア地方、ザグロス地方に区分し、それぞれの自然環境についてまとめた。中でも、西はユーフラテス河中流域の大湾曲部から東はティグリス河中流域のモースル付近に至るまでの、南北50〜100km、東西500km近くにわたる乾燥ステップ帯であるジャジーラ地方が、ハラフ文化展開の中心舞台となることを強調し、同地方をユーフラテス河中流域、バリフ川流域、ハブール川流域、モースル＝シンジャール地域に細分した。さらに、①ハラフ彩文土器が土器インダストリーの主体をなしていること、②集落の家屋はトロスを主体としていること、③出土する遺物のアセンブリッジに、押捺部が平板なボタン型印章・ペンダント型印章、土製スクレイパー、ハラフ人物土偶などが含まれていること、などの諸属性を基準として、研究対象であるハラフ文化を考古学的に定義した。またこれらの諸属性の地理的分布が異なっていることについても言及し、それぞれがハラフ文化の中核圏、広義のハラフ文化圏、ハラフ文化と接触のあった地域などの差異を表している可能性を指摘している。

　第3章「ハラフ文化の編年(1)」および第4章「ハラフ文化の編年(2)」では、ハラフ彩文土器を指標として、ハラフ文化をハラフ成立期、前期、中期、後期、終末期の5期に編年した。その目的は、ハラフ文化の出自、時期ごとの空間分布の変異、同時代の他の文化との分布的位置関係、ハラフ文化の終焉などを考察するための基礎資料とすることにある。地域ごとの詳細なハラフ彩文土器の編年研究の結果、①ハラフ成立期の文化層を有する遺跡は現在のところ、バリフ川流域、ハブール川流域、モースル＝シンジャール地域、そしておそらくユーフラテス河中流域を加えたジャジーラ地

方に限定されて認められること、②ジャジーラ地方では若干の地域差を内包しながらも、ハラフ彩文土器が成立した後、ハラフ前期、中期、後期、そして終末期に至るまで、ほぼ同一歩調を採ってハラフ彩文土器インダストリーが変遷し、一貫してハラフ彩文土器が量的に主体をなしていること、③ジャジーラ以外の地方でのハラフ彩文土器の出現は地方ごとに異なるが、ハラフ彩文土器が各地で土器インダストリーの主体となる遺跡が出現するのは、南東アナトリアおよびザグロスではハラフ中期、中部メソポタミアではハラフ後期と遅れ、北レヴァントではついに出現しなかったこと、④ジャジーラ以外の地方では、在地の土器インダストリーの伝統が強く残り、ある一定期間そうした土器伝統の中でハラフ彩文土器が客体的に出土する遺跡と、ハラフ彩文土器が主体を占める遺跡が並存すること、などが判明した。その結果、ハラフ彩文土器がジャジーラ地方で出現し、同地方が一貫してハラフ彩文土器インダストリー展開の中核地帯となっていたことが確定した。このことは独り土器のみの問題に留まらず、ジャジーラ地方こそがハラフ文化の出現、展開を研究する舞台となることを示唆しているといえよう。

　第5章「トロス」では、社会を考察する上でもっとも基本的な考古資料である住にかかわる遺構について、とくにハラフ文化に特徴的なトロスと呼ばれる円形遺構を中心として整理・分析を進め考察を加えた。まずトロスが集落の主体となっている遺跡の分布は、ジャジーラ地方の4地域および南東アナトリア地方のティグリス＝ユーフラテス河上流域に限定されること、これらの地域以外では南東アナトリア地方のガジアンテップ＝アダナ地域や中部メソポタミア地方のいくつかの地域でごく断片的にトロスが認められる程度であり、しかもそれらは方形プランの住居群の中に小型のトロスがごく少数存在しているだけであることが判明した。次にトロスを円形室の内径にもとづいて小型・中型・大型に区分し、内部施設や出土遺物なども検討して、小型トロスを貯蔵用施設・炊事用施設、中型トロスを一般住居、大型トロスを集落の共同施設と、それぞれの機能を推定した。そしてハラフ成立期に小型トロスが主体となっていることから、貯蔵施設としてトロスがハラフ社会に登場したことを主張し、その出自をジャジーラ地方を中心とする土器新石器時代の貯蔵用・作業用施設としての小型円形遺構に求めた。さらに筆者自身の民族誌調査例を援用して、トロスをつくった社会経済的な理由として、耐久性を犠牲にしても簡便に建設できるヴェンチレーションのよい建物であった点を抽出した。

　第6章「集落とセトゥルメント・パターン」では、まずトロスを主体とした集落構造の成立と衰退を、細分したハラフ文化の各時期ごとに追究した。ハラフ成立期には多数の小部屋からなる方形プランの住居の周辺に、貯蔵用施設として小型トロスが配される集落構造をとっていた。ハラフ前期から中期にかけて建物の主体がトロスとなり、住居、貯蔵施設、炊事施設、作業場、公共施設など、集落の主要な施設はほぼすべてトロスでつくられるようになった。トロスの主軸方向や配置に明確な計画性を指摘できる例はなく、トロスが散在する拡散的な集落構造であった。ハラフ後期に入ると方形小部屋群で形成された方形プランの建物が再び増加し始め、徐々にトロスにとって代わるようになった。そしてハラフ後期から終末期にかけて、いくつかの建物ごとのブロックに方形プ

第 9 章　結論：ハラフ文化の特質　247

ランの建物がまとまった密集的集落構造へと変化していく。トロスを主体とする集落がもっともハラフ文化的な集落であるとするならば、無規則で拡散的な集落構造こそがハラフ文化の特徴ということができるだろう。ジャジーラ地方の先史時代集落史を顧みると、円形竪穴から地上型方形プラン住居の転換が先土器新石器時代B期に確立し、集落の大規模化、街路を配した集落プランの計画化が進行している。土器新石器時代には、集落の大規模化は足踏み状態となるが、高密度で計画的に集落を造営する傾向は継続している。したがって、高密度の集落構造をつくるのにまったく適さず、一戸当たりの住居面積としても小さい円形プランのトロスを採用し、無規則で拡散的な集落構造をとっているハラフ文化の集落は、高密度化・計画化という集落史の流れに逆行した存在ということができよう。

　ハラフ文化の集落構造のこのような特色は、セトゥルメント・パターンとも呼応しているように見える。現在までの研究にもとづいて、ジャジーラ地方のハラフ文化のセトゥルメント・パターンとして確実に復元できるのは、せいぜい2〜3haまでの集落面積の小型の集落が互いに3〜5km程度の距離をおいて散在するというパターンであり、集落間の規模に顕著な格差は認められず、河川、ワディ沿いに限って並列するような集落立地も示していない。さらに筆者自身も行った民族誌的調査結果を含めて、西アジアのさまざまな民族誌的資料を用いてハラフ文化の集落人口を算出し、一般的な集落ではせいぜい100〜200人程度の人口であったと推定した。

　第 7 章「生業と経済」では、遺跡から出土している動植物資料の分析から、ハラフ文化の人々はエンメルコムギを中心とした穀類を主体にレンズマメなどのマメ類を加えた天水農耕と、ヒツジ/ヤギを中心にウシ、ブタを補完した牧畜を基本的生業としていたことが明らかになった。これらの動植物はジャジーラ地方では土器新石器時代までにすべて栽培家畜化されていたものであり、ハラフ文化の人々は前代までに開発された農法や牧畜法を基本的に継承していて、新たな動植物や農牧畜法を積極的に開発した形跡はない。また生産具を見ても、ハラフ文化の人々は基本的にジャジーラ地方の土器新石器時代と同様の型式の石器を継続して使用しており、ハラフ期になってから新たに開発されたり工夫されたりした石器はまったく存在しないばかりか、剥片剥離技術や定型的石器の種類や量において前代よりも貧弱化している。これらの資料から描けるハラフ文化の生業は、それまでの生業を保守的かつ細々と継続していた人々の姿である。ハラフ社会が農耕や牧畜の専業性を強化していないとしたら、彼らの生活戦略を支えていた経済活動はどの辺にあるのだろう。それを探るためにハラフ文化のアセンブリッジを再点検してみたところ、ハラフ文化の人々が新たに開発した技術や型式を具現した遺物として、ハラフ彩文土器とペンダント型印章が抽出された。さらに土器焼成窯を中心とした土器生産にかかわる遺構の分析を行い、筆者自身の民族誌的調査成果も加味しながら、ハラフ彩文土器の生産が専業工人による商業的生産であったことを主張し、また効率的な印章の発明を背景とした物資管理技術の発達も指摘している。こうした分析にもとづいて、ハラフ彩文土器生産と交易の強化がハラフ社会の重大な生活戦略となっていた可能性を指摘した。

　第 8 章「墓制」では、ハラフ社会を俯瞰する今一つの視点として墓制を取り上げ、墓の実例をま

とめている。ハラフ文化に見られる墓のタイプとしては土壙墓、火葬墓、頭蓋埋葬、集団墓などが挙げられるが、これらを一次葬、二次葬という視点から捉えなおし、また被葬者や副葬品との関係を整理した。ハラフ文化で採用されていた葬制は以下のように復元された。集団構成員が亡くなると、成人・若年・幼児を問わず集落外か集落内の廃絶地区に土壙を掘って死者を側臥屈葬で埋葬した。その際に成人には少量の副葬品を供えたが、幼児の場合は原則として副葬品は供えなかった。埋葬する場所や頭位方向などに特段の規制は存在しなかった。その後、若年以上の構成員のうち特定の人々について土壙墓を掘り返して人骨が取り出され、別の土壙に再葬したり、火葬したり、頭蓋骨を取り去ってそれを埋葬したりという二次葬が執り行われた。二次葬の際には、土器や石製容器を意識的に破砕したり、一次葬時に比べると若干多めの副葬品を備えたりというような葬送儀礼が実施された。

このハラフ文化の墓制を土器新石器時代の墓制と比較してみると、二次葬として火葬墓が新たに加わっていることや埋葬法の規制が緩やかなこと、副葬品が一般的に貧弱で多寡が目立たないこと、幼児墓に副葬品が基本的に供されないことなどの特徴を挙げることができる。もしこれが社会のあり方を反映しているのだとすれば、社会的規制が弱く貧富の差や血族などによる階層差が顕在化していない社会を想定できよう。

以上、本論各章の論点について列挙してきた。それぞれの章が扱っている主題は、土器、トロス、集落、セトゥルメント・パターン、生業、経済、墓制と異なっており、当然のことながら各章の結論も一見無関係のように見えるが、実はそれぞれの結論に通底する命題が存在している。それは、移動性の確保と分散ネットワーク化である。抽象的な表現であるが、これらがハラフ文化を表象する筆者なりのキーワードであり、その方向性でハラフ文化を見直すと、ハラフ文化のアセンブリッジを形成している諸属性のそれぞれの意味が総体として理解され得るのである。ここではまず、なぜハラフ文化が移動性の確保と分散ネットワーク化に向かったのか、その背景を考察してみよう。

第2~4章で明らかにしたように、ハラフ文化の故地でありかつその発展の主要舞台はジャジーラ地方であった。ジャジーラ地方の自然環境については、ハラフ文化にかかわる他の3地方とともに第2章で概観しているが、今一度より詳細にその特徴を振り返ろう。アル・ジャジーラはバグダードより北側のティグリス、ユーフラテスの両河に挟まれた地域全体を指すアラビア語であるが、前述したように本論でいうジャジーラ地方は、アル・ジャジーラの北半一体の広大な平原ステップ地帯を指している。西側に当たる地中海植生の北レヴァントや北側の冷温広葉樹林植生の南東アナトリアなど、多様で変化に富んだ地形と植生を有する地方からジャジーラ地方に入ると、その均質で平坦な地形と樹木の少ない草原の風景に圧倒される。

ジャジーラ地方の土壌は、石灰質の乾燥土壌＝ゼロソルが卓越している（図2.4）。これはph 7~8.5ほどのアルカリ土壌で、有機物の含有量は0.5~2.0%と少ないが、土質はよく熟成して変化に富んでいる（Wilkinson 1990b）。夏場の乾季にクラックが深く入ることから、冬の雨季に適度な降雨量があれば水分が浸透し肥沃な土壌を形成する。石灰質乾燥土壌は一般に有機質や窒素などを施肥

してやりさえすれば、穀物の栽培にとって良好な農地となるとされる（大羽・永塚 1988: 223）。ハーベイ・ワイスは、現在のジャジーラ地方の高い穀物生産力に着目し、可耕地が河川流域に限定される南メソポタミアに比べてジャジーラでは天水農耕のため耕地が面的に無限大に広がっていることから、地域全体として南メソポタミアよりはるかに高い潜在的な生産力を有していたと主張した（Weiss 1983, 1986）。これは、紀元前3000年紀のいわゆる初期王朝時代に北メソポタミア独自の都市的発展があったことを主張するために展開された論であるが、先史時代においてもジャジーラ地方が穀物生産の適地であったと考えて、何ら差し支えないであろう。ただし、ジャジーラ地方の石灰質乾燥土壌が穀物生産にとって有効であるということはいえても、北レヴァントや南東アナトリアに広がっている中高塩基土壌などと比べて特段肥沃な土壌であるということではない。ジャジーラ地方の土壌で今一つ注目しておくべきことは、石灰質乾燥土壌の南限がハラフ文化遺跡の分布の南限とほぼ重なっていることである。より南部の砂漠土壌＝イェルモソルの分布域には（図2.4）、ごくわずかなハラフ文化遺跡しか存在していないことは注意を要しよう。

さて、乾燥地の農耕生産にとって土壌よりもさらに重大な要素が降雨量である。ジャジーラ地方の年間降雨量は200～450㎜（とくに中心域は250～350㎜前後）程度で（図2.3）、現在同地方は、コムギ栽培で250㎜、オオムギ栽培で200㎜の年間降雨量が最低限必要とされる天水農耕地帯の南限となっている。通常、穀類の天水農耕ではステップ地帯で350～500㎜程度の年間降雨量が適していることを考えると（Guest 1966: 71-72）、ジャジーラ地方は天水農耕が可能ではあるが、降雨量の少ない年には凶作に見舞われることを意味している。ジャジーラ地方の降雨量の年による格差は25～35％にも達しているので（Wilkinson 1990b: 89）、コムギを中心とした穀類の凶作は頻繁に起こっている。実際、モースル＝シンジャール地域の南部で最大5年に2度の割合で、同北部でも最低4年に1度の割合で凶作年が訪れているのである（Oates and Oates 1976b: 111）。

現在の植生区分で見ると、ジャジーラ地方はジャバル・アブド・エル・アジズやジャバル・シンジャールの山脈や河川などごく一部を除いて、樹木がほとんど生育していない乾燥ステップ帯に属する（図2.5）。アブド・エル・アジズ山脈の斜面や、ユーフラテス河、バリフ川、ハブール川、ティグリス河などの河川沿いには、ピスタチオやアーモンド、サンザシ、サクラ、ヤナギなどの樹木がわずかに認められる。ポプラは河川沿いの植林としてよく見られる。これらの樹木を除くステップは、もともとの自然植生としてヨモギ潅木―ステップをなすものと考えられている（Bottema 1989）。ハラフ期のジャジーラ地方の植生がどのようなものであったのかということについては、ジャジーラ地方自体から採取されている花粉分析用コアがほとんどなく、確実には復元できない。そのため、北レヴァントのガーブ渓谷で採取された花粉コア（Niklewski and van Zeist 1970, van Zeist and Woldring 1980）やザグロス地方のゼリバール湖で採取された花粉コア（van Zeist and Bottema 1977）などから当時の気候変化を検討すると、ハラフ期前後に関してやや矛盾した結果が得られることになる。前者では8000年BP（未補正）頃より乾燥化が始まっているのに対して、後者では7000年BP（未補正）以降に降雨量の増加が想定されるのである。

ジャジーラ地方で採取された花粉分析コアは、約7,000年BP（未補正）までさかのぼるシリア―イラク国境のブアラ Bouara 塩湖のものがあり、またバリフ川流域のハマム・エッ・トルクメンのウ

バイド文化層の下より採取されたコアがある（Bottema 1989）。後者には木本性花粉がほとんど含まれておらず、ヨモギ属やイネ科の花粉が目立っている。ボッテマは、人間による環境破壊が長期にわたって継続していたことを強調しているが、いずれにせよハラフ期前後のジャジーラ地方の植生は、現在とそう変わらないステップをなしていた、と考えて大過ないと思われる。

　以上述べてきたように、ハラフ文化の中核圏であったジャジーラ地方は、今もかつてもほぼ変わらずに、天水農耕地帯の南限に張りつくように東西に広がった平坦なステップ地帯であった。この地域はコムギ栽培を中心とした穀物農耕のための平地と土壌には恵まれていたものの、天水農耕を行う場合、湿潤年と乾燥年の格差が激しいため、凶作の影響を顕著に受けやすい地帯でもあった。

　このジャジーラ地方で農耕が模索されていたのが先土器新石器時代A期であり、前述のガーブ平野の花粉コアでは、この時期前後にもっとも木本性花粉の比率が高くなっている（Neklewski and van Zeist 1979）。ジャジーラ地方西部や北部にオーク＝ピスタチオの森林と疎林が展開していたと想定されているのもこの時期である（Moore et al. 2000: Fig.3-18）。先土器新石器時代A期末よりB期にかけて、現在よりも豊かな植生の中で、ジャジーラ地方で安定的なコムギ、オオムギを主対象とした天水農耕が行われていて、これにもとづいて集落規模の拡大や生産の集約化が図られたものと思われる。こうした状況が変化し始めたのは土器新石器時代に入ってからで、それがガーブ平野の花粉コアに確認できるような気候乾燥化への変化と関連しているのかどうかの最終的な判断は、筆者には今のところできない。ただし考古学的な証拠から見て、この時期に集落規模の拡大化傾向が一段落したことは確かである。

　ハラフ期が始まった頃（補正年代で紀元前6000年、未補正年代で紀元前5200年前後）、すでにジャジーラ地方の自然環境は現在とほぼ同様の状態にあったと考えられる。ハラフ文化を担った人々は、基本的にジャジーラ地方の各地域に展開していた土器新石器文化の後裔であったと思われるが、彼らはまた中部メソポタミアのサマッラ文化や北レヴァントのアムークB、エル・ルージュ2d文化の担い手たちとも密接な交渉を持っていた。ハラフ文化が興った場所は、前述したように年降雨量変化の影響をまともに受けやすい天水農耕地帯の南限近くであり、天水農耕にとってマージナルな環境であった。そうした環境を生き抜くためにハラフ文化の人々がとり得るいくつかの生活戦略が存在したと思われるが、彼らの選択は以下のようなものであった。

1）　移動性の確保

　トロスというハラフ文化で盛行するきわめて特異な建築遺構の社会経済的意味は、耐久性を犠牲にしてでも簡便に建設できるヴェンチレーションのよい建物を建設することにある。その背景として考えられるのは、天水農耕にとってのマージナルな環境下でのリスク回避の一つの手段としての移動性確保にあった。凶作年が続いた場合、ハラフ文化の人々は集落全体を移動させることでリスクを回避しようとした可能性が高い。実際の移動はせいぜい数年から数十年に一度であっただろうが、トロスの採用は、集落全体を移動させてしまうのだ、いつでもわが家を放棄する、という決意を表象するものと捉えるべきである。トロスの簡便性と独立性に留意すれば、それまでのジャジーラ地方における新石器時代集落に見られる住居の耐久化と集住化の流れとは異なった、特異な戦略

をハラフ文化の人々が選択していたことが明確となる。

2）集団規模の分散小型化

　土器新石器時代前後から始まった気候乾燥化による集落周辺環境のマージナル化という課題の中で、ハラフ文化の生存戦略の一つは集団を小型化・分散化することにあった。そうすることにより、小回りの利く軋轢の少ない社会を実現しようとしたものと思われる。トロスに代表される核家族程度の居住人数しか収容できない小面積住居の盛行や小規模で階層差の少ない集落とセトゥルメント・パターンが、そうした戦略を表象している。

3）非食糧生産的な経済活動の重視

　エンメルコムギを主体とする天水農耕と、ヒツジ／ヤギにウシ、ブタを補完した牧畜という基本的生業を行いながらも、やはりマージナル地帯でのリスク回避の一環として、非食糧生産的な経済活動の開発にハラフ文化の人々は力を注いだ。彼らにとって重要かつ戦略的な経済活動の一つが彩文土器の生産であり、主要な集落では専業工人たちの手によってハラフ彩文土器が生産されていた。

4）交易活動とネットワークの構築

　移動性の確保および非食糧生産的経済活動双方に密接に関連するのが、ハラフ社会内部および外部の社会との間の交易や婚姻などを通じたネットワークづくりである。凶作年の食糧の確保や万が一の場合の移動先の確保、さらに商品であるハラフ彩文土器の売りさばき先の確保など、さまざまな活動の前提として網の目のようなネットワークを構築しておくことがハラフ文化の人々の重大かつ基本的生存戦略であった。機能的で多様な印章の存在は、交易ネットワークの発達と密接に関連するであろう。そして、そのようなネットワークが構築されていたからこそ、ハラフ文化圏内部およびそれを越えた広大な範囲にハラフ彩文土器が分布したのである。

　本論の結論として、ハラフ文化とは、マージナルな環境下での天水農耕のリスクを勘案し、非食糧生産的経済活動としての土器づくりや交易ネットワークづくりに精力を注いだ、独立性と移動性の高い小規模な社会集団が形成した文化であることを主張する。ジャジーラという広大な草原環境の中で成立したユニークなハラフ文化は、ハラフ中期には南東アナトリアのティグリス＝ユーフラテス河上流域までその版図を広げ、ハラフ後期から終末期にかけて中部メソポタミア方面にも進出するが、結局のところハラフ文化圏といえるものは石灰質乾燥土壌で降雨量200〜450㎜程度のジャジーラ地方とほぼ類似した環境下にしか広がっていかなかった。それ以外の地域は、ハラフ彩文土器が搬出された場所でしかない。ハラフ文化はやがて、南メソポタミアに興った灌漑農耕を伴ったウバイド文化の波の中に吸収されてしまい、終焉を迎えたのであった。

　したがって前言で述べたように、灌漑農耕の発達や集落の巨大化をキーワードとする都市文明の始まりまでの西アジア史の流れの中で、ハラフ文化はけっして骨太の主流をなさず、むしろ傍流に置くべき文化といえよう。しかしながら、交易ネットワークの発達や職業専化などの面において

みれば、ハラフ文化が達成したいくつかの要素が後の都市社会に繋がっていったこともまた確かである。灌漑農耕や巨大集落といったハード面とともに、交易ネットワークや職業専業化といったいわばソフト面もまた、西アジアの都市形成に至る歴史を推し進める上で、不可欠な要素であったと筆者は考えている。そうした意味で、ハラフ文化が成し遂げたものはけっして小さくはないのである。

あとがき

　本書は、金沢大学に提出し2003年3月に博士（文学）の学位を授与された学位請求論文「ハラフ文化の研究」に若干の改訂を加えたものである。学位論文はいくつかの旧稿が骨子になっているものの、ほぼすべて全面的に書き改めていて、旧稿の体裁が残っているのは第7章第3節ぐらいであるため、あえて初出一覧は挙げていない。学位論文の主査を快くお引き受けいただいた金沢大学の佐々木達夫先生に、まず衷心より感謝申し上げたい。筆者が審査をお願い申し上げてから論文提出まで3年以上も経ってしまい、その間怠惰な筆者をお見放しなされなかったことに、筆者は感謝の言葉もない。佐々木先生とともに同論文の審査に当たって下さった高浜秀・持井康孝両先生にも深謝申し上げる。また同大学の藤井純夫さんには、常日頃から筆者のさまざまな質問に答えていただき、多くの刺激を与えていただいている。

　筆者が西アジアの学術調査に初めて加えていただいたのは、1977年の京都大学の池田二郎先生が指揮されたネアンデルタール人を求めての南イラン・アルセンジャン地区の調査であった。早いものでそれから四半世紀以上が過ぎ、筆者はフィールドをシリアに移しながらも、相変わらず西アジアで調査を続けている。生来の何でも関心を持ってしまう性格のため、筆者の西アジア考古学への関心も拡散し、あれこれとさまざまなテーマに手をつけてきた。修士論文のテーマはイラン新石器時代の彩文土器であったが、それ以降、西アジアにおける農耕開始問題、ハラフ土器の編年、新石器文化の比較研究、印章や印影などの物資管理システムの問題、果ては民族考古学まで、多岐にわたる研究といえば聞こえはいいが、実のところ本当の専門がいったい何であるのが自分でもよくわからないほど、一つの研究テーマをきちんと深化させることを怠ってきた。またフィールド・ワークが好きでたまらず、毎年現地調査を繰り返してきた。そのようなわけで、先輩・同僚諸氏から学位論文執筆の必要性を何度も説いていただいたにもかかわらず、その責を果たしてこなかった。しかしながら、大学で考古学を講義している立場上そのような状態を続けていることが許されるはずもなく、筆者の研究テーマの一つであったハラフ文化を主題として四苦八苦しながらも2002年夏に学位請求論文を何とか書き上げた。そしてこのたび、筆者のこのささやかな研究成果を出版する機会が与えられたが、浅学非才の筆者が曲がりなりにも西アジアの考古学を続けてこられたのは、実に多くの方々のご指導とご厚情の賜物である。

　1973年の東京教育大学入学後、筑波大学大学院に至るまで、増田精一先生と岩崎卓也先生には考古学のイロハからご指導を受けた。増田先生のご指導は時に厳しくまた激しく、初めてご一緒させていただいた1980年のユーフラテス河ルメイラ遺跡の発掘調査は、今でももっとも印象に残る調査の一つである。岩崎先生には、日本でもシリアでも、また公私にわたって本当にさまざまなご指導をいただいている。先生の調査・研究に対して真摯に取り組まれる姿勢は、私たち後輩の永遠の手本でもある。筆者の東海大学在職中に鈴木八司先生からいただいたあたたかいご指導も、深く心に

刻まれている。西アジアのフィールドでは、南イランの調査で池田二郎先生や西田正規さんに、シリアの調査で増田・岩崎両先生をはじめ、西野元先生や地質学の赤羽貞幸先生、植物生態学の中村徹先生にご指導と貴重なご助言を受けた。㈶古代オリエント博物館の脇田重雄さんには、1980年からシリア調査でご一緒させていただき、さまざまな発見や踏査につき合っていただいた。脇田さんがおられなかったら、筆者はこんなに長くシリア調査を続けていなかっただろう。シリア現地では、ICARDAの折田魏朗先生やアレッポ在住の山崎やよいさん、ハミード・ハンマーデ氏をはじめ実にさまざまな方々にお世話になってきた。ダマスカスの文化財博物館総局の前総局長であるスルタン・ムヘッセン博士、発掘考古局長ミッシェル・マクドスィ博士、同補佐バッサム・ジャンムース氏、ラタキア博物館館長ジャマル・ハイダール氏を始め、とても数え上げられないくらい多くの方々が、筆者のシリアでの調査研究を支えて下さっている。また、現在調査を継続している同国イドリブ県エル・ルージュ盆地のテル・エル・ケルク遺跡の発掘調査では、三宅裕さんを始めとして、滝沢誠さんや有村誠さん、前田修さんらが、筆者を助けて調査を進めてくれている。彼らの協力がなければ、ケルク遺跡の調査はまったく進んでいなかっただろう。

　最後になったが、本書のような対象読者も少なく専門性の高い書籍の出版を快く引き受けていただいた㈱同成社の山脇洋亮氏には、心より感謝申し上げる。本書の出版に当たって、独立行政法人日本学術振興会平成16年度科学研究費補助金（研究成果公開促進費）の交付も得ている。本論を完成させるまで、陰日なたになって筆者を支えてくれた妻みや子にも、感謝したい。

　　　2004年7月

　　　　　　　　　　　　　　　　　　　　　　　　　　　　　　　　　　　　常　木　　晃

引用文献

Adams, R.M.
 1965 *Land behind Baghdad: A History of Settlement on the Diyala Plain*. University of Chicago Press, Chicago.
 1981 *Hearland of Cities*. University of Chicago Press, Chicago.

Adams, R.M. and Nissen, H.J.
 1972 *The Uruk Countryside*. University of Chicago Press, Chicago.

Akkermans, P.M.M.G.
 1986-87 Excavations at Tell Damishliyya, Neolithic settlement in the Balikh Valley, northern Syria, *Les Annales Archéologique Arabes Syriennes* 36-37: 40-66.
 1987a A late Neolithic and early Halaf village at Sabi Abyad, northern Syria. *Paléorient* 13: 23-40.
 1987b Tell Sabi Abyad, preliminary report on the 1986 excavations. *Akkadica* 52: 10-28.
 1988 The soundings at Tell Damishliyya, in van Loon, M.N. (ed.) *Hammam et Turkman* I: 19-67, Nederland Historisch-Archeologisch Instituut te Istanbul, Istanbul.
 1989 Halaf mortuary practices: a survey. in Haex,O.M.C., Curvers,H.H. and Akkermans,P.M.M.G. (eds.) *To the Euphrates and Beyond*:75-88. A.A.Balkema, Rotterdam.
 1993 *Villages in the Steppe: Later Neolithic Settlement and Subsistence in the Balikh Valley, Northern Syria*, International Monographs in Prehistory, Ann Arbor."
 1997 Old and new perspectives on the origins of the Halaf Culture. In Rouault, O. and Wäfer, M. (eds.) *La Djeziré l'Euphrate syriens de la protohistoire à la fin du second millénaire av. J.-C.*, Editions Recherches sur le Civilisations: 55-68, Paris.

Akkermans, P.M.M.G. (ed.)
 1989 *Excavations at Tell Sabi Abyad: Prehistoric Investigations in the Balikh Valley, Northern Syria*, BAR International Series 486, Oxford.
 1996 *Tell Sabi Abyad, The Late Neolithic Settlement*, Nederlands Historisch-Archaeologisch Instituut te Istanbul, Istanbul.

Akkermans, P.M.M.G. and Le Mière, M.
 1992 The 1988 excavations at Tell Sabi Abyad, a later Neolithic village in northern Syria. *American Journal of Archaeology* 96: 1-22.

Akkermans, P.M.M.G. and Verhoeven, M.
 1995 An image of complexity - the burnt village at late Neolithic Sabi Abyad, Syria. *American Journal of Archaeology* 99: 5-32.

Akkermans, P.M.M.G. and Wittmann, B.
 1993 Khirbet esh-Shenef 1991, Eine Spähalafzeitliche Siedlung im Balikhtal, Nordsyrien, *Mitteilungen der Deutschen Orient-Gesellschaft zu Berlin* 125: 143-166.

Akkermans, R. A. and Roodenberg, J.J.
 1979 Bouqras: Een neolithisch dorp in Syrië. *Spiegel Histariael* 14:157-164.

Akkermans, P.A.A., Boerma,J.A.K, Clason,A.T.,Hill,S.G., Lohof,E., Meiklejohn,C., Le Mière,M., Molgat,G.M.F. and Roodenberg,J.J.

    1983   Bouqras revisited: preliminary report on a project in eastern Syria. *Proceedings of the Prehistoric Society* 49: 335-372.

Albright, W.E.

    1926   Proto-Mesopotamian painted ware from the Balikh valley. *Man* 26: 41-42.

Algaze, G.

    1989a   First results of the Tigris-Euphrates archaeological reconnaissance poject, 1988, *Journal of Near Eastern Studies* 48: 241-281.

    1989b   Tepe Chenchi, an important settlement near Khorsabad, in Leonard, A. Jr. and Williams, B. B. (eds.) *Essays in Ancient Civilization Presented to Helene J. Kantor.* 1-29,Studies in Ancient Oriental Cililization, No.47, Chicago.

Algaze, G. (ed.)

    1990   *Town and County in Southeastern Anatolia 2. The Stratigraphic Sequence at Kurban Höyük* Chicago.

Algaze, G., Breuninger, R., Lightfoot, C. and Rosenberg, M.

    1991   The Tigris-Euphrates archaeological reconnaissance project; a preliminary report of the 1989-1990 seasons, *Anatolica* 17: 175-240.

Algaze, G., Breuninger, R. and Knudstad, J.

    1994   The Tigris-Euphrates archaeological reconnaissance project: final report of the Birecik and Carchemish dam survey areas, *Anatolica* 20: 1-96.

Alizadeh, A.

    1985   A protoliterate kiln from Chogha Mish. *Iran* 23: 39-50.

Al-Adami, K.A.

    1968   Excavations at Tell es-Sawwan (second season). *Sumer* 24: 57-60.

Al-Radi, S. and Seeden, H.

    1980   The AUB rescue excavations at Shams ed-Din Tannira. *Berytus* 28: 88-126.

Al-Soof, Abu.

    1970   Mounds in the Rania plain and excavations at Tell Basmusian (1956). *Sumer* 26: 65-104.

    1971   Tell es-Sawwan fifth season's excavations. *Sumer* 27: 3-8.

Amirov, S. N. and Deopeak,D.V.

    1997   Morphology of Halafian painted pottery from Yarim Tepe 2, Iraq. *Baghdader Mitteilungen* 28 : 69-85.

Arimura,M., Balkan-Atli,N., Borell,F., Cruells,F., Duru,G., Erim-Ozdogan,A., Ibanez,J., Maeda,O., Miyake,Y., Molist,M., and Ozbasaran,M.

    2001   Akarçy Tepe excavations, 1999. *Salvage Project of Archaeological Heritage of the Ilisu and Carchemish Reservoirs Activities in 1999.* Middle East Technical University.

Aurenche, O.

    1977   Une exemple de l'architecture domestique en Syrie au VIIIe millénaire: la maison XLVII de Tell Mureybet. in Margueron, J. C. (ed.) *Le Moyen Euphrate, Zone de Contacts et d'Échanges* : 35-53, Strasbourg.

    1981a   *La Maison Orientale. L'architecture du Proche Orient Ancien des Origines au Millieu du Quatrième Millénaire.* Bibliothqèue Archéologique et Historique 109, Geuthner, Paris.

    1981b   Essai de dméographie archéologique. L'exemple des villages du Proche-Orient ancien, *Paléorient* VII/ I :93-105.

Aurenche, O. et Kozlowski, S.K.
　1999　*La Naissance du Néolithique au Proche Orient.* Editions Errance, Paris.

Azoury, I. and Bergman. C.
　1980　The Halafian lithic assemblage of Shams ed-Din Tannira. *Berytus* 28: 127-143.

Bader, N.O. （Бадер, Н.О.）
　1975　Un establissement des premier agriculteurs: Tell Sotto （Раннеземледельческое Поселение Телль-Сотто）. Советсая Археология 1975-4: 99-111.
　1979　Tell Magzaliya : an early Neolithic site in the northern Iraq （Телль Магзалия : ранненеоли тический памятник н аеевере Ирака）. Советская Археология 1979-2: 117-132.
　1989　*Earliest Cultivators in Northern Mesopotamia. The Investigations of Soviet Archaeological Expedition in Iraq at Settlements, Tell Magzaliya, Tell Sotto, Kül Tepe.* Moscow.
　1993a　Tell Maghzaliyah : an early Neolithic site in northern Iraq. in Yoffee, N. and Clark, J.J. （eds.） *Early Stages in the Evolution of Mesopotamian Civilization, Soviet Excavations in Northern Iraq* :7-40, The University of Arizona Press, Tucson & London.
　1993b　The early agricultural settlement of Tell Sotto. in Yoffee, N. and Clark, J.J. （eds.） *Early Stages in the Evolution of Mesopotamian Civilization, Soviet Excavations in Northern Iraq* :41-54, The University of Arizona Press, Tucson & London.
　1993c　Results of the excavations at the early agricultural site of Kültepe in northern Iraq. in Yoffee, N. and Clark, J.J. （eds.） *Early Stages in the Evolution of Mesopotamian Civilization, Soviet Excavations in Northern Iraq* :55-61, The University of Arizona Press, Tucson & London.

Bader, N.O., Merpert, N.Y., Munchaev, R.M.
　1981　Soviet expedition's surveys in the Sinjar valley. *Sumer* 37: 55-95.

Bahadori, M.N.
　1978　Passive cooling systems in Iranian architecture, *Scientific American* 238-2: 144-154.

Baird, D., Campbell, S. and Watkins, T.
　1995　*Excavations at Kharabeh Shattani* II, Edinburgh.

Bakhteyev, F.K., Yanushevich, Z.V.
　1980　Discoveries of cultivated plants in the early farming settlements of Yarym-Tepe I and Yarym-Tepe II in northern Iraq. *Journal of Archaeological Science* 7: 167-178.

Barrett, J.C.
　1988　The living, the dead and the ancestors; Neolithic and early Bronze Age mortuary practices, in Barett, J.C. and Kinnes, I.A. （eds.） *The Archaeology of Context in the Neolithic and Bronze Age, Recent Trends*: 30-41, John R.Collis, Sheffield.

Bashilov, V.A., Bolshakov, O.G., Kouza, A.V.
　1991　The earliest strata of Yarim Tepe I. *Sumer* 36: 43-64.

Bernbeck, R. and Pollock, S.
　1999　Fıstıklı Höyük 1999, *Neo-Lithic* 2/99: 4-6.
　2001　The summer 2000 season at Fıstıklı Höyük, *Neo-Lithic* 1/01: 1-3.
　2003　The biography of an early Halaf village:Fıstıklı Höyük 1999-2000, *Istanbuler Mitteilungen* 53:9-77.

Bernbeck, R., Pollock, S. and Coursey C.

1999   The Halaf settlement at Kazane Höyük, preliminary report on the 1996 and 1997 seasons, *Anatolica* XXV:109-147.

Binford, L.R.

1971   Mortuary practices: their study and potential. in Brown, J.A. (ed.) *Approached to the Social Dimensions of Mortuary Practices* :6-29, Society for American Archaeology, Washington D.C.

Black, J.A. and Killick, R.G.

1985   Excavations in Iraq, 1983-83. *Iraq* 47: 215-239.

Blaylock, S.R., French, D.H., and Summers, G.D.

1990   The Adiyaman survey: an interim report, *Anatolian Studies* 40: 81-135.

Богословская

1972   Кпроблеме сложения Халафской культуры. Советская Археология 1972-2: 3-16.

Bottema, S.

1989   Notes on the prehistoric environment of the Syrian Djezireh. in Haex,O.M.C., Curvers,H.H. and Akkermans, P.M.M.G. (eds.) *To the Euphrates and Beyond* :1-16. Rotterdam.

Bradley, R.

1990   *The Passage of Arms*, Cambridge University Press, Cambridge.

Braidwood, L.S., Braidwood, R.J., Howe, B., Reed, C.A. and Watson, P.J. (eds.)

1983   *Prehistoric Archeology along the Zagros Flanks*. Oriental Institute Publications vol. 105, University of Chicago, Chicago.

Braidwood, L.S. and Braidwood, R.J.

1982   *Prehistoric Village Archaeology in South-eastern Turkey*. BAR International Series 138.

Braidwood, R.J.

1945   Prefatory remarks. in Lloyd and Safar 1945, Tell Hassuna. *Journal of Near Eastern Studies* 4: 255-259.

Braidwood, R.J. and Braidwood, L.S.

1960   *Excavations in the Plain of Antioch* I. University of Chicago Oriental Institute Publications 61.

Braidwood, R.J., Çambel, H., Watson, P.Jo.

1969   Prehistoric investigations in southeastern Turkey. *Science* 164 (3885) : 1275-1276.

Braidwood, R.J. and Howe, B.

1960   *Prehistoric Investigations in Iraqi Kurdistan*, Studies Ancient Oriental Civilization 31, The Oriental Institute of the University of Chicago, Chicago.

Braidwood, R.J. and Reed, C.A.

1957   The achievement and early consequences of food production: A consideration of the archaeological and natural-historical evidence, *Cold Spring Harbor Symposium on Quantitative Biology* 22: 19-31.

Braidwood, R.J. et al.

1944   New Chalcolithic material of Samarran type and its implications. *Journal of Near Eastern Studies* 3: 47-72.

Breniquet, C.

1991a   Un site halafien en Turquie mèridionale: Tell Turlu. Rapport sur la campagne de fouilles de 1962, *Akkadica* 71: 1-35.

1991b   Tell es-Sawwan—realites et problemes, *Iraq* LIII: 75-90.

1991c   Une maison tripartite halafienne à Tell Hassan? *Mesopotamia* XXVI: 23-34.

1992a Rapport sur deux campagnes de fouilles a Tell es-Sawwan, 1988-1989, *Mesopotamia* XXVII: 5-30.

1992b A propos du vase Halafien de la tombe G2 de Tell Arpachiyah. *Iraq* 54: 69-78.

1996 *La Disparition de la Culture de Halaf.* Editions Recherche sur les Civilisations, Paris.

Buccellati, G., Buia, D. and Reimer, S.

1991 Tell Ziyada: the first three seasons of excavation (1988-1990). *Bulletin of Canadian Society for Mesopotamian Studies* 21: 31-61.

Bulgarelli, M.G.

1984 Tell Hassan: the lithic industry. *Sumer* 40: 290-292.

Burney, C.A.

1958 Eastern Anatolia in the Chalcolithic and Early Bronze Age, *Anatolian Studies* VIII: 157-209.

Burney, C.A. and Lang, D.M.

1971 *The Peoples of the Hills, Ancient Ararat and Caucasus.* Weidenfeld and Nicolson, London.

Campbell, S.

1992 *Culture, Chronology and Change in the Later Neolithic of North Mesopotamia.* Ph.D dessertation, University of Edinburgh.

1995 Section 4: The Halaf pottery. in Baird, D., Campbell, S. and Watkins, *Excavations at Kharabeh Shattani* II: 55-90, Edinburgh.

1995b Death for the living in the late Neolithic in north Mesopotamia. In Campbell, S. and Green, A. (eds.) *The Archaeology of Death in the Near East* :29-34,Oxbow Books, Oxford.

1997 Problems of definition: the origins of the Halaf in north Iraq. *Subartu* IV, 1: 39-52, Brepols.

2000 The burnt house at Arpachiyah: a reexamination. *Bulletin of the American Schools of Oriental Research* 318: 1-40.

Campbell, S. and Carter, E.

2000 Excavations at Domuztepe 1997, *Kazi Sonuçlari Toplantisi* XX.

Carter, E., Bozkurt, H., Campbell, S., Snead, J. and Swartz, L.

1997 Report on the archaeological work in Domuztepe and its environs in 1995. *Kazi Sonuçlari Toplantisi* XVIII: 173-187.

Carter, E., Campbell, S. and Snead, J.

1999 Excavations and survey at Domuztepe, 1996, *Anatolia Antiqua* VII: 1-17.

Casteel, R.

1979 Relationships between surface area and population size: a cautionary note, *American Antiquity* 44: 803-807.

Cauvin, J.

1972 Sondage a Tell Assouad. *Annales Archoélogiques Arabes Syriennes* 22: 85-103.

1974 Les debuts de la ceramique sur le moyen-Euphrate : nouveaux documents. *Paleorient* 2-1: 199-209.

1977 Le moyen-Euphrate au VIIIe millénaire d'apres Mureybet et Cheikh Hassan. in Margueron, J. C. (ed.) *Le Moyen Euphrate, Zone de Contacts et d'Échanges* : 21-34, Strasbourg.

1978 *Les Premier Villages de Syrie-Palestine du IXème au VIIème millénaire avant J.C.*, Maison de l'Orient, Lyon.

Cauvin, M.C.

1991 Du Natuoufien au Levant nord? Jayroud et Mureybet (Syrie). in Bar-Yosef, O. and Valla, F.R.(eds.) *The Natufian Culture in the Levant* : 295-314, Ann Arbor.

Cavallo, C.

 1996 The animal remains : a preliminary account. in Akkermans, P.M.M.G.(ed.) *Tell Sabi Abiyad, the Late Neollithic Settlement* : 475-520, Nederlands Historische-Archaeologisch Instituut te Istanbul, Leiden.

Charvat, P.

 1994 The seals and their functions in the Halaf- and Ubaid- cultures （A case study of materials from Tell Arpachiyah and Nineveh 2-3）. in Wartke, R.B. et allii(eds.) *Handwerk und Technologie im Alten Orient* : 9-15.

Chataigner, C.

 1995 *La Transcaucasie au Néolithique et au Chalcolithique*, BAR International Series 624, Tempvs Reparatvm

Childe, V.G.

 1929 *The Danube in Prehistory*. Oxford.

Collet, P.

 1996 Chapter 6: The figurines. in Akkermans, P.M.M.G.(ed.) *Tell Sabi Abyad, The Late Neolithic Settlement* : 403-414, Nederlands Historisch -Archaeologisch Instituut te Istanbul, Istanbul.

Contenson, H. de

 1962 Porsuite des recherches dans le sondage à l'ouest du Temple de Baal （1955-60） : rapport préliminaire. *Ugaritica* IV: 477-519.

 1973 Le niveau Halafien de Ras Shamra. *Syria* 50: 13-33.

 1985 Le material archeologique des tells, in Sanlaville, P. (ed.) *Holocene Settlement in North Syria*, BAR International Series 238, Oxford.

 1992 Préhistoire de Ras Shamra, Les Sondages Stratigraphiques de 1955 à 1976, Èditions Recherche sur les Civilisations, Paris.

Copeland, L.

 1979 Observations on the prehistory of the Balikh valley, Syria, during the 7th to 4th millennia b.c. *Paloérient* 5: 251-275.

 1996 Chapter 4: The flint and obsidian industries. in Akkermans,P.M.M.G. (ed.) *Tell Sabi Abyad, The Late Neolithic settlement* : 285-338,Nederlands Historisch -Archaeologisch Instituut te Istanbul, Istanbul.

Copeland, P.W.

 1955 'Beehive' villages of north Syria, *Antiquity* 133: 21-24.

Coqueugniot, E.

 2000 Dja'de （Syrie）, un village à la veille de la domestication （seconde moitié du IXe millénaire av. J.-C.）, Guilaine, J (ed.) *Premiers Paysans du Monde, Naissance des Agricultures*: 61-79, Editions Errance, Paris.

Croft, P.

 1995 Chapter 9: The faunal assemblage. in Baird, D., Campbell, S. and Watkins, T. *Excavations at Kharabeh Shattani II* : 165-172,Edinburgh.

Cruells, W.

 1996 Las cerámicas pintadas ≪Halaf≫, in Molist, M.M. *Tell Halula （Syria） : Un Yacimiento Neolítico del Valle Medio del Éufrates Campañas de 1991 y 1992* : 99-114, Ministerio de Educacion y Cultura, Madrid.

 1998 The Halaf levels of Tell Amarna （Syria）, first preliminary report. *Akkadica* 106: 1-21.

Dangin, T. F., et Dunand M.

 1936 *Til-Barsib*. Bibliothèque Archéologique et Historique, vol. 23, Paris.

Davidson, T.E.

 1976 *Regional Variation within the Halaf Ceramic Tradition.* Ph.D. dissertation, University of Edinburgh.

 1981 Pottery manufacture and trade at the prehistoric site of Tell Aqab. J*ournal of Field Archaeology* 8: 65-77.

Davidson, T.E. and Mckerrell, H.

 1976 Pottery analysis and Halaf period in the Khabur headwaters region, *Iraq* 38: 45-56.

 1980 The neutron activation analysis of Halaf and Ubaid pottery from Tell Arpachiyah and Tepe Gawra. *Iraq* 42: 155-167.

Davidson, T.E. and Watkins, T.

 1981 Two seasons of excavation at Tell Aqab in the Jazirah, N.E. Syria. *Iraq* 43: 1-18.

Delcroix, G. et Huot, J-L

 1972 Les fours dits <<de potier>> dans l'Orient ancien. *Syria* 49: 35-95.

Dirvana, S.

 1944 Cerablus Civarinda Yuns'ta Bulunan Tel Halef Keramikleri. *Turk Tarth Kurumu Belleten* 8: 403-420.

Dittmann, R., Grewe, Ch., Huh, S. and Schmidt, C.

 2001 Report on a Şurvey at Savi Höyük, 1999, *Iltsu ve Karkamiş Baraj Gölleri Altında Kalacak Arkeolojik ve Kültür Varlıklaırnı Kurtarma Projesi 1999 Yıh Çalışmaları*, 252-261, Middle East Technical University, Ankara.

Dixon, J.E., Cann, J.R., Renfrew, C.

 1968 Obsidian and the origins of trade. *Scientific American* 218-3: 38-46.

Ducos, P.

 1991 La fauna de Tell Turlu(Turquie) et les animaux domestiques dans la culture de Halaf. *Akkadica* 72: 1-19.

Dunand, M.

 1973 *Fouilles de Byblos* V. Paris.

Eidem, J. and Warburton, D.

 1996 In the land of Nagar: a survey around Tell Brak. *Iraq* 58: 51-64.

Einwag, B.

 1993 Vorbericht über die Archäologische Geländebegehung in der Wwstğazira, *Damaszener Mitteilungen* 7:23-43.

El-Amin, M. and Mallowan, M.E.L.

 1950 Soundings in the Makhmur plain. *Sumer* 6: 55-89.

El-Wailly, F., and Al-Soof, Abu.

 1965 The excavations at Tell es-Sawwan : first preliminary report（1964）. *Sumer* 21: 17-32.

Esin, U.

 1974 Tepecik excavations, 1971. in Keban Project 1971 activities, *Middle East Technical University Keban Project Publications, Series* 1-4: 123-135.

 1976 Tulintepe excavations, 1972 in Keban Project 1972 activities. *Middle East Technical University Keban Project Publications, Series* 1-5: 147-163.

Esin, U. and Arsebük, G.

 1974 Tulintepe excavations, 1971 in Keban Project 1971 activities. *Middle East Technical University Keban Project Publications, Series* 1-4: 149-159.

FAO-UNESCO

 1977 *Soil Map of the World, Vol. VIII South Asia.* Unesco-Paris.

Fedele, F.
   1985   Mesopotamian zooarchaeology. T*he Land between Two Rivers, Twenty Years of Italian Archaeology in the Middle East*:: 66-68, Turin.

Fiorina, P.
   1984   Excavation at Tell Hassan, preliminary report. *Sumer* 40: 277-289.
   1987   Tell Hassan: les couches halafiennes et obeidiennes et la relation entre les deux cultures, *Préhistoire de la Mésopotamie* : 243-255, Turin.
   1997   Khirbet Hatara : la stratigrafia, *Mesopotamia* 32: 7-62.
   2001   Khirbet Hatara (Eski Mossul), La ceramica del livello 1, *Mesopotamia* 36: 1-47

Fiorina, P. and Bulgarelli, M.G.
   1985   Tell Hassan. *The Land between Two Rivers, Twenty Years of Italian Archaeology in the Middle East*: 28-36.

Flannery, K.V.
   1972   The origin of the village as a settlement type in Mesoamerica and the Near East: a comparative study, in Ucko, P.J., Tringham, R. and Dimblebyd, G.W. (eds.) Ma*n, Settlement and Urbanism*: 23-53, Duckworth, London.

Flannery, K.V. (ed.)
   1976   *The Early Mesoamerican Village*. Academic Press, New York.

Forest, J.D.
   1987   Kirbet Derak and Kutan: a preliminary report about the French excavations in the Saddam Dam Area. *Researches on the Antiquities of Saddam Dam Basin Salvage and Other Researches* : 82-88.

Frankfort, H.
   1950   Town planning in ancient Mesopotamia, *Town Planning Review* 21: 98-115.

Frankel, D.
   1979   *Archaeologists at Work : Studies on Halaf pottery*. British Museum Publications, London.

French, D.
   1962   Excavations at Can Hasan, first preliminary report, 1961. *Anatolian Studies* XII: 27-40.

French, D. and Summers, G.D.
   1988   Sakçagözü material in the Gaziantep Museum, *Anatolian Studies* XXXVIII: 71-84.

Fried, M.H.
   1967   *Evolution of Political Society: An Essay in Political Economy*. Random House, New York.

Fukai, S., Horiuchi, K. and Matusnani, T.
   1970   *Telul eth-Thalathat : The Excavation of Tell II, the Third Season (1964), Vol II*. The Tokyo University Iraq-Iran Archaeological Expedition Report 11, Tokyo.

Fukai, S. and Matsutani, T.
   1981   *Telul eth-Thalathat : The Excavation of Tell No II, the Fifth Season (1976)* . The Tokyo University Iraq-Iran Archaeological Expedition Report 17, Tokyo.

Garstang, J.
   1908   Excavations at Sakje-Geuzi in north Syria: preliminary report for 1908, *University of Liverpool Annals of Archaeology and Anthropology* 1: 97-117.
   1913   Second interim report on the excavations at Sakje-Geuzi in north Syria, 1911, *University of Liverpool Annals of Archaeology and Anthropology* 5: 63-72.

1953 *Prehistoric Mersin: Yümük Tepe in southern Turkey.* Oxford.

Garstang, J., Adams, W.J.P. and Williams, V.S.

 1937 Third report on the excavations at Sakje-Geuzi, 1908-1911. *University of Liverpool Annals of Archaeolagy and Anthropology* 24: 119-141.

Girshman, R.

 1938 *Fouilles de Sialk prés de Kashan*, vol.1. Librairie Orientaliste Paul Geuthner, Paris.

Guest, E. （ed.）

 1966 *The Flora of Iraq Vol.1*, Ministry of Agriculture, Baghdad.

Gustavson-Gaube., C.G.

 1981 Shams ed-Din Tannira : the Halafian pottery of area A. *Berytus* 29: 9-182.

Gut, R.V.

 1995 *Das Präahistorische Nineve: Zur relativen Chronologie der früuhen Perioden Nordmesopotamiens.* Verlag Philipp von Zabern, Mainz.

Gürdil, B.

 2002 Systematic surface collection from Nevruzlu: a late Halaf site in the Kahramanmaraş valley, *Anatolica* 28: 137-158.

Habbard, R.N.L.B.

 1980 Halafian agriculture and environment at Arpachiyah. *Iraq* 42: 153-154,

Hammade, H. and Koike, Y.

 1992 Syrian archaeological expedition in the Tishreen Dam basin, excavations at Tell al-'Abr 1990 and 1991. *Damaszener Mitteilungen* 6:109-175.

Hassan, F.A.

 1981 *Demographic Archaeology*, Academic Press, New York.

Hauptmann, H.

 1976 Die Ausgrabungen auf dem Költepe, 1972, Keban Project 1972 Activities: 33-34, Ankara.

 1987 Lider Höyük and Nevalı Çori, 1986. Anatolian Studies 37: 203-207.

Helbaek, H.

 1959 Notes on the evolution and history of linum. *Kuml* 1959: 103-119.

 1964 Early Hassunan vegetable food at Tell es-Sawwan near Samarra. *Sumer* 20: 45-48.

 1972 Samarran irrigation agriculture at Choga Mami in Iraq. *Iraq* 34: 35-48.

Henrickson, E.F. and Thuesen, I. （eds.）

 1989 *Upon This Foundation, — The 'Ubaid Reconsidered.* The Carsten Niebuhr Institute of Ancient Near Eastern Studies, Copenhagen.

Herzfeld, E.

 1930 *Die Ausgrabungen von Samarra V*, Berlin.

Hijara, I.

 1978 Three new graves at Arpachiyah, *World Archaeology* 10-2: 125-128.

 1980 *The Halaf Period in Northern Mesopotamia.* Ph.D. dissertation, University of London.

Hijara, I. et al.

 1980 Arpachiyah 1976. *Iraq* 42: 131-154.

Hodder, I.

   1980   Social structure and cemeteries: a critical appraisal. in Rahtz, P., Dickinson, T. and Watts, L. (eds.) *Anglo-Saxon Cemeteries* 1979. BAR British Series 82: 161-169, Oxford.

Hole, F.

   2001   A radiocarbon chronology for the middle Khabur, Syria, *Iraq* LXIII: 67-98.

Hole, F., Flannery, K.V. and Neely J.A.

   1968   Prehistory and human ecology of the Deh Luran plain. *Memories of the Museum of Anthropology, University of Michigan* 1.

Hole, F. and Johnson, G. A.

   1986-87   Umm Qseir on the Khabur; preliminary report on the 1986 excavation. *Les Annales Archéologiques Arabes Syriennes* XXXVI-XXXVII: 172-220.

Howe, B.

   1983   Karim Shahir. in Braidwood, L.S. et al. (eds.) *Prehistoric Archeology along the Zagros Flanks*. The University of Chicago Oriental Institute Publications 105: 23-154.

Hyslop, M. R., Taylor, J. P. du., Seton Williams, M.V., and Waechter, J. D' A.

   1942   An archaeological survey of the plain of Jabbul, 1939, *Palestine Exploration Quarterly* 1942: 8-40.

Ingholt, H.

   1940   Rapport Preliminarie sur sept campagnes de fouilles a Hama en Syrie (1932-1938). *Det Kongelige darske videnskabernes selskak, archaeologist-Kunsthistoriske meddelelser* 3-1.

Invernizzi, A.

   1980   Excavations in the Yelkhi area. *Mesopotamia* 15: 19-49.

   1985   Attività delle missione arheologica italiana in Iraq 1976-1979. L' area di Tell Yelkhi. *La Ricerca Scientifica* 112: 221-272, CNR, Roma.

Ippolitoni, F.

   1970-1971   The pottery of Tell es-Sawwan : first season. *Mesopotamia* 5-6: 105-179.

Iwasaki, T., Nishino, H. and Tsuneki, A.

   1995   The prehistory of the Rouj Basin, northwest Syria, a preliminary report. *Anatolica XXI* : 143-187.

Iwasaki, T. and Tsuneki, A.

   1998   Preliminary report of the archaeological researches in the Rouj Basin, Idlib. *Chronique Archéologique en Syrie* 1: 25-26, Le Ministère de la Culture et la Diréction Généale des Antiquités et de Musées.

   1999   Archaeological investigations of the Rouj Basin, Idlib. *Les Annales Archéologiques Arabes Syrienne* XLIII: 83-92.

Iwasaki,T. and Tsuneki, A.(eds.)

   2003   *Archaeology of the Rouj Basin, A Regional Study of the Transition from Village to ctiy in Northwest Syria,* Vol.1 Al- Shark 2:University of Tsukuba, studies for West Asian Archaeolgy, Departmennt of Archaeolgy, Institute of History and Anthropology, University of Tsukuba, Tsukuba.

Jasim, S.A.

   1983   Excavations at Tell Abada. A preliminary report. *Iraq* 45: 165-185.

   1984   *The Ubaid Period in Iraq, Recent Excavations in the Hamrin Region*. BAR International Series 267, Oxford.

Kamada, H. and Ohtsu, T.

    1993   Third report on the excavations at Songor A, *Al-Rāfidān* XIV:183-207.

Kaplan, J.

    1960   The relation of the Chalcolithic pottery of Palestine to Halafian ware, *Bulletin of the American School of Oriental Research* 159: 32-36.

Kenyon, K.M.

    1957   *Digging up Jericho*, Praeger, New York.

Killick, R.G. (ed.)

    1988   *Tell Rubeidheh, An Uruk village in the Jebel Hamrin*, British School of Archaeology in Iraq, Directorate of Antiquities, Baghdad.

Killick, R. and Roaf, M.

    1983   Excavations in Iraq, 1981-82. *Iraq* 45: 199-224.

Kirkbride, D.

    1969   Early Byblos and the Beqa'a. *Melanges I'Universiè Saint-Joseph* 45: 45-59.

    1972   Umm Dabaghiyah, 1971: a preliminary report,. *Iraq* 34: 3-19.

    1973a   Umm Dabaghiyah, 1972. *Iraq* 35: 1-7.

    1973b   Umm Dabaghiyah, 1973. *Iraq* 35: 205-209.

    1975   Umm Dabaghiyah, 1974. *Iraq* 37: 3-10.

    1982   Umm Dabaghiyah. in Curtis, J.E. (ed.) *Fifty Years of Mesopotamian Discovery* : 11-21.

Kitagawa, H. and Plicht, J.van der

    1998   AMS ^{14}C results. in Tsuneki, A. and Miyake, Y. (eds.) *Excavations at Tell Umm Qseir in Middle Khabur Valley, North Syria, Report of the 1996 Season*: 214. Al-Shark 1: University of Tsukuba, Studies for West Asian Archaeology, Department of Archaeology, Institute of History and Anthropology, University of Tsukuba, Tsukuba.

Korfmann, M.

    1982   *Tilkitepe: Die ersten Ansätze prähistorischer Forschung in der östlichen Türkei*, Verlag Ernst Wasmuth, Tübingen.

Kozlowski, S.K. (ed.)

    1990   *Nemrik 9: Pre-Pottery Neolithic Site in Iraq*. Wydawnictwa Uniwersytetu Warszawskiego, Warszawa.

Kozlowski, S.K. and Kempisty, A.

    1990   Architecture of the Pre-Pottery Neolithic settlement in Nemrik, Iraq. *World Archaeology* 21-3: 348-362.

Kramer, C.

    1978   Estimating prehistoric population: an ethnoarchaeological approach, *Colloque International* C.N.R.S. No.580.

Kristiansen, K.

    1991   Chiefdoms, states, and systems of social evolution. in Earle, T.K.(ed.) *Chiefdoms: Power, Economy and Ideology*. Cambridge University Press.

Kühne, Z. von H.

    1978/1979   Zur historischen Geographie am Unteren Hābūr. *Archiv für Orientforschung* 1978/1979: 181-195.

    1981/1982   Ausgrabungstätigkeit in Syrien, *Archiv für Orientforschung* 1981/1982: 200-247.

Laffer, J.P.

    1983   The faunal remains from Banahilk. in Braidwood, L.S. et al. (eds.) *Prehistoric Archaeology along the Zagros Flanks*, University of Chicago Oriental Institute Publications 105: 629-647, Chicago.

Lawn, B.

1973 University of Pennsylvania radiocarbon dates XV. *Radiocarbon* 15: 367-381.

LeBlanc, S.A. and Watson, P. Jo.

197 A comparative statistical analysis of painted pottery from seven Halafian sites. Paléorient 1: 117-133.

Legge, T.

1996 The beginning of caprine domestication in Southwest Asia. in Harris, D.R.(ed.) *The Origins and Spread of Agriculture and Pastoralism in Eurasia*: 238-262, UCL Press, London.

LeMière, M.

1986 *Les premières céramiques du Moyen-Euphrate*. (Ph.D. thesis) Université Lumière-Lyon 2. Lyon.

1989 Chapter 6: Clay analyses of the prehistoric pottery: first results. in Akkermans, P.M.M.G. (ed.) *Excavations at Tell Sabi Abyad: Prehistoric investigations in the Balikh Valley, northern Syria.*: 233-236. BAR International Series 486, Oxford.

LeMière, M. and Nieuwenhuyse, O.

1996 Chapter 3: The Prehistoric Pottery. in Akkermans,P.M.M.G. (ed.) *Tell Sabi Abyad, The Late Neolithic settlement* : 119-284, Nederlands Historisch -Archaeologisch Instituut te Istanbul, Istanbul.

LeMière, M. et Picon, M.

1987 Productions locales et circulation des céramiques au VIème millénaire au Proche-Orient. *Paléorient* 13/2: 135-151.

1999 Les débuts de la céramique au Proche-Orient. *Paléorient* 24-2: 5-26.

à paraître La céramique néolithique de Tell Sabi Abyad: etude de laboratoire.

Levine, L.D. and McDonald, M.M.A.

1977 The neolithic and chalcolithic periods in Mahidast. *Iran* 15: 39-50.

Levine, L.D. and Young, T.C.Jr.

1987 A summary of ceramic assemblages of the central western Zagros from the middle Neolithic to the late third millennium b.c., *Préhistoire de la Méospotamie* : 15-53, Paris.

Lloyd, S.

1938 Some ancient sites in the Sinjar district. *Iraq* 5: 123-142.

Lloyd, S., and Brice, W.

1951 Harran. *Anatolian Studies* 1: 77-111.

Lloyd, S. and Safar, F.

1945 Tell Hassuna: Excavations by the Iraq Government Directorate General of Antiquities in 1943-1944, J*ournal of Near Eastern Studies* 4:255-289.

Lyonnet, B.

2000 *Prospection Archéologique Haut-Khabur Occidental, volume 1*. Bibliothèque Arhéologique det Historique. I FAPO, Beyrouth.

MacNeish, R.S. et al.

1972 *The Prehistory of the Tehuacan Valley 5*. University of Texas Press, Austin.

Maeda, O.

1998 Chapter III- 3: Chipped and ground stone artifacts, Chapter V-3: Halaf chipped stone industry of Tell Umm Qseir. in Tsuneki, A. and Miyake, Y. (eds.) *Excavations at Tell Umm Qseir in Middle Khabur Valley, North Syria,*

Report of the 1996 Season: 86-107, 189-196. Al-Shark 1: University of Tsukuba, Studies for West Asian Archaeology, Department of Archaeology, Institute of History and Anthropology, University of Tsukuba, Tsukuba.

Majidzadeh, Y.

   1975-77   The development of the pottery kiln in Iran from prehistoric to historical periods. *Paléorient* 3, pp. 207-221.

Mallowan, M.E.L.

   1933   The prehistoric sondage of Nineveh, 1931-32, U*niversity of Liverpool Annals of Archaeology and Anthropology* 20: 127-186.

   1936   The excavations at Tall Chagar Bazar and an archaeological survey of the Habur region, 1934-35, *Iraq* 3: 1-59.

   1937   The excavations at Tall Chagar Bazar and an archaeological survey of the Habur region: second campaign, 1936, *Iraq* 4: 91-177.

   1946   Excavations in the Balih Valley, 1938, *Iraq* 8: 111-162.

   1947   Excavations at Brak and Chagar Bazar, *Iraq* 9: 1-266.

Mallowan, M.E.L. and Rose, J.C.

   1935   Excavations at Tell Arpachiyah, 1933, *Iraq* 2: 1-178.

Marfoe, L., Copeland, L. and Parr, P.J.

   1981   Arjoune 1978: Preliminary investigation of a prehistoric site in the Homs basin, *Syria, Levant* XIII: 1-27.

Matson, F.R.

   1945   Technological development of poterry in northern Syria during the Chalcolithic Age. *Journal of the American Ceramic Society* 28-1: 20-25.

   1992   The Banahilk potter. In Braidwood, L.S. et al. (eds.) *Prehistoric Archeology along the Zagros Flanks.* The University of Chicago Oriental Institute Publications 105 : 615-628.

Matsumoto, K. and Yagi, K.

   1987   Tell Der Hall. *Researches on the Antiquities of Saddam Dam Basim Salvage and Other Researches* : 54-61.

Matsumoto, K. and Yokoyama, S.

   1995   Excavations at Tell Songor B, *Al-Rāfidān* XVI:1-273.

Matsutani, T. (ed.)

   1989   *Tell Kashkashok, The Excavations at Tell No.II.* Instutute of Oriental Culture, The University of Tokyo.

Matthers. J. et al.

   1978   Tell Rifa'at 1977. preliminary report of an archaeological survey. *Iraq* 40: 119-162.

   1981   *The River Qoueiq, northern Syria, and its catchment: studies arising from the Tell Rifa'at survey 1977-79*, BAR International Series 98.

Matthews, R.

   2000   *The Early Prehistory of Mesopotamia 500,000 to 4,500 bc. Subartu V.* Brepols.

Matthews, R. and Wilkinson, T.

   1989   Excavations in Iraq 1987-88, *Iraq* 51: 249-265.

McArdle, J.

   1990   Halafian Fauna at Girikihaciyan. in Watson, P. Jo and LeBlanc, S. A. *Girikihaciyan: A Halafian site in southeastern Turkey* :109-120, Monograph 33, Institute of Archaeology University of California, Los Angeles.

McCorriston, J.

    1992   The Halaf environment and human activities in the Khabur drainage, Syria. *Journal of Field Archaeology* 19: 315-333.

McHahon,A.,Tuneca,Ö. and Bagdo,A.M.

    2001   New excavations at chagar Bazar, 1999-2000, *Iraq* 63:201-222.

Meijer, D.J.W.

    1986   *A Survey in Northeastern Syria*. Nederlands Historisch-Archaeologisch Instituut te Istanbul.

Mellaart, J.

    1965   *Earliest Civilizations of the Near East*, Thames and Hudson, London.

    1975   *The Neolithic of the Near East.* Thames and Hudson London.

    1981   The prehistoric pottery from the Neolithic to the beginning of E.B.IV. in Matthers, J.（ed.）*The River Qoueiq, Northern Syria, and Its Catchment: Studies Arising from the Tell Rifa'at Survey 1977-79* : 131-294, BAR International Series 98.

Mellink, M.J.

    1964   Archaeology of Asian Minor: Turlu near Gaziantep, *American Journal of Archaeology* 68: 149-166.

Merpert, N.Y. and Munchaev, R.M.

    1969   The investigation of the Soviet archaeological expedition in Iraq in the spring 1969: excavations at Yarim Tepe first preliminary report. *Sumer* 25: 125-131.

    1971   Excavations at Yarim Tepe 1970. second preliminary report. *Sumer* 27: 9-22.

    1973   Early agricultural settlements in the Sinjar plain, northern Iraq. *Iraq* 35: 93-113.

    1984   Soviet expedition's research at Yarim Tepe III settlement in northwestern Iraq, 1978-1979. *Sumer* 43: 54-68.

    1987   The earliest levels at Yarim Tepe I and Yarim Tepe II in northern Iraq. *Iraq* 49: 1-36.

    1993a   Yarim Tepe I. in Yoffee, N. and Clark, J.J.（eds.）*Early Stages in the Evolution of Mesopotamian Civilization, Soviet Excavations in Northern Iraq* :73-114, The University of Arizona Press, Tucson & London.

    1993b   Yarim Tepe II: The Halaf levels. in Yoffee, N. and Clark, J.J.（eds.）*Early Stages in the Evolution of Mesopotamian Civilization, Soviet Excavations in Northern Iraq* :129-162, The University of Arizona Press, Tucson & London.

    1993c   Yarim Tepe III. The Halaf levels. in Yoffee, N. and Clark, J.J. (eds.) *Early Stages in the Evolution of Mesopotamian Civilization, Soviet Excavations in Northern Iraq* : 163-205, The University of Arizona Press, Tucson & London.

    1993d   Burial practices of the Halaf Culture. in Yoffee, N. and Clark, J.J. (eds.) *Early Stages in the Evolution of Mesopotamian Civilization, Soviet Excavations in Northern Iraq* : 207-223, The University of Arizona Press, Tucson & London.

Merpert, N.Y., Munchaev, R.M., Bader, N O.

    1976   The investigations of Soviet expedition in Iraq, 1973. *Sumer* 32: 25-61.

    1977   The investigations of Soviet expedition in Iraq, 1974. *Sumer* 33: 65-104.

    1978   Soviet investigations in the Sinjar plain, 1975. *Sumer* 34: 27-51.

    1981   Investigations of the Soviet expedition in northern Iraq, 1976. *Sumer* 37: 22-53.

Metcalf, P. and Huntington, R.

    1990   *Celebrations of Death: The Anthropology of Mortuary Ritual.* 2nd edition. Cambridge University Press, Cambridge. （邦訳）メトカーフ P.・ハンティントン. R.　1996　池上良正・池上冨美子訳『死の儀礼：葬送習俗の

人類学的研究』第2版　未来社

Miyake, Y.

    1996   *Doğu Anadolu'daki Koyu Yüzlü Açkili Çanak Çömlek*, Doktora Tezi, İstanbul Üniversitesi Sosyal Bilimler Enstitüsü Prehistorya Bilim Dali, İstanbul.

    1998   Chapter I-3: Archaeological sites, Chapter III- 2: Pottery, Chapter V-2: New light on the middle Halaf period, Halaf chronology revised. in Tsuneki, A. and Miyake, Y. (eds.) *Excavations at Tell Umm Qseir in Middle Khabur Valley, North Syria, Report of the 1996 Season*: 17-20, 41-185, 177-188. Al-Shark 1: University of Tsukuba, Studies for West Asian Archaeology, Department of Archaeology, Institute of History and Anthropology, University of Tsukuba, Tsukuba.

Molist, M.M.

    1996   *Tell Halula (Syria): Un Yacimiento Neolítico del Valle Medio del Éufrates Campañas de 1991 y 1992*, Ministerio de Educacion y Cultura, Madrid.

    1998a   Espace collectif et espace domestique dans le néolithique des IXéme et VIIIéme millénaires b.p. au nord de la syrie: apports du site de Tell Halula (Vallée de l'Euphrate), in Fortin, M. et Aurehche, O. (eds.) Espace Naturel, *Espace Habité en Syrie du Nord (10e - 2e millénaires av. J.C.)*: 115-130.

    1998b   Des representations humaines peintes au IXe millénaire BP sur le site de Tell Halula (Vallée de l'Euphrate, Syrie), *Paléorient* 24/1: 81-87.

Monchambert, J. Y.

    1984a   Le futur lac du moyen Khabour: rapport sur la prospection archéologique menée en 1983, *Syria* 61: 181-218.

    1984b   Prospection arhéologique sur l'emplacement du futur lac du moyen Khabour. *Akkadica* 39: 1-7.

Moore, A.M.T.

    1975   Excavation of Tell Abu Hureyra in Syria: a preliminary report. *Proceedings of the Prehistoric Society* 41: 50-77.

    1981   North Syria in Neolithic 2. in *Préhistoire du Levant*: 445-456, Maison de l'Orient, Lyon.

Moore, A.M.T., Hillman, G.C. and Legge, A.J.

    2000   *Village on the Euphrates*, Oxford University Press, New York.

Moorey, P.R.S.

    1994   *Ancient Mesopotamian Materials and Industries*, Clarendon Press, Oxford.

Mortensen, P.

    1970   *Tell Shimshara : the Hassuna Period*. København.

Munchaev, R.M. and Merpert, N.Y.

    1971   The archaeological research in the Sinjar valley (1971). *Sumer* 27: 23-32.

    1973   Excavations at Yarim Tepe 1972: fourth preliminary report. Sumer 29: 3-16.

    1981   *Earliest Agricultural Settlements of Northern Mesopotamia* (Раннеземледельчек иапоседения северной Месопотамии: Исследования советскй экспедиции в Ираке), Москва.

    1994   Da Hassuna a Accad. Scavi della missione Russa nella regione di Hassake, Syria di nord-est, 1988-1992. *Mesopotamia* XXIX : 5-48.

Munchaev, R.M., Merpert, N.Y. and Bader, N.O.

    1984   Archaeological studies in the Sinjar valley, 1980. *Sumer* 43: 32-53.

Munchaev, R.M., Merpert, N.Y., Bader, N.O. and Amirov, Sh. N.

    1993   Tell Hazna II, an early agricultural settlement in north-eastern Syria. Российская Археология 1993-4: 25-

42.

Nagy, H.M.

    1996   Jarmo artifacts of pecked and ground stone and of shell. in Braidwood, L.S. et al.(eds) *Prehistoric Archeology along the Zagros flanks*. The University of Chicago Oriental Institute Publications 105:289-346.

Neklewski, J. and van Zeist, W.

    1970   A late Quaternary pollen diagram from northwestern Syria, *Acta Botanica Neerlandica* 19: 737-754.

Nieuwenhuyse, O.

    1999   Following the earliest Halaf: some later Halaf pottery from Tell Sabi Abyad, Syria. *Anatolica XXIII* :227-242.

    2000   Chapter 2- Halaf settlement in the Khabur headwaters. in Lyonnet, B. (ed.) *Prospection Archéologique Haut-Khabur Occidental, Volume 1* : 151-260, Bibliothèque Arhéologique det Historique. IFAPO, Beyrouth.

Nisiaki,Y.

    1993   Lithic analysis and cultural change in the late Pre-Pottery Neolithic of north Syria, *Anthropological Science* 101-1:91-109.

Nishimoto, T.

    1998   Animal bones. in Tsuneki, A. and Miyake, Y. (eds.) *Excavations at Tell Umm Qseir in Middle Khabur Valley, North Syria, Report of the 1996 Season* : 213, Al-Shark 1: University of Tsukuba, Studies for West Asian Archaeology, Department of Archaeology, Institute of History and Anthropology, University of Tsukuba, Tsukuba.

Oates, D., Oates J.

    1976a   *The Rise of Civilization*. Elsevier-Phaidon, Oxford.

    1976b   Early irrigation agriculture in Mesopotamia. in Sieveking,G.deG., Longworth,I.H.and Wilson, K.E. (eds.) *Problems in Economic and Social Archaeology*: 109-135, Duckworth, London.

Oates, J.

    1968   Prehistoric investigations near Mandali, Iraq. *Iraq* 30: 1-20.

    1969   Choga Mami, 1967-68 : a preliminar report. *Iraq* 31: 115-152.

    1973   The background and development of early farming communities in Mesopotamia and the Zagros. *Proceedings of the Prehistoric Society* 39: 147-181.

    1983   Ubaid Mesopotamia reconsidered. in Young, T.C.Jr. et al. (eds.) , The hilly flanks. *Studies in Ancient Oriental Civilization* 36: 251-281.

Okley, J.

    1979   An anthropological contribution to the history and archaeology of an ethnic group. in Burnham, B.C. and Kingsbury, J. (eds.) *Space, Hierarchy and Society*. BAR International Series 59: 81-92, Oxford.

Özdoğan, M.

    1977   *Lower Euphrates Basin 1977 Survey*. Middle East Technical University Lower Euphrates Project Publications 1-2. Istanbul.

Özdoğan, M. and Özdoğan, A.

    1993   Pre-Halafian pottery of southeastern Anatolia, with special reference to the Çayönü sequence, Frangipane, N et al. (eds.) *Between the Rivers and over the Mountains*: 87-103, Roma.

Parker, D. J. and Creekmore, A.

    2002   The Upper Tigris archaeological research project: a final report from the 1999 field season, *Anatolian Studies* 52:

19-74.

Parr, P.J. (ed.)

    2003   Excavations at Arjoune, Siria. *BAR International Series* 1134

Perkins, A. L.

    1949   *The comparative archaeology of early Mesopotamia*, Studies in Ancient Oriental Civilization 25, The Orietntal Institute of the University of Chicago, Chicago.

Pfälzner, P.

    1986-87   A short account of the excavation in Tell Bderi 1985. *Annales Archéologiques Arabes Syriennes* 36-37: 276-291.

Pollock, S., Bernbeck, R., Allen, S. Gessner, A.G.C., Costello, R., Costello, S.K., Foree, M., Lepinski, S. and Niebuhr, S.

    2001   Excavations at Fıstıklı Höyük, 1999, *Ilısu ve Karkamiş Baraj Gölleri Altında Kalacak Arkeolojik ve Kültür Varlıklarını Kurtarma Projesi 1999 Yılı Çalşmaları*, 39-63, Middle East Technical University, Ankara.

Postgate, J.N.

    1972   Excavations in Iraq 1971-72. *Iraq* 34 : 139-150.

Postgate, J.N., Watson, P.J.

    1979   Excavations in Iraq 1977-78. *Iraq* 411: 141-181.

Redman, C.

    1978   *The Rise of Civilization*. Freeman, San Francisco.

Reilly, E.B.

    1940   Test excavations at Tilkitepe (1937), *Türk Tarih, Arkeologya ve Etnografya Dergisi* 4: 156-178.

Renfrew, C.

    1972   *Emergence of Civilisation, The Cyclades and the Aegean in the Third Millennium* B.C. Methuen & Co Ltd, London.

Renfrew, C. and Dixon, J.

    1976   Obsidian in western Asia: a review. in Sieveking, G. Longworth, I. and Wilson, K. (eds.) *Problems in Economic and Social Archaeology*: 137-150, London.

Roaf, M.D. and Postgate, J.N.

    1981   Excavations in Iraq, 1979-80. *Iraq* 43: 167-198.

Rollefson, G.O.

    1987   Local and external relations in the Levantine PPN period: 'Ain Ghazal (Jordan) as a regional center. *Studies in the History and Archaeology of Jordan III* : 29-32, Department of Antiquities, Amman.

Roodenberg, J.J.

    1979-80   Sondage des niveaux neolithiques de Tell es-Sinn, Syrie. *Anatolica* 7: 21-33.

Rosenberg, M., Nesbitt, R. Redding, R.W. and Peasnall, B.L.

    1998   Hallan Çemi, pig husbandry, and post-Pleistocene adaptations along the Taurus-Zagros arc (Turkey), *Paéorient* 24/1: 25-41.

Rosenberg, M. and Togul, H.

    1991   The Batman river archaeological site survey, 1990, *Anatolica* XVII: 241-254.

Rothman, M.S.

    1995   The pottery of the Muş Plain and the evolving place of a high border land. *Araştırma Sonuçları Toplantısı*

12: 281-294.

Sanlaville, P.

1985   *Holocene Settlement in North Syria*, BAR International Series 238, Oxford.

Sagona, A.G. and Sagona, C.

1988   Prehistoric finds from Jebel Haloula and Khirbet Meushrag, northern Syria, *Mediterranean Archaeology* 1: 114-140.

Saxe, A. A.

1970   *Social Dimensions of Mortuary Practices*. Ph.D. thesis, University of Michigan.

Schäffer, J. und Boessneck, J.

1988   Bericht über die Tierreste aus der Halafzeitlichen Siedlung Çavi Tarlası (Nisibin/Osttürkei). *Istanbuler Mitteilungen* 38: 37-62.

Schmidt, H.

1943   *Tell Halaf, Die Prähistorischen Funde*. Berlin.

Schwartz, G.M., Curvers,H.H., Gerritsen,F.A., Maccormack,J.A., Miller,N.F. and Weber,J.A.

2000   Excavation and survey in the Jabbul Plain, western Syria: the Umm el-Marra project 1996-1997. *American Journal of Archaeology* 104-3: 419-462.

Seeden, H.

1982   Ethnoarchaeological reconstruction of Halafian occupational Units at Shams ed-Din Tannira. *Berytus* 30: 55-95.

Service, E.

1962   *Primitive Social Organization. An Evolutionary Perspective*. Random House, New York. (2nd edition in 1971)

Souleiman, A.

1993   Tell Kashhkashuk a l'époque de Halaf. in *Syrie, Mémoire et Civilisation* : 48. Flammarion, Institut du Monde Arabe.

Starr, R.F.S.

1937   *Nuzi: Report on the Excavations at Yorgan Tepa near Kirkuk, Iraq*, Harvard University Press, Cambridge, Massachusetts.

Stordeur, D.

2000   Jerf el Ahmar et l'émergence du Néolithique au Proche Orient, *Premiers Paysans du Monde, Naissance des Agricultures*: 31-62, Editions Errance, Paris.

Sumner, W.M.

1979   Estimating population by analogy: an example, in Kramer, C. (ed.) *Ethnoarchaeology: Implications of Ethnography for Archaeology*: 164-174, Columbia University Press, New York.

Sürenhagen, D.

1990   Ausgrabungen in Tall Mulla Matar 1989. *Mitteilungen der Deutschen Orient-Gesellschaft zu Berlin* 122: 125-152.

Taylor, J. du P., Willams, M.V.S., Waechter, J.

1950   The excavations at Sakce Gözü. *Iraq* 12: 53-138.

Thompson, R.C. and Mallowan, M.E.L.

1933   The British Museum Excavations at Nineveh, 1931-32. *University of Liverpool Annals of Archaeology and Anthropology* 20: 71-186.

Thuesen, I.

1988 *Hama: Fouilles et Recherches de la Fondation Carlsberg 1931-1938 I, The Pre- and Protohistoric Periods*, Nationalmuseet, Copenhague.

Tobler, A.J.

1950 *Excavations at Tepe Gawra, Vol. II*. University of Pennsylvania press, Philadelphia.

Tsuneki, A.

1998 Introduction, Chapter II. Site and stratigraphy, Chapter III. Phase 1: Halaf period, 1. Structures, 4. Other objects, Chapter IV. Phase 2-4: Later periods－1. Structures, Chapter V. Discussion－1. Tholoi: their socio-economic aspects, Concluding remarks. in Tsuneki, A. and Miyake, Y. （eds.） *Excavations at Tell Umm Qseir in Middle Khabur Valley, North Syria, Report of the 1996 Season*: 1-3, 21-28, 29-40, 108-122, 123-140, 164-176, 202-203. Al-Shark 1: University of Tsukuba, Studies for West Asian Archaeology, Department of Archaeology, Institute of History and Anthropology, University of Tsukuba, Tsukuba.

n.d. The prehistoric settlement patterns of the Rouj Basin. for *Proceedings of the Second ICAANE held in Copenhagen*.

Tsuneki, A. and Miyake, Y. (eds.)

1998 *Excavations at Tell Umm Qseir in Middle Khabur Valley, North Syria, Report of the 1996 Season*, Al-Shark 1: University of Tsukuba, Studies for West Asian Archaeology, Department of Archaeology, Institute of History and Anthropology, University of Tsukuba, Tsukuba.

Tsuneki, A., Hydar, J., Miyake, Y., Akahane,S., Nakamura,T. Arimura, M. and Sekine,S.

1998 First preliminary report of the excavations at Tell el-Kerkh(1997), northwestern Syria. *Bulletin of the Ancient Orient Museum* XVIII:1-40.

Tsuneki, A., Hydar, J., Miyake, Y., Akahane,S., Arimura, M., Nishiyama,S., Shaʾbaan, H. Anezaki, T.,and Yano,S.

1999 Second preliminary report of the excavations at Tell el-Kerkh(1998), northwestern Syria. *Bulletin of the Ancient Orient Museum* XIX:1-40.

Tsuneki, A., Hydar, J., Miyake, Y., Hudson, M., Arimura, M. Maeda, O. Odaka, T. and Yano,S.

2000 Third preliminary report of the excavations at Tell el-Kerkh(1999), northwestern Syria. *Bulletin of the Ancient Orient Museum* XX:1-32.

Tsuneki, A., Hydar, J., Miyake, Y., M., Maeda, O. Odaka, T. Tanno, K. and Hasegawa, A.

2001 Fourth preliminary report of the excavations at Tell el-Kerkh(2000), northwestern Syria. *Bulletin of the Ancient Orient Museum* XXI:1-30.

Tübinger Atlas des Vorderen Orients （TAVO）

1985 *TAVO AIV5 Middle East·Rainfall Reliability*. Dr.Ludwig Reichert Verlag, Wiesbaden.

Tuba Ökse, A.

2001 Excavations at Gre Virike, 1999, *Ilısu ve Karkamiş Baraj Gölleri Altında Kalacak Arkeolojik ve Kültür Varlıklarını Kurtarma Projesi 1999 Yılı Çalışmaları*, 291-307:Middle East Technical University, Ankara.

Tunca, Ö., Molist, M. et Cruells, W.

2004 *Tell Amarna (Syrie) 1:La Période de Halaf*, Peeters, Leuven.

Tylor, E. B.

1871 *Primitive Culture*. Henry Holt, New York.

Ucko, P.J.

1969 Ethnography and archaeological interpretation of funerary remains, *World Archaeology* 1-2: 262-280.

Uerpmann, H.P.

1982   Faunal remains from Shams ed-Din Tannira, a Halafian site in northern Syria. *Berytus* 30:3-52.

1986   Halafian equid remains from Shams ed-Din Tannira in northern Syria. in Meadows, R.H. et al. (eds.) *Equids in the Ancient World*: 246-265.

van Loon, M.

1968   The Oriental Institute excavations at Mureybit, Syria: preliminary report on the 1965 campaign. *Journal of Near Eastern Studies* 27-4: 265-290.

1975   *Korcu Tepe 1*, Amsterdam.

van Loon, M., Güeterbock, H.G.

1972   Korucutepe excavations, 1970. in *Keban Project 1970 Activities* : 83-85, Middle East Technical University Keban Project Publications, series 1-3.

van Zeist, W.

1979-1980   Plant remains from Girikihaciyan, *Turkey. Anatolica* 7: 75-89.

van Zeist, W. and Bottema, S.

1977   Palynological investigations in western Iran. *Palaeohistoria* 19: 19-95.

1991   *Late Quaternary Vegetation of the Near East*. Beihefte zum Tübinger Atlas des Vorderen Oreints, Reihe A (Naturwissenschafter) 18. Reichert, Weisbaden.

van Zeist, W. and van Rooijen, W.

1989   Chapter 11: Plant remains from Tell Sabi Abyad. in Akkermans, P.M.M.G. *Excavations at Tell Sabi Abyad, Prehistoric Investigations in the Balikh Valley, Northern Syria* :325-335, BAR International Series 468, Oxford.

1996   The cultivated and wild plants. in Akkermans, P.M.M.G. (ed.) *Tell Sabi Abiyad, the Late Neollithic Settlement* : 521-550, Nederlands Historische-Archaeologisch Instituut te Istanbul, Leiden.

van Zeist, W. and Woldring, H.

1980   Holocene vegetation and climate of northwestern Syria. *Palaeohistoria* 22: 111-125.

Verhoeven, M. and Akkermans, P.M.M.G.

2000   *Tell Sabi Abyad II, The Pre-Pottery Neolithic B Settlement*, Nederlands Historisch-Archaeologisch Instituut te Istanbul, Leiden.

von Wickede, A.

1984   Çavi Tarlası, *Istganbuler Mitteilungen* 34: 112-133.

von Wickede, von A. and Misir

1985   Çavi Tarlası 1984 kazi kampanyasi, *VII Kazi sonuçlari Toplantisi*: 103-109.

1990   *Prähistorische Stempelglyptik in Vorderasien*, Profil Verlag, München.

1991   Chalcolithic sealings from Arpachiyah in the collection of the Institute of Archaeology, London. *Institute of Archaeology Bulletin* 28: 153-196.

von Wickede, von A. und Herbordt, S.

1988   Çavi Tarlası *Istanbuler Mitteilungen* 38: 5-36.

Waetzoldt, H.

1971   Zwei Unveröffentlichte Ur-III: Texte uber die Herstellung von Tongefässen. *Die Welt des Orients* 6: 7-41.

Watkins, T.

1987   Kharabeh Shattani: an Halaf culture exposure in northern Iraq, *Préhistoire de la Mésopotamie* : 221-230, Turin.

Watkins, T.

1990 Origins of house and home? *World Archaeology* 21-3: 336-347.

Watkins, T. and Baird, D.

1987 *Qermez Dere: The Excavation of an Aceramic Neolithic Settlement near Tel Afar, N. Iraq, 1987: Interim Report.* Department of Archaeology, University of Edinburgh, Project Paper №6.

Watkins, T., Betts, A., Dobney, K. and Nesbitt, M.

1991 *Qermez Dere: Tel Afar: Interim Report No. 2.* Department of Archaeology, University of Edinburgh, Project Paper №13.

Watkins, T. and Campbell, S.

1986 *Excavations at Kharabeh Shattani* I, Edinburgh.

Watson, J.P.N.

1980 The vertebrate fauna from Arpachiyah. *Iraq* 42: 152-153.

Watson, P. Jo

1982 Halafian Pottery of Tilkitepe, seen in the Hittite Museum, Ankara (Citadel), 1955. in Korfmann editor, *Tilkitepe*. Tübingen:203-212.

1983a The Halafian culture:a review and synthesis, in Young, T.C.Jr. et al. (eds) *The Hilly Flanks*. Studies in Ancient Oriental Civilization 36: 231-250.

1983b The soundings at Banahilk, in Braidwood, L.S. et al. (eds.) *Prehistoric Archaeology along the Zagros Flanks*, University of Chicago Oriental Institute Publications 105: 545-613, Chicago.

Watson, P. Jo and LeBlanc, S. A.

1973 Excavation and analysis of Halafian materials from southeastern Turkey: the Halafian period reexamined. *Paper presented at the 72nd annual meeting of the American anthropological association*, New Orleans.

1990 *Girikihaciyan: A Halafian site in southeastern Turkey*, Monograph 33, Institute of Archaeology University of California, Los Angeles.

Wattenmaker, P. and Mısır, A.

1994 Kazane Höyük-1992, *XV. KazıSonuçlarıToplantısı*, vol.1:177-192.

Weiss, H.

1983 Excavations at Tell Leilan and the origins of cities in dry-farming Syria and Mesopotamia in the third millennium B.C., *Paléorient* 9/2: 39-52.

1986 The origins of Tell Leilan and the conquest of space in the third millennium Mesopotamia. in Weiss, H.(ed.) *The Origins of Cities in Dry-Farming Syria and Mesopotamia in the Third Millennium B.C.*:71-108. Four Quarters, Guilford CT.

White, L.A.

1959 *The Evolution of Culture*. McGraw-Hill, New York.

Wilkinson, T.J.

1990a *Town and County in Southeastern Anatolia 1. Settlement and Land Use at Kurban Hoyuk and Other Sites in the Lower Karababa Basin.* Chicago.

1990b Soil development and early land use in the Jazira region, Upper Mesopotamia. *World Archaeology* 22-1 : 87-103.

Wilkinson, T. J. and Tucker, D. J.

1995 *Settlement Development in the North Jazira, Iraq: A Study of the Archaeological Landscape*, British School of Archaeology in Iraq, Department of Antiquities & Heritage, Baghdad.

Willcox, G.
  1999 Agrarian change and the beginnings of cultivation in the Near East: evidence from wild progenitors, experimental cultivation and archaeobotanical data. in Gosden, C. and Hather, J.(eds.) *The Prehistory of Food* : 478-500.

Willey, G.R.
  1953 *Prehistoric Settlement Patterns in the Virú Valley*. Bureau of American Ethnology, Bulletin 155. Smithsonian Institution, Washington D.C.

Williams, S.
  1961 Preliminary report on the excavations at Tell Rifa'at. *Iraq* XXIII: 68-87.

Woolley, C.L.
  1934 The prehistoric pottery of Carchemish. *Iraq* 1: 146-162

Wright, G.A.
  1969 *Obsidian analyses and early trade in the Near East: 7500 to 3500BC*. (Ph.D. thesis) The University of Michigan, Univestiy Microfilms, Ann Arbor.

Yakar, J.
  1991 *Prehistoric Anatolia, The Neolithic Transformation and the Early Chalcolithic Preiod*, Monograph Series of the Institute of Archaeology, Tel Aviv University, Jerusalem.
  1993 The ethnicity of the Halaf culture west of the Balikh river. in Mellink, M.J. et al.eds. *Aspects of Art and Iconography: Anatolia and Its Neighbours. Studies in Honor of Nimet Özgüç*. Ankara.
  2000 *Ethnoarchaeology of Anatolia, Rural Socio-economy in the Bronze and Iron Ages*, Emery and Claire Yass Publications in Archaeology, Jerusalem.

Yasin, W.
  1968 A note on three Samarra-Halaf sites in the Tikrit area. *Sumer* 24: 117-118.
  1970 Excavations at Tell es-Sawwan, 1969 : report on the sixth season's excavations. *Sumer* 26:3-20.

Yener, K.A., Edens, C., Casana, J., Diebold, B., Ekstrom, H., Loyet, M. and Özbal, R.
  2000 Tell Kurdu excavations 1999, *Anatolica* XXVI: 31-117.

Yener, K.A., Edens, C., Harrison, T.P., Verstraete, J. and Wilkinson, T.J.
  2000 The Amuq valley regional project, 1995-1998, *American Journal of Archaeology* 104-2: 163-219.

Yoffee, N. and Clark, J.J. (eds.)
  1993 *Early Stages in the Evolution of Mesopotamian Civilization, Soviet Excavations in Northern Iraq*. The University of Arizona Press, Tucson & London.

Zeder, M.A.
  1995 The archaeobiology of the Khabur Basin. *The Canadian Society for Mesopotamian Studies, Bulletin* 29: 21-32.

Zohary, M.
  1973 *Geobotanical Foundations of the Middle East*. Fischer, Stuttgart.

邦文文献

阿久井喜孝
  1979 「第7章現状調査　第1節ムスリミエの民家と集落」熊本大学環地中海遺跡調査団『地中海建築―調査と研究―』第1巻: 168-173　日本学術振興会

足立拓朗

1992　「アレイにおける考古学的調査の概要」岩崎卓也・西野元（編）『エル・ルージュ盆地における考古学的調査II』：38-57　筑波大学歴史・人類学系

岩崎卓也・西野　元（編）
　　1991～1993　『エル・ルージュ盆地における考古学的調査』I～III　筑波大学歴史・人類学系

大羽　裕・永塚鎮男
　　1988　『土壌生成分類学』養賢堂

鎌田博子・大津忠彦
　　1981　「III　テル・ソンゴルA」藤井秀雄（編）『イラク・ハムリン調査概報』ラーフィダーンII: 50-74

常木　晃
　　1983　「西アジア初期農耕遺跡より出土するスタンプ印章について」『古代オリエント論集』: 153-173　山川出版社
　　1986　「ハラフ土器をめぐる一考察」『歴史人類』14: 45-112　筑波大学歴史・人類学系
　　1994a　「ハラフ期のいわゆるトロスについて」『日本と世界の考古学―現代考古学の展開―』: 403-421　雄山閣
　　1994b　「シリア・アルマナーズの土器工房―民族考古学の視点から―」『オリエント』36-2: 83-99
　　1995a　「肥大化する集落―西アジア・レヴァントにおける集落の発生と展開」『文明学原論』: 99-130　山川出版社
　　1995b　「第7章　交換、貯蔵と物資管理システム」常木晃・松本健編『文明の原点を探る―新石器時代の西アジア―』: 146-167　同成社
　　1996　「シリア・ブセイラの土器工房」『考古学雑渉』: 309-324　西野元先生退官記念会　つくば

常木　晃・長谷川敦章
　　2004　「シリア・イドリブ県及びラタキア県における考古学的踏査2003　今よみがえる古代オリエント」『第11回西アジア発掘調査報告会報告集』: 33-39

西秋良宏
　　1995　「第3章　石の道具とジェンダー」常木晃・松本健編『文明の原点を探る―新石器時代の西アジア―』: 50-77　同成社

藤井純夫
　　1988　「Beaked Bladeの型式分類および二、三の問題」『岡山オリエント美術館研究紀要』7: 1-16
　　1999　「新石器時代の『町』イェリコの人口」『考古学雑誌』第84巻第4号：1-108
　　2001　『ムギとヒツジの考古学』同成社

藤井秀夫他
　　1981　『イラク・ハムリン発掘調査概報』ラーフィダーン2

深井晋司・堀内清治・松谷敏雄
　　1970　「テル・サラサートII：第II号丘の発掘第三シーズン（1964年）」『東京大学イラク・イラン遺跡調査団報告書』11

前田　修
　　1988　「西アジア新石器時代の社会経済的考察：黒耀石利用を視点として」（修士論文）　筑波大学歴史・人類学研究科

松本　健
　　1981　「IV　テル・ソンゴルB、C」藤井秀雄（編）『イラク・ハムリン調査概報』ラーフィダーンII: 75-96

松谷敏雄

1970 「初期農耕村落の研究―テル・サラサート第2号丘最下層の文化史的位置づけ―」『東洋文化研究所紀要』47: 1−93

三宅　裕
1995 「第5章　土器の誕生」常木晃・松本健編『文明の原点を探る―新石器時代の西アジア―』: 97-115　同成社

脇田重雄・三宅裕・足立拓朗・田中裕
1992 「アレイにおける考古学的調査の概要」岩崎卓也・西野元（編）『エル・ルージュ盆地における考古学的調査』III : 20-32　筑波大学歴史・人類学系

渡辺　仁
1986 「狩猟採集民集落平面形の体系的分類」『国立民族博物館研究報告』11-2：489-541

ハラフ文化の研究
―西アジア先史時代への新視角―

■著者略歴
常木　晃（つねき　あきら）
1954年　東京都生まれ
筑波大学大学院博士課程歴史・人類学研究科中退。東海大学文学部講師を経て
現　在　筑波大学人文社会科学研究科助教授、博士（文学）
主要著書　『文明の原点を探る―新石器時代の西アジア―』（同成社、編著）、『西アジアの考古学』（同成社、共著）、『現代の考古学3　食糧生産社会の考古学』（朝倉書店、編著）、"Exca-vations at Tell Umm Qseir in Middle Khabur Valley, North Syria"（University of Tsukuba、編著）など

2004年11月5日発行

著者　常木　晃
発行者　山脇　洋亮
印刷　㈱深高社
　　　モリモト印刷㈱

発行所　東京都千代田区飯田橋4-4-8 東京中央ビル内　㈱同成社
　　　TEL 03-3239-1467　振替 00140-0-20618

©Tsuneki Akira 2004. Printed in Japan
ISBN4-88621-305-7 C3022